族譜學論集

陳捷先 著

論集

三民書局

二版代序

　　陳捷先教授是我的老師。老師在民國八十四年從臺灣大學歷史系退休後，出版書稿多由我協助校對，本書的初版校對等工作，亦是由我及內子負責；而今再版，三民書局請我寫篇序言，既不敢辭，亦不願辭。此文謹就老師在族譜學上的研究與工作，略陳一二。

　　老師在初版〈序言〉說：「我因為協助聯合報系創立國學文獻館，主要工作之一是收集散失在海外的古中國族譜資料，並召開國際性中國族譜學術會議，因此我也踏入了譜學的門徑」，這是謙辭。老師主持國學文獻館期間，所收集散失海外的中國族譜資料，有微捲三千多捲、一萬多種族譜。關於族譜學的推廣，不僅止於中國族譜學術會議的召開，還開展了修譜、尋根的活動：首先開辦了「中國族譜資料特展」在全臺的巡迴展覽；民國七十三年始，又與文建會、臺北市文獻會聯合舉辦了四期的「中國族譜研習班」，傳授正確修譜方法；之後還與《聯合報副刊》舉辦「我從那裡來」的尋根活動，介紹了各姓氏源流。

　　至於老師在族譜學的研究，豈止「門徑」而已：中國族譜學術會議，自第二屆起，改為「亞洲族譜學術研討會」，擴大了範圍，共計舉辦九屆，不僅推廣，更有深入的研究；老師在每屆學術研討會中，除了交流並提攜後進學子外，也必會提出他的研究所得，其中有些篇章收入於本書中。本書收錄二十一篇

論文，有通論性的，如〈中國的族譜〉、〈民國以來的中國族譜學研究略述〉；有斷代的，如〈唐代族譜略述〉、〈從中國族譜學的發展看宋代文化的特質〉；有專題研究的，如關於范仲淹家族的數篇、〈清代「譜禁」探微〉等；也有少數民族如滿洲、蒙古族譜的論述；更有域外琉球與韓國族譜的研究。老師於族譜學的研究，可謂上下古今數千年，廣袤橫跨千萬里，既廣且深矣。

　　而今回想，老師在族譜學上的研究與推廣，是「既開風氣且為師」。老師辭世，至今將及三載；哲人已遠，長存我心。謹以此文，遙致思念恩師之情。

陳龍貴
民國 111 年元月於臺北

序　言

　　自古以來，我國就非常重視家族，〈堯典〉裡的平章協和，孔子所謂的修齊治平，都是以親族、孝友立論的說法，也是為維持家族精神而提出的一些主張；《周禮・春官》中記「小史奠繫世、辨昭穆」，也是指負責家族中父子、親疏、長幼、遠近等關係的。由於這是帝室貴族繼承政治地位的依據，因此家族資料便成了周朝的經國大典。秦漢以後，因歷代世變的影響，中國族譜隨之有了精進發展，特別是在唐宋時期考試制度的嚴格實行與新儒學的建立，中國族譜學有了新內容與新體例，而且漸次傳播到了韓國、日本、琉球、越南等中國文化圈的國家。清代更是中國族譜學在廣度與深度上有著更新發展的時代，值得探討研究。

　　民國七十年代，我因為協助聯合報系創立國學文獻館，主要工作之一是收集散失在海外的古中國族譜資料，並召開國際性中國族譜學術會議，因此我也踏入了譜學的門徑，寫作了一些譜學的文章，希望在敦親睦鄰、闡揚倫理，甚至在安定社會與團結民族等方面做些貢獻。

　　2015 年臺北三民書局董事長劉振強先生來信，想把我多年來寫成的中國族譜及有關論文集結成書，我欣然接受，並對他的好意感激萬分。現在這本專書就要出版了，我希望能對復興、

光大中華文化有所貢獻。這本書的問世，我應該感謝內子侯友蘭女士的鼓勵，以及陳龍貴、洪麗萍的幫忙。

　　最後，我希望讀者諸君給我指正。

陳捷先
民國 106 年春於加拿大雲城

族譜學 論集

目次

中國的族譜

一　中國的族譜 [1]

一、引　言

　　我國的族譜，導源於上古，一直到現在，上下數千年，和我國的歷史一樣悠久綿長；可是目前國內還有多少人重視這項傳統的文化呢？又有多少人家能修纂出好的譜書呢？其實族譜在我們中國不僅是一種優良的文化產業，一門高深的學問；同時在過去的歷史中，族譜對我們國家民族也作過不少的貢獻，無論是在敦親睦鄰方面，或是在闡揚倫理方面，甚至在安定社會、團結國家方面，族譜都是居功至偉的。然而，近幾十年來，國家多難，戰亂頻仍，影響到一般人家修譜，更影響到譜學的研究。今天我們在復興基地，物質生活富裕，精神文化提昇，政府又大力推行固有文化的復興與建設工作，提倡修纂譜書與從事譜學研究應該是當前的重要課題之一了。這本小書的出版，原因也與此有關。

二、中國族譜的源流

　　中國的社會，一向以家族為中心。〈堯典〉裡的平章協和，

1.原文刊載於陳捷先，《中國的族譜》（臺北：行政院文化建設委員會，1985），頁 1–62。

孔子所謂的修齊治平，都是以親族與孝友為主的，也都是為了維持家族精神而提出的一些主張，可見家族在中國自古以來就被重視，當然有關家族歷史的紀錄也就在古代中國應運而生了。司馬遷說：「余讀牒記，自黃帝以來，皆有年數。」這句話足證世系一類的資料存在得極早。到了三代末期，宗法制度成熟具備，為了維繫這種宗法社會制度，帝王諸侯的世系便由專門的官員掌理了。《周禮·春官》裡記「小史奠繫世，辨昭穆」，就是指負責分別家族裡父子、親疏、長幼、遠近等關係的，由於這是帝室貴族繼承的依據，因此，譜書也成了周朝的經國大典。

　　秦朝統一中國，廢除了封建，宗法制度也有了變化，因而我國古代只有帝王貴胄才有譜系之書的局面也改觀了。以漢代而言，除帝王諸侯有《世譜》二十卷以外，官家與豪戶也製作了譜系，如揚雄《家牒》、《鄧氏官譜》等等，都是明證；而潁川太守的《聊氏萬姓譜》，更足以說明一般平民也有了入譜的事實。不過漢代末年，時代喪亂，譜傳亡失的很多，加以當時經常移民邊陲，使得一般人家難考自己宗派所出，因而也影響了族譜的修纂。

　　魏晉南北朝是中國最重門第觀念的時代，不論是政府選官、家庭嫁娶，都與家族的背景有關，憑藉家庭的資料作決定。因此譜學也成了當時社會上的一種實用學問，可以說這是中國譜學的一個高峰時期。甚至到九品官人之法廢除以後，科舉代興的隋唐時期，由於世族豪門的勢力仍然存在，品官階與聯婚姻還是免不了依各家族譜牒資料為準，所以鄭樵在《通志·氏族略》中說：「自隋唐而上，官有簿狀，家有譜系。官之選舉，必由於簿狀，家之婚姻，必由於譜系。歷代並有圖譜局，置郎令

史以掌之，仍用博通古今之儒，知撰譜事。……所以人尚譜系之學，家藏譜系之書。」可惜這一時期的族譜製作，因為唐末五代的戰亂，幾乎蕩然無存了；當然五代末葉以後，「取士不問家世，婚姻不問閥閱」也是族譜散佚的另外原因。歐陽修所謂的「自五代迄今，（族譜）家家亡之，由士不自重，禮俗苟簡之使然」，也就是指此而言。

　　宋代建國以後，政治社會都不同於前朝，學術思想尤其有復古的精神，因此譜學也有了革命性的改變。歐陽修與蘇洵二人新創的譜例，最享盛名，並且成為日後國人修族譜的規範。歐蘇譜例都標榜宗法，強調五世則遷的小宗譜法，也反映了復古的精神。歐蘇等宋代學者又提倡記實存真的風氣，主張族譜資料要有可靠性，凡是先世情形不明不詳的，都不可隨意附會或偽造，「斷自可見之世」即可。宋代人家修譜，又因為不必呈送官府，修纂乃大為普遍，內容也改變了很多。由於以上種種原因，宋代的譜學與唐以前的「尚官、尚姓、尚詐」的性質截然不同，這是中國族譜發展史上值得注意的事實。南宋時期，北方居民南遷的很多，懷鄉念舊之情，油然而生，加上在國破家亡之際，大家感到聚族團結的重要，因而作譜的人家雖然仍秉承歐蘇的表式與宗法大義，但逐漸的由小宗譜而擴大為大宗譜，如此也擴大了族的組織，發揮了族團與族治的功能，這對社會安定有著極大的裨益。這種轉變到了明朝，更奠定了堅實的基礎；明代中期因此有學者譜家仿用正史的體例，增大族譜記事的範圍，將家族中一切大事都記錄到族譜之中，使族譜成為家史。因此明代以後的族譜，比起以往只記世系，只為品官或婚嫁作參考的簡單人事資料大不相同了，這確是我國族譜的

一大進步。

　　清代族譜的體例與內容大致上與明朝的差不多，只是文字獄案使得一些人家在修譜的時候，遇到在用字遣詞上的若干忌諱。不過這並不影響清代族譜的纂修與研究的工作，相反的，當時修譜風氣還很盛，尤其是江浙安徽等地，族譜成書的數量很是可觀。在眾多的清代族譜著作中，雖然出於俗師之手的俯拾皆是，內容常見通俗的老套，水準不高；但是也有不少名家，如宋犖、紀昀、郭嵩燾、朱次琦等等，他們主修的族譜，不僅考證精詳，同時也使全書的內容盡量達到無徵不信的標準。在我國族譜發展過程中，清代的譜學與譜書，也是有著特殊地位的。

　　民國以後，修譜的家庭確實大有人在，尤其像先總統蔣公，他在對日抗戰期間，雖然日理萬機，戎馬倥傯，但為了益切的報本之思，在王太夫人八十誕辰紀念之時，他特命蔣總統經國先生從贛州派員回奉化將舊宗譜攜呈重慶，視同拱璧，只是感到舊譜頗有闕漏，所以到勝利還都後才多方搜錄同宗譜牒，參較研覈，約請吳敬恆等先生重修，而完成了近代名譜之一的《武嶺蔣氏宗譜》。先總統蔣公的修譜動機是有深長意義的，他希望子孫「皆能型式其賢祖宗」，慎終追遠，不墜先德。而他的修譜態度也是謹嚴慎重的，尤其值得現代修譜人的效法。但是，一般人家卻因亂變相尋而修譜不易了，加以兵火離散，很多家族的譜書都毀於一旦，也有不少的流散到了日本及歐美等異邦，當然傳統譜學的研究幾乎到了絕響的地步，譜書的編纂更欠師承而多不得其法。所幸我政府遷臺之後，致力建設，民生樂利，學術進步，並竭力保存與復興固有文化，加上私人企業機構如聯合報文化基金會廣集世界中國族譜資料，歸國存藏，致使我

國譜學近年來得以振興延續，不致中斷，這也是近代學術史上的一件大事。

　　總之，我國族譜源遠流長，上至遠古，下迄現代，一直都有人在研究、改進與製作族譜，體例愈來愈周詳，內容愈來愈豐富。這是一門專門的學問，也是世界上特有的文化產物，我們應該重視這一優良的並珍貴的祖先遺產才是。

三、中國族譜的名稱

　　我國古代，記錄帝王貴族世系的資料最早稱為「牒」與「譜」，譜牒合稱是稍晚的事。司馬遷曾經利用〈帝繫〉與〈五帝德〉兩篇牒記，寫成了《史記》中的〈五帝本紀〉，從而可知古代牒是一種以文字簡單記述遠古帝王世系與行事的，因為今天我們還可以在《大戴禮記》一書中看到〈五帝德〉與〈帝繫〉兩文的內容。譜則起源於周代，是以「旁行斜上」的線條所組成，用來分別帝王諸侯間的遠近親疏關係的。牒與譜不但在名稱上一直被後世譜家所沿用，同時也影響到歷代中國譜書的內容，例如漢唐以下譜書裡的傳記就是由牒演變而來，譜則是日後譜表體例的張本。劉向說：「世本古史官名於古事者之所記也，錄黃帝以來帝王諸侯及卿大夫系諡名號凡十五篇。」可見古代也有以「世本」作為譜系之書另一種稱號的。

　　漢朝人仍以譜牒為稱，貴族則用世譜，如《漢書・藝文志》中著錄帝王諸侯《世譜》二十卷，而見於其他各書引文的有揚雄《家牒》、《鄧氏官譜》等，不過因為譜表很像圖，所以當時也有人稱譜為圖，或並稱譜圖、圖牒的，如〈竇融傳〉裡有外屬圖，實際上就是外戚的譜系紀錄。

　　南北朝時記載各家資料的通稱為某氏譜，如庾氏譜、孫氏譜、阮氏譜、孔氏譜、王氏譜、謝氏譜、劉氏譜、陳氏譜等等。我們在《世說新語》一書中就可以看出有幾十種之多，其中〈排調篇〉記《王氏家譜》一種，可能就是日後譜書以家譜為稱的濫觴。唐代仍沿襲南北朝舊制，多稱家譜，在《新唐書·藝文志》中可以得到證明。但是也有少數人家新創名目，如《陸氏宗系譜》、《劉氏家史》、《李氏房從譜》、《韋氏諸房略》等，譜系之書的名稱，至此有了改變的趨勢。

　　宋代以後，由於譜書不必上呈於官，可由私人編著，各家修譜的動機與寫製的方法頗不一致，內容格式當然也隨之起了變化，加上修譜人士的學識有高下之別，家族的規模有大小不同，因而修成的譜書有繁有簡，有好有壞。甚至有些人家為了實際需要或標新立異，連譜書的名稱都刻意的法古或力求新穎了。像毛漸的《毛氏世譜》、蘇洵的《蘇氏族譜》，都是例證。元朝張天永修譜名為《張氏家乘》，更為譜書增添了新的名目。

　　明清以降，譜書的名稱尤其繁多，除不少人家沿用家譜、族譜、宗譜、世譜、家乘等外，又有用支譜、祖譜、聯宗譜、合譜的，甚至還有別出心裁的採用了：

真譜（如《丁氏真譜》，丁元錫等修）

淵源錄（如《汪氏淵源錄》，明正德十三年汪松壽編）

源流考（如《姚氏百氏源流考》，清光緒二十九年姚振宗撰）

世典（如《胡氏世典》，清光緒三十一年胡元儀修）

世牒（如《毘陵胡氏世牒》，胡裕溥等續修）

世恩錄（如《東里高氏世恩錄》，清康熙二十九年高有聞校梓）

家模彙編（如《般陽高氏家模彙編》，清乾隆三年高仲治修）

鄉賢錄（如《上海曹氏鄉賢錄》，清宣統三年曹驤編）

會譜德慶編（如《章氏會譜德慶編》，章貽賢編）

私譜（如《登瀛陳姓一房私譜》，清光緒二年陳培鎔編）

傳芳集（如《華氏通九支傳芳集》，清光緒二年華允中修）

本書（如《華氏本書》，清光緒間華渚修）

統譜（如《濼陽趙氏東門統譜》，趙雲路等修）

系譜（如《新鐫吳越錢氏續慶系譜》，清康熙十八年錢林輯）

清芬志（如《錢氏清芬志》，錢日煦修）

大同譜（如《粵東簡氏大同譜》，簡乾亮等修）

家傳簿（如《顏氏家傳簿》，顏溪泉編）

　　據上可知，自明清至民國，中國人家所修譜書，名稱種類繁多，可謂洋洋大觀。近三十年來，臺灣地區修譜之風日盛，大家所用名目雖多沿採族譜、家譜、支譜一類的，但也有若干新奇名稱，值得一提，如：《尤氏世系圖》、《丘氏人文誌略》、《閩和平縣朱氏裔孫渡臺族誌》、《渡臺祖維傑派下呂氏大族譜》、《官氏原籍歷代序》、《河南邱氏源流誌》、《安平高氏族譜誌略》、《臺南慎微堂張氏世系譜》、《黃家歷代表》、《詹氏流傳》、《周公子孫名簿》、《許氏一派生辰簿》、《趙氏尊祖錄》、《趙姓太祖裔第二十四祖與昭公後裔在臺籍牒圖》等等。這些名稱固然有創新發明的，但也有出於俗師之手的，既不雅觀，也不倫不類，值得今後修譜人家注意。

四、中國族譜的內容

　　如前所述，中國的族譜在宋代以前，由於只用來「奠繫世，辨昭穆」或是「別郡望，辨婚姻」，因而譜書的內容非常簡略，

而且是以家庭人事資料為主的。可是到明代以後，修譜者不是為做官婚嫁而修譜，並且又逐漸的脫離了歐蘇的小宗譜法，損益國史的體例，擴大了族譜的記事範圍，也強化了族譜的功能，族譜的內容也變得多彩多姿，豐多美備了。大致說來，明清以後的中國族譜，約有如下的幾項內容。

㈠譜　序

　　稍具規模的譜書，卷首一定會有一篇序文，用以說明一家一族修譜的緣由。有些舊家望族，由於不斷續修族譜，譜序常由歷代名人學者或本族子孫撰寫，以致有積集十數篇或更多的，這些譜序很能反映修譜家族的情形，以及他們與時代及社會的若干關係，實在是些重要的文獻。

㈡譜　例

　　內容好一點的族譜在卷首也會刊載若干條凡例，實際上就是這些家族在每一次修譜時訂出的適合時代潮流與需要的規則，以作為他們修譜所遵循方向的。好的譜例可以告訴我們譜學在各個時期發展與變遷的經過，也讓我們從而了解這些族譜修纂的原則與族譜內容的一斑。

㈢姓族源流

　　中國古譜早就有「敘本系、述始封」的傳統，明清族譜也有記姓源的一章，以敘述家族得姓的來源，以及他們遷徙甚至改姓的歷史。這一部分的內容有時極為複雜，因為有些姓源是無法考查的，也有些是似是而非的，很難定論。不過這確是族譜中重要的部分，誰不想了解自己家族姓氏的由來呢？

㈣世系表

　　這一部分是說明每一家族成員之間關係的，所以歷代修譜家都視為譜書的重要內容。我國唐代以前，世系常用線條的圖來表示，包括《史記》裡的〈三代世表〉也是由旁行斜上的線條組成的。宋代以後，譜圖的格式，由於專家的研究改進，有了創新的改變，以現存的資料看來，約有四種不同的形式（請參見附圖一至四）：

1.歐陽修發明的歐陽式圖譜：

　　他覺得一般人家未必都能確知祖先的世系，與其張冠李戴的附會，不如「斷自可見之世」，以高祖下至五世玄孫，別自為世，「凡遠者疏者略之，近者親者詳之」，因此他發明的譜圖是以五世為限的，五世以後，格盡別起。明清譜家也有不按五世格盡別起的規定，有人只在每頁紙上畫線三條，為的是有足夠的篇幅記述他們先人的事蹟；也有人將五格改成九格甚至十數格，以表明世系的，據說如此可以節省紙張。不過不論三世為一圖的也好，九世或更多世為一圖的也好，都還是歐陽式的變體而已。

2.蘇洵的蘇氏宗譜法：

　　他的這套世系圖譜，主要論點是在強調宗法，他說：「觀吾之譜者，孝弟之心，可以油然而生矣！情見於親，親見於服，……無服則親盡，親盡則情盡，情盡則喜不慶，憂不弔，喜不慶憂不弔則塗人也。」蘇體也和歐體一樣，都是從《史記·三代世表》演化而來，不過蘇體本來僅列世代人名，人名之間，並無豎線橫線連串，和歐體畫有橫線為格的情形不同，因此看起來好像蘇體是上下直行，而歐體是橫行的，其實兩家圖表的

格式都是由右向左行斜上的。後人採用蘇體的，為了更醒目起見，便在蘇體的人名之間，加上了橫豎線條連貫，而使蘇體有著直下分支的形狀。

3.寶塔式圖譜：

這一形式，究竟是何人所創，創於何時，目前還不能定論；不過在南宋宇文懋昭的《大金國志》裡，確已採用了這種形式，可能也是宋代譜家的產品。不過寶塔式因為豎線永遠在橫線的中央，人多的家族在一頁紙上很不易畫出，人名旁邊寫傳略時篇幅又不夠多，加上兄弟次序的排比無一定法則，所以不很雅觀，也常令修譜的人感到不便，明清族譜採用這一體式的不算很多。

4.牒記式的世系表：

這是按世代分別以文字敘述先人事蹟的，不用任何線條作成圖表，只是依世代先後把人的字、號、謚、功名、官爵、生卒年月日、妻妾子女、葬地以及其他簡單行事，一一寫出，實際上就是一個簡歷。這個形式的來源應該是出自歐陽修的譜例，相當於歐陽修世系圖表後面的傳略部分。由於這種牒記式的世系形式固定，次序分明，又節省紙張，因此清代以來有不少人家採用此法。

以上四種敘述世系的方法，是中國族譜中多年來常見採用的。明清譜書用歐陽體例的為多，因為比較方便，只要在書頁上畫幾條橫線就可以了，而且橫線可多可少，任隨修譜者之意而定。民國以後，牒記式漸次流行，大概與方便纂修有關。

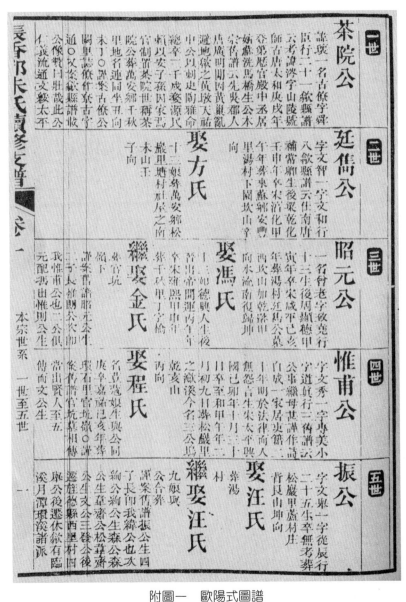

附圖一　歐陽式圖譜

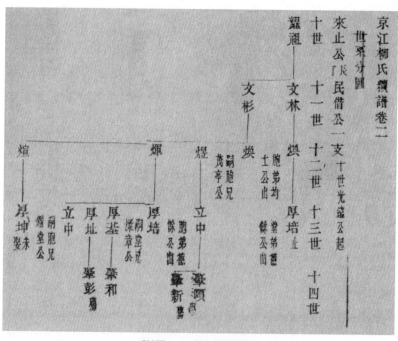

附圖二　蘇氏宗譜法

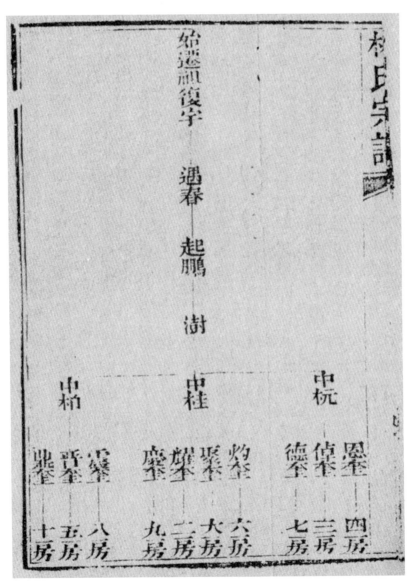

附圖三　寶塔式圖譜

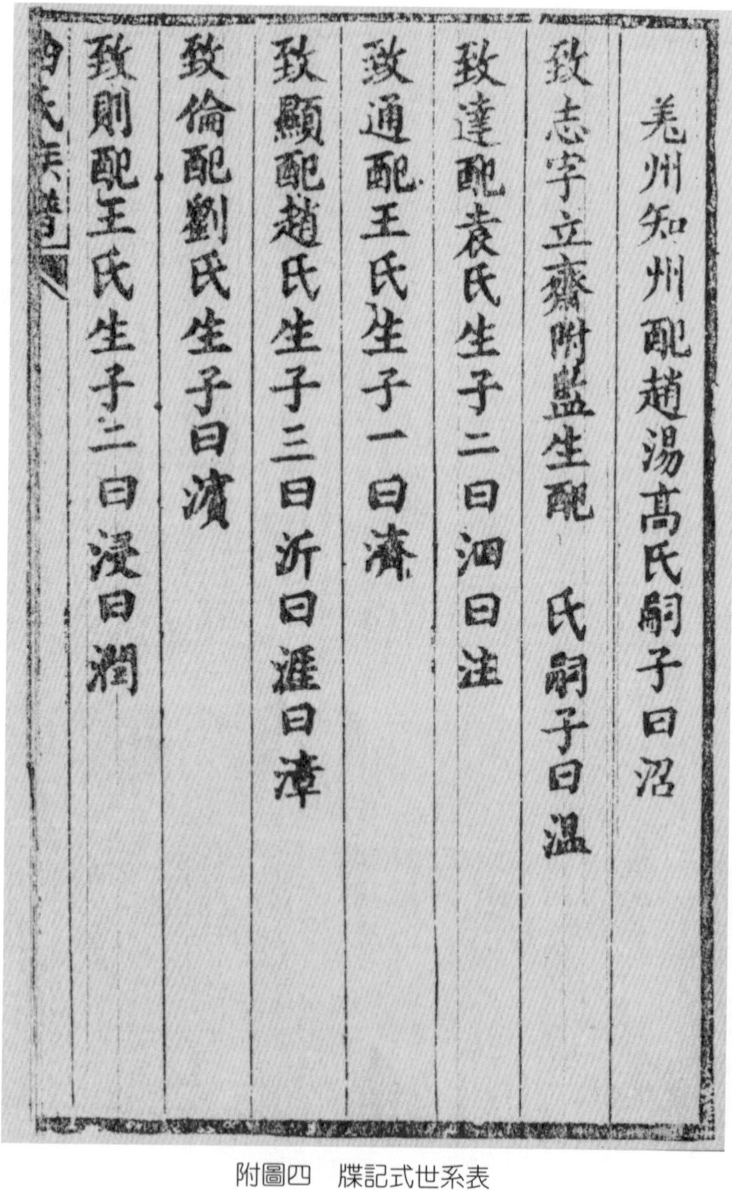

羌州知州配趙湯高氏嗣子曰沼

致志字立齋附監生配　氏嗣子曰溫

致達配袁氏生子二曰泗曰注

致通配王氏生子一曰濟

致顯配趙氏生子三曰沂曰澦曰潼

致倫配劉氏生子曰濱

致則配王氏生子二曰浸曰潤

附圖四　牒記式世系表

㈤恩榮紀錄

每一個人對於自己先世與家族的光榮事蹟總是會引以為傲的，族譜裡對於族人的恩榮事實當然不能疏忽缺失。漢唐以來就主張「凡有一資者無弗錄，有一命者無弗書」。所以一般族譜中對於制誥、功名、仕宦、封蔭、文學、恩例、冠帶、頂戴、旌節，以及耆壽、壽婦等等榮宗耀祖大小事務，都是無所不記的，甚至有些族譜還把這一部分冠於全書之首呢！

㈥宅里故居

族譜是家族的歷史紀錄，對於家族生長終老的所在，當然不能不記。明清族譜中不但記述居址遷徙，很多富家所修的譜書中，還以精美的版圖，印製出他們家族的亭園、樓閣、書齋、房舍等等。

㈦祠堂墓冢

中國祠堂可能始建於周朝，但是族譜中記錄祠堂則是明代才有的事。祠堂是供奉先人的地方，孝子賢孫，都以設祠堂為要務，而祠堂在明清時代不但是家族的聚會之所，也是鄉治的重地，對敦睦親族、安定地方有著很大的功能，所以大家望族修纂的族譜中都兼收宇祠一章，並刊載版圖，描繪實狀，有時也記錄有關祠產、義田、義莊、義學等等的事。冢墓據說在隋唐時代就入譜了，明清族譜對冢墓的敘述都很詳盡，這當然是敬祖的一種表示。冢墓部分常附刊墓圖，甚至有詳記地理方位、樹木若干株的，可謂慎之又慎、詳之又詳了。

㈧家　傳

我國古代，譜與傳是分開各自為書的，到明朝才合而為一，舉凡碑銘誌狀，行述年譜，都常常彙合而收錄在族譜中。有的

家族把家人的傳記又分為列傳、內傳、外傳等部分。列傳記族中男子有德行的,內傳記族中女子有懿行的,外傳記族中嫁出女子有懿行的,連篇累牘,非常繁複,有時還附印族中名人的畫像以示先人形像,或刊印故事圖畫以表彰先人光榮功績的,極為講究。

(九)藝文著述

六朝時似乎已經在譜書裡記載名人的著作了,明朝族譜中對這方面的記述更為詳盡;而且在名稱上又有藝文志、辭源集、文徵集等等的不同,甚至有分族人著述為經、史、子、集四大門類的,真是以家史比擬國史。這一部分所記的都為詩文,有時也兼收時文,以本族人的作品為主,有些家庭也把外人與族人唱和的詩與往來函札收入譜中,列為外編。

(十)其 他

明清兩代譜書中也有不少詳記家訓、家規等以資子孫遵行的。清季以來,族譜中甚至又有列入人口表、科舉表、職業表、契約志、水利志、拾遺志等等的,這使得我國族譜的內容更形豐富。

從以上開列的內容,我們不難看出,中國族譜不但記錄了一家一族的歷史資料,同時也兼收了各時代政治、經濟、文教、社會各方面的有關資料,族譜的記事可以說是包羅萬象的,豐多美備的。

五、中國族譜的效用

中國族譜的效用,極為廣大。古時候有人以為「總領黎庶,則有譜籍簿錄」,這種說法固然是十分恰當的;不過如果我們從

家族、社會以及學術等不同的角度來看族譜，可能對族譜效用的問題了解得更多一些，更深入一些。

如前所述，族譜是家族歷史的紀錄，所以對家族人事的資料記載得非常清楚，一般族譜都是從始遷祖先到修譜時丁口，按世代先後登錄完整的，舉凡人名、字號、生卒年月日、配偶、外家、葬所等等，無不記述。一房記完，接記別房，篇幅雖然繁多，但家族中人員的長幼關係則一望可知，宗支世系，井然有條。我們要探溯家族的源頭，追尋族裔的歷史，族譜實在是最重要的依據。

在我國歷史上，常因時代的巨大變亂，而發生民族的遷徙事件。例如在五胡亂華、黃巢之亂、宋明南渡這些大事變期間，就有不少中原的世家大族南遷到江浙閩粵等地的。他們遷流的路線大多是從河南等地先到黃岡渡江，再沿贛江上流轉折東向，經寧化、汀州入閩南，或更南下廣東。這些人家的子孫到了明末清初，甚至有渡海來臺，而成為開發臺灣地區的先驅者。這類家族遷徙的經過與艱辛的歷程，常為正史與地方志書所忽略，而在有些人家的族譜裡則詳記原委，細說從頭。因此要追索家族遷徙的歷史，也常靠族譜才能獲得正確的知識與深一層的了解。

也有一些家族，因為戰亂或貧困的種種原因，離散四方，各謀生計的，若干年後大家都見面不相識而成為陌路人了，可是只要族譜尚存，族人關係的維繫仍然是有可能的，歷史上常有這一類的美談佳話。例如在《佛耳山詹氏族譜》中，我們就可以看出在黃巢之亂時隨著王審知入閩的五代高士詹敦仁，由於他攜帶族譜逃難，結果在福建遇到了早在永嘉之亂就南來的族人，他們展開族譜合對之下，竟發現彼此同宗，難怪他們喜

極而泣，寫下了「憶昔永嘉際，中原板蕩年；衣冠墜塗炭，輿輅染腥膻；國勢多危厄，宗人苦播遷；南來頻灑淚，謁驥每思泉」，以及「僕馬甘栖息，南來擇地安，巧將茅舍作，城近遶廬山。喜識宗人面，襟懷自覺寬，開圖閱源派，涕淚染衣斑」的詩句來了！

中國族譜對於發揚家族與傳統社會的美德也是具有功能的，因為很多做人處世的道理，舉止言行的禮節，忠孝仁愛的情操，親親長長的雅訓，都可以在族譜中找到，而且這些訓誡的規條，並不要求子孫記憶章句，徒流形式，而是寓教於行的。以前人家的子弟，從小就有讀譜的習俗，兒童耳濡目染，寓學習於行動之中，日久自然成習，深入腦海，長大以後，言行表現也就敦厚守禮了。人人和善相處，社會那有不充滿一片和諧的呢？

此外，自宋代以後，族譜的修纂莫不以尊祖睦族為重的，而且更強調由睦族而睦鄉里，由睦鄉里而睦國家，由睦國家而善天下。古人常常主張治國以族治為先，原因也就在此。

總之，無論在尋根探源、明瞭宗支方面，或是闡揚倫理、和諧社會方面，中國族譜都是具備高度效用的。

由於中國族譜記事的範圍牽涉很廣，一家一族的大事乃至於影響社會人心的倫理規範固然都包涵在內，然而極多的有關學術方面的史料，在族譜中也是相當豐富，可以說俯拾皆是。現在略舉數例，以為說明。

一、于德楙在清末民初修纂《于氏宗譜》時，為了蒐求先人舊事，曾從貴州遠赴江蘇，在南京遇到族人，才知道自己竟是明初功臣俞通海的後裔。明成祖靖難之役，俞氏家人在兵火

中死難的很多，而事後又負夷族之冤，子孫逃亡的多改俞姓為于姓，到中國南方僻遠處隱居起來。五百多年前的祕史，竟因這次修譜而躍然紙上了。又如明清之際的大學者顧祖禹，他的《讀史方輿紀要》被譽為「數千年所絕無僅有之書」，大家一定都會相信他是一位畢生著述而足跡不出江南的人，可是在無錫廊下村《顧氏族譜》之中則記有「景范足跡，遠邁霞客」的讚語。徐霞客是明末的大遊歷家，顧景范似乎不能與他相比的。然而經過學者的考證，原來顧祖禹早先也是一位復明反清運動的志士，飄蕩於東南沿海有一段時期，後來宏願未成，這些事蹟也就隱諱不談了。族譜有助於史學研究，由此得一證明。

　　二、在若干族譜裡，我們可以看出天主教在我國發展以及一些中國人家信教的情形。如張義虞在《張氏族譜》序中詳記了他們一家在清朝康熙年間信教的始末。《玉山吳氏族譜》則記他們祖先吳露泰在雍正、乾隆時奉教虔誠的事，也談到這族人中有不少用洗名如露嘉、茂祿的，而族人的葬地叫十字山，尤具西教的色彩。又如《駱氏族譜》中敘述了他們原籍廣東，後來在江西小住，最後到四川定居的往事。這一家人在康熙三十四年（1695 年）入教，但在乾隆十一年（1746 年）的仇教之役中駱氏族人蒙害情形非常慘重。他如《懷玉一都徐氏宗籍》世系表裡常見「彌陁」、「保羅」等教名的字號，而這些徐氏先人都是清代乾嘉道咸年間的人。由此可見，清朝雍正年間，雖然降旨禁教，但國人信奉西教的仍大有人在，天主教並沒有真正的被禁絕。

　　三、還有一些人家的族譜，會提供給我們有關科學技術在我國發展與研究的知識。如《懷寧馬氏宗譜》記其先人馬太初

醫術高明，擅長外科手術。這一家人原本來自西域，後取漢姓。始遷祖馬依澤，精於曆學，宋太祖初年就被召修曆書，後來授官「欽天監正襲侯爵」。又如《興寧通書羅氏族譜》中記族祖羅慶輝在康熙末年研習西洋曆法的事，後來他由京師返鄉，創造《通書》，在雍正六年（1728 年）獲得政府批准「《興寧通書》頒行天下發賣」。我國曆法本有《大曆》，宋代以後漸有回胞參與修曆，回胞的天曆知識當然是從西亞阿拉伯傳來，明初政府改用《回回曆》，但是到明末清初，因為西洋傳教士東來，而西曆推算比較準確，因而又改用西洋曆法了。這一段科技發展的歷史，我們似乎也可以從族譜中看出一點端倪來。

四、清末太平軍動亂期間，在江蘇一省，兩軍往復戰鬥前後歷時約十二年之久。據官方統計，江蘇人口原有四千四百三十萬人，戰後則僅存二千萬人。所謂「十室九虛」、「白骨遍野」都是當時殘破淒涼的寫照。民國六年（1917 年）惲祖祁等重修的《毘陵惲氏家乘》卷 2 有〈先德門〉，其中以二十五頁的巨大篇幅列記咸豐庚申（十年，1860 年）惲氏一族參加地方團練而殉難的男子人名，計算之下，將近有五百人之多，其他老弱婦孺遭到殺害、自縊、投井死亡的還不在內，總數應在八九百人。當時惲氏合族約有四千人眾，但在這一次戰役中就有四分之一的家人喪失了生命。這種人口銳減的事實，當然影響到社會經濟的蕭條。誰能說族譜資料對研究人口、社會、經濟等問題沒有裨助呢？

以上僅是幾種偶然看到的例子，其他如婚姻關係、繼承問題、工商行業、人物文風等等，族譜中都有很多的紀錄。總之，族譜中的資料是豐富的，族譜的功效是多方面的。

六、結　語

　　綜合以上所述，我們不難了解：第一，中國族譜，幾千年來，一直有人在從事修纂、改良體例並增加內容，可謂歷史悠久。第二，我國族譜的記事內涵，愈變愈豐富，稱得上包羅萬象，絕不是外國族譜僅記世系人名那樣的簡單內容所能比匹的。第三，目前我國明清時代的族譜尚存於世的為數仍然可觀，雖然原書多在國外，但聯合報國學文獻館一處就有三千種以上的微捲資料收藏，參考與研究應該是夠用了。第四，我國的族譜有著睦族治鄉與闡揚倫理的特殊效能，六經的微言，子史的奧義，盡在其中，是中國文化的精華所在。然而自從清末以來，西歐文化東漸，工商業的發達，個人主義的抬頭、功利思想的瀰漫，無一不使中國家族制度受到嚴重的破壞，家庭的向心力與凝固力逐漸淡薄，倫理道德與優良傳統也日趨式微，這種社會文化的改變，不但影響到譜學的研究，同時也影響到族譜的修纂。所幸近三十年來，我政府在臺灣地區，努力建設、保存文化，以致民生樂利，人文蔚起。現在我們實在應該提倡譜學的探究，使得這一固有的文化不致毀失，同時我們也要鼓勵大家修譜，以為尋根睦族的憑藉，並作重建倫理教育的指針。先總統蔣公曾經多次的訓示我們：「中華文化的基礎為倫理。」而且一向認為譜學為「民族之學」，「民族之學我國所重」。因此譜學的振興與否是我國文化存亡的關鍵因素之一。為了復興中華文化，光大中華文化，我們今後應列族譜這一門傳統學問為文化建設中的一項首要任務才好。

二 唐代族谱略述[1]

一、小 引

　　我國族譜的發展，大約可以分為三期。第一期為先秦時期，現在所知這一時期的族譜，僅可由秦代上溯周、商有文字的時期，因為有文字才能寫出族譜，這是明顯的事實。若再由商代向上推，我們雖不敢說絕無族譜，但由於沒有文字，當時的族譜最多也是口傳的世系資料而已，如《大戴禮記》裡的〈五帝德〉，似乎可以被視為這類的族譜例子。第二期應該是由漢至唐的一千一百年間，漢開其端，唐殿其後，五代十國的變亂，影響族譜的製作，也影響族譜的發展，所以唐末五代是過渡期，也是我國族譜發展史上第二期的結束階段。第三期是由北宋起直到現在，在這一段時間裡，中國的譜學是被歐、蘇譜例所統治，歷宋、元、明、清到現在，又經歷了一千多年，譜書譜例雖有變化，但不脫歐蘇的本質，現存明清兩代的族譜很多，都可以證明這一事實。

　　我國族譜的成長茁壯，是始於第二期，特別是由魏晉至隋唐，族譜的發展，可以說是與時俱進。在這一段時期當中，有

1.原文刊載於第一屆國際唐代學術會議論文集編輯委員會編，《第一屆國際唐代學術會議論文集》（臺北：學生書局，1989），頁 854–874。

兩項重大的政治措施，影響到當時社會、政治以及文化等事，也影響到族譜的製作與內容。其一是魏初的「設品立狀」，實行九品官人之法，而樹立了世族。其二是隋唐的廢九品中正制而改設科舉，使郡望門第發生了變化。這兩種制度上的變化，原應使族譜的內容產生極大的改變；但根據現在可見的晉唐族譜殘件可知，不論在體例上或是內涵上來說，晉譜與唐譜似乎改變不多，且有明顯的一貫相承作風，這大概與唐代考試制度的執行不嚴格有關。現在我就把我對唐代族譜了解的膚淺知識，寫在下面，就教於方家君子。

二、唐代族譜的體例

唐代的譜學，由於所遺留下來的資料不多，過去從事這方面研究的人，因而很少。現在我們雖然有幸看到了較多的史料，可以探賾索隱，深入探究，但所得的結果也只是一個大概情形而已。唐代族譜體例，應從以下幾方面作一探討。

㈠傳記與圖表

中國古代的族譜多以圖表說明家族的世系，東漢以後才漸由譜表轉變為以傳記式為主的體例，其轉變痕跡至為顯明。東漢末年人趙岐所作的《三輔決錄》，本來是關中世族的傳記，而唐代學人則視其為族譜。如劉知幾說：

> 譜牒之作，盛於中古，漢有趙岐之《三輔決錄》。[2]

又說：

2.劉知幾著、浦起龍釋、呂思勉評，《史通釋評·書志篇》（臺北華世出版社本），頁90。

……降及東京，作者彌眾。至如名邦大都，地富才良，高門甲族，代多髦俊。邑老鄉賢，競為別錄。家牒宗譜，各成私傳。[3]

再如《晉書》裡記摯虞述漢代譜牒事，不作譜圖，也稱譜傳了，該書記：

虞以漢末喪亂，譜傳多亡失。雖其子孫，不能言其先祖。[4]

他如《舊唐書·經籍志·譜牒類》，以家傳十多種，都歸入譜牒一類。而南朝梁人劉孝標注《世說新語》時，曾引用譜牒之書五十多種，卻都不見有圖表字樣，可見自漢末以降，記傳體式似已為族譜的主流了。唐代譜書並非絕對沒有圖表，劉知幾也曾提到：

夫以表之為文，用述時事，施彼譜牒，容或可取。[5]

宋代鄭樵也說：

歷代並有圖譜局，置郎令史以掌之。[6]

清代乾隆年間敕撰《續通志·氏族志》時，更清楚的指出：

---

3. 《史通釋評·煩省篇》，頁 306。
4. 房玄齡等撰，《晉書·卷 51·摯虞傳》（臺北鼎文書局重印本），頁 1425。
5. 《史通釋評·表歷篇》，頁 67。
6. 鄭樵，《通志·卷 25·氏族略序》（臺灣商務印書館重印本），頁「志」439。

> 歷代有圖譜局，置郎令史以掌之，以備選格，通婚姻。唐世
> 領以宰相，其鄭重猶然若此。 **7**

既有「圖譜局……領以宰相」，而表又可「施彼譜牒」，唐代族
譜中次入圖表，當然是可信的事實了。然而生於北宋的歐陽修，
也是影響後世極大的中國譜學大師卻說：

> 自唐末之亂，士族亡其家譜。今雖顯族名家，多失其世次，
> 譜學由是廢弛。而唐之遺族，往往有藏其舊譜者，時得見
> 之，而譜皆無圖。豈其亡之？抑前世簡而未備歟？ **8**

歐陽修的這個懷疑，也許有些過甚，但是直到目前，我們雖然
看到了一些舊譜殘件，卻仍然不見有晉唐間譜表的文字存在。
推其原因，除歐陽修的「前世簡而未備」一端以外，可能當時
修譜的目的與譜書的功用值得吾人注意，因為這一期間的族譜，
惟門第是崇，職官為尚，意在用族譜資料當作實際證明文件應
用，只要記載婚、宦二事就夠了，不必累贅的再作圖表，所以
圖表在族譜中因失去需要而大多被省略了。唐末又經黃巢及五
代之亂，世族消亡，這原本就不多的有譜表的族譜，也就可能
絕跡人間了，難怪歐陽修所見的唐代族譜「皆無圖」，千年以後
的今天當然就更不能一睹實狀了。

7.清乾隆三十二年（1767 年）敕撰，《續通志・卷 381・氏族略總序》
　（臺灣商務印書館重印本），頁「志」3753。
8.歐陽修，〈歐陽氏譜圖序〉，收於《歐陽文忠公集》（臺灣商務印書館
　四部叢刊本），外集，卷 21，頁 12（總頁 532）。

(二)簿狀與譜系

鄭樵說過：「自隋唐而上，官有簿狀，家有譜系。官之選舉，必由於簿狀，家之婚姻，必由於譜系。」 **9** 這是很透徹而且有見解的結論。現在我們以新見的晉唐族譜殘件來勘對他的話，發現他所言不虛。同時由魏晉到唐代，所稱的「譜牒」這個名詞，實質上包括「簿狀」（官譜）和「譜系」（私譜）兩種家世紀錄資料。不過就功用與體例來說，兩者是不同的，現在分析如後：

1.簿狀：

簿狀也稱家狀。魏初世族勢力已經壯大，乃有「設品立狀」，實施九品官人之法。「九品」就是將士庶分為九級；「立狀」即製「簿狀」，憑著「簿狀」來品門第，以銓衡授官，所以「簿狀」在後世也被稱為「官譜」，因而研究中國譜學的人也稱魏晉至唐為官譜時期。但是當時執行選官之權的人，大多付之州郡大小中正，而大小中正都出身世族，所以選舉出來的官員仍為世族。所謂「上品無寒門，下品無世族」，或是「據上品者，非公孫之子孫，則當塗之昆弟也」等一類的感嘆，都是因是而發的，**10** 堅固的世族政治也由是建立。隋唐以後，雖然新創了科舉制度，世族勢力，當然不免受影響，不過唐代科舉制常有實行不徹底的現象，大權仍操諸新舊世族之手，仍不脫魏晉以門第官人的舊轍，因此「簿狀」的作用與地位仍然重要。質言之，當時科舉考試有時還是爭不過世族的門第勢力。五代

9.《通志・卷 25・氏族略序》，頁「志」439。

10.《晉書・卷 45・劉毅傳》，頁 1274；《晉書・卷 48・段灼傳》，頁 1336。

王定保說過這樣的一個故事：

> 鄭侍郎薰主文，誤謂顏標乃魯公（按指顏真卿）之後，……即
> 以標為狀元。謝恩日，從容問及廟院。標寒畯也，未嘗有廟
> 院。薰始大悟，塞默而已。 **11**

又《文獻通考》引宋代項安世的話說：

> 風俗之弊，至唐極矣。王公大人巍然於上，以先達自居，不
> 復求士。天下之士，什什伍伍，戴破帽，騎蹇騎，未到門前
> 百步，輒下馬奉幣刺，再拜以謁於典客者，投其所為之文，
> 名之曰求知己。如是而不問，則再如前所為者，名曰溫卷。
> 如是而又不問，則有執贄於馬前自贊曰：「某人上謁者。」
> 嗟乎！風俗之弊，至此極矣！ **12**

由此可見，唐代雖行科舉考試，但制度未能嚴格執行，家世門
第仍然影響著授官，也就是說簿狀仍有其實用需要。

　　至於唐代簿狀的體例如何？前人未見有所論述的。近年來
我們在舊譜堆中，仔細搜求，略得其殘編斷簡，可以看出大概
情形。一般說來，唐代的簿狀是一篇傳記式的短文，將家族的
門第、職官、婚姻等事報告給政府，以憑入仕授官，可以說完
全是誇門第、入仕途的一種實用證明文件。例如東晉咸康二年
（336 年）淮安侯汪旭所上的一件簿狀殘表中說：

---

11. 王定保，《唐摭言·卷 8·誤放》，收於《百部叢書集成》（臺灣商務印
　　書館本），第 754 冊，頁 7 下。
12. 馬端臨，《文獻通考·卷 29·選舉考二》（臺灣商務印書館本），頁
　　「考」274。

臣旭言:「臣等千載有幸,奉詔品量,分別姓氏。臣承黃帝之後,玄囂之苗裔。周武王弟周公旦魯伯禽之後。至成公黑肱次子汪,封汪侯,食邑潁川。臣四世祖文和,漢安二年(143年)為會稽令,因渡江而家焉。子孫遍布諸郡,無不簪纓。以臣無功,蒙用領授護軍司馬丹陽太守淮安侯,食邑二千戶。索臣絲由來,謹治舊譜婚姻、職狀,詣闕拜表以聞。臣旭誠惶誠恐坐罪謹言。」**13**

由這份殘表之中,我們不難看出當時的「簿狀」體例有三大要點:⑴辨姓氏、⑵聯婚姻、⑶明官爵。這是簿狀的固有格式,要在炫耀門第而已。至於汪旭為何不把整個舊譜呈送政府,而只在舊譜中選出「婚姻」與「職狀」兩項送呈?我想這可能是當時政府只需要這方面的資料來品量,其他的與授官無關罷了。

我們有幸,又撿到唐初汪華的一道家狀上表,其中寫到:

臣華言:「上奉明詔索臣家狀姓譜,齊貴賤之由來,品源流之優劣。……臣伏閱家譜,分封始於姬旦,得姓始於汪侯。枝葉相承,代膺簪紱。或騰芳周室,或著蹟秦朝。冠冕蟬聯,悉稱良最。暨漢建安之歲,臣十三世祖文和,膺紫墨綬,治任會稽,遂居江左。牧守建撫之□,令書握蘭之望。源流不忒,代次無疑。如臣何功?蒙恩再錫信圭,授左翊衛白渠府統軍,以備宿衛。臣今繕寫一通,具婚姻、職狀隨表進以聞。臣華誠惶誠恐頓首謹言。」**14**

13.汪松壽,《汪氏淵源錄》(聯合報文化基金會國學文獻館藏本),卷2,頁1上。

14.汪華,〈譜表〉,收於汪鑊,《汪氏世紀》(聯合報文化基金會國學文獻

尤其使我們振奮的是在歐陽文忠公的譜圖論著裡，也發現了唐代的殘缺家狀，並有略加考證的文字。其文為：

> 修當皇祐至和之間，以其家之舊譜，問於族人，各得其所藏諸本，以考正其異同。大抵文字殘闕，其言又不純雅，然取其所同者多，並列其世次，為譜圖一篇，而略存其舊譜所載。舊譜前列魏司空清河崔林、宋太保王弘、齊太尉王儉、梁御史中丞王僧孺、尚書兵部馬將臣賈贄等上，又列唐吏部尚書高士廉、中書舍人徐令言等重定，其譜多載千乘之族，至歆而止。魏晉以後，無復次序，疑其脫亂不真，其尤可疑者，《漢書》曰生子和，而譜自涿郡太守而下，列其十世而無生。太守亡其名字，有其夫人曰楚春申君之女也。生子曰睦，字公安。睦夫人陳氏，生子曰欽，字子敬。欽夫人張氏，生子三：曰容、曰述、曰興，皆不著其字，而云同受業於濟南伏生。容為博士，其夫人夏侯氏，生子曰巨，字孝仁。巨夫人戴德之女，生子曰遠，字叔遊。遠夫人倪寬之女，生子曰高，字彥士。高夫人孔安國之女，生子而亡其名，有其字曰仲仁。仲仁夫人趙氏，生子曰地餘，字長賓。地餘夫人戴氏，生子曰崇、曰政。政字少翁，夫人孫氏，生子曰歆，字正思。漢氏以歆為和伯八世孫。然今譜無生而有容。又云：容受《尚書》於伏生。自容至歆八世。疑漢所謂歐陽生者，以其經師謂之生，如伏生之類，而其實名容，容字和伯，於義為通，此其可疑者也。《漢書》曰高字陽，而譜字彥士，小不同，此不足怪，其夫人世家無可考證，莫知

其是非，故存之。至於他說，可知其謬者皆不錄。　**15**

由以上三篇殘缺資料，很明顯可以看出，從魏、晉到唐代的簿狀（家狀或官譜），體例是一脈相承的，而審覈簿狀的人也是歷代相接。簿狀的內容必載婚、宦，在歐陽文忠公所引的殘件中，尤可證知。總之，魏晉隋唐之間的官譜，在體例和記述方面，必定是以辨姓氏、聯婚姻、明官爵（門第）三者為主體的，其他的家族記事，不為官府銓衡授職所需要的都被省略了。

2.譜系：

　　如前所述，早年譜系是指私譜而言。自魏晉至唐，簿狀等官譜雖因任官需要而為人重視，但是私譜似乎也相當盛行。官譜與私譜的不同之處大約有：一、官譜須按著官府所指定的項目來製作，並經審查，以備銓衡入仕之用。私譜則不然，可以自由寫作。二、官譜與私譜都具有辨姓氏、聯婚姻、明官爵等的三大要素。但除此之外，私譜似乎可以自由記事，且事實大小，樣樣都可入譜，這件事我們從《世說新語》劉孝標採用的族譜作注的文字中可以得到明證。此外，我們也幸運的在舊家的譜書中，找到了一篇唐代族譜的殘序，是唐末程淘的〈程氏世譜序〉，這確是一件難得的瑰寶，因為我們可以從這篇文章中看到唐代私譜記事的真貌。我現在把它抄錄在下面，以為說明：

淘生不幸，逢時多故，出入兵甲之間，不知幾方。永懷先人遺澤，及淘之身，泯泯如此。每每念及，未嘗不枕戈涕泣，思見四海平安。何太平之不易得，死亡冉冉之相迫也。已

15.〈歐陽氏譜圖序〉，收於《歐陽文忠公集》，外集，卷21，頁15（總頁534）。

矣！行年七十，位不過岩將。兵不能制隣封，控於縱橫之諸侯。因以攘剽之殘寇。長安何在？指日下以悼心。劍嶺未通，望棧閣而飲血。有志不遂？樞楮何言？重念先世舊塋，鞠為荊棘。故相東閣，反成營場。平時鄰里鄉黨之人，半是梟狐魍魎之物。死者郊原略骨，生者岩穴藏身。屋蒲田燕，見鹿已遊於町疃。軍輸兵餉，驅民未免於租庸。無日不兵，無時不火；顧奔迫之不暇，豈簡編之或收。由是譜牒舊書，幾於灰燼。既無路以報國，復何意以辱先。聊因戰守之餘，謹輯世次之序。自洵而上至忠壯公，凡十三世。世居篁墩。乾符五年（878年），歲在戊戌端午。黃巢別部入篁墩，洵之族人逃難解散。賊眾逆營本宅。攻劫於川谷，蕩滌殆盡。至今秋初，黃巢收所部化闕，於時清蹕無聲，鸞旂失色。行幸萬里，自同天室之游。負乘九重，更甚貞元之儹。洵與兄澐恩世故之殷，共謀存活之計。其後大□移國，方鎮勤王。甫及一年，李克用朱溫收復長安。所在州縣戶口□耗，其曾經巢賊經過，則又甚焉。自從賊後山落老稚稍歸卿社，兄澐遂謀於眾曰：「黃巢雖沒，盜氣未除，天未悔禍，饑饉荐臻。以澐度之，不及息肩。□一旦如有犬吠之驚，吾屬彫瘵之餘，豈有噍類。」眾將泣曰：「其將若之何？」澐曰：「盍相與依山阻險以自安。無事則耕織以供伏臘，倉卒則修戰具以相庇衛。今鄉里雖殘破，然諸君多少年一心可圖也。」眾皆許諾。於是共推澐為岩將，依東密山為寨，眾不過四百餘人，未及草寇畢□、楊仙童、李重霸、孫端、查翺、陳儒、范珠相繼而至。眾或一二千，多或四五萬。光啟元年（885年）閏月三日，陳儒自黎陽引兵薄東密。自午及酉，接戰再

四，不克而去。時鄰近岩寨悉皆破亡，獨澐率勵鄉里，撫以
盡道，故能得人之情。雖甚疲敝，戰皆倍力。澐既擁眾，以
為所在皆為賊守，俱非王人；獨力以待，無所歕附。他部賊
兵皆相畏憚。景福二年（893年），楊太尉行密遣將田頵略地，
別部皆下，惟澐堅壁東密山。頵遣人諭之曰：「太尉已受朝
命都督東南行營，今日頵來，非是賊也。」澐再拜對曰：
「所以自保者，不欲以三百年太平民，坐為賊虜爾。審如公
言，吾復何求。司空可得見乎？」頵因單騎入岩，澐具軍容
甚肅。頵曰：「卿真將種耶！」澐曰：「司空見淮南太尉，幸
為澐言。但得太尉府中一親信人，至相與共事，錢氏在吳
越，不足慮也。」會楊太尉有孫儒之，□□果從澐所請。即
表與僕射雅知歙州，奏澐為歙州副兵馬統帥檢校御史中丞。
依前東密岩將兼領馬金嶺□拓等事，以衙內都□衙程陣為
副，由是兵聲大振。降下富阼□山、容山、丁山等岩寨戈甲
旄物。於是始□久之。澐以老乞解兵權。仍請本府以衙內副
指揮使程言來領後事，澐歸府病卒。月餘，程言果與程陣相
□岩兵不輯。陶僕射大懼，蓋歙州更接浙境，最倚東密為藩
障故也。府咨議陶映言於僕射曰：「程澐久帥東密，人情所
歸，今其弟淘亦足謀略，可更以東密授之。」於是表淘為東
密岩將。淘既至，眾皆相悅。淘無他長，所守者先兄規略而
已。每閱兵帳及戶口版籍，見流亡者無算，所存不滿二百
戶，每歲又約租稅及糗糧、蒭草之積，軍需調發，科率百
出。因竊嘆曰：「後人逢時無虞，體胖心佚。豈識向上辛苦
如是耶，更有不懷厭滿非上念亂者又誠何人哉？」故因輯家
譜之次耶。書以示子孫，知其辛苦如此。

大唐　　　年　　　月裔孫淘述 16

以上序文雖有脫漏，而且有些文句也不甚通暢，但大義可知。文中所述黃巢變亂之事極詳，對當時盜賊的殺戮，軍閥的蠻橫，人民的痛苦，以及自保的方法等等，描繪生動，可謂躍然紙上。這樣的真實紀錄，是無意寫歷史卻留下了珍貴的歷史紀錄，可以補正史的不足。特錄於此，供專家參考。至於這篇序文的可靠性，我想可以從以下兩方面來說：一、唐代族譜崇尚門第，如果序文係偽作，必定是為提高家世門第而寫的，可是程淘在序文中並沒有強調這些，可見他沒有偽作的動機。二、上引序文中殘缺了年月，似乎也可以證明這一文獻並非偽造，因為通常作偽的人必寫明正確年月，以表示文章的可信性，掩飾其造假的痕跡。同時殘缺正是歷代轉抄或糟爛的證明，本文所引的係錄自清乾隆五年（1740 年）程大邨等續修的家譜，上距唐末，已經八百多年，文件損壞是極有可能的。

三、唐代族譜的內容

唐代族譜的內容，由於現存的資料缺乏，無法盡窺全貌，不過從一些零星的譜序和有關的文字中，我們仍能得到一個大概影像。

(一)極度崇尚門第

劉知幾是唐代的大學者，對中國史學研究，常有新論，並為世所稱道，但是他對於族譜，則猶持崇門第的舊論。他說：

16.程淘，〈程氏世譜序〉，收於程大邨等續修，《受祉堂續修大程村支譜》（聯合報文化基金會國學文獻館藏本），卷首。

高門華冑，奕世載德，才子承家，思顯父母。由是紀其先
烈，貽厥後來。若揚雄《家牒》、殷敬《世傳》、《孫氏譜
記》、《陸宗系歷》，此謂家史者也。**17**

顯然這是說族譜是為炫耀門第，光榮祖先的。假若門第祖先已
失去了光榮，那麼這種家史也就可以不必寫作了。他曾經如此
說過：

家史者，事惟三族，言止一門。正可行於室家，難以播於邦
國。且箕裘不墜，則其錄猶存。苟薪構已亡，則斯文亦喪者
矣。**18**

顏真卿在唐德宗建中元年（780 年）所作的一篇〈顏氏世系譜序〉
中也寫到光耀門第的一些記事：

顏氏之先，出自黃帝之孫安為曹姓。其裔邾武公，名儀父，
字伯顏。子友……為小邾子，遂以顏為氏。世為魯國卿大
夫，孔門達者七十二人，顏氏有八，回居四科之首。其後戰
國有率躅，秦有芝貞，漢有異肆、安樂，魏有斐盛，……歷
青、徐二州刺史、關內侯。其後子孫咸著宦族。……肇自魯
國，格於聖代，紛綸盛美，舉集於茲。述尊前人，不敢失
墜。**19**

17.《史通釋評‧雜述篇》，頁 316。
18.《史通釋評‧雜述篇》，頁 317。
19.顏真卿，〈顏氏世系譜序〉，收於《欽定全唐文》（臺灣大通書局重印本），卷 337，頁 10（總頁 4319）。

　　像這樣標榜家世的譜序還可以看到一些,如唐開成四年(839年)汪芬的〈汪氏譜序〉裡也強調說:

> ……汪氏之緜,實基於潁川。暨漢建安之世,祖文和位宰會稽,因茲攀臥,遂爾淹留,或新都而築室,或宣歙以開家,遷徙無常,宗支漸遠。茲故續書譜牒,庶易尋源。爰自周漢迄於今代,英名婚宦,罔有斷遺。冀萬古留芳,千齡不朽耳。[20]

　　再如唐末五代之際錢鏐的〈錢氏大宗譜序〉也記:

> 若夫古先垂訓,賢哲修身,莫大於上承祖禰之風,下廣子孫之孝。……念予遠承祖派,紹襲宗風。爰自幼年,志攻學術,屬世道之屯否,憤豪猾之僭昏;擲筆硯於天目之山,練干戈於錢塘之域。推赤心而效順,仗一劍以除奸。……鎮越安吳,匡君輔國。自兵符而陞郡印,以廉車而建節旄。館三鎮之藩方,受六朝之委任。尊居師右,位極人臣。……榮先祖禰,寵被親姻。子孫皆忝勳華,宗族盡沾爵祿。長源衍慶,累葉承庥。考本尋根,實由祖德。……余總戎政之暇,考閱譜圖之祥,乃命區分,別為卷軸。上自少典,次及彭籛孚公。更錢氏之文讓公為過江之祖。高曾積善,德厚流光,棣蕚既繁,蘭芽轉茂。遂各堂構,析以諸房。切慮百代之後,流派愈多,難窮婚宦之由,有墜祖宗之業。今則先鋪血脈,次列尊卑。粗明纂襲之風,永奉烝嘗之道,傳示來葉,

---

20.汪芬,〈汪氏譜序〉,收於汪體椿等重修,《吳趨汪氏支譜》(聯合報文化基金會國學文獻館藏清宣統二年本),卷首。

　　勿墮箕裘。[21]

由以上這些譜序看來，雖有強調不能忘記尊祖敬宗、流芳百世的，但都以光門第為第一要件。顏真卿的序除了敘述他祖先的姓源和官爵世系之外，其他的事一概不談。汪芬的序也重「英名婚宦」和「萬古留芳」二義。而錢鏐的文章可以說崇門第得離了譜，因為《新五代史》中記錢氏壯年以「販鹽為盜」[22]，《舊五代史》也只說他「家世田漁為事，未嘗有貴達」[23]。二說雖有不同，惟其出身並非世族可知。〈錢氏大宗譜序〉中竟誇張的形容他上祖少典，「志攻學術」，而全序只述他一個人的功業，實在崇門第有些浮誇得過甚，這也是族譜資料的缺陷之一。

　　唐代族譜的崇尚門第，我們也可以在當時人柳芳的譜論中得知。他說：

　　……故善言譜者，繫之地望而不惑，質之姓氏而無疑，綴之婚姻而有別。[24]

柳芳是唐代的大譜學家，他曾經作〈氏族論〉，敘述我國譜學的發展，很有深度。他以為唐代的簿狀與譜系，其內容都脫離不

21.錢鏐，〈錢氏大宗譜序〉，收於《欽定全唐文》，卷130，頁3-4（總頁1640）。

22.歐陽修，《新五代史・卷67・錢鏐傳》（臺北鼎文書局重印本），頁835。

23.薛居正等撰，《舊五代史・卷133・錢鏐傳》（臺北鼎文書局重印本），頁1768。

24.歐陽修、宋祁，《新唐書・卷199・柳沖傳》（臺北鼎文書局重印本），頁5679。

開上述的三原則。實際上這三項原則是與當時族譜體例相憑依的。所謂「地望」就是郡望，因為世族有的著望於郡，也有的著望於縣或州，所以有時也就統稱之為地望了。地望或郡望仍是由門第職官所造成的，婚姻則絕對與門第有關，而族譜既是家史紀錄，探討姓源是必然的，因此柳芳所述的三原則實際上都與崇尚門第有關，這也是唐代族譜內容的第一特點。

(二)不甚強調宗法

魏晉至唐的族譜，雖有尊祖敬宗的思想，且未嘗中斷，但是絕不像宋代那樣的強合宗法於譜法，這是顯見的事實。唐代常見有大宗碑一類的文獻，且為當時的風氣，然而這種大宗碑僅標明大宗，卻沒有小宗，只是代表宗族這個名詞而已。我們所見的大宗碑如顏真卿的〈大宗碑〉、〈武嶺蔣氏大宗碑記〉等等，內容僅記歷代官爵人名、男子世代以及少數家族盛事。不但不提及婚姻和族中沒有名氣的族人，同時也不具人所常具有的生卒、喪葬、家族分支派別與組織等事，所以並不具備完整族譜的條件，只是一個簡化的族譜而已。[25]不過大宗碑的作法，與唐代的姓氏書僅解釋郡望的世系卻有不同，因為大宗碑的世系始末一貫，而姓氏書解釋郡望的世系，若以《元和姓纂》為例，是節略引用世系的某一段，往往無頭無尾，或有頭無尾，或是中間節錄。姓氏書所記的目的只在說明郡望，婚姻之事是極少提到的，這是姓氏書與大宗碑或族譜的最大差異處。大宗碑雖不如宋代以後族譜那樣注重宗法，但它多少是具有維繫宗族力量的，這一點應毋庸置疑。

25.吳敬恆、陳布雷，《武嶺蔣氏宗譜・卷 1 下・先系考附錄》（上海：中華書局，1948）。

　　唐代族譜的不太強調宗法還可以在于邵的一篇譜序裡窺
知。于邵是唐玄宗天寶末年進士[26]，他在〈河南于氏家譜後序〉
中說：

> ……洎天寶末，幽寇叛亂，今三十七年，頃屬中原失守，族
> 類逃難。不南馳吳越，則北走沙朔。或轉死溝壑，其誰與
> 知。或因兵禍縱橫，吊魂無所。或道路阻塞，不由我歸。或
> 田園淹沒，無可迴顧。所以舊譜散落無餘。將期會同考集不
> 齊，爰為修集實難有待。今且從邵一房自為數例，有若九祖
> 長房，今太子少保譙國公頎，與邵同升於朝，股肱四聖，為
> 國元老，邵之弟也。有若九祖第三房今襄王府錄事參軍載，
> 與邵同在京列，保家履道，為宗室長，邵之兄也。各引才識
> 子弟，參定其宜，從而審之，誰曰不可。又以子孫漸多，昭
> 穆編次，紙幅有量，須變前規，亦《春秋》之新義也。今請
> 每房分為兩卷，其上卷自九祖某公至元孫止，其下卷自父考
> 及身已降，迭相補注。即令邵以皇考工部尚書為下卷之首，
> 此其例也。……其文公第四子安平公房，此建平公以上三
> 房，衣冠人物全少，今與文公第五子齊國公、文公第六子葉
> 陽公、文公第七子平恩公、文公第八子襄陽公、文公第九子
> 桓州刺史，併以六房，同為一卷。就中第五卷以下，子孫皆
> 名位不揚，婚姻無地，湮沉斷絕，寂爾無聞，但存舊卷而
> 已。其五祖、九祖，今分在三卷，並錄之於後。[27]

26. 劉昫，《舊唐書・卷137・于邵傳》（臺北鼎文書局重印本），頁3765。
27. 于邵，〈河南于氏家譜後序〉，收於《欽定全唐文》，卷428，頁18–19
　　（總頁5521）。

據上引序文可知，這部《河南于氏家譜》，其組織無論新舊，都在族姓之下，分房分卷撰寫。闕者從闕，希望以後補寫。譜書中顯然也是以官爵為重的，以「名位不揚，婚姻無地」者的宗人，因無錢無勢，失去世族地位，也已「寂爾無聞」了，族譜中當然就不為續記，這種作風，似已脫離了宗法。同時他以第三房的「于載」為「宗室長」來主持修譜之事，而不用長房的「于頔」為首，這也違反以宗子主持宗事的宗法規定。總之，若以宋代譜書來比較，唐代族譜是不太強調宗法的。

㈢兼重婦女外家

徵諸劉孝標的《世說新語》注文，我們可以略知在魏晉南北朝的族譜中，婦女的記事是很多的，也是表示了當時婦女在族譜中的很高地位。唐代婦女在譜書中的地位，因資料不多，未敢斷言，不過我們可以先從唐人重婚姻、娶嫁論貲一端談起。《新唐書·高儉傳》中有一段記說：

> 太宗嘗以山東士人尚門閥，後雖衰，子孫猶負世望，嫁娶必多取貲，故人謂之賣昏。

又記：

> 我（太宗）於崔、盧、李、鄭無嫌，顧其世衰，不復冠冕。猶恃舊地以取貲，不肖子偃然自高，販鬻松檟，不解人間何為貴之？……今謀士勞臣，以忠孝學藝從我定天下者，何容納貨舊門，向聲背實，買昏為榮耶？太上有立德，其次有立功，其次有立言，其次有爵為公、卿、大夫，世世不絕，此謂之門戶。今皆反是，豈不惑耶！朕以今日冠冕為等級高

下。[28]

這就是說唐代的世族雖有變化，即舊世族逐漸衰微，新世族日益重要。無論新舊，只要世族階層仍然存在，婦女在社會上的地位必然占有重要性的，族譜記事中當然也會反映出這方面的特性。

　　我們看到的族譜中，在唐代確有書婚姻、書妻、書郡望等項的，如〈錢氏大宗譜列傳〉，妻有「安定皇甫氏」、有「娶夫人會稽魏氏」、「娶夫人汝南周氏」等等的紀錄，這也因門第關係所致的。另外娶妻及繼娶、再繼娶，也都一體直書。妻書生子，但繼和元配所生的子，則要分別書其所出之母。一般情形不書生女，然而女有特別歸宿的，即嫁給高尚門第的，還是被書之於譜的。如錢伯仁的女兒條下，就有如下的記事：

> 一女曰寶媛，適同郡陳文贊，即景帝也。子霸先是謂陳高祖武皇帝。[29]

唐代譜書裡不見書妾，以唐代世族之家而言，不可能不納妾的。不書妾是不是與門第卑賤有關，不得而知。

　　由於唐代族譜仍重婦女地位，連帶而及的，當然也就要重外家了。我們也發現了這類的例子，如：

> 韋氏代德宦業，族系婚戚，有國史家牒存焉。[30]

28.《新唐書‧卷95‧高儉傳》，頁3841。

29.羅隱，〈錢氏大宗譜列傳‧臨川錢王列傳〉，收於《欽定全唐文》，卷897，頁14下（總頁11815）。

30.白居易，〈大唐故賢妃京兆韋氏墓誌銘〉，收於《欽定全唐文》，卷

> 臣（按張説自稱）本書生，門非代祿。數葉單緒，族無親房。
> 臣父遭憂，曾祖未葬。臣有兩兄一妹，甥姪九人。又有中
> 表，相依向成。百口吉凶，衣食待臣以辦。[31]

由此看來，「族系婚戚」皆能登譜。又如張説例，「中表」、「甥
姪」，同視為家人，其重外家，表現得頗為明白。

㈣私譜記寫各事

　　唐代私譜所記之事，似乎大小均書，大者如前引程淘守山
寨拒黃巢的事，小者如人的形貌、居地、遷徙、官爵、行事、
德行、學術、學派（如老莊、儒、佛）、著作等等也都記述。他如卒
葬處所、遷葬情形也無不書。當然以世家為榮，娶妻例書郡望。
隱逸之士也被尊重，事多詳書。就目前所見的唐譜殘件，我們
發現記家族事時，但見書善，不見書惡，這恐怕也與炫耀門第
的大原則有關，記寫了壞人壞事，又如何能藉以榮宗耀祖呢？

　　以上是個人對唐代族譜內容的初步分析，由於資料的欠缺，
不能多所申論，希望將來能有更多的資料出現，使唐代譜書與
譜學的真貌，更清楚的呈現出來。

四、唐代族譜的數量

　　唐代在我國歷史上是一個特出的時代，無論從政治、經濟、
文化、社會等方面來說，都遠非魏晉南北朝和隋代的分裂或局
限的情形所能比擬。唐人又重視崇尚門第，新舊權貴並立，族

680，頁 2 下（總頁 8811）。

31. 張説，〈讓起復黃門侍郎第三表〉，收於《欽定全唐文》，卷 222，頁
　　19（總頁 2840）。

譜的製作應該是普遍的，數量也應該是眾多的。不過由於舊史殘闕，前人著文談到唐代族譜數量的極少，只有羅香林先生據《新唐書‧藝文志》等資料，認為「唐人所自修族譜」，僅有六十種。[32] 羅先生的這種說法是只按《新唐書》中部分資料而定論的，若考按當時史實，可能有新的不同看法。現在就把我個人的想法寫在下面。

首先就隋、唐二史譜系類來作一觀察，正史裡所錄的似乎概括過廣，如姓氏譜、諱行錄，甚至《隋書‧經籍志》中竟將與族譜毫無關連的「竹譜」、「錢譜」、「錢圖」等都列入譜系之屬，這些「竹」、「錢」的譜當然不能算是記錄家世的譜書。[33] 羅先生所引的六十種族譜之中，如《大唐氏族志》、《姓氏譜》、《諱行譜》、《姓苑略》以及很多觀其名而難以揣測其內容的書，實在不能一概就論定其為「族譜」，就以林寶的《元和姓纂》一書來說，也不能認定是一本族譜，只是一部真正的姓氏書而已。這部書是唐憲宗元和七年（812 年）林寶奉命纂修的，當時修纂的目的是為了杜絕郡望之爭。皇帝特命碩儒，「辨卿大夫之族姓者綜修《姓纂》，署之省閣，始使條其原系，考其郡望，子孫職位，並宜總緝，每加爵邑，則令閱視，庶無遺謬」。[34] 這個纂姓氏書的方法，不過是除了解釋姓氏之外，再詳細的來說明郡望的承傳而已。但這種承傳，也只是摘要採取，解釋清楚郡望罷了，並沒有詳盡的登錄一貫的世系，況且也不是每姓都有。至

---

32. 羅香林，《中國族譜研究》（香港：中國學社，1971），上編，頁 52。

33. 魏徵等撰，《隋書‧卷 33‧經籍志二》（臺北鼎文書局重印本），頁 990。

34. 林寶，《元和姓纂‧卷首‧序》（清嘉慶七年古歙洪氏校藏本）。

於婚姻之事更是絕少提及，所以與族譜的體例與內容都不能並論。若以如此的標準來看羅先生所舉的六十種唐譜，其中必有不少是不能算是族譜的。

那麼唐代的族譜是不是不及六十種呢？答案是否定的。就林寶的《元和姓纂》一書而言，這部書在宋代還是完整保存著的，後來散佚了。[35]清代由明《永樂大典》中錄出，然已為「殘篇斷簡」了。[36]嘉慶年間，歙人洪瑩再採集校補，內容因而增加了很多。現在我們根據洪氏校補本略加統計，書中計約有一千五百四十七姓，二百一十二個郡望。這是「殘篇」的數字，自然比原書要少。以此推論唐代族譜理應比《新唐書‧藝文志‧譜牒類》所記的要多，因為在唐代有郡望的世族，多有官譜(簿狀)的緣故。同時郡望之下，大的宗族又分房、分支、分派，這些房、支、派往往又有支譜等等。[37]況且每一郡望之下，常常不只一兩個姓氏，甚至有包括十幾個不同世族的姓氏在內的，這在敦煌發現的資料中可以證明。[38]總之，唐代的族譜是可能

---

35. 孫星衍認為《元和姓纂》的散佚，疑在元明之際。請見孫星衍，〈校補「元和姓纂」輯本序〉，收於《元和姓纂》，卷首，頁1。

36. 孫士毅等於乾隆四十六年（1781年）九月時，曾作如此說法。請見《欽定四庫全書‧子部十一‧提要》（臺灣商務印書館重印本），頁489718。

37. 如《隋書‧經籍志》有《楊氏分支譜》，《新唐書‧藝文志》有《李氏房從譜》，都是分支譜之類的書。

38. 敦煌發現《天下姓望氏族譜》中，如秦州天水郡出二十姓，貝州清河郡出十九姓等，皆為明證。請見毛漢光，〈敦煌唐代氏族譜殘卷之商榷〉，《中央研究院歷史語言研究所集刊》，43本2分（1971，臺北），頁259–276。

比《元和姓纂》裡姓氏數目更多，應是合理的說法。

又唐代在貞觀年間纂修《氏族志》時，曾徵求全國簿狀以赴其事，合二百九十三姓，一千六百五十一家。[39] 如果每姓有譜，則應有二百九十三部；若每家有譜，則必多達一千六百五十一種了。〈錢氏大宗譜列傳〉中又記：「貞觀七年（633 年），詔天下貢民氏族源流，公錄家譜詣郡。」[40] 尤可證實當時家譜數量必然可觀，絕非六十種的些微數字。

此外，我們也可以從當時人家製作族譜的情形來看，了解唐代成就的族譜必然不少。如《河南于氏家譜》中就談到修譜的若干實狀：

> 修集家譜，其受姓封邑，衣冠婚嫁著之譜序，亦既備矣。歷一百七十餘年，家藏一本，人人遵守，未嘗失墜。

又說：

> 以子孫漸多，昭穆編次，紙幅有量，須變前規，亦《春秋》之新義也。今請每房分為兩卷，……此其例也。[41]

由此可見，凡屬于氏族人都家藏族譜。而族人多的，或因戰亂離散遷徙而不能集於一譜修纂的，可以分房分支來製作，如此一來，譜書的數量也就增多了。

---

39. 《新唐書‧卷 95‧高儉傳》，頁 3841。
40. 〈錢氏大宗譜列傳‧揚威將軍錢公列傳〉，收於《欽定全唐文》，卷 897，頁 17（總頁 11817）。
41. 〈河南于氏家譜後序〉，收於《欽定全唐文》，卷 428，頁 18（總頁 5521）。

綜上所述，我們可以了解，唐代世族多有簿狀或譜系之作，而當時又有新舊世族之爭，必重視族譜，較之魏晉「人尚譜系之學，家藏譜系之書」的情況，絕不會遜色太多，因此六十種之說是不能測其涯岸的。

五、結語——兼論唐末譜學的新趨勢

唐代族譜雖然因為史料缺乏，不能盡窺全貌，但是就現存的零星書檔資料，我們似乎仍然可以鉤考出當時譜書譜學的若干實情。例如唐代的族譜大致說來可以分為簿狀與譜系兩大類，前者為官譜，後者為私譜。簿狀主要記姓源、門第、婚姻、官宦等事，是炫耀家世，進入仕途的一種實用證明文件，就體例上看，這種文件是與魏晉南北朝一脈相承的。譜系雖然也具有辨姓氏、聯婚姻、明官爵等的內容，但記事不必依循政府的規定，內涵顯然比較擴大自由，家族中大小事務都可入譜。唐代族譜除尚門第之外，對婦女外家的重視也頗有魏晉南朝的遺風。另外唐代族譜也有尊祖敬宗的思想，且具維繫宗族的力量，惟不如宋代以後那樣的強合宗法於譜法，更不見睦親族、化風俗的大理想。至於唐代製作的族譜數量，儘管目前不能確知，為數實多應該是意料中事。總之，以上的這些事實是由於唐代仍有世族存在，且有新舊世族之爭，因此族譜的體例與內容也就不失魏晉以來的舊規了。然而唐代的世族，若與魏晉南北朝時代的相比，顯然是衰微走下坡了。推其原因，可能有如下幾點：一是唐代開國以後，太宗為要提拔隨他創建龍興大業的功臣，乃產生了一批新世族，而且還要設法壓制魏晉以來的舊世族，新舊世族之爭，由是而起。新世族多由平民藉戰功崛起，不必

再憑世代門第，坐致高官，因而傳統世族根深蒂固的基礎發生
了動搖。二是唐代的科舉制度，雖仍操在新舊世族之手，士子
們仍有須要奔走高官門下，從事運動的；但畢竟考試制度已為
若干人打開了進入政壇之門，不像魏晉南北朝時代，庶民是絕
無從政可能的。三是歷數百年的世族之家，奢侈浪費，到了唐
代，已經是破落不堪。如前所引《新唐書·高儉傳》中所說，
世族多已沒落，郡望也多偽多詐了。有了以上這三項背景，日
久終究會反映在族譜的製作與內容上的。皮日休是唐朝末年的
人，他曾經撰寫〈皮子世錄〉，我們以這篇有關氏族的第一手史
料為例，可以看出他作的世錄，顯然與中唐以前的作風有些改
變，多少變得不甚崇尚門第，而且相反的他竟以寒素志操為榮。
現在節引皮氏原文部分如後：

> 皮氏之先，蓋鄭公之苗裔，賢大夫子皮之後。在戰國及秦
> 時，無譜牒可考。自漢至唐，其英雄賢俊在位者，往往有
> 焉。……日休之世，以遠祖襄陽太守，子孫因家襄陽之竟
> 陵，世世為襄陽人。自有唐以來，或農竟陵，或隱鹿門，皆
> 不拘冠冕，以至皮子。嗚呼！聖賢命世，世不賤不足以立
> 志，地不卑不足以立名，是知老子產於厲鄉，仲尼生於闕
> 里。苟使李乾早胎，叔梁早嗣，仲尼不生，賢既家有，不足
> 為異；立大功，致大化，振大名者，其在斯乎？[42]

像皮日休這樣述祖立論的，實已純持清操，不慕門第了，這與
魏晉至唐初的族譜風尚，顯然大有不同，似已開闢了一條細小

42.皮日休，〈皮子世錄〉，收於《欽定全唐文》，卷799，頁12（總頁
10578）。

的族譜清流，而要流出世族圍堵重堤，衝向平民化的方向了。其後再經五代之亂，終於消歇了世族的族譜，為宋代新譜學開了先河，產生歐陽修、蘇洵等人的新譜例。

三 從中國族譜學的發展看宋代文化的特質 [1]

一、中國族譜早期發展小史

 上古初民社會中，為了追念祖先、實行外族婚制以及政治地位繼承等等，各氏族都重視世系。在文字沒有發明以前，常以口傳的方式，一代一代的留傳，使各氏族血統不會混淆，這種口述的世系資料，實際上也是早期的一種族譜。

 中國早期是有口述族譜資料的，否則司馬遷《史記》中的〈三代世表〉這類文章可能寫不出來。至於中國以文字寫成的族譜，最近有人認為甲骨文中的「兒氏家譜」就是一項實證。當然也有人說「兒氏家譜」可能是偽造的，不一定可靠。不過商代後期宗法制度已經流行，族譜起源於商代應該是件可能的事。

 周代滅商以後，實行封建制度，分封子弟，以國固家邦，也就是以家族來治理國家，因此一定要有詳細的宗族譜牒，記載宗族的血統，以分別昭穆親疏來作分封的依據。族譜在周代不但見於紀錄，而且成了周代的立國大法，所以司馬遷在《史

1.原文發表於中國學會主辦第六次國際中國學大會（1986，漢城）。

記》中說族譜是周代的經國大典。周代族譜的體例如何呢？形式怎樣呢？由於我們目前缺乏資料，無法確知。不過東漢的桓譚曾經說過：「《史記》的〈三代世表〉，就是仿效周代譜牒寫成的。」因此，我們看到〈三代世表〉，似乎也可以了解當年周代譜牒的內容一斑了。

周代的譜牒，主要功用，在於貴族的建國立家，因此當時只有貴族之家才有譜牒。周代滅亡以後，社會起了大的變化。秦漢以降，廢封建改立郡縣，貴族不存在了，貴族之家的譜牒也成了歷史的陳跡。然而，漢朝初年，從帝王到將相，不少都是布衣，因而又形成了官族，這些官族日漸增多，而且勢力日大，到了東漢則更興盛，官族與豪門為了強調身分地位，族譜也就又興起了。所以唐代的柳芳論譜時說：「漢代的族譜『尚官』」，原因即在於此。

魏晉時代，豪門的勢力愈來愈大，勢傾朝野，政府便利用他們設官分職，來治理一般平民。當時「設品立狀」，以為選拔官吏的根據。「設品」就是把人民分成不同的九品；「立狀」就是各家寫製「家狀」，也就是記載家庭世系資料的族譜。「上品無寒門，下品無世族」的現象便是在這樣的時代背景下產生了，這也就是魏晉到隋唐時代的「世族政治」。這個時期的族譜，無異是世族的證明文件，不論是做官，或是議婚姻，都要以族譜來證明身分，因而族譜的內容很重視門第，常常粉飾顯赫的家世，以便利其入仕之途。甚至偽造譜牒，以達到做高官的目的，尊祖敬宗絕不是這個時代修譜人家的本意。所以柳芳又評論魏晉的族譜是「尚姓」、「尚詐」，真是非常正確的言論。

唐朝末年，特別是五代十國時期，中國精華地區，遭受到

了前史未有的浩劫，幾百年來的世族家庭已漸漸淪亡殆盡，而這些世族的族譜也隨之煙消雲散。趙宋建國以後，新觀念與新功能的族譜學興起了，這種新譜學的影響至深且遠，不但一直到今天中國人家修譜還不脫出他們的範疇，就是我們的鄰邦韓國、日本、琉球、越南等等後來的譜學，也都仿行宋代譜學的理論與體例。因此宋代的族譜學值得一述。

二、宋代的族譜學

在中國族譜學史上來講，由魏到唐的族譜，都是由官方管理的，所以歷史上也稱這時期為「官譜時期」。自宋代開始，族譜因為由平民自由寫作了，政府不加干預，因此有人稱宋代以後為「私譜時代」。宋代在中國族譜學上是一個大變革的時期，不但將魏晉到隋唐這段期間的「尚詐」作風改革了，新建立起記事求真求實的基礎，同時族譜的體例與內容也與以前的有了很大很多的改變。宋代族譜學為什麼會有如此大的變化呢？我想以下的幾點原因值得一述。

一、宋代的學者多有復古的精神，以為三代以道治天下，而漢唐雖聲威遠播，卻以智力把持天下，不足遵循。三代的王道可法，三代的宗法也應該強調。

二、唐末及五代之亂，人倫掃地，道德淪亡。宋代興起後的百年之間，雖有外患，國勢尚稱安定，學者們想重建倫理，以致力於國家的富強，因而有此新譜學的倡導。

三、五代動亂之後，譜牒多已散佚，想作族譜的人，可能無例可循，因此不得不另創新例，以達到修譜的目的。

四、宋代立國以後，重文輕武，因而極重視考試的制度，

加上地方上的學制不佳，一般人求學很困難。因此凡欲培植子弟的人，非自謀加強家族教育不為功，於是一時族譜、宗法、家範、家規、義田、義學等等，都一併興起開來。

五、宋代外患頻仍，軍費極重，加上財政制度的不健全，所以政府與民間都感貧乏。一般家族為求生存自保，都著意聯絡族誼，勵行族治，族譜乃為大家所重視了。

六、兩宋海上貿易大盛，財富多集中於宦家豪戶之手。財力人力既豐，家族所記之事必多。正如方志學之發展一樣，南宋以後，族譜乃迅速發展，內容也大為增多。

宋代開創族譜新例的人，似乎不少，不過史料缺乏，我們所知影響最大的，應推歐陽修及蘇洵二家了，世稱歐蘇譜例。歐例始於歐陽修所作的《歐陽氏譜圖》，約成於北宋仁宗皇祐到至和之間（1049～1055 年）。蘇例始於蘇洵所作的《蘇氏族譜》，書成於至和二年（1055 年）。歐蘇二家的族譜，立說大體相近，然也有所不同，現在略述如下。

一、歐陽修譜例，據他說是仿效《史記》史表作成的，略呈橫行狀態，所以又稱為橫行體。《蘇氏族譜》則依宗法禮圖為表，略呈上下直行狀態，所以又稱為直行體。

二、二家族譜的世系表，都是以譜法強合於宗法，就是以小宗「五世則遷」之說，以強合於譜法。因此記述祖先的世系，都詳近略遠。每一個圖表只記五世，五世以後，歐陽修是接著再作一表，蘇洵則廢而存其舊表，再另作後五世的新表。所以歷代研究族譜的人，常覺得蘇例比歐例要瑣碎。

三、二家譜法都一反魏、唐間族譜「尚詐」不實的缺陷，主張徵實。因此歐陽修創造了一句名言：「斷自可見之世。」

「可見」就是「可知」，這說明族譜只能真實的來寫作，不可造假，以誣自己的祖先。

四、歐陽修作族譜的目的，以發揚倫理教育為主，歸結於修、齊、治、平為極終目的。蘇洵則更擴而大之，由睦族、恤族，進而和閭里、化鄉人、正風俗為本。

除了歐、蘇二家以外，在北宋還有其他的譜家，如曾鞏、曾肇兄弟，幾乎是與歐、蘇一樣有名的。《曾氏譜》可能到明代才散逸不存，因此曾氏所創的體例也無法得知了。

南宋社會繁榮，人文亦盛，譜學自然比北宋進步，見於著作的也較多了，而最為著名的當推朱熹的譜例。然而朱熹的有關論著也沒有專書傳世，現在我們只能在古人記述的零星文字中，看出一些梗概了。就目前所得的資料，朱熹對譜學有如下的幾點新見地。

一、歐蘇譜例都強合譜法於小宗法，不免流於瑣碎。朱熹為譜，則去掉了這一弊端。他雖然也本於宗法，但不強譜法合乎宗法，而世系排比直下，不以五世則遷而有間斷。今天《朱氏譜》雖已亡佚，但在清代乾隆年間成書的《朱氏海鹽族譜》中，還有援引老舊朱氏統宗譜例的部分，似乎可以從而幫助我們了解朱熹的譜學。

二、歐蘇譜例雖然主張「斷自可見之世」，或詳近略遠，然而在序例之中，他們還序其所出，甚至遠及上古，實在也不見得可信。朱熹則反對此一作風，他敘其祖先時，只自五代始遷祖開始，他的譜法主要是「缺疑傳舊」。對於徵實一項而言，朱熹確在歐蘇之上了。

南宋的譜學，發展很快，到南宋末年，已經躍出了歐蘇譜

例的範圍，不少人家模仿正史的體例來作族譜，譜例也不拘於宗法，或強合於宗法。敘事則多仿《史記》與《漢書》的體例，記事的門類也大為增多，如姓氏源流、郡望居地、行實家傳，以及遷徙、家訓、譜序等等，大都無所不作，無不講求了，這也就奠定了以後元、明、清幾代中國族譜之學的根基。

三、由宋代族譜來看宋代文化特質

以宋代族譜來看宋代文化特質，過去從來沒有人談過這樣的問題，也許有人以為不太可能。不過就以上兩宋族譜學的發展情形以及各家的譜論而言，我們似乎可以對宋代某些文化方面的問題加以探討，或作新解釋了。可惜宋代的族譜資料不多，以完整的族譜來說，保存在一些名家文集中的有歐陽修與蘇洵等人的，另外有些譜序散見於各書中，為數也不過百篇左右。若以此來窺測宋代的文化特質，實在有些不夠。但因我們的看法不同，立論的角度也有異，所見雖然不會太多，相信也可能有鉤沉補缺的功用。現在把我個人的淺見，簡略的寫在下面。

（一）從族譜資料看宋代的宗法

我國宗法，盛行於周代，秦漢以後，下迄隋唐，雖然還有宗法之名，但宗法實際的內容已沒有了。宋代著名學者，想挽救五代喪亂的敗壞風俗，便有新創宗法的念頭，來整頓澆薄局面。致力於此項運動的，當以歐陽修和蘇洵等人為早期的提倡者。他們寓宗法於譜牒，俾深入民間，植根於社會的基層，植根於家族的人心之中。宋代上距周代的宗法制度，已有千年以上的歷史，時代變化了很多，一旦要使宗法復活，當然是極困難之事。歐蘇兩位學者在如此的情況下，就不談大宗，只創小

宗，以小宗來與族譜結合。換言之，就是以小宗來團結宗族，一面可以達到恢復倫理的大義；一面可以發揮宗族互助、安定社會的功能。但實際研究起來，歐蘇所創的小宗法，已經失去了周代宗法的本質了，因為：第一，周代宗法制度，以諸侯的別子才可以立大宗，諸侯的庶子是為小宗，小宗是與大宗對比而產生的。歐蘇二家竟不立大宗，而只立小宗，試問沒有大宗，何來小宗呢？可見這是二家新創出來的小宗法，已與周代宗法有所不同了。第二，二家又以譜例強合於宗法。周代小宗是五世則遷的，是指高祖至玄孫的五世而言。若玄孫的兒子升格為玄孫，同時其曾祖升格為高祖的時候，有的高祖必因之而遷。這個遷只遷其舊有高祖本人的木主於祧廟而已，周代宗法中的五世則遷也僅此而已。然而歐蘇二家所說的五世則遷卻並非如此，他們的譜例，都以五世為表，所謂五世，乃指高、曾、祖、禰及本身之五世。而高祖既遷，同樣的高祖以下四世也一齊都遷而另為一表，很明顯的已大悖於周代宗法制度了。歐陽修與蘇洵是宋代的大儒，絕對了解周代宗法真義的，他們為此新創小宗之法，想是借古代宗法之名，實現其維護社會倫理的理想罷了。宋代的新宗法，實以二家的提倡為嚆矢，後來蘇洵的兒子蘇軾參與神宗時代的變法之役，竟想倡立小宗法，以為變法的張本，影響可謂不小了。這時期張載、程頤與程顥兄弟，他們也都主張以復宗法來變法。但他們的看法卻擴大了一些，更進一步的主張大小宗一併恢復，用來整頓當時的社會風氣與不良的吏治。然而張、程諸子要恢復的大宗，也不是周代的別子，而是變為選拔宗族中的賢能人士了。南宋朱熹也很契合於宗法與譜學，他的著作《朱子家禮》，則又更推進了一大步，公開標

明始遷祖及始有封爵的人都可以為大宗，如此，大小宗雖然不是周代之舊，但也一一建立了新的秩序。根據以上所述，可以了解宋代學者的新宗法理論，與周代的宗法很不相同，他們以復古為號召，適應當時環境，以新宗法來改變社會風氣，來團結宗族、安定社會，當然是有他們的苦心的。

㈡從族譜資料看宋代的理學

宋代的譜學新例，實在是由歐蘇二家開其源，都在宋仁宗時期。宋代的理學盛行，則較譜學為晚，約在神宗以後。譜學與理學的內涵雖不相同，然其最終目的，卻沒有多大的差異，同為明倫理，歸結於如何做人的學問而已。但族譜之學比較理學或者更有優長之處，因為族譜只重實用，不談心性，更無門戶之爭。因此，理學雖有派別的不同，但對族譜則一視同仁，不但沒有一個人反對，且為朝野人士所共同尊重。這也是自從宋代以後，譜學能在中國大為興盛的原因。

宋代的譜學與理學究竟有什麼關係？歐蘇的譜例對張載、二程的學理究竟有無影響？這些問題實在都不容易答覆。不過譜學的創新發展早於理學，因此譜學對理學有著或多或少的影響應該是有可能的。張載、二程的著作中雖沒有強調歐蘇的譜例，但是到南宋的情形就有些改變了。程朱一派的學者，像程若庸、金朋說等，在〈汪溪金氏族譜序言〉裡，就都以歐蘇譜例是尚了，足見歐蘇譜學對理學家們是有影響的。況且張載與二程利用族譜的目的，也似與歐蘇譜例有關。例如張載曾經這樣說過：

> 管攝天下人心，收宗族，厚風俗，使人不忘本，須是明譜系

世族與立宗子法。宗法不立，則人不知統系來處，古人亦鮮有
不知來處者；宗子法廢，後世尚譜牒，猶有遺風；譜牒又廢，
人家不知來處，無百年之家，骨肉無統，雖至親，恩亦薄。

程伊川對族譜的看法，也有與張載相同的記述，這裡不擬贅舉。
我們由上引文字可知，北宋理學家以明譜牒為立宗法與厚風俗
之本，與歐蘇的主張極為相合。蘇洵所以致力的僅為小宗法，
而張載、二程則擴大為大小宗法；蘇洵所致力的僅為化鄉人以
成俗，到張程諸子則擴大為全國，用以「管攝天下人心」了。
由這些演變的蹤跡來看，理學家的「明譜學」似乎與歐蘇二家
的譜例也脫離不了關係。張程二子契合於譜學，但未有譜例傳
世，自宋代以降，譜家惟歐蘇譜例是尚，可見歐蘇譜例有其獨
特的學術地位，而理學家的「明譜學」主張，顯然是受歐蘇或
多或少的影響。

㈢從族譜資料看宋代的家族自治

　　宋代學者因為崇尚譜系之學，倡立宗法，而朝野人士也能
響應，所以一般家族都比前代和睦團結，而且有了約束家族人
員的規章，大家族在當時頗為盛行，合居的家族加多，世代也
加長了。據《新唐書》記載，唐代合居的家族，幾乎沒有超過
十世以上的，但《宋史》所記十世同居的家族就屢見不鮮了。
他們多自訂家規，以為約束。《紹興漁臨關金氏宗譜家規》中記
述了他們的祖先在宋代曾七世同居，開始於宋仁宗時，到元代
大德年間才因水災淹沒田園而各自分居。金氏一族合居時傳下
家規一百零七條。他們以宗子來統管家長，家長又下管各子弟，
各子弟分掌族中的一切事務，凡屬同居的族人，不論男女，都

共同生產，共同消費，有餘則歸之於族，不足則取之於族。族
人有不遵家規的，宗子有處罰的大權，可以鞭笞，甚至趕出族
外。犯不孝之罪或有嚴重罪行的，可以送官法辦。這樣族內便
沒有貧苦無告之人，也不敢作不孝犯法之事，這確是安定社會
的一股大力量。像這樣著名合居大族，在宋代還有浦江鄭氏。
鄭氏於南宋乾道時合族共居，直到明代宣德年間，共歷十四世
都還沒有散居。鄭家也制定了家規八十多條，內容與上述金氏
的無大出入，似乎都受《朱子家禮》的影響很大。另外在越州
又有裴承詢的一族，合居似在二十世以上，更是罕例。《宋史·
孝義傳》中，記載合居十世的為數不少，若非大家注視修身齊
家，這種事實是很難出現的，這也是宋代文化的一項特質。

㈣從族譜資料看宋代地方行政

宋代實行中央集權，想強幹弱枝，不為地方留財，因而地
方建設頗為不易，人民生活困苦。很多家族深感一族力量有限，
應和睦鄉里，共同努力，始能達到目的。所以宋代以後的家規、
家訓中，多以和睦鄉里為要務。如里黨親朋有所需的應予援助，
鄰居有疾痛的應予救助，貧苦飢寒旅途乞丐應當憐憫，橋圮路
壞當助修造等等，都足以說明在修身齊家之後，每個人還需要
擴大服務鄉里。《浦江鄭氏義門家規》更記著：

> 里黨厄窮，無所申告，同為天民，惡得不憫，於是示以恤憐
> 之仁。

這種救濟，似乎又超出鄰里之外，而擴大到一國之內的同胞了。
元代學者揭傒斯很讚賞鄭氏同居的家規對地方治安的貢獻，他
說：「鄭氏保州里如家，數十里間，鯨鯢盜販，無敢入其境。」

我們再看看明代的《金華府志》，可以發現當時浦江縣有類似鄭氏合居的大族至少六家，假如每一族都對家族成員約束得很好，盜賊也不敢入境，當然地方也就安定了。所謂「明譜系」實在是有經世目的的。

　　再就地方教育來看，宋代的地方教育實在很不興振，大家族為培植族眾，當以教育為先。如《紹興漁臨關金氏宗譜‧家規》有教育章九條，並廣儲書籍，設置義學，以教子孫。《浦江鄭氏義門家規》亦復如此，而鄭氏一族藏書之多，規模之大，似遠過金氏。方孝孺說宋濂曾在鄭氏居所開講授學，尤可說明這些大家族延聘名師的事實。《宋史》裡還有兩則記事，有助於我們對這方面情形的了解：

> 胡仲堯，洪州奉新人。累世同居，至數百口，構學舍于華林山別墅，聚書萬卷，以延四方游學之士。
> 洪文撫，南康建昌人，子孫眾多，以孝悌著稱。六世合居。……就所居雷湖北，創書舍，招來學者。

由此可知，當時合居的大族，對地方教育實有促進之功，對宋代文化的提昇，也有相當大的助益。

　　綜上所論，我們可以了解，一個時代學術思想的產生，多與當時的時代背景有關。宋代承唐末五代喪亂之後，倫理道德敗壞，社會秩序紊亂，有明道濟世胸懷的學者，紛紛提出主張。以族譜學而言，歐蘇二家都重視崇實去詐，並首倡小宗法制，以和睦族眾，安定地方。其後張載、程朱，更擴而大之，兼重大小宗法，以「管攝天下人心，收宗族，厚風俗」。然而宋代學者所提倡的宗法，和先秦的宗法內容頗有不同，功能也不一樣，

可見宋代文化雖重復古，但絕非泥古不化。又宋代譜學，不談心性，很重實用，強調家族成員的教育，以修齊治平的儒家倫理為依歸，因此宋代族譜之學對家族自治、地方治安都有貢獻。總之，就族譜學的觀點而言，宋代文化有著復古兼創新以及經世致用的兩大特質。

四 從范文正公家族譜籍看近世中國族譜學的發展 [1]

　　范仲淹是一位「人品事業，卓絕一時」的名臣，因此范氏裔孫多年以來一直以范文正公為榮，以文正公為始祖的家譜為數也很多。本文一則由於篇幅的限制，不能一一贅列范氏族譜資料，二則因若干范氏譜的內容不佳，不堪利用，所以僅僅採選了幾種為例，來略窺宋明以降中國族譜學發展的大概情形。現在我就先將本文中所利用的幾種范氏譜籍，作一簡介如下：一、《吳縣范氏家乘》：這部譜書是清道光三十年（1850年）范宏金等續修的，這是自北宋以來吳縣范氏不斷續修的傳世佳作，也是千年來為范氏族人所稱道推崇的家史紀錄。范仲淹當年所寫的〈續家譜序〉應當就是為這部書而寫的。二、《毘陵范氏家乘》：清同治九年（1870年）范顯瑤、范用恆等修，書中古序例不少，且有出自名家之手的，可以視為范氏譜籍中的佳作之一。三、《常熟范氏宗譜》：清光緒十八年（1892年）范用文等續修，是范氏釣渚支房的譜籍，書中序例頗有可觀。四、《澄江范氏宗譜》：清光緒十一年（1885年）范重光等續修。澄江是江蘇省江陰縣，也是從吳縣范氏分支出去的。這部譜書中的序例也很值得

1.原文刊載於聯合報文化基金會國學文獻館主編，《第五屆亞洲族譜學術研討會會議記錄》（臺北：聯經出版公司，1991），頁 245–266。

參考。五、《范氏家譜》：不著作者、年代及寫錄人名，是一部殘缺的手抄本，內有宋人譜序，世系止於明代，顯係較古的范氏譜籍。六、《華容范氏支譜》：清光緒三十四年（1908年）范鴻準等續修，為范氏族裔遷居湖北一系的家世紀錄，書中記載可從而略知范氏在江北支系發展情形，有《徽譜》的遺意。

　　以上六種資料當中，《吳縣范氏家乘》是范文正公一族家世記載中最早的，收錄了不少范仲淹當年所稱的「誥書家集」以及碑銘墓冢等實物資料，且經後世子孫考訂，可信度可謂相當的高。《毘陵范氏家乘》中的早年記事當然是取材於吳縣老家的譜書，然而這一支後裔不斷續修家譜，而且與分支的族眾聯絡很好，所以書中又保存了江邨、大橋頭、金壇縣麥穗街、湖次頭、宜興李山橋、烏龍菴前等等地方的范氏家族的記事，對范氏裔孫的繁衍、遷徙的情形記述頗詳，值得參考。總之，本文所利用的范氏譜雖然不多，僅是萬千譜書中的一小部分，不過對觀察近世中國族譜學的發展史來說，仍是有所幫助的。以下就是我的一些看法。

一、修譜的宗旨

　　古代中國人家修譜與宋代以後在宗旨與目的上頗有不同。誠如唐代譜學研究者柳芳所說的：「乃漢尚官，魏晉尚姓，南北朝尚詐。」**❷**這就是說漢魏六朝時代，修譜以光耀門第甚至攀附華冑為尚。唐代雖已有了科舉取士的制度，但大多數的官譜

---

2. 焦竑，〈汪氏族譜序〉有此語，收於《澹園集》（臺北中央圖書館藏明萬曆三十四年刊本）。另《新唐書‧卷199‧柳沖傳》亦有類似說法，請參閱。

仍以記姓源、門第、婚姻、官宦為主要內容，是炫耀家世、進入仕途的實用證明文件。當時私譜的記事雖有述及家譜中大小事務，也有了一些尊祖敬宗的思想，不過魏晉遺風尚存，譜書的修纂宗旨終究有著辨姓氏、聯婚姻、明官爵的作用。[3]宋代以後，修譜的目的顯然發生了重大的改變，這可能與北宋學風的轉變以及宋代嚴格執行考試用人的政策等因素有關，是以族譜宗旨一般都以敬宗收族為主，此轉變在范氏一族的譜籍中尤其看得清楚。例如范仲淹在宋仁宗皇祐三年（1051 年）續修家譜時是因為「過姑蘇，與親族會，追思祖宗，既前譜未獲，復懼後來昭穆不明」而產生修譜動機的。[4]其目的顯然不是為了聯婚姻或者入仕途。宋高宗紹興五年（1135 年）范氏族裔續修家譜時，尚書右丞相趙汝愚曾在序文裡說：

> 范氏之裔，出於陶唐帝堯之後。……縉紳科第，代不乏人，後先相望，皆無忝於前人，而其世澤之衍，莫有過於是也。為子孫者，烏可不譜其來世，而合族收宗乎。……今斯譜之作，上以承先德，下以垂後裔，尊卑備陳，疏戚具載，勳業可稽，文獻可考，作譜之功其大矣哉！[5]

同書宋理宗紹定五年（1232 年）孟拱在序中又謂：

> ……嗚呼！斯譜之作，上承先德，下垂後裔，親疏具陳，昭

3.陳捷先，〈唐代族譜略述〉，請見本書甲編第二章。

4.范仲淹，〈文正公序〉，收於《華容范氏支譜》（聯合報文化基金會國學文獻館藏微捲資料，編號 1129103 號），卷首 1，頁 1。

5.趙汝愚，〈趙汝愚序〉，收於《范氏家譜》（聯合報文化基金會國學文獻館藏手抄本，編號 1088319B 號），卷首。

穆不素，敦睦之道存焉，誠有功於家者。**6**

可見南宋時期族譜之作，仍以合族收宗、敦親睦族為宗旨，與漢唐家譜的修纂目的，實已大異其趣了。

　　從中國族譜發展的大趨勢中似乎可以看到，元代以後，譜學家們與方志學者一樣，又有採用正史體例來修族譜的，因而族譜的內容與宗旨隨著發生了變化。范氏族譜中也可以證明這一事實。如明季萬曆年間（萬曆五年，1577 年）《吳縣范氏家乘》（又可簡稱為《吳譜》或《蘇譜》）續修時，范友顒雖在序文中開宗明義的說：

> 夫譜之作，所以聯屬乎！祖宗一脈之氣，使後世子孫，溯流以知其源，由幹以識其枝，凡為吾同氣者，咸相親相睦，而不致於相戕相虐，實啟後人睦族之本也。

但在同一序文的結尾，他則說：

> 今友顒仿史家之意，而於某人有功之下必大書其功，某人稔惡之下必大書其罪，以默寓勸懲之意。**7**

顯然中國史學的褒貶精神已在當時的范氏譜中出現了。入清以後，范氏裔孫續修家譜時以家史比國史的觀念很明顯。如《毘陵范氏家乘》在清康熙末年續修時，范氏姻親孫時宜在序中稱：「家之譜，國之史也。」**8** 《吳縣范氏家乘》乾隆末（乾隆五十

6.孟拱，〈孟拱序〉，收於《范氏家譜》，卷首。

7.范友顒，〈范友顒序〉，收於《吳縣范氏家乘》（聯合報文化基金會國學文獻館藏微捲資料，編號 1088315 號），卷首，頁 6。

六年，1791 年）重修時因主持人范來宗曾任史官，纂修過大臣列傳，故特別注意言必有徵，他以為：「國有史，家有乘，事異而義同也。」又說他此次修譜：「自愧網羅未富，耳目難周，惟於以無作有，以偽亂真，冒濫支離，轉相蠱惑者，可信無有，亦猶修史謹嚴之意也。」🔟同書嘉慶二十五年（1820 年）范德璟續修譜序文中也說：

> ……家乘之傳，猶之信史，非秉正無私，或自是而蔑前人，則失之誣；非纂言有實，或自矜而欺來者，則失之誕。

他又提到修譜「正欲子孫聆先世之緒言，覽祖宗之遺行，聞風生慕，庶幾行必端，言必信，學必有以過乎人，才足以用於世，以求卓然自立於大賢以後而無忝」🔟，嘉慶間續修的《毘陵范氏家乘》也有類似的看法，認為「國有史也，而家亦有乘，秉筆直書，原以垂信，非以示誇」🔟。據上可知，范氏族人自明末以來，就想使族譜成為家史，而且是可信的家史，正像國家有正史一樣。實際上這是元代以後，族譜宗旨的一般潮流。

　　光緒三十四年（1908 年）《華容范氏支譜》續修時，范氏宗人對修譜又有新而大的理想了。范德孚說：

> 余嘗以謂三代以後，宗法既廢，而先王尊祖敬宗收族之遺意，僅有存者，莫重於譜牒之作也。所以表代而昭迹，蓋將

---

8. 孫時宜，〈范氏重修宗譜家祠總序〉，收於《毘陵范氏家乘》（聯合報文化基金會國學文獻館藏微捲資料，編號 1129162 號），卷 1。
9. 范來宗，〈范來宗序〉，收於《吳縣范氏家乘》，卷首。
10. 范德璟，〈范德璟序〉，收於《吳縣范氏家乘》，卷首，頁 21–22。
11.《毘陵范氏家乘》，卷 2，頁 1。

使人知族之咸本於一氣，則孝弟親睦之意，油然而自生，而婚姻洽比之風，因之可以漸及，由一家推之一國，由一國推之天下，風俗之美，教化之成，悉由於是，此譜牒之設，所為深有造於世道，而君子詳慎之不敢忽也。**12**

可見當時人修譜的宗旨已不局限於小我的家庭或家族範圍，而目的是想由一家而至一國，再由一國推及到天下，實現大同的思想，並以族譜的功能來淑世教、美風俗，也就是說講求修族譜對天下的人心世道有所裨益了。

儘管族譜的宗旨，自宋元至明清，不斷的擴大理想，不斷的強調史家的褒貶大義；然而一般說來，范氏族人在明清兩代續修族譜時，尤其是分支族人居住在鄉間小城鎮的，仍常以「文正公之心為心」，對族人的生活教養看得很重，亦即在修譜修祠時還是反覆提到照顧族人的事，如「置義田以贍之，建義宅以居之，立義學以教之」，因此以睦族與恤族為修譜宗旨的仍然不少，如在江邨、大橋頭、金壇、宜興等城鄉分支譜序中時有所聞，這是范氏族籍資料的一項特色，從而也可以看出范文正公在范氏裔孫心目中地位之高，影響之深遠。

二、族譜的書法

族譜是記載一家一族的專書，而家族裡的人有男女尊卑，有親疏長幼，譜書裡的事有好有壞，加上因家法而產生的嫡庶、嗣養、兼祧、繼承等問題，因而族譜中有了與他書不同的獨特內容，也產生了族譜書寫的獨特方式。宋元以後，族譜的書法

12.《華容范氏支譜》，卷首1，頁2–3。

不斷的隨著時代而演進變化，范氏一族的譜籍中也反映了這些
事實，現在就分以下幾項，略作說明。

㈠血統方面

　　宋元以後的中國族譜多重視族內的血統問題，譜書裡記載
得嚴謹而詳細。尤其為了嫡庶所出的子孫關係繼承，而出嗣、
入嗣、兼祧等人選也與宗本有涉，因此都普遍有嚴格的規定。
范氏一族除重宗法以外，又因有義田祠產等的利益問題，血統之
事更是注重。《吳縣范氏家乘》中就有一項記述到「謹冒竄」的：

> 異姓承嗣，同姓亂宗，律禮並垂明訓。祖規於贅婿義子，俱
> 不給義米，則異姓之不容冒可知矣。在昔萬曆中，有一范姓
> 成進士，願登拜廡下，太僕卿中方公堅不許，則同姓之不容
> 竄可知矣。今一遵是義，凡各房以他姓為子者，概置弗
> 記。[13]

至於立繼承祧，一般范氏譜中都有嚴格規定，如《澄江范氏宗
譜》記：

> 嗣續生人大紀。……若無子者，先立親兄弟之子，如無，則
> 立從堂兄弟及族人之子，但不失本宗者便是。不許立異姓
> 子，以亂宗支。世多惑於婦人之言，不以宗嗣為重，恆贅婿
> 及立妻黨與他姓者，是使開闢以來一氣自我而斬，哀哉。[14]

《常熟范氏宗譜》也同樣認為宗支不能亂，而且有如下規定：

13.《吳縣范氏家乘・卷首・凡例》，頁 3 下。
14.《澄江范氏宗譜》，卷 1，頁 13 下。

夫世系尤嚴立嗣,應立不立,不應嗣而嗣,均干大紀。以兩房而論,長房無子,次房長子入嗣,次房祇一子,則兩祧承祀。若論三房,次房無子,長房一子,三房之子入嗣。若長房有兩子,則儘長房次子。以此遞推,不容紊亂。**⑮**

若是有族人立異姓子的,《常熟范氏宗譜》明定:

外姓繼本姓者不入,以明宗之不可亂也。

「不入」就是不把這位外姓嗣人記入族譜之中。不過范氏子孫如有被別人收養的,則情形大有不同,同書中又記:

本姓繼外者必書,以明親之不可絕也。

《毘陵范氏家乘》則對此類情形更為關注,書中記說:

里居子孫,未必常能聚處,或有出繼外姓者,必當誌其所繼何人,所處何地,以為異日歸宗之計。更有播遷異域,不即思歸者,久且迷其故址,惟譜注里居,便可窮源返本矣。**⑯**

《常熟范氏宗譜》裡為了防止後世族人添改竄記,還特別在譜例中嚴定了一條(乾隆時訂立):

凡無嗣者,書「絕」字於其下,以杜日後有異姓之伺隙,而竄入者。

15.《常熟范氏宗譜・卷 5・續修世系序》(聯合報文化基金會國學文獻館藏微捲資料,編號 1088319 號),頁 2。

16.《毘陵范氏家乘・卷 1・續修家乘條例》,頁 2 下。

光緒年間，常熟釣渚支房續修族譜時，有一項值得注意的修譜
規定，條文是：

> 舊譜謹嚴，最為可法，而於同姓異姓，尤所鄭重，故凡族中
> 養子，雖貴不收。特近日撫養異姓，以婿為子者，往往而
> 有。苟一概削而弗載，恐日後轉易淆亂，故詣莊告稟主奉，
> 酌議開例修入，而主奉準議給以各房「恩撫丁記」名目附之
> 於尾，其子孫仍不得與祠事，各宜自愛，毋替先緒為幸。[17]

態度雖比以往開明，但血統觀念仍極重視。

　　從以上江蘇各地范氏族譜所記可知，他們都對血統宗本極
為重視，不准竄冒。不過范文正公裔孫中在江北繁衍的，似乎
比在吳縣一帶的較為開明一些了，也許是時代演進的結果，也
未可知。《華容范氏支譜》中的規定就顯然不似江蘇各譜的嚴
格。在該書〈新修義例節略〉一文中說：

> 一立繼承祧，原為續禋祀，以慰先靈，不可因爭財產起見。
> 長房無子，宜立次房之子，次房無可立，方許立三、四房之
> 子。至立賢立愛，必由親及疎。……
> 一抱養異姓之子為子，其人已經承服頂祭者，准其入譜，注
> 明某邑某姓，庶免異姓濫宗。[18]

據上可見，范氏族籍中對血統一項向極重視，尤以蘇常一帶為
然。遷居湖北的范氏雖略為開明，但仍有「必由親及疎」及書

17.《常熟范氏宗譜・卷1・凡例》，頁2下；《常熟范氏宗譜・卷5・世
系凡例》，頁2上。
18.《華容范氏支譜・卷首1・新修義例節略》，頁5–6。

明承嗣人與本生父間關係等的規定，也是「防悖本也」的表示。

(二)婦女方面

　　古代中國婦女的地位很低，因而在族譜裡的記事不多，不如男子的被重視，在一般往昔的族籍資料中也有著特別的書法。如《華容范氏支譜》中對族內娶入與嫁出的婦女都有專有的文字說明：

> 男女婚嫁，典禮昭然，茲於娶某氏下，分注某公之女，生女亦注適某氏之子，誌戚誼也。若婦女廟見，女未于歸，以書「聘」、書「許」別之。[19]

由於以前男子可以娶有妻妾，妾的地位當然比妻更低，記事更少，甚至有些族譜裡還規定范氏族人：

> 妾無子者，不入。有子者則書其所出，辨嫡庶也。[20]

不過范文正公的裔孫人數多，分居各地，各支族譜對婦女的書法也不盡相同，有嚴有寬，不能一概而論。如《華容范氏支譜》中就可以發現清朝乾嘉時代「正復公三子君材公本支」，後代有名叫「仁澍」的娶妾「楊氏」未生子，也記入了族譜，同輩兄弟「仁淋」有二妾「尹氏」與「詹氏」也未生子，而照舊入了譜，可見並不如「支使房」釣渚支范族所定的嚴。[21]「釣渚支」的譜籍對婦女的不重視還可以從以下一項修譜凡例中看出：

---

19. 《華容范氏支譜》，卷首 1，頁 7。
20. 《常熟范氏宗譜・卷 1・原凡例》，頁 2 下。
21. 《華容范氏支譜・卷 1・正復公三子君材公本支世系》，頁 21、22。

> 女雖半子，骨肉之親，男女一體，然男以繼先祖之後，女則
> 以夫為家者也。舊譜中未之有載，今仍之。[22]

這一凡例訂定於清光緒十八年（1892年）。通觀此一譜書，確實
是只記生男而不記生女，連生女幾人的簡述文字都沒有。以中
國族譜發展的情形而言，這是比較特殊的，大概與這一族范氏
裔孫過分強調宗法以及他們居住小城鎮地區有關。因為其他范
氏譜中早就記生女數目，甚至「女之所適」了。茲以《毗陵范
氏家乘》記「忠宣房」第二十世孫「范安貞」事略條下作：

> 彌進四子，字齊賢。崇禎十三年庚辰（1640年）正月初十日
> 酉時生，配顧氏，生四子：君懰、君翺、君照、君翔。一
> 女，適趙。[23]

另在第二十一世孫安貞四子「君翔」條下也記：「配許氏，……
生二子：章清、章潰。三女：長適大南門常、次適木村湯、三
適余。」[24]同樣記事的情形也可以在《華容范氏支譜》中看出，
如生於康熙末年的君材公後人范仁清，他娶妻廖氏，譜中記廖
女事就相當多，說她是「本邑永鄉風火灣太學生永順公女，……
生康熙五十五年（1716年），……卒於嘉慶九年（1804年）。……享
壽八十九歲。……生子二：長開周，……次開鑑。生女三：長
適上街邑庠生、誥封榮祿大夫漕運總督陳光朝。次適本鄉道士
塘太學生王世俊。三適本街邑庠生吳大瀛」[25]。凡此都可以證

22.《常熟范氏宗譜》，卷3，頁1。
23.《毗陵范氏家乘》，卷5，頁1。
24.《毗陵范氏家乘》，卷5，頁3。

明范氏譜籍中也有記生女事的,並非「未之有載」。

當然婦女有德行可風的一定要表揚,這是一般譜書中常見,且為寓勸勉的。不過當年的婦女可表揚的德行,多半在貞節方面,雖然不合現代時宜,但在早年卻被視為天經地義的事,《華容范氏支譜》中就說:

> 婦人早孀,年三十以上守節,及身殉夫者,無論有無子女,旌表與否,必書。妾如之。女出嫁守節者,附書。[26]

由於重視婦女貞節,改嫁的女子也就被輕視了。同上書中又規定:

> 再醮之婦,於姓氏上去一娶字,不書生歿年月,一以明其絕義於夫,一以明其子有所出也。但歿後不准歸葬祖山,入祠配祀。[27]

從范氏譜籍資料中似乎可以窺知婦女的地位始終沒有獲得多少改進,這是一般的趨勢,也是族譜發展過程中不易突破的事,在舊倫理與宗法的強大壓力下,這也是無可奈何的。

(三)「不書」方面

「不書」就是有些家庭或族中事務不書在族譜之中。舊時人家修纂族譜為了維護宗法名教,或是家醜不便登錄等因,常有「不書」的規定,如欺君禍國、逆理亂常、失節敗名、隨母出嫁、出為僧道、娶娼為妻等等,都予「不書」。范氏族籍中也不例外,也有不少規條,例如在《華容范氏支譜》裡就記著:

25.《華容范氏支譜·卷1·正復公三子君材公本支世系》,頁18-20。

26.《華容范氏支譜》,卷首1,頁7。

27.《華容范氏支譜》,卷首1,頁6。

一再醮之婦……不書生歿年月。

一男子年已及冠，尚未授室而卒，只書早逝殤止等字，不另列圖。

一為奴隸者，不書。為僧道者，不書。有干天憲者，不書。[28]

《常熟范氏宗譜》則有如下的不書條例：

一幼殤不入，未成人也。（乾隆年間訂）

不過對於「出為僧道」，他們在光緒間續修時則有新規定：

子孫不能耕讀自守，亦當服賈執藝以治生業，以蕃宗支，乃背棄宗親，甘從釋道楊墨之徒，聖教所斥，今皆於本名下，明書其從釋從道，惡於前儆於後耳。

這可能是因時代演進的影響，「出為僧道」雖不能蕃衍宗支，但他們畢竟是族人的血統，列名也是應該的，這在清末很多家族譜書中已常見了。釣渚支房是聚居常熟一帶的，與《毘陵范氏家乘》有密切關係，修譜凡例則多以吳縣老家的「凡例十六則」為基礎。早年范氏族人修譜以睦族恤族為主，故制訂修譜凡例時重點在溯本源、紀世次、垂儀範、表賢德、嚴宗法、謹冒竄、綿先澤、重祖遺、昭惠愛等等，不太重視「不書」的事。[29]這可能是江南范氏族譜中「不書」凡例不如江北范氏譜中多列的原因，因此《毘陵范氏家乘》到嘉慶時續修擬訂的〈續修家乘

28.《華容范氏支譜・卷首1・新修義例節略》，頁6、8。

29.《吳縣范氏家乘・卷首・凡例》。

條例〉中，仍不見「不書」的字樣，而且在族譜中有早殤早亡的記事，如記二十六世孫條下：

> 循豐：配余氏，生二子：大郎、二郎，早亡。
> 循富：配錢氏，生二子：阿大、阿興，早殤。

也有記「出為僧道」的，如〈連江橋分支富洋溪世表〉記裔孫「章應」條下作：

> 繼元次子，字應祖，從釋去。

又於裔孫「章名」名下記：

> 繼林長子，字名祖，從釋去。

尤有甚者，同書中記忠宣房草塘分支中村橋江村世系第十九世子孫世系時，竟作：

> 彌達，可全次子，字敘卿，亦隨母他適。**30**

可見一般族譜中「隨母出嫁」不書的事在《毘陵范氏家乘》中卻不以為是忌諱的事，這也是《毘陵范氏家乘》的特殊處，也說明了譜學是隨著時代而進步的。

(四)善惡方面

　　中國人家修纂族譜時常有揚善隱惡的傾向，所謂「《春秋》為親者諱，厚之至也」，這也是一般做子孫的常態。不過一族子孫中如果有了不肖後人，甚至有辱先人的，後世修譜的人也有

30.以上「不書」時散見《毘陵范氏家乘》，卷4，頁10；卷5，頁1、30–31 等處。

主張記載其惡跡以儆戒來茲的，加上史義、史法影響族譜以及清代考據學問大興之後，不少譜家與修譜人家都贊成善惡兼書，這可以說是族譜學的進步，使族譜更能成為可信的資料寶庫了。在范氏族籍中，我們也可以看出族譜學的這一演進痕跡。如《吳縣范氏家乘》早年凡例之一強調「表賢德」，表明「自宋元暨本朝（按指明季），七百年來，十六房子姓中，忠孝彪炳，事功顯爍，以及文章華國、山林潛逸者，見聞足考傳以述之，或錄史冊原文，或採碑記誌銘，無敢稍掩，以垂矜式。其有關義澤興墜者，尤亟書之。即不在吳中，如河南、瀋陽、吳橋、菁山、圓沙等支，功在先澤，俱詳考列入，以寓勸勉」[31]。沒有提到任何懲惡的條文。然而在萬曆間續修范氏譜時，正適旱災之後，族人中有爭產糾紛發生，范友顗在序文中便大聲疾呼說：

> ……近罹陽九之厄，奸雄迭出，非剛惡之輩，則柔奸之流，以祖宗活族之義舉，攘為一己之私業，遂使義田轉為肥家之產，義學變為芻牧之場，甚至有鬻宗器廢弛烝嘗，凌辱族人，冒認異姓，由是訟無虛歲。

於是這位負責修譜的世孫便明說：

> 今友顗仿史家之意，而於某人有功之下，必大書其功，某人稔惡之下，必大書其罪，以默寓勸懲之意。使後世子孫，覩是而不敢肆為非僻之心，庶於義澤或有補於萬一云爾。[32]

這是因為族內不肖子孫奪祖產為私業等因而起，友顗也只希望

31.《吳縣范氏家乘・卷首・凡例》，頁2。
32.《吳縣范氏家乘・卷首・范友顗序》，頁5-6。

兼書善惡而對「義澤」有補於萬一的。到了清代,一般范氏譜中仍有揚善隱惡的趨勢,最多只規定揚善必有事實可據才好。如《毘陵范氏家乘》中記:

> 一事實果有篤行才學,自應秉筆特書,斷不可阿好而為諛詞,以滋慚愧。
>
> 一行藏有乘時顯揚者,當思象賢以步武。若一無表著者,亦宜幹蠱以尊崇,非徒明本人之出處,此中亦寓有激揚之道焉。[33]

《華容范氏支譜》也認為:

> 族中百齡上壽,五代同堂,例合旌表者,必公請懸匾建坊,代立傳記,以誌不朽。又有義士端人,亦準載其讚祠行狀,為子孫法。若無功德可紀,妄自稱讚者,一概不錄。[34]

以上兩書所記,都是乾嘉時代的產物。降至道光之世,《毘陵范氏家乘》與《澄江范氏宗譜》都同樣在凡例中強調了如下的這一條規章:

> 家之有譜,即國之有史也。舊譜止于善者彰其美,而不肖者不書其過惡,何以示懲於後。今予美惡悉載,是亦做史家之意云。[35]

---

33. 《毘陵范氏家乘・卷1・續修家乘條例》,頁 2-3。
34. 《華容范氏支譜・卷首1・新修義例節略》,頁 7。
35. 《毘陵范氏家乘・卷1・凡例》,頁 1;《澄江范氏宗譜・卷1・凡例》,頁 12。

據稱這一凡例是明萬曆年間范氏裔孫南京太僕卿范惟一所擬定的，但乾嘉之前的范氏譜以及明末《吳縣范氏家乘》中都未見登錄，這也許可以說明在大時代的潮流下，范氏子孫在清末修譜時又注重善惡並書的事了。族譜既然是一個家族的歷史，應當將好壞事都記下，不僅足以警戒子孫，同時又能留下家族信史的資料，清代學者多有此一主張，范氏族人也許因此隨時代而有如此的進步了。

㈤宗法方面

　　族譜依傍宗法，是從宋代歐蘇等大家倡議發明的，他們以譜例強合於宗法，是想利用宗法與族譜結合，以團結親族，安定社會，用意可謂至深且美。不過，後世譜家大多超越了歐蘇譜例宗法的範疇，絕少以高祖之遷而重製族譜的，也不見只尊其所出而貶其旁支的，可見族譜學在這方面也不斷的在進步。范氏家族譜籍中談宗法事的很多，清朝康熙年間范光昇就引說宋儒的話：

> 程子曰：管攝天下之人心，收宗族，厚風俗，使人不忘本，須是明譜系，立宗子法。法壞則人不知來處，以至流轉四方，往往親未絕已不相識；若宗子法立，則人知重本，人既重本，則朝廷之勢自尊矣！此言宗法之所係甚重也。又曰：宗子法廢，後世譜牒猶有遺風，譜牒又廢，人皆不知來處，不及百年，骨肉無統，雖至親亦薄矣。此言宗譜之不可無也。

這是論及宗法與族譜關係重要的說法，他又列出了「大宗小宗圖」：

始祖	嫡長子孫繼之，世世為大宗
高祖	嫡長元孫繼高祖小宗
曾祖	嫡長曾孫為繼曾祖小宗
祖	嫡長孫為繼祖小宗
禰	嫡長子為繼禰小宗 [36]

以上所稱的大宗似乎與古宗法有異。清代中期范志熙修譜作序時說：

> ……竊惟古者，宗法立，而世系明，如木之有本而枝以分，如水之有源而流以別。親疏遠邇，系次犂然。後世官無世卿，大宗既不可立，小宗亦虛有其名，於是譜系亟焉。論者謂當以始遷起家者，準古之別子為祖，其繼世即準古之繼別者，遞相傳衍，以維宗法之窮，而在昔歐陽氏、蘇氏，則又以謂宜使族人各為譜，而各詳其宗，故譜系皆從小宗，而虛其大宗之法。揆之古禮，若有不同，而要以族姓分處，收輯為難，使子孫各自近宗，聯屬本文，是即親親之道，禮以義起，固世譜之良法也。[37]

這段對新宗法的言論，確是相當的肯要切題，值得注意。然而綜觀范氏一族多種譜書，他們多不以始遷祖為大宗，特別是江南的後裔，幾乎全以范文正公為大宗，如《吳縣范氏家乘》中說：「大宗當以文正為始，尊所親也。」[38]《毘陵范氏家乘》也

36.《澄江范氏宗譜》，卷4，頁1、2。

37. 范志熙，〈范志熙序〉，收於《華容范氏支譜》，卷首1，頁1–2。

38.《吳縣范氏家乘‧卷首‧范惟一序》，頁3。

說：「祖宗當以文正為始，蓋以家聲閥閱，實自文正而光大也。」 **39** 這種以「尊所親也」而為大宗的作法，實在特別。宗法自此可以說已經不可深論了，宗法在范氏諸種族譜資料中的解釋，由此也可以略窺梗概了。

　　我們對於幾種范氏族譜略作研究以後，就中國族譜學的發展而言，似乎可以得到一些初步的結論。

　　一、古代中國譜家固然不少，論譜的名言高論也很多，但是從未有人寫過一部綜合性的族譜發展史，這是一項缺陷。不過，范氏族譜存留到今天的為數可觀，尤以《吳縣范氏家乘》一書最為完備，其中所存資料，上溯唐代，下歷明清，我們可以從中看出歷代體例的演變，內容的發展。因此，讀完幾種好的范氏譜以後，確使人有瀏覽過一遍中國近世族譜發展史的感覺。雖然范氏家族譜籍只是中國族譜資料海洋中的一點水滴，涵蓋方面不廣，不過無論如何，對我們了解族譜學的發展大概情形還是有幫助的，這一點應是無庸置疑的事。

　　二、就以往中國人家修譜的宗旨而言，唐代以前是以光耀家世且以族譜為入仕途、聯婚姻之用的家族文件。宋代則以睦族恤族為主，後來更發展到以行忠恕之道、敦患難拯救之誼來輔助社會救助的不足，以及以族譜來匡正社會風氣等目的，走出家族的小範圍，擴大到國家層面了。這是中國族譜的大潮流，也是對社會國家的大功能所在。宋元明清各代范氏裔孫所修譜籍中也提供了這些資料，說明族譜學發展的過程。

　　三、從族譜書法上看，范氏譜中也保存了不少珍貴的有關

39.《毘陵范氏家乘・卷1・凡例》，頁1。

紀錄。如舊時譜書中極重血統，對嫡庶、繼承、收養、入嗣等等都有嚴格規定，范氏譜中也不例外。不過隨著時代的演進，范氏裔孫的態度與主張也逐漸開明，有些支派也同意將一向不得入譜的養子列名於「恩撫丁記」中，這種變通也未嘗不是一種進步的表示。又關於婦女的記事在范氏譜不斷續修的過程中，我們很清楚的看到變化，如婦之所自、女之所適，以及子女之所出，都隨時代增多了文字記述，這也是婦女地位在譜書中日漸提高的明證。其他如書善惡方面，范氏譜中雖以隱惡揚善為主，但主張仿史家筆法善惡直寫的也大有人在。至於「不書」的規定，范氏譜中顯然一直是以家族與血統為重，所以早殤早亡以及出為僧道的還多一概入譜，當然也有堅持主張不書的。不過，一般說來，似乎不如多數人家規定的嚴格。另外，譜法與宗法的結合方面，范氏譜籍中也反映了宗法在明清時代為各家所重的實狀，彼此牢牢結合，直到清末而未有重大改變。

　　總而言之，從范氏家族譜籍中，我們可以知道中國族譜學有著一脈相承的優良傳統，而且是隨著時代向前發展進步的。

五　范文正公仲淹先生先世考 [1]

　　范文正公的家世資料，目前能見的不多，而且每有不同的記載。以文正公的先世來說，就有多種說法，我個人以為仲淹先生手撰的〈續家譜序〉中說的還是比較謹慎可信的，他說：

> 吾祖唐相履冰之後，舊有家譜。咸通十一年庚寅（按係唐懿宗十一年，870年），一枝渡江，為處州麗水縣丞。諱隋，中原亂離，不克歸，子孫為中吳人。

又說：

> 仲淹竊蒙國恩，皇祐中，來守錢塘，遂過姑蘇，與親族會。追思祖宗，既失前譜未獲，復懼後來昭穆不明。乃於族中索所藏誥書、家集考之。自麗水府君而下四代祖考，及今子孫支派盡在。[2]

可見范文正公以范履冰為其始祖，始祖之下，至范隋之上，顯

---

1. 原文刊載於國立臺灣大學文學院主編，《紀念范仲淹一千年誕辰國際學術研討會論文集》（臺北：國立臺灣大學文學院，1990），下冊，頁789–812。
2. 范仲淹，〈續家譜序〉，收於《四庫全書》（臺灣商務印書館重印本），集部三，《范文正公集》，頁1089之808。

然已不可詳考，所以他在譜序中敘述得不多。從范隋而下，因有誥書家集以及墓冢可徵，范氏先世的資料可謂有據追溯了。因而研究范文正公的先世，若以范隋為分界線，分別考究，以疑傳疑，以信傳信，應該是較好的一種方法。

在眾多的范氏族譜資料當中，《吳縣范氏家乘》可能是最好並可信的一種。此書雖續刊於清道光三十年（1850 年），但是這是自北宋以降，不斷續修傳世的佳作，千年來為范氏族人所稱道推崇的家史紀錄。[3]根據這部范氏譜的說法，自履冰至文正公共得十世，其世系可由以下簡表說明：

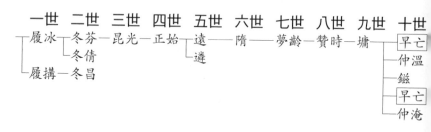

履冰以上本來范文正公在譜序中不談的，不過這部《吳縣范氏家乘》則列東漢時名人范滂為其遠祖之一。范滂死於漢靈帝建寧二年（169 年）[4]，履冰則死於武則天載初之世（690 年）[5]，前後相距五百多年，世系不詳，實在無法確定，我們現在就從范履冰開始追究為宜。

---

3. 清道光三十年（1850 年）范宏金等續修，《吳縣范氏家乘》（聯合報文化基金會國學文獻館藏微捲資料，編號 1088315 號）。

4. 《後漢書・卷 67・黨錮列傳》（臺北鼎文書局重印本），頁 2203–2207。

5. 《新唐書・卷 201・范履冰傳》（臺北鼎文書局重印本），頁 5744。

　　范履冰的簡略世系，始見於唐朝林寶所編的《元和姓纂》，該書中僅記約二十個字，也沒有詳說履冰與范隋等人的關係，只解說履冰與「河內」郡望之隸屬而已。全文如下：

> 【河內】狀云：滂之後，唐春官尚書范履冰，姪冬芬，宣州刺史。**6**

北宋歐陽修所撰的《新唐書・宰相世系表》中所述的范氏，則與《元和姓纂》略有不同。該書記：

> ……士會食采於范，其地濮州范縣也。子孫遂為范氏。至後漢博士滂，世居河內。唐有履冰。

至於履冰的世系，《新唐書》中開列的極為簡略：

> 履冰，相武后──冬芬，宣州刺史，……履冰裔孫隋，麗水丞。**7**

就以上兩說比較，我們不難看出，《元和姓纂》直指范履冰為范滂之後，《新唐書》則未提及此事。又林寶記冬芬為履冰之姪，歐陽修則謂冬芬為履冰子，這是兩點不同處。按林寶是據「狀」修成的《元和姓纂》，「狀」就是「簿狀」或「家狀」，即范履冰的「官譜」（簿狀）資料而修的。歐陽修的〈宰相世系表〉則多根據譜牒。兩者雖都有所本，但歷代學者都說此二書錯誤很多。以《元和姓纂》來說，林寶也自認僅「二十旬」成書，《元和姓纂》十卷編成可謂相當的快速，其倉卒節抄簿狀的情形由此可

6.《四庫全書》，子部一九六，《元和姓纂》，卷7，頁890之686。

7.《新唐書・卷74・宰相世系表上》，頁3153。

知，轉抄致誤，在所難免。南宋洪邁《容齋隨筆》一書中，便明指「《元和姓纂》，誕妄最多」[8]。至於歐陽修的〈宰相世系表〉，洪邁也說到其中錯誤很多，尤有過之於《元和姓纂》，並說「歐陽公略不筆削為可恨也」[9]，可見洪氏對其觀感極差。甚至到了清朝，仍有不少學者對歐表的指摘時有所聞，如王鳴盛、錢大昕等都做過勘誤的工作。[10]總之，上述二書，確有問題，而范氏宗族的後世譜牒，多取歐陽文忠公之說，因而范氏先世的有關說法也常有商討的餘地。例如《新唐書‧宰相世系表》中，首稱「後漢博士滂，世居河內」一事，就有相當的疑點。范滂在《後漢書》的本傳中稱他是「汝南征羌人也」[11]，「征羌」在現在河南省郾城縣東南有其故城。又謝承《後漢書》說「滂，汝南細陽人」[12]，「細陽」故城在今天的安徽省太和縣東。另外張璠的《後漢紀》稱：「滂，汝南伊陽人。」[13]查《後漢書‧郡國志》汝南郡並無「伊陽」，想係「細陽」之誤。不過謝、張二書對范滂的籍里雖有「細陽」與「伊陽」的小異，而同指「汝南」則一。歐書〈宰相世系表〉竟謂范滂「世居河內」，可見頗有問題。《吳縣范氏家乘》中引錄了《後漢書》范

8.洪邁，《容齋四筆‧卷9‧姓源韻譜》（臺灣商務印書館四部叢刊本）。

9.洪邁，《容齋隨筆‧卷6‧唐書世系表》（臺灣商務印書館四部叢刊本）記：「〈宰相世系表〉，皆承用逐家譜牒，故多謬誤。」

10.王鳴盛，《十七史商榷‧卷83‧新唐書十五》。錢大昕，《廿二史考異‧卷46‧唐書宰相表》，勘誤多達十一項。

11.《後漢書‧卷67‧黨錮列傳》，頁2203–2207。

12.謝承，《後漢書‧卷4‧范滂傳》，收於汪文臺輯，《七家後漢書》（清光緒間南昌刻本）。

13.張璠，《後漢紀‧桓帝紀》，收於《七家後漢書》。

滂本傳，易名為〈漢清詔使公傳〉，並加注文：「謝承作細陽人，後徙家河內。」[14] 查謝書無「徙家河內」四字，所以《吳縣范氏家乘》的冠以「河內」郡望可能與《元和姓纂》所載內容有關了。

有關范氏的郡望，歷來姓氏書多標以「高平」，惟獨《元和姓纂》一書中記范文正公先世為「河內」。范履冰確為河內人，而唐代有關范氏河內的世族，林寶只記履冰及其侄冬芬二人，由此似可推知，此一河內范氏郡望，應為唐代的「新望」，而以履冰為始，履冰與冬芬以後，家世衰微，所以其郡望也不行於世了。

又《新唐書・宰相世系表》中在范履冰及其子冬芬之下，有空白格多個，然後才寫到范隋。同時又不說明范隋是履冰的幾世孫，只寫作「履冰之裔孫」，可見其間世系不明，不能確說。范文正公手撰的〈續修譜序〉，也以同樣手法，這都是傳疑的明證。

文正公仲淹先生的宗族譜書，支派很多，由於《吳縣范氏家乘》是出自范公直系相傳的文獻，所以向為族人所推崇重視，《吳譜》或《蘇譜》之名乃遍傳范氏族中。然而《吳譜》中則稱頌《徽譜》，這是因為《徽譜》出於范冬芬後裔的緣故。可惜現在《徽譜》已不可得，僅在《華容范氏支譜》一書中略可看出《徽譜》的部分內容。[15] 該譜書中也有履冰到隋的斷續世系，所記與《吳縣范氏家乘》不盡相同，並謂范滂至履冰，共歷十

14.《吳縣范氏家乘・卷首・始祖世系》，頁 1。
15.清光緒三十四年（1908 年）范鴻準等續修，《華容范氏支譜》（聯合報文化基金會國學文獻館藏微捲資料，編號 1129163 號）。

一傳，而履冰至隋的傳承可以下列表格說明：

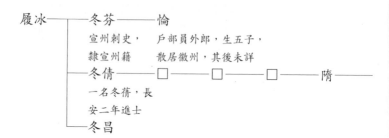

明代方志專家程尚寬曾撰《新安名族志》，書中資料多取自新安一帶私家譜牒。該書對范氏先世也有所記錄，但與《吳縣范氏家乘》頗有不同，而與《華容范氏支譜》則又大同而小異，可見蘇、皖兩地的不同范氏裔孫，在記錄先世時已有了相異之處。《新安名族志》中說：

> 至漢博士曰滂，居河內，滂十七世曰履冰，相唐。生三子：曰冬芬、冬倩、冬昌。冬芬為宣州刺史，生子惀，為戶部員外郎，天寶間徙居鄧州。惀季子曰傳正，始居休寧。

同書又特別在「傳正」的傳略中說：「貞元十年（794 年）進士，歷官歙州刺史，轉蘇、湖二州，進宣歙觀察使。元和末，拜光祿卿，不赴，隱居於此（休寧博村，在邑東南三十里）。」**16**《華容范氏支譜》與《新安名族志》都是屬於徽州系統的文獻，與《吳縣范氏家乘》頗有不同，但是徽系文獻，也有不一致處。以范滂至履冰而言，自漢至唐，約有五百五十多年，《華容范氏支

16.程尚寬，《新安名族志‧范氏‧休寧》（聯合報文化基金會國學文獻館藏微捲資料，編號 784578 號）。

譜》記為十一世，而《新安名族志》記為十七世，兩者相差很多。一般說來，三十年應作一世。五百五十年間，僅經十一世，則每一代約傳五十多年，歷時似嫌稍長，不太合理。又恬與傳正為父子事與《舊唐書》范傳正本傳文中的記事也有牴牾之處。《舊唐書》書寫「范倫」，不作「恬」，並且說他是「順陽人」[17]，而《新安名族志》則謂傳正已歸籍休寧。又《華容范氏支譜》記冬芬隸「宣州籍」。冬芬是恬的父親，《新安名族志》又記其「先世居鄧州」，可見不論《吳縣范氏家乘》與《華容范氏支譜》也好，或是徽系的文獻也好，其間都有不同的說法，相當混亂。《新安名族志》特別提到傳正於「元和末，拜光祿卿，不赴」的事，傳正既在元和年間與元和以前做過高官，林寶在編《元和姓纂》時竟不記履冰後人傳正事，實在也是不合情理的，且《安徽通志》中都著錄了冬芬及傳正為宣州刺史，[18]而不提及他們有父子關係，這又是令人不解的。另外，《華容范氏支譜》說范隋是冬倩之後，《吳縣范氏家乘》則記范隋為冬芬之後，可見二譜對文正公的遠祖之所出也有不相同的說法。

　　從以上的簡述中，我們不難了解，范文正公的先世從范隋以上的世系是不能確定的，是有多種說法的。其實不僅范家如此，很多望族也都一樣。誠如歐陽修所云：「前世常多喪亂，而士大夫之世譜，未嘗絕也。自五代迄今，家家亡之，由士不自重，禮俗苟簡之使然。」[19]曾鞏也說：「近世士大夫於氏族尤不

17.《舊唐書‧卷185下‧范傳正傳》（臺北鼎文書局重印本），頁4830。

18.《安徽通志‧卷114‧職官志》（清光緒三年刊本，臺北華正書局印本）。

19.歐陽修，〈與王深甫論世譜帖〉，收於《歐陽文忠公集》（臺灣商務印

明，其遷徙世次，多失其序。」[20]這種現象除了時代喪亂、士不自重的原因之外，我想譜牒在科舉考試建立後，實用價值已不如魏晉時期，因而「人尚譜系之學，家藏譜系之書」的盛況也隨之消失了，這可能也是一大因素。范文正公家的遠祖世系自范隋以上是傳疑階段，但也不能說蘇、皖各地的紀錄全是子虛，如歐陽修在《新唐書‧宰相世系表》中直書范隋是出自履冰與冬芬父子，而范仲淹本人除在手撰的譜序裡也作如是說以外，並曾作詩提到他的先人，說「我先本唐相，奕世天衢行」[21]。文正公不是一位愛慕虛榮、喜攀華胄的人，他肯定他的遠祖是范履冰應該是有所本的，因此我們也不能在沒有可靠的證據情形下，斷定以上說法的誰是誰非。而且當年的交通不便、支派不同、資料不全、學養不齊，在在都可能使後世寫族譜的人混淆世系，發生差異，所以我們現在也以不作結論為佳，姑且依《吳縣范氏家乘》中的傳疑記載，作一說明，以了解一些范文正公遠祖的消息。《吳縣范氏家乘》記范履冰以下五世的行實為：

> 唐春官尚書同鳳閣鸞臺平章事公傳（節錄《唐書‧文藝傳》文）
> 公諱履冰，懷州河內人，高宗顯慶元年（656年）登第，武后諷帝廣召文辭之士，公自周王府戶曹參軍召入禁中，與著作郎元萬頃、左史苗神客、太子舍人周思茂、右史胡楚賓咸預

書館四部叢刊本），外集，卷19，頁519。

20.曾鞏，〈論氏族書〉，轉引自楊殿珣，〈中國家譜通論〉，收於《圖書季刊》，新3卷1、2期合刊本（1941，北平）。

21.范仲淹，〈歲寒堂詩〉，收於《四庫全書》，集部三，《范文正公集》，卷1，頁1089之562。

選，供奉左右二十餘年，前後撰《列女傳》、《臣軌》、《百僚
新誡》、《樂書》等凡千餘卷。至朝廷疑義及百司表疏皆密令
參決，以分宰相權，時人謂之北門學士。武后垂拱中，歷鸞
臺、天官二侍郎，尋遷春官尚書。永昌二年（690 年）（《唐書》
作載初即中宗嗣聖六年），與邢文偉同鳳閣鸞臺平章事，兼修國
史。天授元年（690 年）四月，坐嘗舉逆人，下獄死。二子：
冬芬、冬倩。冬芬，宣州刺史，生昆光。昆光生正始。正始
二子：遠、遴。遠生隋，是為文正公高祖。㉒

按以上履冰傳並非完全取自《新唐書》，因為「下獄死」以下三
十六字，都是《吳縣范氏家乘》自創的資料。關於履冰以下幾
代的傳略，《吳縣范氏家乘》中作如下的記載：

> 冬芬（履冰長子），文正公九世祖，唐宣州刺史，一子：昆光。
> 昆光（冬芬子），字于前，文正公八世祖，一子：正始。
> 正始（昆光子），字齋之，文正公七世祖，二子：遠、遴。
> 遠（正始長子），字無疆，文正公六世祖，唐之高士，一子：
> 隋。㉓

自范隋以下到范文正公，其世系也是五代，與以前的傳疑記載
顯有不同了，應該可以稱為范氏傳信的家史，現在分述如下。
　　首先，我們來看一看范文正公的手撰譜序，他提到遠祖范
隋渡江而子孫留居成為吳人的事，序文中說：

> 皇宋太平興國三年（978 年），曾孫堅、垌、墉、塤、埴、昌

22.《吳縣范氏家乘・卷1・始祖傳》，頁7。
23.《吳縣范氏家乘・卷首・始祖世系》，頁1。

言六人，從錢氏歸朝，仕宦四方，終於他邦，子孫離散，遺失前譜。至仲淹竊蒙國恩，皇祐中，來守錢塘，遂過姑蘇，與親族會。追思祖宗，既失前譜未獲，復懼後來昭穆不明。乃於族中索所藏誥書、家集考之。自麗水府君（按指范隋）而下四代祖考，及今子孫支派盡在。……故作續家譜而次序之。……[24]

范文正公當時所寫的譜序可能就是為《吳縣范氏家乘》的初修本而寫的，因為在細閱《吳縣范氏家乘》之後，發現這部譜書裡所據的自隋至仲淹先生的五世資料，都有確實的紀錄，書中甚至還保存范氏一族若干墳墓與碑銘的有關記述，因此，我個人以為《吳縣范氏家乘》應該是范氏宗族歷代相傳的一部佳作，同時以目前所能見到宋人族譜而言，《吳縣范氏家乘》中的早期記載也是宋代初期罕有的一部流傳到今天的好譜書。上引仲淹先生譜序中列名的六位范隋的曾孫，《吳縣范氏家乘》裡也清楚的記述他們的事蹟與關係。

　　堅：仲淹先生的大伯父，初仕吳越，歸宋後官至宣德郎襄州觀察使。

　　坰：仲淹先生的二伯父，初仕吳越，歸宋後任官至建州龍焙監。撰《吳越備史》十五卷。

　　塤：仲淹先生的叔父，初仕吳越，歸宋後任渭州推官。

　　墉：仲淹先生的生父，初仕吳越，歸宋後官至武寧軍節度掌書記。

24.〈續家譜序〉，收於《四庫全書》，集部三，《范文正公集》，頁1089之808。

埴：仲淹先生的同曾祖伯父，初仕吳越，歸宋後任同州朝邑縣主簿。

昌言：仲淹先生的同高祖叔父，初仕吳越，歸宋後任寧國節度使推官。[25]

以上初仕越後歸宋的六祖，據《吳縣范氏家乘》世系圖所記，都是出於范隋的一支，同時從該書世系圖中可以看出，到隋的曾孫共四世為止，總共這一支繁衍了二十人，而其中出仕的有十三人，雖然官位不高，但也可以確定范文正公的祖先們是一個仕宦家族了。

《吳縣范氏家乘》中對仲淹先生以上的四代直系祖先，即自范墉至范隋的記載，可謂十分詳盡，茲抄錄如下：

> 唐柱國處州麗水縣丞公傳
>
> 公諱隋，幽州人（《宋史・文正公傳》載其先邠州人。後徙家江南，遂為吳縣人。按：邠與幽同，舊譜作幽州人。蓋幽字之誤）。唐宰相履冰六世孫，高士無疆公遠子，文正公高祖也。以將仕郎任幽州良卿主簿。懿宗咸通二年（861年）六月十二日，加柱國賜誥（誥藏義莊手澤庫），以十一年（870年）四月十一日遷處州麗水縣丞，中原亂離不克歸，留家吳中，子孫因之，遂為中吳人，崇祀始遷祖祠。子夢齡、均。[26]

《吳縣范氏家乘》裡不但有范隋的上引傳略，同時還記載了范隋的賜誥原文，文曰：

---

25. 《吳縣范氏家乘・卷首・始祖世系》，頁4-5。
26. 《吳縣范氏家乘・卷1・始祖傳》，頁9。

加柱國誥（麗水公）

誥曰：渙汗鴻恩，必秉其雷雨；頒宣爵賞，用振其簪纓。以
爾等列我盛朝，累霑霈澤。各有勞效，許其敘錄行慶
策勳，於是乎在可依前件。

咸通二年（861年）六月十二日下 [27]

又在該譜的〈墳墓考〉中，也留下了范隋葬地的紀錄，說他葬
「在吳縣至德鄉昌甶里十一都二圖招字圩天平山左麓亥山已
向」 [28]。由此可知，《吳縣范氏家乘》對於范文正公高祖的資料
是確有所據的。

范隋的長子夢齡是仲淹先生直系曾祖父，《吳縣范氏家乘》
中對他的生平是這樣寫的：

宋贈太師徐國公傳

公諱夢齡，初名徵夢，後避宋帝諱，改今名，文正公曾祖
也。仕越與廣陵王子奉交善，廣陵王元璙帥中吳，公與丁守
節、陳贊明、謝崇禮同署為中吳軍節度推官，俱以長者稱。
宋仁宗慶曆三年（1043年）七月，以曾孫仲淹拜樞密副使，
贈太子少保。八月以拜參知政事，加贈太子太保。四年
（1044年）以南郊恩贈太保。哲宗時，以五世孫純仁、純禮
聯登公朝，累贈太師，追封徐國公。五子，贊時其第四子
也，最知名。 [29]

27.《吳縣范氏家乘・卷9・誥制志》，頁2。
28.《吳縣范氏家乘・卷20・墳墓考》，頁2。
29.《吳縣范氏家乘・卷2・始祖傳》，頁10。

按夢齡妻陳氏，誥封徐國太夫人，同葬天平山。富弼為范文正公寫墓誌銘時說：世食錢氏之祿，任「蘇州糧科判官，夢齡以才德雄江右」。不過有關夢齡的封贈，《吳縣范氏家乘》裡有異說。該書〈褒賢志〉中有一篇考證文章說：

> 哲宗元祐元年（1086 年）三月，以五世孫純仁拜同知樞密院事，遇明堂恩。元符三年（1088 年）十二月，以五世孫純禮拜尚書右丞，俱贈太師，追封徐國公。按《宋史·職官志》內載：宰相、三師、三公、王、尚書令、中書令、侍中、樞密副使、知院、同知院、參知政事、宣徽使、簽書同簽書樞密院事、觀文殿大學士、節度使，並贈三世。凡贈官至三世者，初贈東宮三少，次東宮三太，次三公，次中書令，次尚書令，次封小國，自小國升次國，自次國升大國，已大國者移國名而已，亦有不移者云云。故文正公累次追贈，止於三代，不及高祖。今舊譜載太師徐國公為五世孫忠宣右丞兩公所追贈者，考忠宣公元祐元年追贈，誥詞為蘇轍所草，具載《欒城集》中，亦止三代，未及高祖也，疑是後世附會，或有傳訛，亦未可知。相沿已久，謹識以俟考。[30]

以上考證，所言甚是，因為我國歷代官制，未曾見有贈官上及五代祖先的，由此更可見《吳縣范氏家乘》修纂人的徵實精神，當然《吳縣范氏家乘》的價值也從而彰顯了。

范文正公的祖父范贊時，《吳縣范氏家乘》中記其傳略如下：

宋贈太師開府儀同三司唐國公傳

30.《吳縣范氏家乘·卷 11·褒賢志》，頁 4。

公諱贊時，文正公祖也。仕吳越，九歲童子出身，歷官朝散大夫，檢校少府少監，柱國賜紫金魚袋，終祕書監。宋仁宗慶曆三年（1043年）七月，以孫仲淹，拜樞密副使，贈太子少傅。八月，以拜參知政事，加贈太子太傅。四年（1044年）以南郊恩，贈太傅。哲宗元祐元年（1086年）三月，以曾孫純仁拜同知樞密院事，遇明堂恩，贈太師曹國公。元符三年（1100年）十二月，以曾孫純禮拜尚書右丞，贈太師唐國公，累贈開府儀同三司。四子：堅、坰、墉、堉，俱隨錢俶歸宋，仕於太宗朝。公博洽善著書，嘗採春秋歷代史事書為類，作《資談》六十卷。至宋乃收入祕府。嘗有詩贈華山陳搏，其後曾孫純粹帥陝，刻石以傳，其詞云：曾逢毛女話何事，應見巨靈開此山。濃睡過春花滿地，靜林中夜月當關。紛紛詔下忽東去，空使蒲輪倦往還（上二句逸）。**31**

又《十國春秋》中也有范贊時小傳一篇，內容與《吳縣范氏家乘》略有不同，現在也抄記如後，以供參考：

范贊時，蘇州人。父夢齡，與廣陵王子文奉交善，官中吳軍節度推官。贊時博洽善著書，所輯《資談》六十卷，世多藏弄之（原著又云：一云文奉之客著《資談》三十卷）。子墉，事忠懿王，有能名，國亡，隨王入宋，終武寧軍掌書記。**32**

至於仲淹先生的生父，《吳縣范氏家乘》裡也為他寫下了小傳一篇，全文如下：

31.《吳縣范氏家乘‧卷1‧始祖傳》，頁11。
32.吳任臣，《十國春秋‧卷88‧范贊時傳》（臺灣國光書局本）。

宋贈太師開府儀同三司尚書令兼中書令周國公傳

公諱墉，贊時第三子，文正公父也。始仕吳越，事忠懿王錢俶，有能聲。宋太宗太平興國三年（978年），從王歸宋，歷任武德、武信、武寧三軍節度掌書記，賜緋。淳化元年庚寅（990年），卒於任。累贈尚書刑部郎中。仁宗慶曆三年（1043年）七月，以子仲淹拜樞密副使，贈太子少師。八月以拜參知政事，加贈太子太師。四年（1044年），以南郊恩，贈太師。七月，以南郊恩，加中書令。哲宗元祐元年（1086年）三月，以孫純仁同知樞密院事，遇明堂恩，贈太師蘇國公。元符三年（1100年）十二月，以孫純禮拜尚書右丞，贈太師周國公，累贈太師開府儀同三司，尚書令兼中書令。五子，文正其幼子也。[33]

富弼撰〈范文正公墓誌銘〉稱：范墉佐錢氏，「博學多文，佐諸王慎府」，由此可知范墉也不是下駟之才。范墉妻陳氏，誥封周國太夫人，卒後也葬在范家墓園天平山。范墉繼娶謝氏，也就是仲淹先生生母，後誥封秦國太夫人。據樓鑰撰《范文正公年譜》，記謝氏卒於仁宗天聖四年（1026年），葬河南洛陽尹樊里萬安山。[34]

　　范文正公以上的四代先世資料，相信可以從上面的文獻中窺知梗概了。現在再以下面譜表，說明仲淹先生可信先人的關係：

33.《吳縣范氏家乘・卷1・始祖傳》，頁12。
34.樓鑰，《范文正公年譜》（臺北新文豐書局重印四明叢書刊本），頁60。

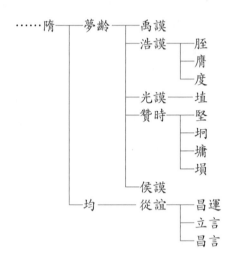

至於夢齡以下各代先人行實，《吳縣范氏家乘》中也略有記述，
摘錄大要如下：

世次	人 名	備 注[35]
(一)	范　隋	事蹟詳前，不贅述
(二)	范夢齡 (隋長子)	仕吳越，為蘇州糧科朝官，中吳軍節度推官， 至宋因仲淹先生累贈至徐國公。妻陳氏，葬天 平山。子五：禹謨、浩謨、光謨、贊時、侯謨
(二)	范　均 (隋次子)	子一：從誼
(三)	范禹謨 (夢齡長子)	無子
(三)	范浩謨 (夢齡次子)	仕吳越，守祕書省校書郎。子三：脛、膺、度

35.散見《吳縣范氏家乘・卷首・始祖世系》；《吳縣范氏家乘・卷1・始
祖傳》等資料。

	范光謨 （夢齡三子）	仕吳越，梁末帝乾化三年（915年），終杭州餘杭縣令。子一：垍
	范贊時 （夢齡四子）	仕吳越，歷官朝散大夫，終祕書監。至宋以仲淹貴追封唐國公。妻陳氏，贈韓國太夫人，葬天平山。子四：堅、坰、墉、塤
	范侯謨 （夢齡五子）	無子
	范從誼 （均子）	仕吳越，任蘇州糧科判官，葬天平山。子三：昌運、立言、昌言
（四）	范脛 （浩謨長子）	仕吳越，為蘇州文學。二子
	范膺 （浩謨次子）	一子
	范度 （浩謨三子）	無子
	范垍 （光謨子）	仕吳越，太宗太平興國三年（978年）從錢俶歸宋，任同州朝邑縣主簿。二子
	范堅 （贊時長子）	初仕吳越，宋太宗太平興國三年從錢俶歸宋，任夔州觀察支使、宣德郎檢校尚書僉部員外郎兼監察御史。賜紫金魚袋。淳化三年（993年）再除宣德郎，充襄州觀察支使。妻夏侯氏。二子
	范坰 （贊時次子）	初仕吳越，宋太宗太平興國三年從錢俶歸宋，任太子洗馬，轉殿中丞監、建州龍焙監，終於官。撰《吳越備史》十五卷。四子
	范墉 （贊時三子）	仲淹先生生父，事蹟已述，不贅記
	范塤 （贊時四子）	初仕吳越，太平興國三年從錢俶歸宋，任渭州推官。無子
	范昌運 （從誼長子）	無子

范立言 （從誼次子）	三子
范昌言 （從誼三子）	初仕吳越，太平興國三年從錢俶歸宋，任寧國軍節度推官。賜緋。累贈國子博士。妻王氏，封翊縣君，合葬天平山。四子

上表自范隋以下至仲淹先生父輩共四世、二十人。范隋之後分為二支，夢齡一支較盛，四世共十五人，而任官的有十人，可算是官宦世家了。范均一支，雖然顯得蕭條一些，任官職的僅有二人，而且官位也不高。不過，無論如何，范氏家族，自范隋以下，不可視為貧寒人家就是了。

此外，范文正公手撰的譜序，現存於《四庫全書》中的有一項錯誤，應該在此提出討論。該序結尾記：「皇祐二年（1050年）正月人日資正殿學士金紫光祿大夫行尚書戶部侍郎知青州軍事兼管內勸農事充青州淄濰登萊沂密徐州淮陽軍安撫使護軍仲淹述」等字 **36**，這是記文正公作序完成的日子，不少范氏宗族所編製的譜書，都記「皇祐二年正月八日（非人日）」是仲淹先生作成這篇譜序的時間，包括《吳縣范氏家乘》重修本在內。然而也有一些早期的資料，如范文正公的年譜、族譜抄本與刻本，則說仲淹手撰譜序完稿於「皇祐三年（1051年）正月八日」，如《范氏家譜》明代手抄本殘卷中節錄文正公自序就說是寫成於「皇祐三年正月八日」 **37**。又如《毘陵范氏家乘》一書，內

36.〈續家譜序〉，收於《四庫全書》，集部三，《范文正公集》，頁 1089 之 808。

37.明萬曆十五年（1587 年）手抄本《范氏家譜》（聯合報文化基金會國學文獻館藏微捲資料，編號 1088319B 號）。

載「雍正癸卯（元年，1724 年）二十一世孫忠宣房奉祀生范承宗」
所錄文正公舊序，雖有數字與四庫本有異，但無關大要，也說
舊序成於「皇祐三年正月八日」 **38**。

　　以上皇祐二年與三年兩說，應以三年為是。因為樓鑰《范
文正公年譜》記事可作參考：

> （皇祐）三年辛卯，年六十三歲。是歲，公以戶部侍郎知青
> 州兗淄濰等州安撫使，有青州謝上表。正月八日有〈續家譜
> 序〉。 **39**

《宋史》樓鑰本傳記樓鑰生於紹興七年（1137 年），卒於嘉定六
年（1213 年），距離仲淹先生時代不遠，而他所作的年譜多取文
正公家文獻舊事，應屬可靠。同時仲淹先生知青州兗淄濰等州
安撫使，事在皇祐三年，如果譜序成於皇祐二年，那就不可能
寫上這些官銜了，這是很明顯的道理。《吳縣范氏家乘》是范氏
一族歷代傳世的刊本，《四庫全書》更是國家動員大儒編輯的巨
著，加上紀文達公的見多識廣，竟有如此之誤，作史之難，實
有出人想像之處。且《四庫全書》范公手序「正月人日」，人日
係七日，亦與實際時間相差一天，我想應是「八日」之誤，而
係傳抄所致的。

　　綜上所述我們可以得到以下幾點結論：一、范文正公的先
世，自范隋以上只可說是傳疑階段，《吳縣范氏家乘》、《華容范
氏支譜》或其他有關資料中常有異說，這是無可避免的事，因

38.清同治九年（1870 年）范顯瑤等重修，《毘陵范氏家乘》（聯合報文化
　　基金會國學文獻館藏微捲資料，編號 1129162 號）。
39.《范文正公年譜》，頁 80。

為家族文獻不完備，而族人分支在各地發展，記憶有不同是極有可能的。然而到范隋以後仲淹先生先世的世次就分明了，因為有了誥書家集等文獻資料，又有墓冢碑銘等實物可尋，因而蘇、皖一帶的范氏譜，凡認係與文正公一族有關的，先世的紀錄都一致無誤了，這可謂是范氏家史的信史階段了。二、范文正公的先世中遠祖有范滂、范履冰等名臣，范隋以下也多為地方官員，且有「博學多文」、善於著書的。所以這個家族，多少年來一直是一個官宦之家，而且是崇尚儒術的知識分子家庭。三、《吳縣范氏家乘》原是仲淹先生一族歷代相傳的佳譜，由於歷代不斷傳抄，致有「皇祐二年」之誤。《四庫全書》范氏資料中也有同樣誤寫，想是傳抄或是依據傳抄本的緣故。由此可知，史料傳抄，常會發生錯誤，引用轉手資料的人不可不慎。四、族譜資料，向為世人詬病，說它有著妄言受姓、牽附宗祖、附合無關名人、混合不同宗族、世次顛倒以及資料脫漏等等的毛病。然而也不能一概論之，如本文引用的《吳縣范氏家乘》，考證精詳，用詞也嚴謹，對其先人的記述雖難免有誇張之處，如果我們在利用時小心謹慎，去蕪存菁，仍不失為珍貴史料，仲淹先生的先世如無此書作依據，相信是不能得到如此清楚輪廓的。

六 從《吳縣范氏家乘》看宋代恩蔭制度 [1]

一

　　北宋以下，千餘年間，不少專家學者對宋代恩蔭制度，常有評論。咸以恩蔭之濫，造成冗官的浪費，而冗官的浪費，直接影響到宋代的衰亡，如蘇轍就曾以此類弊端為當時吏治的三大害，他曾向皇帝上書說過：

> ……一曰冗吏，二曰冗兵，三曰冗費。……三冗既去，天下之財得以日生而無害，百姓充足，府庫盈溢。陛下所為而無不成，所欲而無不如意矣！[2]

洪邁在〈今日官冗〉一文中更以數據指出當日情形的嚴重。他說：

> 元豐中，曾鞏判三班院今侍右也，上疏言：國朝景德墾田百七十萬頃，官萬員。皇祐二百二十五萬頃，官二萬員。治平四百三十萬頃，官二萬四千員。田日加辟，官日加多，而後

1.原文刊載於聯合報文化基金會國學文獻館主編，《第六屆亞洲族譜學術研討會會議記錄》（臺北：聯經出版公司，1993），頁 381–402。
2.蘇轍，《欒城集》（臺灣商務印書館四部叢刊本），卷 21，頁 4–18。

之郊費，視前一倍，以三班三年之籍，較其入籍者幾七百人，而死亡免退不能二百，是年增歲溢未見其止，則用財之端、入官之門，當令有司講求其故，使天下之人如治平，而財之用、官之數同景德，以三十年之通，可以餘十年之蓄矣。是時海內全盛，倉庫多有椿積，猶有此懼。慶元二年（1196年）四月，有朝臣奏對極言云：曩在乾道間，京朝官三四千員，選人七八千員。紹熙二年（1191年），四選名籍尚左京官四千一百五十九員，尚右大使臣五千一百七十三員，侍左選人一萬二千八百六十九員，侍右小使臣一萬一千三百十五員，合四選之數共二萬三千五百十六員，冗倍於國朝全盛之際。近者四年之間，京官未至增添外，選人增至一萬三千六百七十員比紹熙增八百一員，大使臣六千五百二十五員比紹熙增一千三百四十八員，小使臣一萬八千七百五員比紹熙增七千四百員，而今年科舉明年奏荐不在焉，通無慮四萬三千員，比四年之數增萬員矣，可不為之寒心哉。蓋連有覃霈，慶典屢行，而宗室推恩，不以服派近遠為間斷，特奏名三舉，皆值異恩，雖助教亦出官，歸正人每州以數十百。病在膏肓，正使俞跗、扁鵲，持上池良藥以救之，亦無及已。**③**

又如清代名學者趙翼則明白針砭宋代恩蔭過濫，並舉實例，認為這種「竭民力以養冗員」的作法，實非「國家長計」。他在〈宋恩蔭之濫〉一文中說：

---

3. 洪邁，《容齋四筆》，卷2，頁1-2，收於《欽定四庫全書》（臺灣商務印書館重印本），頁851之691-2。

蔭子固朝廷惠下之典，然未有如宋代之濫者。文臣自太師及開府儀同三司，可蔭子若孫，及期親、大功以下親，並異姓親及門客。太子太師至保和殿大學士，蔭至異姓親，無門客。中大夫至中散大夫，蔭至小功以下親，無異姓親。武臣亦以是為差。凡遇南郊大禮及誕聖節，俱有蔭補，宰相執政蔭本宗、異姓及門客、醫人各一人。太子太師至諫議大夫，蔭本宗一人。寺長、貳監以下至左、右司諫，蔭子或孫一人，餘以是為差。此外又有致仕蔭補，曾任宰執及見任三少使相者，蔭三人。曾任三少及侍御史者，蔭一人，餘以是為差。此外又有遺表蔭補，曾任宰相及現任三少使相蔭五人，曾任執政官至大中大夫以上蔭一人，諸衛上將軍四人，觀察使三人，餘以是為差。由斯以觀，一人入仕，則子孫親族，俱可得官，大者並可及於門客、醫士，可謂濫矣。然此猶屬定例，非出於特恩也。天聖中，詔五代時三品以上告身存者，子孫聽用蔭，則並及於前代矣。明道中，錄故宰臣及員外郎以上致仕者子孫，授官有差，則並及於故臣矣。甚至新天子即位，監司、郡守、遺親屬入賀，亦得授官，則更出於常蔭之外矣。曹彬卒，官其親族、門客、親校二十餘人。李繼隆卒，官其子，又錄其門下二十餘人。雷有終卒，官其子八人，此以功臣加蔭者也。李沆卒，錄其子宗簡為大理評事，婿蘇昂、兄之子朱濤，並同進士出身。王旦卒，錄其子、弟、姪、外孫、門客、常從，授官者數十人，諸子服除，又各進一官。向敏中卒，子、婿並遷官，又官親校數人。王欽若卒，錄其親屬及所親信二十餘人，此以優眷加蔭者也。郭遵戰歿，官其四子，並女之為尼者，亦賜紫袍。任

福戰歿，官其子及從子凡六人。石珪戰歿，官其三子。徐禧
戰歿，官其家十二人，此又以死事而優恤者也。范仲淹疏請
乾元節恩澤，須在職滿三年者，始得蔭子，則仲淹未奏以
前，甫蒞任即得蔭矣。閻日新疏言群臣子弟，以蔭得官，往
往未離童齔，即受俸望，自今二十以上始給。……朝廷待臣
下固未優恤，乃至如此猥濫，非惟開倖進之門，亦徒耗無窮
之經費，竭民力以養冗員，豈國家長計哉！**4**

甌北先生的這篇文章對宋代「定例」與「特恩」的蔭補情形作
了極為清楚的說明，而對功臣、優眷、死事的恩蔭之濫，也以
可靠的數字，顯示了當年的實狀，可謂詳盡之極了。然而以上
諸家的說法，終不免給人一個意猶未盡的感覺，似乎在舉證方
面都仍嫌不足，多少有些籠統的缺陷。本文作者擬就《吳縣范
氏家乘》一書中所記范氏一族若干子孫在宋代官宦的情形，作
一番簡要的整理與分析，以為歷代前賢找些旁證，也藉以披露
宋代恩蔭制度猥濫真相的一斑，並說明若干族譜的史料價值。

二

《吳縣范氏家乘》初修於北宋年間，後經范氏裔孫不斷續
修，本文所利用的本子是清道光三十年（1850 年）范宏金等續修
的刻本，內容豐富翔實，千年以來一直為范氏族人所推崇重視
的家史紀錄。我曾經就其記載寫過一篇〈范文正公仲淹先生先
世考〉的文章，略述范仲淹至高祖范隋等人的生平事蹟，證明
他們祖孫幾代，不乏「博學多文」的官員，他們家族雖不富有，

4.趙翼，《廿二史劄記》（臺北新文豐書局重印本），卷 25，頁 777。

但也不可視為貧寒人家。**5** 由於這些范氏的祖先都是唐末、五代與北宋初年的人物，而且官位不高，恩蔭的事是與他們無關的。不過范仲淹以後，情形大為改觀，真是「一人入仕，則子孫親族，俱可得官」了，恩蔭之濫的事實，在范氏譜牒中尤能獲得明證。《吳縣范氏家乘》中分范氏族裔為十六支如附圖（請參見附圖五）。

　　這十六支房在范仲淹時代已經形成了，其中范仲淹的四個兒子范純佑、范純仁、范純禮、范純粹分別為日後監簿房、忠宣房、右丞房以及侍郎房祖，當然這四房的子孫做官的比較多。**6** 根據范氏族譜資料的記載，有宋一代三百年間，范仲淹以後族裔得官的共有：**7**

世　次	人　　　名	人　數
第一世	以范仲淹為第一世祖	
第二世	范純佑、范純仁、范純禮、范純粹、范純義、范純叟、范純恪、范純一、范純懿、范純孝、范純古、范純誠、范幾道、范師道、范希逸、范明遠	16
第三世	范正臣、范正民、范正平、范正思、范正國、范正己、范正夫、范正圖、范正暮、范正興、	22

5. 陳捷先，〈范文正公仲淹先生先世考〉，請見本書頁 83–102。

6. 此處所引范氏「十六房五服宗支圖」採自《吳縣范氏家乘》，該譜共有 40 冊 40 卷，聯合報文化基金會國學文獻館藏有微捲藏本，此宗支圖刊於右編世系總目卷首。

7. 《吳縣范氏家乘》卷 10 為〈登進志〉，盡錄第一世范仲淹起以及後世各房由科舉與恩蔭得官者的名單，附表所列名單即以此〈登進志〉為依據。

	范正需、范正聞、范正中、范正略、范正倫、范正邦、范世隆、范世京、范世亮、范世文、范世延、范世英	
第四世	范直隱、范直彥、范直雍、范直清、范直舉、范直方、范直英、范直孺、范直筠、范直聲、范直顯、范直愚、范直諒、范直大、范直剛、范直心、范直用、范直盧、范直遇、范直養、范直行、范直紹、范直亨、范直與、范直質、范彪、范直伸、范聞、范彤（大夫房）、范貢、范彭、范彬、范參、范彤（郎中房）、范彩、范彧	36
第五世	范公序、范公武、范公恕、范公靖、范公謹、范公圭、范公謙、范公能、范公興、范公俑、范公寧、范公明、范公瑞、范公泰、范公鐸、范公綽、范公約、范康卿、范壽卿、范光、范棠、范常、范公達	23
第六世	范良器、范之柔、范良士、范良史、范良璞、范良簡、范良全、范成大	8
第七世	范承家、范克家、范寧家、范持家、范達家、范慶家、范傳家、范元衡、范士貴	9
第八世	范邦用、范邦正、范邦瑞、范邦偉、范邦哲、范宗堯	6
第九世	范華國	1

以上所列范氏族人為官的是僅及於兩宋時期，元代以後入仕的不在其中。不過，第六世的「范成大」其人，可能有點問題，因為《吳縣范氏家乘》中沒有提到他是范氏十六支房中那一支的子孫，只記他的簡單履歷為：

> 紹興二十四年甲戌（1154年）張孝祥榜進士，歷官參知政事、

資政殿大學士、開國侯，贈少師崇國公，謚文穆。

另據《吳縣范氏家乘・卷5・賢裔傳》，頁28有〈范石湖傳〉一篇，編者除在文前加注云「《宋史》傳原文」外，又在傳文末頁寫按語說：「向藏世系別本，載公為文正曾孫，而原譜並未列。即石湖詩文集中亦未嘗自為表著。明季主奉心溶於石湖修公祠，奉祖光祿父笏林公以配祀，蓋據向藏別本也。今錄《宋史》舊文，附見傳內云。」這是清代范氏後人修譜時加的按語，似乎說明他們列范成大為文正公後裔是有舊譜作依據的。

　　然而近代學者不作如是想，他們根據可靠資料，在《范成大年譜》中作了如下詳盡的考證：

　　成大與范仲淹同居吳郡，不通譜，然同出順陽。明萬曆休寧《范氏族譜》謂成大屬華陽世系。〈神道碑〉：「吳郡范氏，自文正公起孤童，事仁宗皇帝，當慶曆癸未（三年，1043年），入參大政。後百有三十六年，公復參孝宗皇帝政事。雖譜牒不通，俱望高平派南陽之順陽，蓋鷗夷子苗裔也。」按：清錢大昕《十駕齋養新錄・卷7・范文穆與文正不同族》引〈神道碑〉此段文字後，云：「又益公乾道《壬辰南歸錄》有一條云：『右通直郎范公武，文正公之後，今歲有子登科。范氏自忠宣公皇祐中登科後，今方有人。』若文穆與兄成象于紹興中先後登第，果係同族，不當作斯語矣。今吳中范氏譜以文穆為文正之後，殆不可信。」文穆，成大謚，詳紹熙四年（1193年）紀事。成象，乃成大從兄。
　　明萬曆休寧《范氏族譜》第一冊明嘉靖辛丑（二十年，1541年）蔡經撰〈新安范氏會通譜序〉：「按《譜》：范氏自履冰者等

> 而上之，由帝堯之後，在夏曰御龍氏，在商曰豕韋氏，在周曰唐杜氏。迄武子食采於范，而始得姓。厥後有蠡相越，睢相秦，滂相漢，至履冰相唐，罔不備焉。其溯可謂遠矣。自履冰者順而下之，有曾孫曰傳正，適新安，為休寧范。六世孫曰隨，適姑蘇，為姑蘇范。曰隆，適華陽，曰華陽范。」 **8**

可見范成大的列入《吳縣范氏家乘》十六支房是不妥當的。

現就《吳縣范氏家乘》所列名單（除范成大外），似可發現幾點值得注意之事。

第一，兩宋期間，范仲淹以下的族人，為官的共有一百二十一人，其中二世因恩蔭得官的七人、三世十七人、四世二十七人、五世二十人、六世四人、七世七人、八世五人、九世一人，總計八十八人，約占全部做官人數的 72%。而非因恩蔭為官的計有范純仁、范純禮、范純恪、范純懿、范純孝、范純古、范師道、范希逸、范明遠、范正圖、范正中、范正倫、范正邦、范世京、范直孺、范彪、范直伸、范聞、范貢、范彬、范參、范彩、范彧、范棠、范常、范公達、范良器、范之柔、范良簡、范元衡、范士貴、范宗堯等三十二人，約占全部為官人數的 28%。恩蔭之多，由此可知。

第二，若以恩蔭得官與親屬關係言，我們發現范氏族人因父恩、祖蔭而補官的最多，也有因伯祖、叔祖、伯父、叔父、兄、弟，甚至表親而受惠的，範圍可以說相當寬廣，這確是宋代恩蔭制度的一大特色。

8.孔凡禮，《范成大年譜》（濟南：齊魯書社，1985），頁 3。

　　第三，范氏十六房中，由恩蔭而得官的以范純仁的忠宣房與范純佑的監簿房子孫為最多，這可能與忠宣房祖官至觀文殿大學士、尚書右僕射兼中書侍郎等高官有關。而范純佑為范仲淹嫡長子，朝廷對他們一家的恩蔭可能比其他各房為多，也是理屬應然的。❾

　　第四，范氏各世子孫以三、四、五世恩補授官的人數為多，六世以後顯明減少，這其中原因雖不能確知，但金元亂事使范氏族人流離失散應該是主因之一。以范仲淹一家見於家乘的記載為例，仲淹先生有子四人，孫十二人，曾孫三十人，玄孫三十八人，五世子孫共為八十五人。北宋末年與南宋初年，仲淹先生裔孫行事不明、年齡不明、為金人擄與死於戰亂的即有十八人之多，❿由此可知其家族繁衍不盛及逐漸蕭條的原因了。

　　第五，以上范氏子孫因恩蔭得官若從所授官階職位等方面看，《吳縣范氏家乘・卷10・登進志》中有詳盡說明，大抵以授將仕郎、宣義郎、承奉郎、朝奉郎、通直郎、迪功郎、承務郎、登仕郎、通仕郎、從政郎、承節郎、郊社齋郎，而以將仕郎與登仕郎、承務郎的為多。另外也有授任縣令、縣丞、縣尉、

9.《吳縣范氏家乘・卷22・碑記錄》，頁241有〈歷傳主奉題名記〉，文中記：「主奉者何？宗子也。以承奉祭祀，統率族眾，遴選執事總理義莊，貴顯不敢越，輩行不敢序，公舉文正長房監簿之後居多，所以重宗子也。」

10.以范純粹侍郎房一支為例，其第四世直心、直用、直慮、直遇、直圭、直節等人，都是因金人南下，「潁昌陷被擄」的（見《吳縣范氏家乘・卷4・侍郎世系》，頁7），而純粹長子正夫，則在「高宗建炎元年（1127年），金人陷潁昌，死於兵」（同上，頁4）。由此可知，范仲淹本身裔孫在金人動亂中有不少人遭到浩劫。

縣主簿、府助教、團練推官、司馬參軍、太廟齋郎、太常寺太
祝等官的，但人數顯然比授為將仕郎等階位的少很多。按宋代
官制，初仿唐代，對於文官的任用，分任官與任職，凡一士人
出仕，不但有「官」，而且有「職」。官者又稱「散官」或「階
官」，上自開府儀同三司，下至將仕郎，共二十九等。元豐以
後，「以階為官，雜取唐及國（宋）朝舊制，自開府儀同三司至
將仕郎為二十四階」。後來歷崇寧、大觀至「政和末，凡三十七
階」。[11]范氏子孫恩蔭所得之官，品階可以說不算很高，如將仕
郎為從九品，登仕郎為正九品，朝奉郎與通直郎算是最高的了，
分別為正六品與從六品。這雖是宋代的定制，但無論是散官或
是階官，俸銀總是有的，因此蔭官愈多也就是政府的負擔也隨
之增多，終於造成財政上的困難。

　　據以上《吳縣范氏家乘》資料即可證明宋代恩蔭確是猥濫，
而且受恩蔭的人可親可疏，範圍相當之寬，范仲淹的兒孫可得
恩蔭，他的再從子純誠、三從子幾道，甚至三從孫世延、世英
也能恩授與蔭補為官，[12]難怪歷代史家與學者都對宋代這方面
的制度作批評了。

三

　　有關宋代蔭官制度，《宋史·職官志》中列有「臣僚大禮蔭
補」、「致仕蔭補」、「遺表蔭補」等類。[13]趙翼又在常例之外，

---

11. 《宋史·卷169·職官志九》（臺北鼎文書局重印本），頁4051，以及
　　《宋史·卷170·職官志十》等處。按《宋史》原誤，其實此處二十
　　四階為自特進至承務郎。
12. 《吳縣范氏家乘·卷10·登進志》，頁8、12。

就《宋史》列傳資料舉出若干特恩的事例，如功臣、優眷、死事等項。然而以《宋史》列傳的內容觀之，記事仍然簡略，如〈曹彬傳〉中只作：「官其親族、門客、親校十餘人。」〈向敏中傳〉亦稱：「五子、諸婿並遷官，親校又官數人。」〈王欽若傳〉中則謂：「錄親屬及所親信二十餘人，國朝以來，宰相卹恩，未有欽若比者。」雷有終的記事可能是較為詳細的，說他死後，政府「錄其子孝若為內殿崇班，……孝傑為內殿崇班，孝緒為供奉官，孝恭為侍禁，親族、門客、給事輩遷補者八人」。[14] 如果我們翻閱一下《吳縣范氏家乘》，顯然會發現一些不同的記載，例如與范仲淹同輩的兄長，有一位就是因仲淹而受到恩蔭的，家譜中記：

> 仲溫，文正公兄，為中舍房祖，宋仁宗景祐二年（1035 年）恩補將作監主簿。[15]

又如監簿房第三世范正臣名下寫作：

> 純佑子，宋仁宗慶曆五年乙酉（1045 年）生，皇祐四年（1052 年）四月，從蔭補將仕郎（誥見〈詔敕志〉）。……[16]

他如右丞房第三世范正己條下謂：

13.《宋史・卷 170・職官志十》，頁 4096–4099。

14.《宋史・卷 258・曹彬傳》，頁 8977；《宋史・卷 282・向敏中傳》，頁 9553；《宋史・卷 283・王欽若傳》，頁 9559；《宋史・卷 278・雷有終傳》，頁 9462。

15.《吳縣范氏家乘・卷 10・登進志》，頁 5。

16.《吳縣范氏家乘・卷 1・監簿世系》，頁 2。

純禮子，字子修，宋神宗熙寧七年甲寅（1074 年）九月二十五日生。哲宗元祐元年（1086 年）以父任禮部郎中遇明堂大禮恩，奏補太廟齋郎，七年（1092 年）以父任吏部郎中遇南郊恩，授承務郎。[17]

另外忠宣房第四世子孫中記：

直孺，正思第三子，字師黯，宋哲宗紹聖四年丁丑（1097 年）五月二十日生，以祖致仕，恩補承務郎。

直清，正平次子，字師尹，宋哲宗元祐四年己巳（1089 年）十月二十二日生，徽宗建中靖國元年辛巳（1101 年），以祖遺表恩補承務郎。[18]

類似以上的記事在《吳縣范氏家乘》中可以說連篇累牘，舉不勝舉。我們可以從中看出范氏一族的若干裔孫受恩蔭的時間、職階以及何以得到恩蔭的一些原因，比起《宋史》列傳中的紀錄清楚詳明多了，家譜資料的珍貴，也由此可以得知一些梗概。

同時在《吳縣范氏家乘》中還可以找到一些對宋代恩蔭制度更有研究助益卻不多見的資料，如監簿房世系第五世中記：

公序，直隱長子，字庠甫，宋哲宗元祐八年癸酉（1093 年）生，嘗預鄉荐。高宗建炎三年（1129 年），朝廷旌錄勳臣，以文正公長子之後，特補迪功郎。[19]

---

17. 《吳縣范氏家乘・卷 3・右丞世系》，頁 4。
18. 《吳縣范氏家乘・卷 2・忠宣世系》，頁 14。
19. 《吳縣范氏家乘・卷 1・監簿世系》，頁 4。

范公序已是范仲淹的五世玄孫了，仍然可以「旌錄勳臣」而被蔭補為官，這也是值得我們注意的。

　　同房七世孫中，持家與慶家二人的蔭官也比較特別，《吳縣范氏家乘》裡記：

> 持家，良遂長子，字循叔，宋寧宗慶元六年庚申（1200年）三月七日生，因娶濮王宮宗室女，補承節郎。
> 慶家，良遂第三子，字餘叔，宋寧宗嘉泰四年甲子（1204年）七月一日生。嘉定十五年（1222年）八月以表兄俞應符任簽書樞密院事、兼參知政事，遇十四年明堂恩澤，奏補登仕郎。[20]

可見娶宗室女與表親奏請也能得恩蔭為官。

　　另外右丞房第四、五兩代子孫中有幾位的恩補情形又不同於尋常。如第四世：

> 直剛，正己第六子，字師中。宋徽宗宣和二年庚子（1120年）九月十二日生。高宗紹興六年（1136年）例給還元祐執政恩，以祖右丞貼數恩奏補承務郎。[21]

第五世：

> 公鐸，直愚子，字祖振。宋高宗紹興元年辛亥（1131年）九月二十二日生，六年貼數給還元祐執政，恩補將仕郎。

同輩分的公緯與公約也都是「高宗紹興六年以給還右丞貼數恩

20.《吳縣范氏家乘‧卷1‧監簿世系》，頁11、13。
21.《吳縣范氏家乘‧卷3‧右丞世系》，頁8。

補將仕郎」的。[22] 這些雖然與祖先的恩蔭，同屬一類，但是深入探究起來，與一般的祖蔭情形仍有區別。按「貼數」二字在宋代官場有特殊意義，「貼」，「加」也，「數」為「恩數」，「貼數」亦即「加恩」之意。宋制，凡有本官兼領館職者，謂之貼職，「貼蓋為附益之義」。「貼數給還元祐執政」與「以給還右丞貼數」似可作「給還元祐右丞公執政所加恩數」。據《吳縣范氏家乘·右丞世系》所記，第四世直剛既「以祖右丞貼數恩奏補承務郎」，其「祖」當然指二世祖范純禮了。現在再看范純禮的小傳，其中有關他的履歷極詳，歷仁宗、英宗、神宗、哲宗各朝，哲宗元符三年（1100 年）皇帝死後，徽宗初立時，他仍「以龍圖閣學士知開封府，十一月，拜禮部尚書，遷中大夫守尚書右丞」。不過第二年由於新舊黨爭的發生，范純禮在宦海中也經歷了空前的浮沉命運。小傳中說：

> 建中靖國元年（1101 年）六月，罷為端明殿學士，出知潁昌府，提舉崇福宮，兼京西北路安撫使。崇寧元年（1102 年）籍元祐黨人，遂奪職降授左朝議大夫，試少府監，分司南京。二年（1103 年），追論棄湟州事，以公與簽書，又貶靜江軍節度副使，徐州安置。四年（1105 年），徙單州。五年（1106 年）二月復左朝議大夫，……時毀奸黨石刻，並放還諸流人自便，公遂歸潁昌，三月十九日，卒於家，年七十六。……宣和五年（1123 年）追封延康殿學士，累贈正議大夫。高宗紹興初（1131 年為紹興元年）朝廷例追贈黨人。六年（1136 年）十一月，特贈資政殿學士，諡恭獻，繪像於徽宗

22.《吳縣范氏家乘·卷 3·右丞世系》，頁 9–10。

神御殿，別為右丞房祖。[23]

由此可知，范純禮的孫子范直剛以及曾孫范公鐸、范公綽、范公約等人都在南宋追錄元祐黨籍時，朝廷又給他們加恩蔭補官職了（按宋制凡兼大學士職均另加職錢，上引「貼」字，當指補其未盡復之待遇也）。

《吳縣范氏家乘》確是一部內容豐富、史料價值極高的佳作，就以宋代恩蔭制度一端來說，該書就提供了很多寶貴的實證，從而讓我們了解宋代恩蔭大臣子孫的原因很多，除祖先功業、致仕、遺表、優眷、死事等以外，還有旌錄勳臣、娶宗室女、表親奏請以及黨爭平反加恩等等，種類可謂繁多了。

四

中國族譜的歷史，可謂源遠流長，上古之世，可能即有口傳家族傳承的紀錄，殷周時期文字譜牒，至今仍有存藏。降至宋代，族譜內容大變，不以「入仕途、聯婚姻」為修譜主因，而以尊祖睦族與美化風俗為宗旨，所以家族中大小事務、官私文獻，都不厭其詳地收集記錄，使得族譜成了「家庭的百科全書」，內容不但豐富，編纂也不斷創新，名家望族，子孫相承，世代續修，族譜資料乃成為我國現存古籍中的重要部分之一。據現代學者統計，宋明以下具有規模的族譜，目前存量至少有一萬五千種之多，若干簡略的家世資料還不在計算之內。[24]由

23.《吳縣范氏家乘‧卷3‧右丞世系》，頁1–3。

24.常建華，〈中國族譜收藏與研究概況簡說〉，收於《譜牒學研究》（北京：書目文獻出版社，1989），第1輯，頁231。

於此一資料以家族為主，且具連續性，又保存大量史料，所以現代學者都勤於收集，多方利用，以為研究考案之資。

然而歷代族譜因修譜人家與修編人員的態度不盡相同，學養也未必良好，而各家背景不一，文獻也有多有少，因而修成的族譜在品質上大有不齊，有好有壞。多年以來，論者常因族譜中有妄言受姓、世次顛倒、牽附祖宗、資料脫漏等等缺失，就認為族譜一無可取，不能利用。此雖部分族譜的通病，正如正史與方志中也難免有誇張失實記事一樣。但一萬多種現存族譜，不能一概而論，其中考證精詳，記錄翔實而保存珍貴史料的優良族譜，也為數可觀。如本文徵引利用的《吳縣范氏家乘》便是其中之一，值得重視與推崇。范氏族人自宋至清，不斷修纂，且寫製態度謹嚴，取材慎重，立論公平，善惡兼書，實為難得的佳構。即以書中資料的一部分作為對宋代恩蔭制度研究來說，至少就有如下幾點貢獻。

第一，宋代恩蔭，歷來學者都批評猥濫不堪，但是各家所舉實例實證，似乎並不為多。《吳縣范氏家乘》中則有很多記載此方面的文字，談到兩宋時期范氏子孫中恩蔭做官的情形，不但詳記他們受恩蔭的原因，如因祖父兄弟等家人恩蔭，或遇明堂、郊祀、太后慶典等大禮特恩，以及祖先致仕、遺表、旌錄勳臣、給還貼數等等以外，同時也記述他們恩蔭做官的時間、職階等事，較之官書與私家文集，實有優長之處。甚至在范氏譜中還有如下一段少見的記載：

> 公（按指范文正公仲淹）以朱氏撫育有恩，常思厚報之，及貴，用南郊所加恩，乞贈朱氏父太常博士，暨朱氏子弟以公蔭得

補官者三人。後朱氏諸兄弟沒，皆公為葬之，歲別為饗祭。㉕

我們知道，范仲淹年幼喪父，母親謝氏後來因為「貧無依」而改嫁了朱文翰，仲淹也改姓名為「朱說」。上面引文中的「朱氏父」即指朱文翰，至於朱氏子弟以文正公蔭得官的，據《范文正公年譜補遺》中記有朱文翰的孫子朱延之及延之兄子朱求等人。有關朱氏祖孫蔭官記事，雖然是強調范仲淹個人的醇厚本性，但也為我們留下了宋代恩蔭制度過寬過濫的另一個證據。

　　第二，宋代史料，堪稱卷帙浩繁，然而對於若干「人」與「事」的探究，吾人終仍有不夠美備之感。明清兩代正史官書，亦復如此。族譜則為一家一族的史乘，賢肖子孫必定盡收其祖先事蹟資料，載於譜牒，永世珍藏。以范仲淹第三子范純禮一人生平記事而言，《宋史》中為他立有專傳，其中對他在徽宗即位後被貶的記事僅說：「……罷為端明殿學士、知潁昌府，提舉崇福宮。崇寧中，啟黨禁，貶試少府監，分司南京。又貶靜江軍節度副使，徐州安置，徙單州。五年，復左朝議大夫，提舉鴻慶宮。卒，年七十六。」㉖若與范氏譜范純禮小傳相比，立即可知家庭記事較官書加詳很多，而且高宗紹興以後追封純禮等事，史傳中隻字未提，而家傳中則多作記敘。又如范純禮孫輩日後因元祐黨爭平反，受純禮恩蔭「貼數給還」一節，連記宋高宗一朝史事最詳的《建炎以來繫年要錄》一書中也不如范氏譜詳盡。《建炎以來繫年要錄》記紹興六年史事共十卷，無一

25.《吳縣范氏家乘·卷8·言行拾遺》，頁3。
26.《宋史·卷314·范純禮傳》，頁10279。

記范公綽、范公約等貼數給還受恩蔭事。蓋其事就史而言，實係小事，不必亦不能盡記，然而在范氏家族眼中，此等事則視為大事，故予記載。由於范氏譜的這些記載，卻透露了范氏某些族人參與宋代新舊黨爭之事以及南宋追錄黨籍復其恩蔭等情，當然宋代恩蔭制度也從而讓我們有了深一層的了解，可見私家譜牒確有可取之處。

總之，從《吳縣范氏家乘》中，我們不僅可以看出宋代恩蔭之濫的實情實況，同時也可藉以證實中國歷代族譜中確實不乏精醇佳作，而其中保存著豐多的第一手原始史料，足以補充官私書檔不足的這一事實。

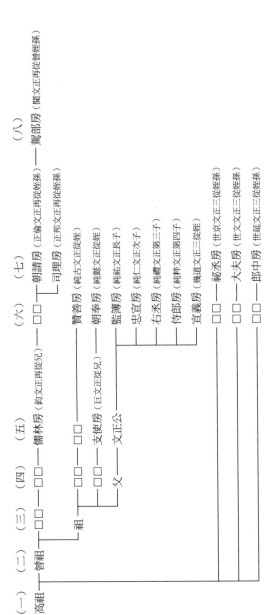

附圖五　十六房五服宗支圖

七 略論清代族譜學的發展——
以《武嶺蔣氏宗譜》為研究中心 [1]

一、小 引

民國三十七年（1948年）十月，《武嶺蔣氏宗譜》成書時，陳布雷先生在卷末的跋文中說：

> 布雷等纂修是譜，承武進吳先生（按指吳敬恆先生）之指誨，歷時一載，始克完成。舊譜慎於稱引，少有考論，篇帙較簡。今追考先系，上暨漢世，旁徵故事，甄錄藝文，並參稽往牒，斟酌損益，更定體例，計分十一目，都三十二卷，發凡起例，具詳卷首，限於時日，愧未能悉臻善備也。至商榷體例，考訂史事，自列名纂修諸同人外，若鎮江柳先生詒徵、慈谿馮君貞群、蕭山朱君鼎煦、瑞安伍君俶、石城陳君方、鄞童君第德、奉化王君宇高、孫君詒，並多啟助，而海寧蔣君復璁，供給圖籍，吳興陳君希曾、常德譚君鏊之，督飭校印，亦與有勞，敬著姓氏，以誌不忘。[2]

---

1. 原文刊載於嚴文郁等著，《蔣慰堂先生九秩榮慶論文集》（臺北：臺灣商務印書館，1987），頁425–441。
2. 陳布雷等修纂，《武嶺蔣氏宗譜》（上海：中華書局，1948），卷32。

據此可知，《武嶺蔣氏宗譜》纂修時，蔣復璁先生在「供給圖籍」方面是「亦與有勞」的。今年欣逢蔣先生九十嵩壽，我想以這部民國以來的名譜之一做些研究，作為對慰老祝壽與尊敬的禮物，應該是更有意義的。

二、《武嶺蔣氏宗譜》中所見清代族譜學的發展

吳敬恆先生在《武嶺蔣氏宗譜》的序言裡說：「奉化蔣氏族譜的編纂，始於元代的《龜山集》，其後在明代有洪武與天順的兩修，在清代有康熙、乾隆、嘉慶、道光、咸豐、光緒等八次修纂，在民國時代有七年（1918 年）與三十七年（1948 年）的兩修。」❸ 如此首尾算起來，前後一共十三修。若以時間來說，從元末至正二十三年（1367 年）到民國三十七年（1948 年），共歷五百八十多年，前後相接，綿延不斷，這樣的族譜，雖在江南富饒地區，人文匯萃之地，實在是不多見的，而且清代以後，蔣氏遵照古禮，每三十年一修，尤其難得。雖然《武嶺蔣氏宗譜》舊本的內容因多已散佚而不能盡窺全貌，然而舊譜的序例則大多收錄在民國三十七年新修本的〈舊譜考〉中，可謂相當完備，我們也從而了解蔣氏一族源流發展，並可看出中國近代族譜學演進的痕跡。現在我就以《武嶺蔣氏宗譜》中的有關資料，給清代族譜學的發展情形，作一番觀察與鉤考。

入清以後，蔣氏第一次重修宗譜是在康熙三十八年（1699 年），這一次的纂修工作是請了一位名叫梁素的先生執筆，梁素是當地的庠生，他在序文中說：

3.吳敬恆，〈武嶺蔣氏重修宗譜序〉，收於《武嶺蔣氏宗譜》，卷首。

事有微且易而實關風俗之盛衰、人心之萃渙者，莫修宗譜若也。每見世家大族有譜而不知修，殘缺失次，遲之又久，而先世之緒闃然，由是昭穆不明，親疏莫辨，裔之命名依然同祖考而莫之察，先人塋兆視為狐丘野骼而莫之稽，情誼疏而族禮廢，人心日漓，風俗日壞，其咎曷可勝悼哉！此孝子仁孫每眷眷于修譜者，蓋為風俗人心計非淺也。三嶺蔣氏自宋金紫浚明公肇居斯土，科名奕葉，袍笏相繩，為剡川望族，延今七百五十餘年，子孫散居郡邑者，不一其族，而咸稱三嶺為祖址，若夫譜牒之不講已越五百餘年。康熙己卯（三十八年，1699 年），三嶺賢嗣若守金國玉氏、守學國秀氏、昌胤君佐氏、邦彥碩侯氏輩，興起其敬祖睦族之念，重修宗譜，延余司厥事。及閱舊譜，始知蔣氏自遷鄞始祖以下，世有系圖刊本，跡雖存無考。元至正間十一世孫德淳先生諱樸者，手編家史名《龜山集》，未脫稿而逝，其子嘉議大夫子杰公自洪武十六年（1383 年）續其編，分為十八卷，詳見舊序中。天順間，十六世孫文正復起而錄之，僅存譜原、世系二項，其餘制誥、墓誌、傳、序、詩文等類，竟無片字，余不敢妄為補綴，率照舊章，信者書之，疑者闕之。至於世系前以十世為一圖，非法也，今遵歐陽譜例，以五世為一圖，取五世服盡之義，而特立統宗圖於前，使一源萬派，昭若日星，閱是圖而上下判然矣。於戲！世家大族莫不有譜，有譜而不知修則與無譜等。……今諸君不為眾論所撓而毅然成其事，使金紫之統，煥焉一新，其餘諸派，相遞而舉，閱是譜而知千枝一本，萬派同源，親親長長之義有不油然而生，勃然而起者乎？由是人心革而風俗淳，袍笏相繩之盛，可復期於今日

　　矣。諸君子洵有光於宗祖哉，故喜而為之序。　**4**

從梁素的這一篇序文中，我們可以看出，蔣氏在武嶺一族的先人，在元代至正年間就想纂修宗譜，當時主其事的是十一世孫蔣德淳。不過這部定名為《龜山集》的家史並未完成，而蔣德淳就逝世了，直到明初洪武年間才由他的兒子蔣子杰續編而得以成書。當時修成的族譜共十八卷，書中有序、譜原、世系、制誥、墓誌、傳、詩文等類目，就內容而言，顯然已經不似晉唐時代僅以富貴相矜，而專記先人宦績的簡略形式了。清初康熙三十八年重修時，梁素又「不敢妄為補綴，率照舊章」，因此我們可以了解，蔣氏這一支系的族譜從元末到清初，內容改變是不多的。然而清代二百多年之中，《武嶺蔣氏宗譜》又經八次重修，體例與書法都因時代改變而有所更張，現在我們就從這一方面來談談清代中國族譜學演進的大概。

　　先談修譜的大宗旨。

　　我們知道，在中國族譜學的發展史上，漢唐是一個階段，宋代以後又是另一個局面。漢唐之間的族譜特色正如唐代柳芳所說的：「乃漢尚官，魏晉尚姓，南北朝尚詐，譜之弊又復如此。」　**5**如果歸納上述三項來說，一言以蔽之，就是自漢至唐，中國大戶人家的族譜，意在光耀門第而已，而且藉族譜以證明家世身分，以作入仕途與聯婚姻之用。宋代以後，修譜的目的

4.《武嶺蔣氏宗譜・卷2・舊譜考》，頁3上。

5. 見明代學者焦竑，〈汪氏族譜序〉，收於《澹園集》（明萬曆三十四年刊本，臺北中央圖書館藏）；另歐陽修、宋祁，《新唐書・卷199・柳沖傳》（臺北鼎文書局重印本）亦請參考。

有重大的改變，以尊祖敬宗、化俗恤族為主要宗旨了。到了南宋元初，譜學家又採用正史的體例來作族譜，因而族譜的內容擴大，遠非漢唐時代可比。梁素在康熙三十八年所作的譜序中說：「情誼疏而族禮廢，人心日漓，風俗日壞，其咎曷可勝悼哉！此孝子仁孫每矻矻于修譜者，蓋為風俗人心計非淺也。」又說：「閱是譜而知千枝一本，萬派同源，親親長長之義有不油然而生，勃然而起者乎？由是人心萃而風俗淳。」可見梁素是「率舊章」而以敦人倫為要件的，這也是宋明以來中國譜學的大潮流、大趨勢。

康熙五十五年（1716 年），蔣氏再修族譜，由族人景文倡議續修，同縣夏霖等人主纂。夏霖的序文中說：「……景文造門言前所談譜事，適遇祖祀，闔族齊集，家大人告諸尊長曰：欲上表先代明盛顯達，以垂之世世，下辨異同，別親疏，分遠近，以明祖宗一本之傳，非譜不可。諸父兄以為何如？眾皆樂從。……于是自己未年孟冬月至丙申年季秋月告成，共二卷。……。」[6]另一纂修人夏政也有序文說：「……景文慨然曰：家之有譜，猶國之有史也。宗譜不修，昭穆易紊，何以正名定分？世遠年遙，必致湮沒不傳，後雖欲修，已無及矣。」[7]同書又有毛家成的譜序一篇，其中有云：「今不修（譜），必致紊亂無序，而倫理乖矣。」又說：「彙成一譜，使世次分明，彝倫攸敘，可永守之弗替者，皆諸子之力也。蘇氏譜曰：觀吾譜者，孝悌之心，可油然而生。今閱斯譜，為子孫者，知慎守焉，則尊祖敬宗，孝友睦婣之意，必有感發而興起者矣！」[8]以上幾

6.《武嶺蔣氏宗譜‧卷 2‧舊譜考》，頁 3 下。

7.《武嶺蔣氏宗譜‧卷 2‧舊譜考》，頁 4 上。

位修譜和作序的人，他們一再強調睦親族，化風俗，甚至有以家譜為國史的，實際上這是明代以降，族譜學發達的一般結果。

　　乾隆二年（1737年）的重修蔣氏宗譜，在武嶺蔣氏族譜史上，堪稱是一部佳作。不但參與修纂的人具有學識，族人也表現了熱心，他們通力合作。在內容方面可以說吸收了宋、元、明、清族譜學術的精華。當時又逢清代盛世，民生安樂，經濟富足，自然易於出現好的譜書。乾隆二年重修的這部《武嶺蔣氏宗譜》，就大宗旨而言，顯然更深入更廣大了。從根本上就要使族譜成為家史，而且是可信的家史，正像國家的正史一樣。在主修人之一的唐禋自序中說：「儒者皆言輯譜同於作史，謂公而無私，直而無曲，誠而無偽，方而無隨，斯史足稱信史，譜足稱實譜也。」[9]族人蔣鳳元的序文中也說：「說者謂家之有譜，猶國之有史，能有功於人心世道一也。」[10]由此可知，清初譜家受明代學者影響不小，都以家史比國史，而且也講求家史能對人心世道有裨益。後世學者中有說族譜即家史之說首倡於章學誠，章氏生於乾嘉之世，他的譜學譜論顯然是承前人之說，這在蔣氏宗譜裡我們確是可以證明的。[11]

8.《武嶺蔣氏宗譜・卷2・舊譜考》，頁4下。

9.《武嶺蔣氏宗譜・卷2・舊譜考》，頁4下–5上。

10.《武嶺蔣氏宗譜・卷2・舊譜考》，頁5下。

11.清儒章學誠在《文史通義》中多處談到中國族譜學的演變、體例、功用等問題，後世學者如梁啟超等都以為章氏在族譜學與方志學諸方面有大貢獻與新發明。然而近年以來，學界有新看法，如盛清沂先生即認為章氏譜學支離瑣碎，且多得之古人，對譜學並無重大發明。請參看盛清沂，〈論章學誠的譜學〉，收於聯合報文化基金會國學文獻館主編，《第一屆亞洲族譜學術研討會會議記錄》（臺北：聯經出版公司，

其次，從乾隆二年重修的這部蔣氏宗譜中，我們還可以了解當時人修譜的宗旨已不限於小我的家族範圍，而目的更擴大到大同的思想，所謂「一道德，同風俗」了，如同書中又有族人蔣大盛的一篇序：「……各親其親，各長其長，而原於一本。覽諸譜牒，瞭然明白矣！譜非徒紀宗族之世次，而一道德，同風俗，俱由於是，修譜之所系顧不大哉！」[12]

乾隆二年所修的這部《武嶺蔣氏宗譜》中，尤其強調修譜對世教的好影響，如蔣鳳元說：「斯譜也，尊祖睦族，以致其親親長長之心，不由是益篤乎？況嘉言懿行，著諸簡編，無不可法可師乎？ 譜之為功於人心世道較易於史也， 譜豈可無乎哉！」[13]

自乾隆二年以後，下迄清末，《武嶺蔣氏宗譜》又續修了五次，就大宗旨而言，多依乾隆二年本，未作大幅改變，但是也有兩件值得一述之事：

第一，講求每三十年一修的古禮：如乾隆三十三年（1768年）重修本中有何紹南的自序說：

> 粵稽文公家禮，三十年一小修，五十年一大修。文公何以紀年也，若數十年內，則祖父之言猶在耳，行猶在目，名號猶在口，生卒配葬猶在記憶中也，從此序述，自無闕疑，寧不可信今而傳後哉！但曠隔日久，必致殘缺而失次矣，雖有孝子慈孫，亦無由稽考耳。[14]

1984），頁 131–177。

12.《武嶺蔣氏宗譜・卷 2・舊譜考》，頁 5 下。

13.《武嶺蔣氏宗譜・卷 2・舊譜考》，頁 6 上。

嘉慶四年（1799年）重修本中也有族人祁達提到：

> 吾族之譜，自康熙五十五年一修，至乾隆二年又一修，至三十二年（1767年）又一修，迄今已三十年有奇，董事恪遵文公家禮，延江氏、徐氏、唐氏諸先生修輯之。**15**

其後道光八年（1828年）、咸豐八年（1858年）以及光緒十四年（1888年）又經三修，時間都是每次相隔約三十年。

第二，講求內容與刊行的改善：乾隆二年本在內容方面確已增多與改進了很多，計有世綸、世範、源流、村居十景、世系統宗圖、本紀、外紀、世芳、列傳、文藝、世祀錄等類目。乾隆三十三年本則增家規、祀典等項。咸豐八年本族人開家則說：「凡所謂世範、世傳、世芳，俱悉遵先師遺意，此外山水、人物、嘉言懿行，廣採詩文，間參己意，以為他日徵文考獻之助，但未知可告無罪於厥祖否也？」**16**可見這次重修本在內容方面又有了增加。另外乾隆三十三年本中，族人繼蜚有序文說：「是譜也，較之先年寫本，相去天淵，可謂全璧矣，有不與國史郡誌可並傳不朽哉！」又說：「付之梨棗，越數月而告成。」蔣氏宗譜有木刻印刷本似自這次重修才有。**17**

再就《武嶺蔣氏宗譜》中的書法問題，來談一談清代族譜學發展的情形。族譜的書法，可以分為書世牒、書善惡等幾項來深入探討。

---

14. 《武嶺蔣氏宗譜・卷2・舊譜考》，頁8下。
15. 《武嶺蔣氏宗譜・卷2・舊譜考》，頁10下。
16. 《武嶺蔣氏宗譜・卷2・舊譜考》，頁12上。
17. 《武嶺蔣氏宗譜・卷2・舊譜考》，頁9下。

(一)書世牒

　　世牒一名，也有稱為小傳、世傳或世譜等的，起源於歐陽修譜例圖表之後的小傳。元、明、清各代相沿為例，直到盛清之世，章學誠才定名為世牒。《武嶺蔣氏宗譜》中也沿用世牒，淵源即在於此。世牒的內容，所記載的都是人生常具有的事，例如字、號、別號、一個人的生卒時間、功名、官爵、學歷、葬地、墓向、子女人數、繼、祧等事。另在本人的名字之下，又兼書配偶的出處及其生卒時間等項，書寫方式，大體一如其本人。這樣的詳細記載，也是族譜學歷代演進而來的，其盛行時期應在明清以降，不過也不能一概而論，因為作者學術水準有高下，如果修譜的程度不好，成書的族譜就難以達到這種地步了。再者家族中的文獻資料多寡，也會影響這方面的工作，即一家如果有關先人的資料殘缺而不多，世牒的修撰當然就有問題，至少內容不會太好。

　　《武嶺蔣氏宗譜》中所記的世牒，代表了族譜在這方面演進的過程。如在〈先系考〉中，因為早年資料的缺乏，或是認定的困難，所以只有考證，而沒有世牒。自五代第一世祖蔣光起，至十六、七世明代中葉止，世牒的寫作，仍然不完全，或書本人而不及配偶，生卒日期或只書月日，而不寫年代的。其他像葬地等很多都是缺著不寫，這當然是舊譜簡略、資料不足緣故所造成的。明清時，資料多了，記事也逐漸詳明了。如第二十世名「一芝」的世牒就可以舉出作一說明：

　　　　一芝：一名曰芝亨，鈿子，徙居嵊縣五都四明李家洋。明崇
　　　　禎七年甲戌（1634年）八月二十六日子時生，清康熙十四年

乙卯（1675 年）正月初十日亥時卒。配江氏，崇禎五年壬申
（1632 年）十月二十四日辰時生，康熙二十七年戊辰（1688 年）
四月初九日申時卒。合葬張家田坂繞塘墩，坐南朝北。子
三：萬化、萬和、萬選。女一：適奉化泉井塘。**18**

　　另外《武嶺蔣氏宗譜》的〈舊譜考〉中，附載了舊譜凡例
二十八條，仔細閱讀其內容，可以看出多係作成於乾隆二年，
後來歷次續修譜書，雖然偶爾略有增加，但所增的為數無多。
在這二十八條凡例當中，已經有了書婦女的規定，這應是進步
的表現，也從而說明清代族譜學在這方面發達的部分情形。凡
例中有：

> 世傳首書行諱、字、號，字、號不存，止於行諱而已。至於
> 生卒、配葬，則概書之，所以竟其存歿之詳也。
> 女子適人必書，適某處、某人第幾子某。或流遠派微，疏闊
> 不能詳者，止書適某氏。**19**

　　乾隆以後的蔣氏續修譜中，女子的地位已顯著的與時進步，
獲得提高。如清代中期的一例就很明確：

> 祁忠，字靖心，繼平次子，鄉賓，清乾隆二十九年甲申
> （1764 年）九月十八日酉時生，道光二十一年辛丑（1841 年）
> 四月二十八日申時卒，壽七十八歲。配張村張氏，乾隆二十
> 七年壬午（1762 年）十二月初三日戌時生，乾隆五十八年癸
> 丑（1793 年）七月初二日卒。繼配六詔孫氏，乾隆四十一年

18.《武嶺蔣氏宗譜・卷 22・世牒七上》，頁 1–2。
19.《武嶺蔣氏宗譜・卷 2・舊譜考》，頁 15 下、16 上。

> 丙申（1776 年）三月十五日卯時生，道光二十八年戊申（1848
> 年）十一月十四日戌時卒，壽七十三歲。合葬象鼻山。子四：
> 斯玉、斯璇、斯琳、斯琨。女三：長適棠隩江沛雲，次適狀
> 元隩國學生周仁足，三適沙堤樊祖壽。俱孫氏出。[20]

這一段世牒，對婦之所自，女之所適，以及子女之所出，都說
得很清楚，可見族譜學在清代是向前發展的，是在進步的，尤
其是婦女地位的逐漸提高，很值得我們注意。

㈡書善惡

我國族譜，自宋代以後，就以尊祖敬宗、宏揚家族倫理教
育為主旨。因此，歷代譜家對於族譜書寫善惡的方法，都非常
講求。有人主張記家族之事，不妨隱惡揚善，實際上很多人是
採用這種方法的。但是也有人主張善惡直書的，認為不論好事
壞事，都應該記述。如清代學者劉大櫆修劉氏族譜時，就是以
《春秋》筆法，善惡直書，以寓勸戒。也有人強調要書惡而意
在言外的，所謂雖隱而彰之，如蘇老泉的譜例多少屬於這一類。
《武嶺蔣氏宗譜》對於書善惡一直就很注重，每次修纂，多有
深論，大體說來，似取折衷辦法，以表善知恥，勵其心志為本，
不過對於寓揚善貶惡之義，始終是沒有改變的。如乾隆二年重
修《武嶺蔣氏宗譜》時，作者之一的唐禪就說：

> 儒者皆言輯譜同於作史，……然吾謂大同之中亦有小異。蓋
> 朝廷之法，有賞有刑，故史官取裁，有褒有貶，則於奸宄無
> 不顯揭，以示懲創。宗族之情者，有喜無怒，故譜家采錄有

予無奪，則於疚愆，亦必隱諱，以示寬容，良以庶臣庶民異類，彙集無庸以恩掩義，而群昭群穆，合本分支，不得以義掩恩，所謂大同而小異如此。或曰黑白區分，從違方有定準，薰蕕蒙昧，勸戒何有成規，不知令行禁止有並用哉。舉直錯枉亦有偏務者，夫好榮惡辱，人皆有是心也，見有令聞廣譽，施於道明德立之賢，未嘗不反身內省而恥己之靡及者，恥斯憤，憤斯勤，勤斯至矣。美哉，舜舉皋陶，湯舉伊尹，而不仁者俱遠，要是激勵其恥心為之也，恥之於人大矣！ [21]

同上乾隆二年重修本中又有蔣鳳元序云：

……孔子之作《春秋》也，曰：其義則丘竊取之矣。敦庸命討，無少假借，於以繼雅詩而維王迹，邈哉不可及也。後之作史者做而行之，善有褒，惡有貶，功有獎，罪有誅，是是非非，大義昭揭今古，如日月之麗天，江河之行地，能使讀其書者，善心由是而感，逸志由是而懲，此史之功而不可無也，譜則第舉族之為忠臣、為孝子、為義夫、為節婦，與夫秀良之彥，大書特書，以示褒嘉。苟非其人，不得濫予，黜惡之意已寓於獎善之中，為勸為懲，與史無異。 [22]

　　下至清朝末年，蔣氏一族再修宗譜時，作者蕭湘自序中有新論出現，他認為「彰善諱惡」，終究不是好辦法，也非恰當，他說：

---

21. 《武嶺蔣氏宗譜・卷2・舊譜考》，頁5上。
22. 《武嶺蔣氏宗譜・卷2・舊譜考》，頁5下–6上。

且夫今之所謂經，皆古之所謂史。史家有襃有貶，為後世法誡，炳如日星，而求之《詩》、《書》、《春秋》、三傳，以及漢、唐歷代諸史，經諸儒所纂訂，尚不免鋪張揚厲，好為浮夸之辭，況譜乃一家所私，猶史而究異乎史，美則從而彰之，惡則從而諱之，修之者又未必果得其人，又何怪夫敍記、傳、贊、詩、歌所載，核之其人之生平，僅千百中之什一，甚有相刺謬者。信史難，信譜尤難，雖然揄揚過當，諛墓同譏，而揆之下筆之初，何莫非曲體為人子孫者，善則稱親之意，使必芟繁就簡，證其實，正其訛，無有一毫憾於心而後已，微論不合乎時宜，將善善從長之謂何，而苟以相繩，得毋太自矯乎？[23]

看了蕭氏這番言論，確知《武嶺蔣氏宗譜》到清末重修時，在書善惡這方面有了觀點上的改變。事實上，就此後的譜書內容而言，實有善惡直書的趨向，例如舊譜例所規定的夫死婦再改適，是不准入譜的，原因是婦人不能守節，這不是美事，因而凡例條文有：「女子有夫死不能守節改適他處者，本與族絕，有子者存其姓氏，不列年庚。無子者則削其氏而已。」[24] 但是清末的譜書裡並不依照舊譜凡例記事了，夫死婦再適人的也被登錄上譜了，以下兩例，可為說明：

> 祁森，繼雲長子，清嘉慶十八年癸酉（1813年）五月二十日酉時生，同治二年癸亥（1863年）正月十三日未時卒。葬窆沖頭。配陳氏，改適。女一，隨母適公棠唐姓。[25]

23.《武嶺蔣氏宗譜・卷2・舊譜考》，頁 13–14。
24.《武嶺蔣氏宗譜・卷2・舊譜考》，頁 16 上。

又如：

> 周濟，字五鳳，一字鋆卿，肇寅第五子，清咸豐五年乙卯
> （1855 年）十月二十九日寅時生，光緒十八年壬辰（1892 年）
> 正月二十四日寅時卒。配江氏，改適。冥配夏氏，同治九年
> 庚午（1870 年）八月十一日寅時生，光緒二十二年丙申（1896
> 年）正月初二日卯時卒，合葬鴨嘴山，無子，以兄周均次子
> 國松入繼。[26]

據上可知，陳姓與江姓兩位改適的婦女，既無子，也都入譜了，
並列有年庚資料，實已不是舊譜例所規範的書法了，改隱惡揚
善為善惡並書，應為觀念上進步的表現。

至於《武嶺蔣氏宗譜》其他方面的登譜書例，一般說來，
舊例頗不一致，如大多數清代譜書不准入譜的原因常有以下幾
項：第一為下殤，即兒童不足八歲就死亡的，常不入譜。第二
為出族當僧道的不書。第三為養子不書，這是與維持血統純正
有關的。第四為妾可不書，而妾無子的必不書等等。現在我們
在《武嶺蔣氏宗譜》中所見到的，常有不依一般譜例書寫的，
幼殤的兒童很多都有紀錄，這在世系與世牒中經常出現，這裡
不擬贅舉。出為僧道的也有書入的，只是附在父傳之下而不為
特立傳記而已。如〈舊譜考〉凡例中說：

> 男子絕嗣，或未娶而卒與出家為佛老者，特傳不立，止父傳
> 下見之。[27]

---

25. 《武嶺蔣氏宗譜・卷 15・世牒二下》，頁 11 下。

26. 《武嶺蔣氏宗譜・卷 22・世牒七上》，頁 35 上。

養子則在《武嶺蔣氏宗譜》中另有附譜，載於正譜之後，蔣開
祐也為此事寫下如後的一段說明：

> 舊本蝪派，向無系圖。會咸豐戊午（八年，1858 年）春重修世
> 譜，宗房董事等以檢校委余，余以不勝其任故辭而不果。今
> 觀養子世傳，間有族繁齒盛，根深葉茂者，故特著華蓋圖，
> 以清圖眉，以便觀覽，而其世傳，仍謹遵老譜凡例，世世附
> 于本支之末，余特詳系圖於其首。㉘

　　清末《武嶺蔣氏宗譜》中對於妾多稱側室，常不論有子無
子，都一體登載。如：

> 孝儒，字廷梁，一字孝哉，國舜子。……清光緒三十二年丙
> 午（1906 年）十二月二十四日酉時生，配王氏，……光緒三
> 十四年戊申（1908 年）十二月初一日未時生。側室湖北蘄春
> 熊氏，……宣統三年辛亥（1911 年）三月初二日酉時生。子
> 二：友均、友綱，俱王氏出。㉙

也有訂婚未娶而死亡的婦女被書記入譜的，如：

> 孝行，字興有，國章子。……光緒三十一年乙巳（1905 年）
> 十一月初四日丑時生，聘王氏，光緒三十三年丁未（1907 年）
> 十二月二十一日戌時生，未婚卒。……㉚

27.《武嶺蔣氏宗譜・卷 2・舊譜考》，頁 15 下。
28.《武嶺蔣氏宗譜・卷 2・舊譜考》，頁 12 下。
29.《武嶺蔣氏宗譜・卷 16・世牒三》，頁 66 下。
30.《武嶺蔣氏宗譜・卷 16・世牒三》，頁 99 上。

這些書法都是與舊譜例不合的，也是一般清代其他家族譜中不多見的。《武嶺蔣氏宗譜》的這些內容，相當特出，可以說是蔣氏一族對人權平等的一種表現，也是清末很多人家思想逐漸開通的一項明證。

最後再從宗法與譜法的結合方面，就《武嶺蔣氏宗譜》的記載，先看看清代譜學的演進。

宋代譜學家以族譜與宗法相結合，即以族譜來維繫宗法，以宗法來維繫宗族親愛的精神，這是一股偉大的學術風氣，歷元、明、清而不墜。武嶺蔣氏，自從宋代以後，族譜就賡續不絕，家族也綿延興盛，未嘗不與此有關。

《武嶺蔣氏宗譜》與宗法結合，見諸記載的以《龜山集》為最早。胡世佐在《龜山集》的序言中說：

> 以宗法為重，欲以大統小，做於古也。[31]

這是說作譜之法，以大宗統小宗為次第。至於「做於古」一事，似乎是效法歐、蘇譜例而言的。因為在歐、蘇以前，從沒有以譜法合於宗法的事。康熙三十八年重修《武嶺蔣氏宗譜》時，梁素在序文中也說：

> 今遵歐陽譜例，以五世為一圖，取五世服盡之義。[32]

這已很明顯的表示標榜宗法以為譜法了。乾隆二年再修《武嶺蔣氏宗譜》時，族人蔣大盛則更進而以為族譜之作，乃是所以明宗法，益發加重了宗法在族譜中的力量。他說：

31.《武嶺蔣氏宗譜・卷 2・舊譜考》，頁 1 下。
32.《武嶺蔣氏宗譜・卷 2・舊譜考》，頁 3 上。

經云：立愛惟親始，立敬惟長始，斯二者總係於宗法，著明
不相離異也。傳曰：有大宗有小宗，大宗乃別子之後，百世
不遷，小宗服窮則易，五世則遷也。古者君卿大夫，立嫡長
世子以承國家，更立次子為祖，以統族人，族人世世宗
之，是謂大宗也。秦漢以來仕者不世，而宗法遂廢，獨小宗
之法，天下之人，尚可行之，其法有四：四世為準，繼禰之
宗，與兄弟至於元孫也。繼祖之宗，與從兄弟至於曾孫也。
繼曾祖之宗，以再從兄弟至於孫也。繼高祖之宗，以三從兄
弟至於子也。蓋情見乎分，分見乎服，服窮則親盡，皆自小
宗之祖降之，而世次遞傳，惟本於一，須有譜為編紀，則親
親長長之道，可以不失。程子曰：管攝天下人心，敘宗派，
厚風俗，使人不忘其自始，惟是明譜系，立宗子法，宗子法
壞，則不知來處，以至流轉四方，分未遠，情未絕，而已不
相識，故修輯譜籍，足挽頹風，所以明其宗也。……子姓蕃
盛，世次綿遠，與時推遷者，勢也。宗有所自者，情也。太
古散漫不可悉稽，由百世之下，溯百世之上，據譜牒之可
徵，追吾身之自出，凡別遷異地，則以始遷一人為大宗，而
繼其下，昭穆以服次為隆殺，則為小宗，各親其親，各長其
長，而原於一本，覽諸譜牒瞭然明白矣。 [33]

上引文中有「獨小宗之法，尚可行之」，實際上是蘇洵所發明譜
例的口氣。另外，以始遷祖為大宗一說，也是南宋譜家的創作，
總而言之，《武嶺蔣氏宗譜》當時也是以宋代以下的宗法來與族
譜結合了。

33.《武嶺蔣氏宗譜・卷2・舊譜考》，頁5上、5下。

又如當時族人蔣鳳元的〈世系統宗圖敘略〉中也說：

> 周官小史奠世系，所以著支派，辨親疏，等名分。記曰：上
> 治祖禰，尊尊也。下治子孫，親親也。旁治昆弟，序以昭
> 穆，此譜之所由作也。錄世系而必先之以統宗圖，乃法《家
> 禮》宗子圖式，圖之繫名，本以列高尊祖父子孫曾元，故老
> 泉蘇氏謂之著代，東萊呂氏謂此正是家法，蓋舉其要而大宗
> 之統小宗，居然可見矣。**34**

他如嘉慶四年蔣氏重修譜中有江廷會自序一篇，其中也說：

> 宋時歐陽克公、蘇文公各以己意著為譜，其為書譜例雖不
> 同，而於大宗小宗之法則皆甚備，蓋惟詳敘支派，庶幾各得
> 溯其先世之分合，不至愈遠而愈疏也。《禮》曰：尊祖故敬
> 宗，敬宗則收族，即此意也。**35**

從以上兩段引文中，我們對宗法與譜法的關係有更進一步的了
解。宗子圖式，係出自朱熹的《朱子家禮》，亦與呂東萊的宗法
條目有關。譜法效法歐蘇，可見直接與宋代宗法學者的持說結
合在一起了。

　　此外，在清代歷次重修的《武嶺蔣氏宗譜》中，我們還可
以看出，不僅僅以譜法結合宗法，而且每次修譜似乎都非得「會
宗長」得其同意而後能著手。至於家族中的宗法組織，也由此
可以看到一些端倪，如宗長就是大宗，房長就是分支分房的小
宗。在重修的《武嶺蔣氏宗譜》中，整個清代都是以宗長及房

34.《武嶺蔣氏宗譜・卷 2・舊譜考》，頁 5–6。
35.《武嶺蔣氏宗譜・卷 2・舊譜考》，頁 10 上。

長為大的，排名在先的。如乾隆二年重修本的纂修職名是這樣排比的：

宗長：萬雲字彬如

房長：學敏字順之、學瑀字禹玉、學福字偉光、學德字振
　　　之、學仕字偉臣、學良字振英、三相字佩公

采輯：大盛字天池、鳳輝字鳴岐、鳳靈字德輝、繼道字紹堯

檢校：鳳元字景文、鳳瑞字景祥、鳳雷字驚百、鳳岡字于高

纂修：同里貢生梅巖唐禪 [36]

乾隆三十三年重修譜時所附的纂修職名也以宗長為首。如：

宗長：學孝字瑞華

房長：學山、學忠字國良、學雷字驚百、學雛字靈昭、鳳棲
　　　字庭竹、鳳立字高梧、鳳聲字漢傑、鳳沼字鳴雛、天
　　　壽、鳳章字煥文、鳳才

倡議：鳳穆字克岐、茂馥字蘭芳

董事：鳳翼字才高、繼望字維揚、繼寧字國安、繼瑗字紹玉

采輯：鳳音字其祥、鳳陽字瑞明、繼蜚字乘雲、繼緯字揆
　　　贊、祁超字掄一

檢校：繼契字翼倫、繼龍字克言、繼緒字覯颺、祁雄字世英

纂修：新邑西園石紹南 [37]

另外嘉慶四年重修本職名中也以宗長學榮為先，道光八年本首
列宗長鳳綵，咸豐八年與光緒十四年則分別將宗長繼雲與祁鳳

---

36. 《武嶺蔣氏宗譜・卷2・舊譜考》，頁8下。
37. 《武嶺蔣氏宗譜・卷2・舊譜考》，頁9下。

排在第一位，直到民國三十七年再修時，才改變這種傳統，將
宗長與房長列名在總裁與總編纂之後了。[38] 這當然與民國以後
家庭宗法色彩已不如以前濃厚，族譜與宗法的結合也才發生變
化。總之，整個清代，宗法仍未亡失，長子少子，有著輕重之
分，宗族團結親愛精神也賴以維繫。

三、結　語

　　我國族譜的發展，由周代下迄現在，已經有三千多年的歷
史，發展的經過，目前還沒有一部好的、完整的著作，來綜合
作一番敘述，實在是我國譜學研究方面的一項缺陷。然而這部
《武嶺蔣氏宗譜》，所援引的資料，可以上溯唐代，並且下歷
宋、元、明、清，直到民國，賡續不斷，實為難得。同時歷代
體例的演變，內容的發展，都有史實可考，使人一目瞭然，因
此，讀完這部族譜，很能教人覺得看了一部中國族譜發展史。
雖然《武嶺蔣氏宗譜》在整個中國族譜發展史上，以範圍而論，
是小了一些；但就譜學發展的這門學問看，我們確是從中了解
了一個大概。

　　再以清代的情形來說，從這部蔣氏宗譜中，我們可以看出，
從康熙到光緒，蔣氏一族對修譜的大宗旨，始終是由尊祖敬宗、
化俗恤族的基礎發展的。清初仍以元明舊例修譜，乾隆之世則
強調修譜「為功於人心世道較易於史也」的理想，甚至擴大修
譜宗旨到「一道德、同風俗」的大同思想方面了，確實已經突
破了小我家族的範圍。這是《武嶺蔣氏宗譜》優長處，也是清

38.《武嶺蔣氏宗譜·卷首·纂修職名》。

代譜學發展的新成就。另外從族譜的書法方面看,《武嶺蔣氏宗譜》也提供了我們一些譜學發展的痕跡紀錄。例如世牒的修纂,在清代有了比元明更為進步的內容,而書婦女的規定,則對婦之所自,女之所適,以及子女之所出,也都比前朝清楚詳細了,這也證明婦女的地位在當時已經提高,清代族譜學的前進發展,由此可以得到證明。其他如書善惡的事,清代譜家不少人受了考據學的影響,主張求真求實,善惡直書。《武嶺蔣氏宗譜》中也一直重視這方面的事,每次重修,多一再討論,先採折衷辦法,以表善知恥,勵其心志為本。後來又認為彰善諱惡不是好辦法,如要家史比國史,就應該凡屬家庭之事都直書無諱,包括婦女改嫁、子孫出為僧道等等,都不能隱而不記,這也是清代譜學進步的地方。最後,在《武嶺蔣氏宗譜》中我們看到了一個現象,也是一般清代成書的族譜中常常顯示的,即譜法與宗法的結合。以往有人以為滿清統治者因係異族入主,不希望漢人家族團結而產生力量,當然也不主張以宗法來維繫宗族的親愛精神了。然而《武嶺蔣氏宗譜》中正相反的反映了宗法在清代為一般家族所重視,宗法仍是與譜法牢牢結合在一起的,直到清末而未改變。

　　綜上所述,從《武嶺蔣氏宗譜》中,我們可以知道,清代譜學是繼承著宋明譜學的優良傳統,向前發展,繼續進步的。若說清代的文網對於 「譜學在學術發揚上之地位則頗受損失」[39],似乎稍嫌誇大,而清代文字獄影響到乾嘉考據學大興,考據學又或多或少的影響到清代譜家的講求無徵不信,這也許

39.羅香林,〈中國族譜學史〉,收於《中華學術與現代文化叢書(三):史學論集》(臺北:中國文化大學出版部,1983),頁 49–51。

可以說文網又給了清代族譜學的發展一種好的影響。**40** 總之，《武嶺蔣氏宗譜》是一部名譜，其中收集清代譜學資料特多，有助於我們了解清代族譜學發展的大概。

40.陳捷先，〈清代「譜禁」探微〉，請見甲編第八章。

八 清代「譜禁」探微 [1]

一、小 引

我國譜系之學，發達得很早，譜書也是歷代都有人纂修，從未間斷。宋明以降，由於歐蘇譜例大行，譜學益見精深進步，而譜書的內容則更是包羅萬象，豐多美備，成為我國文化中的特色之一。不過自清朝入關以後，為了防制漢人反側，除了以政治方面的種種措施來維護其統治權力與地位之外，更以文字之獄，來抑制漢人的民族精神，束縛漢人的學術思想。一時文人學者都埋首故紙堆中，皓首窮經，以避時諱。志節之士，可謂蕩然無存，實在是我國民族史上與文化史上的大不幸事。近代學者，有鑑於此，多認為清代的文網，對於清代的譜學與譜書，都有不利的影響，甚至有人說：清代「譜學在學術發揚上之地位則頗受損失」 [2]，這就是指所謂「譜禁」一事而言的。

1. 原文刊載於聯合報文化基金會國學文獻館主編，《第一屆亞洲族譜學術研討會會議記錄》（臺北：聯經出版公司，1984），頁 104–130。本文中所用族譜，均係聯合報文化基金會國學文獻館所藏，承允借閱，謹此致謝。
2. 請參看羅香林，〈中國族譜學史〉，收於《中華學術與現代文化叢書㈢：史學論集》（臺北：中國文化大學出版部，1983），頁 49–51。

　　然而所謂「譜禁」的實際情形如何呢？例如清初帝王對族譜的看法與主張如何？「譜禁」是什麼時候發生的？發生的原因是什麼？那些是修譜的禁例？文字獄與族譜有關的情形如何？「譜禁」真正的影響又有多大多深？這一切一切，並沒有人做過徹底的研究。本文的作者想利用清代官私書檔以及族譜本身的資料，就以上舉出的各項問題，作一番分析鉤考，希望給我國譜學發展史上的這一「譜禁」大事，予以說明，得一結論。

二、清初帝王對族譜與睦族的看法

　　我國民族思想一向就很發達，自居主位，而以其他種族為客位，如「尊王攘夷」、「夷夏之防」等的名詞，在國史上是屢見不鮮的。清朝為滿族所建，以關外一小民族，併合極有文化的大民族，當然會有茫無涯際，不勝其任之感。入關之初，他們一方面怕漢人反背，另一方面又怕本族人被同化，因此對治理漢人的政策非常講求。一般說來，對漢人的典章制度，變更極少，因為他們了解，漢人政府的組織完善，法律制度也優良周密；只有沿襲中國的傳統，才能統治漢人；只有維護中國文化，才能降服漢族人心，所以清初儘管有「洗民」慘事，有「圈地」等的弊政，但是中央基本政策仍是以儒家思想為主流的。我們知道，中國社會，素來注重家族，無論為治為教，都以維持家族精神為樞機的，清初帝王也不忽略這一點，個個都強調家族倫理。例如順治九年（1652年），清世祖在親政後不久，即欽定六諭臥碑文，頒行八旗直隸各省，要大家一體遵行。六諭文是「孝順父母，恭敬長上，和睦鄉里，教訓子孫，各安生理，無作非為」 **❸** 這些內容實際上與族譜中的家規、家訓相似，

教人敦親睦鄰，和諧社會的。

康熙九年（1670 年），清聖祖又頒降聖諭十六條，其中首列「敦孝弟以重人倫，篤宗族以昭雍睦」二事。[4]十八年（1679 年），浙江巡撫又將聖諭十六條衍說，輯為直解，繕冊呈進，聖祖命令分發府州縣鄉村，永遠遵行。[5]同年四月，清室纂修玉牒，以強調敬祖宗而聯族屬，[6]在在都說明了清人對睦族與譜書的重視。

雍正二年（1724 年），清世宗更將聖祖的聖諭十六條廣申大義，作成萬言的《聖諭廣訓》，命令各地方通行講讀。他在〈篤宗族以昭雍睦〉一條之後，特注《廣訓》說：

> 《書》曰：以親九族，九族既睦，是帝堯首以睦族示教也。《禮》曰：尊祖故敬宗，敬宗故收族，明人道必以睦族為重也。夫家之有宗族，猶水之有分派，木之有分枝，雖遠近異勢，疏密異形，要其本源則一，故人之待其宗族也，必如身之有四肢百體，務使血脈相通，而疴癢相關。《周禮》本此意以教民，著為六行，曰孝曰友，而繼曰睦，誠古今不易之常道也。我聖祖仁皇帝既諭爾等以敦孝弟重人倫，即繼之曰篤宗族以昭雍睦，蓋宗族由人倫而推，雍睦未昭，即孝弟有所未盡。朕為爾兵民詳訓之：大抵宗族所以不篤者，或富者

---

3. 《大清世祖章皇帝實錄》（臺北華文書局重印本），卷 63，頁 3 上；《大清會典事例》，卷 397，頁 1 下。

4. 《大清聖祖仁皇帝實錄》，卷 34，頁 10；《大清會典事例》，卷 397，頁 2。

5. 《大清會典事例》，卷 397，頁 3。

6. 《大清聖祖仁皇帝實錄》，卷 80，頁 16 上。

多客，而無解推之德；或貧者多求，而生觖望之思；或以貴陵賤，而勢利汩其天親；或以賤驕人，而忿傲施於骨肉；或貨財相競，不念袒免之情；或意見偶乖，頓失宗親之義；或偏聽妻孥之淺識，或誤中讒慝之虛詞，因而訐訐傾排，無所不至。非惟不知雍睦，抑且忘其宗族矣！爾兵民獨不思子姓之眾，皆出祖宗一人之身，奈何以一人之身，分為子姓，遞相視為途人而不顧哉？昔張公藝九世同居，江州陳氏七百口共食，凡屬一家一姓，當念乃祖乃宗，寧厚毋薄，寧親毋疏。長幼必以序相洽，尊卑必以分相聯。喜則相慶以結其綢繆，戚則相憐以通其緩急。立家廟以荐蒸嘗，設家塾以課子弟，置義田以贍貧乏，修族譜以聯疏遠，即單姓寒門，或有未逮，亦各隨其力所能為，以自篤其親屬，誠使一姓之中，秩然藹然，父與父言慈，子與子言孝，兄與兄言友，弟與弟言恭。雍睦昭而孝弟之行愈敦，有司表為仁里，君子稱為義門，天下推為望族，豈不美哉？若以小故而墮宗支，以微嫌而傷親愛，以侮慢而違遜謙之風，以偷薄而虧敦睦之誼，古道之不存，即為國典所不恕。爾兵民其交相勸勵，共體祖宗慈愛之心，常切水木本源之念，將見親睦之俗，成於一鄉一邑，雍和之氣，達於薄海內外，諸福咸臻，太平有象，胥在是矣，可不勖歟？**7**

據此可知，清世宗不但闡揚了家族人倫的重要性，同時他還命令兵民人眾要「立家廟以荐蒸嘗，設家塾以課子弟，置義田以贍貧乏，修族譜以聯疏遠」。「譜禁」之事在當時可以說是絕對

---

7. 《大清會典事例》，卷397，頁8-9。

沒有的。乾隆初年，清高宗仍然重視風教，對於《聖諭廣訓》
一書的講讀，也視為必需之事，他曾下令「直省督撫，應嚴飭
各地方官，於各鄉里民中，擇其素行醇謹，通曉文義者，舉為
約正，不拘名數，令各就所近邨鎮，恭將《聖諭廣訓》，勤為宣
講」[8]。他也常在上諭之中提到「治國之道，以親親睦族，移
風易俗為先務」，或是「朕惟治天下之道在親親，而親親之道在
慎終追遠」[9]。可見乾隆初期也是重人倫、講求親親睦族之
道的。

　　清初帝王何以如此的崇尚孝弟，親親睦族呢？乾隆五年
（1740 年）高宗一件諭旨中的幾句話也許可以作為詮注，他說：
「……即如得一食，必先以食父母；得一衣，必先以衣父母，
此即是孝。能推是心，而凡所以順其親者無不至，則為孝子。
父之齒隨行，兄之齒雁行，此即是弟。能推是心，而凡所以敬
其長者無不至，則為悌弟。一人如此，人人從而效焉；一家如
此，一鄉從而效焉，則為善俗。孟子曰：人倫明於上，小民親
於下。又曰：人人親其親，長其長，而天下平。……」[10]這顯
然是帶有現實功利的一種解釋，足以說明清代倡孝弟，重人倫，
完全是為求達「天下平」的目的，當然在這樣的環境與背景下，
族譜的修纂與譜學的發展，應該是不會受到什麼影響的。

8.《大清會典事例》，卷 398，頁 1。

9.《十朝聖訓高宗純皇帝聖訓》（臺北文海出版社重印本），卷 55，頁 1
　　下、3 下。

10.《大清會典事例》，卷 398，頁 5。

三、清代「譜禁」發生的時間與原因

　　然而，族譜的內容，如果有對清廷不敬與反清文字的，聚居的族人，如果有聚眾械鬥，爭奪祠產，甚至給地方社會帶來動亂與不安時，帝王對他們的看法當然就不同了，用政治力量加以干涉與壓制也是想像中的事。乾隆十五年以後，像蕭奭、蔣良騏一類的中央官員都在編纂史書時暗藏消極的反清思想。[11] 胡中藻、鄂昌等滿漢人等也在詩文中充分的表示了怨望，清高宗乃以高壓的手段來平服這些思想上或行動上的反抗，慘酷的文字之獄由是展開，所謂「譜禁」也就在這種情形下產生了。

　　前輩學者談到清代「譜禁」的，對於發生的時間有的只說在乾隆年間，如楊殿珣先生引用了光緒年間戴鑫等人修纂的《驥江戴氏宗譜》凡例一則：

> 我朝乾隆年間，曾有以譜中用世表二字涉訟者，部議按照違禁例定。[12]

羅香林先生則有比較具體的說法，他從乾隆四十五年（1780年）江南金等所修《濟陽江氏分修族譜》中刊載的一篇跋文中記有：

11.請參看金承藝，〈從「永憲錄」來討論年羹堯的年歲〉，收於《故宮季刊》，10卷1期（1975，臺北），頁7–22；陳捷先，〈論蔣良騏輯錄「東華錄」的動機〉，收於中央研究院國際漢學會議論文集編輯委員會主編，《中央研究院第一屆國際漢學會議論文集：歷史考古組》（臺北：中央研究院，1981），下冊，頁1031–1056。

12.楊殿珣，〈中國家譜通論〉，收於《圖書季刊》，新3卷1、2期合刊本（1941，北平），頁31。

「歲己亥，奉上憲檄諭，凡一切家譜，恐有僭妄字句，悉加刪改」這些話，他認為乾隆己亥（四十四年，1779 年）是頒降「譜禁」的時間，同時江南金自己在這部書的序文中也說：

> 今我皇上釐正文體，而於世族一書，尤加詳慎。邇來大方伯檄下，凡縉紳士庶族系，必由長吏考定。其有敘法舛誤，字句僭妄者，飭令亟加改正。而一時大家巨族，以及單姓寒門，莫不家喻戶曉，奉行恐後。 **13**

所以羅先生認為：「可知己亥年即乾隆四十四年，清高宗殆曾下詔刪去一切家譜之僭妄字句。」

　　乾隆四十年間，正是文網最嚴的時刻，任何一個人都可能因一字之微或薄物細故而不免縲絏之苦的，譜書之中如有僭妄字句，當然會發生問題，因此需要「長吏考定」，「譜禁」發生於此時是合理的推測。不過，中國族譜向來藏在各人家中，外間幾乎是不能共見的。即使到民國以後，楊、羅諸先生研究譜學、譜書之時，他們所能見到的數量也不為多。目前我們比前輩學者幸運多了，在聯合報文化基金會的國學文獻館中，就可以看到三千種中國的族譜，因此我們對譜學譜書的研究更便利了，就以「譜禁」一事的時間來說，就發現有以下幾種不同的說法。如：道光十年（1830 年）陳世鎔為《懷寧黃氏宗譜》作序時提到：「遠攀妄揣」是修譜禁例中的一大要項，如果這就是所謂「譜禁」的話，那麼清代「譜禁」似乎在滿洲入關初期就頒行了。陳氏說：

13.〈中國族譜學史〉，收於《中華學術與現代文化叢書㈢：史學論集》，頁 49–50。

是以國朝定鼎以來，偏以修譜諭諸民，毋容遠攀妄揑。[14]

《筥溪吳氏宗譜》張珍槹序言中有：

> 乾隆年間，巡撫是邦（按指江右）者，有禁止祠譜之奏。[15]

這是泛指乾隆年間，而發生地點是在江浙一帶。

曾任江西南昌等地知縣的張九鉞，在乾隆三十三年說：

> 甲申秋，予備官南豐，旋奉大憲檄，察各宗譜之得失，一時譜牒紛呈。……[16]

甲申年是乾隆二十九年（1764 年），這也是說族譜修纂時「必由長吏考定」了，比羅香林先生提到的江南金家譜送審的事，在時間上約早了十五年。其實一般人家也極願意將族譜送請地方官員查閱，以保安全的，如乾隆四十四年《高田龔氏族譜》就記有：

> ……適奉上憲明示，以為故家譜牒，序傳文藝，不無言大而誇之句，名號行派，難免字眼干犯之嫌。歷久承襲不覺，理宜敬避滌除，用是族中長老詢謀僉同出家譜，遵示修輯，命珊等磨勘較閱，書寫成帙，敬呈兩學司訓，吳楊二公查閱刪

---

14. 見民國二年（1913 年）重修《懷寧黃氏宗譜‧卷首‧陳世鎔序》，頁 6 下。

15. 見民國二十年（1931 年）吳邦銈等續修，《筥溪吳氏宗譜‧續修序言》，頁 1 下。

16. 見光緒二十一年（1895 年）黃琪等纂修，《鵬溪黃氏尚習公房譜‧重修譜序》，頁 1 下。

改，然後付梓。[17]

可見自乾隆二十九年至四十四年，一直有送譜於官審查的事實。

另外《臨川李氏重修支譜》序中記：

> ……我皇上握三重之要道，集四庫之大成，文教廣被，亙古
> 未有。復命封疆大吏，飭查民間譜牒，不得誇張揚詡，
> ……[18]

又光緒十九年（1893年）李良讚重修《湘東桃橋五甲李氏宗譜》則說：「乾隆五十六年（1791年）正月十五日御頒修譜禁例。」[19]

以上兩則記事，都與前述乾隆四十四年頒布禁例的時間不同。《四庫全書》第一分告成於乾隆四十六年（1781年）十二月，裝架則在第二年正月。至於李良讚所說的乾隆五十六年正月十五日御頒修譜禁例一節，更是有些問題，因為在《大清實錄》和現存故宮博物院的方本乾隆朝上諭中，都找不著這一諭旨。我個人以為修譜禁例必頒布於乾隆四十四年以前，四十四年與五十六年等等，可能是禁令重申的時間，這一點從二十九年譜牒紛呈送審的事實可知。實際上清代官方有些資料明確說明了譜禁的時間，只是過去我們沒有仔細的利用罷了。例如《大清會典》裡就記了這樣的一道上諭：

---

17. 見《高田龔氏族譜·龔懋珊序》，頁1下。
18. 見道光十五年（1835年）《臨川李氏重修支譜·彭元瑞序》。
19. 見光緒十九年李良讚重修，《湘東桃橋五甲李氏宗譜·首卷2·凡例》，頁1。

（乾隆）二十九年諭：輔德奏江西訟案繁多，率由府省地方，歛金置產，合族建祠，不肖之徒，妄起事端，所至停宿訟徒，開銷祠費，甚至牽引遠年君王將相為始祖，荒唐悖謬，不可究詰。現在通飭查辦一摺，所見甚為正當，已批如所議行矣。民間敦宗睦族，歲時立祠修祀，果其地在本處鄉城，人皆同宗嫡屬，非惟例所不禁，抑且俗有可封。若牽引一府一省遼遠不可知之人，妄聯姓氏，創立公祠，其始不過借以釀資漁利，其後馴至聚匪藏奸，流弊無所底止，正恐不獨江西一省為然，地方大吏，自當體察制防，以懲敝習。況《禮經》所載，大夫不得祖諸侯，即譜系實有可稽，而地望既殊，尚宜遠嫌守分，若以本非支派，攀援竄附，冒為遙遙華胄，則是靦顏僭越，罔知忌憚，名教尚可貸耶？各督撫等，其飭屬留心稽察，實力整頓，所轄之地，如有藉端建立府省公祠，糾合匪類，健訟擾民，如江西惡俗者，一體嚴行禁治，以維風紀而正人心，毋得僅以文告奉行故事。[20]

輔德是當時江西的巡撫（乾隆二十八年十一月任，三十年閏二月卒），他因為地方上合族建祠，妄生事端以及民間牽引遠年君王將相的荒唐行徑，而上此一奏。輔德奏疏的全文是這樣：

竊照江西民情健訟，有司勤惰不齊，州縣自理詞訟及上司批查案件，多不遵照例限審結，且有判斷失平，不能折服其心，未免益長習風，而滋拖累。臣到任以來，逐一清查，分飭司道府州勒限出結，秉公核正，塵積案件，大半清釐，其

20.《大清會典事例》，卷399，頁12-13。

疲緩闒茸之員，臣即分別記過參革，俾眾知儆。惟查各屬訟案繁多之故，緣江西民人有合族建祠之習，本籍城鄉暨其郡郭並省會地方，但係同府同省之同姓，即糾斂金錢，修建祠堂，率皆棟宇輝煌，規模宏敞，其用餘銀兩置產收租，因而不肖之徒，從中覬覦，每以風影之事，妄啟訟端，藉稱合族公事，開銷祠費。縣訟不勝，即赴府翻，府審批結，又赴省控。何處控訴，即往何處祠堂，即用何處祠費。用竣復按戶派出私財任意侵用，是祠堂有費，實為健訟之資，同姓立祠，竟為聚訟之地，欲彌訟端，不得不清其源而塞其流也。臣查民間祠堂，如係建於本鄉時，祭饗而聯絡族誼，設公費以教養子弟，乃係敦尚古道，實為美俗可封。若達於府省地方，祭饗無聞，族誼不浹，其屋宇則傍宿健訟之徒，其公財則積為逞訟之費，頹風敗習，莫此為甚。況查所建省祠堂，大率皆推原遠年君王將相一人，共為始祖，如周姓則祖后稷，吳姓則祖泰伯，姜姓則祖太公望，袁姓則祖袁紹，有祠必有譜，其纂輯宗譜，荒唐悖謬，亦復如之。凡屬同府同姓者，皆得出費與祠，送其支祖牌位於總龕之內，列名於宗譜之冊，每祠牌位動以千百計，源流支派無所擇，出錢者聯秦越為一家，不出錢者置親支於局外。原其創建之初，不過一二好事之徒，藉端建議，希圖經手侵漁，訪其同府同省同姓，或聯絡於生童應考之時，或奔走於農民收割之後，百計勸捐，多方聳動，愚民溺於習俗，樂於輸助，故其費日集而多，其風日踵而盛。初成廣廈，置之空閒，歇訟聚賭，窩匪藏姦，不可究詰。近於省會祠中，復經挐獲私鑄案犯。臣查《禮》稱大夫不得祖諸侯，豈有民人而可妄祖前代之君相？

據《禮》已宜查禁。況濫觴至為聚訟之藪，甚而窩賭窩匪，無所不有，尤難聽其流弊無所底止。臣現今通飭各屬查明，果係該縣土著，實有近祖可考，歲行祭祀者，仍准其存留外，其餘荒遠不經之始祖，既係附會，神亦不享非類，應將牌位查燬，譜並削正。其外府州縣奉附之支祖，舍其本籍禋祀，寄主府省，竟作餒而之鬼，為其子孫者，當亦難安，應將牌位撤回。至其廢祠房間，若不隨時削跡，日久保無復立？應令改作平房舖面，不准本姓棍徒阻撓，或實有願留為該姓應試生童公寓，尚屬可行。倘准留之後，仍有訟棍盤踞，及窩賭窩匪情事，除嚴拏本犯治罪外，即將其屋宇入官，或作堆舖，或給未建衙署之員弁居住。此外尚有一種本省外省各姓公宇，雖未供設牌位，名似稍異，而實則相同，應亦照此一律辦理。嗣後永遠不許添建府省祠堂公宇，其有實係敦本支而睦宗族者，只許於本鄉本村以時生祀，庶幾禮教可明，訟源可滌，而民生日厚矣。[21]

高宗認為他通飭查辦的決定是正當的，同時指出創立公祠與冒為華胄，是靦顏僭越，名教不容的事，他命令地方督撫要實力整頓，嚴行禁治。皇帝有此嚴厲諭旨，地方官員當然認真查辦了。這件事是江西巡撫提出的，江西一省更會徹底奉行功令。張九鉞正好這一年任職江西南豐知縣，所以他說：「旋奉大憲檄，察各宗譜之得失，一時譜牒紛呈。」這確是當時地方實狀的寫照，所謂「譜禁」也就是這樣開始的。

　　誠如清高宗所說的，這種流弊「正恐不獨江西一省為然」，

21.《皇朝經世文編・卷58・宗法上》，頁37。

更早的時候，在江浙一帶，確有類似的情形。張珍枲就提到過
這樣的事：

> ……曩丁卯戊辰間，余嘗客遊江右，其風俗雖齊民亦最重建
> 祠刊譜，始以為敦尚古處，良足師法，及久而稔知其建祠
> 也，非以敬宗也；其刊譜也，非以收族也。其初肇於好事斂
> 錢之一二人，其弊遂至聚博逞訟包藏爭奪，不可究詰，其實
> 能敦宗瞻族者百無二三焉。是以乾隆年間，巡撫是邦者，有
> 禁止祠譜之奏。……[22]

乾隆三十一年（1766 年），廣東巡撫王檢也上奏：「粵東隨祠
嘗租，每滋械鬥頂兇之弊，請散其田產，以禁刁風。」[23]可見
祠產紛爭是所在皆有的。高宗也常批示：「該督撫嚴飭地方官，
實力查察。」甚至到乾隆五十三年（1788 年），林爽文事件之後，
在廈門、臺灣兩地為福康安建造生祠的時候，皇帝在誌事詩中
還說：「日為日毀似殊致，崇實斥虛政在茲。」[24]多年來確有不
少祠堂是被毀了，而到五十三年時仍然沒有放寬這方面的禁令，
「譜禁」當然也隨之執行無誤。

四、「譜禁」內容略述

「譜禁」的起因既然是由於合族建祠，引起爭訟以及冒為
華胄，僭越禮制等而生的，「譜禁」的內容也應該以這幾方面的
事項為主了。現在我們就現存的資料，給當年禁例的真正內涵

22.《苕溪吳氏宗譜・續修序言》，頁 1。
23.《大清會典事例》，卷 399，頁 13–14。
24.《大清高宗純皇帝實錄》，卷 1311，頁 9–10。

作一番分析。據我個人年來閱讀譜書的淺見，以下幾點是當年修譜人家非常注意，而怕干犯功令的。

(一)廟號、御名要敬避，清朝年號要抬寫，故明朝年號應革除

《京江楊氏族譜》記：

> ……至祖先名諱及四分分支字樣，有違碍者，恪遵功名，具敬謹改易。……[25]

《皖桐璩氏族譜》有：

> 譜遵新例，自始祖而下，生死名字，有干忌諱者，改字仍音。[26]

《南海九江朱氏家譜》中也說：

> 譜中凡遇應行改寫應行缺筆等字，俱欽遵累朝聖旨所有新刊書籍照頒行恭避字樣書寫之諭，雖易舊譜無嫌也，所以嚴功令也。[27]

《湘東桃橋五甲李氏宗譜》則記：

> ……凡遇廟諱御名及親王名諱與至聖孔子諱，均應敬謹改避，不得擅書。[28]

---

25. 見光緒十四年（1888年）修《京江楊氏族譜·卷1·續修凡例》，頁1。
26. 見同治四年（1865年）璩光爍修，《皖桐璩氏族譜·卷首·凡例》，第1條。
27. 見同治八年（1869年）朱次琦、朱宗琦同修，《南海九江朱氏家譜·序例》，頁8。

上引《皖桐璩氏族譜》也在凡例中指出：

> 惟本朝年號理宜擡寫，因直書費低，於本行內隔一字空白從儉尊崇。

《南海九江朱氏家譜》則記：

> 又順治七年（1650年）以前，廣中用故明隆武、永曆年號，伏讀《御批通鑑輯覽》，唐桂二王年號，欽奉革除，故譜中記載，但書唐王桂王某年，不復題其年號，雖易舊譜無嫌也，亦以嚴功令也。

其實以上的這一些禁例是清代所有出版品都需要遵行的，甚至參加考試答題的人也同樣的不能違犯。《科場條例典學政全書》中都詳載著若干應行改寫、應行缺筆的字樣，以便大家參考遵行，族譜編纂時當然也不能例外。

(二)不可僭妄攀援，始祖應斷自可見之世

《臨川李氏重修支譜》記：

> 我皇上……命封疆大吏，飭查民間譜牒，不得誇張揚詡，僭系帝王，各以始遷為祖。……[29]

又如《懷寧黃氏宗譜》序中也說：

> 國朝定鼎以來，偏以修譜諭諸民，毋容遠攀妄揑，斷以來遷之祖為始祖，則年世近而根據清，而譜亦遂以得以紀載明而

28.《湘東桃橋五甲李氏宗譜・首卷2・凡例》，頁1。
29.《臨川李氏重修支譜・彭元瑞序》。

事實確矣。[30]

「斷自可見之世」是歐陽修首先提出的，也是我國譜學發展史上的一大進步。清初不少學者主張繼承這一義例，清朝政府為了強調皇家的崇高地位，避免漢人以帝族揚詡，煽動作亂，當然也就以政令來限制修譜人家，「各以始遷為祖」了。

(三)庶民之家不可用「世表」、「傳贊」一類的體式，以符合身分

《皖桐璩氏族譜》：

> 新例庶民之家，不得濫用傳贊，如果節孝實行，確然可據，即於本名後略表可也。其舊譜原載者，節刪之更名行略。[31]

《常州城灣張氏宗譜》也記：

> 向來譜家紀世俱稱世表，今因士庶之家不得稱表，為新例所禁，故改世表為世譜，遵功令也。[32]

又如《京兆歸氏世譜》中記：

> ……惟新譜仿史公例用世表字，此史例，非譜例，治譜學者辨之詳矣。因於第二篇易表為譜。[33]

《海寧陳氏家譜》中對「世表」一體的改用雖未說明是嚴守功令的結果，但在卷首陳元龍與陳邦直二人的序言中可以看

30.《懷寧黃氏宗譜・卷首・陳世鎔序》。

31.《皖桐璩氏族譜・卷首・凡例》，頁 3 下。

32.見乾隆刊本《常州城灣張氏宗譜・卷 31・例言》，頁 3。

33.見道光二十四年（1844 年）《京兆歸氏世譜・凡例》，頁 3。

出陳家改變的痕跡。陳元龍先說他們家的舊譜「其法略倣宋歐陽氏、蘇氏之譜而增擴之，分列表傳志十餘種」。陳邦直後來為重修譜作序的時候，則說「書分二十卷，卷分七門，首列世系，昭源流之遠也；次世傳，昭丁數之繁也；……」。可見世表已改成世傳了。 **34**

《海寧陳氏家譜》中世表改寫世傳也告訴我們一個事實，即康熙年間，家譜中用世表是不違禁的，這件事我們也可以從《安丘張氏族譜》一書中得到證明。嚴胤肇在卷首的序文中提到《安丘張氏族譜》「其目日紀、日世表、日家傳、日內傳、外傳」，這部張氏族譜修成於康熙十三年（1674 年），當時用國史體例修家譜顯然還不以為忌。 **35**

(四)圖像不可刊載

《皖桐璩氏族譜》稱：

> 舊載圖像一概削之。

(五)藝文部分用詞用字不當的應予刪改

《皖桐璩氏族譜》中有：

> 文藝中有語涉僭越誕妄者，較明抽改。

《灰湯蔣氏族譜》則更謹慎，將「詩文概不登錄」 **36** 。

至於那些詞句涉及僭妄，《湘東桃橋五甲李氏宗譜》中有些記述可供我們參考，該書凡例有：

34.見嘉慶十一年（1806 年）《海寧陳氏家譜‧卷首‧原序》。

35.見康熙十三年張杞元等修，《安丘張氏族譜‧嚴胤肇序》。

36.見乾隆五十五年蔣民奉等修，《灰湯蔣氏族譜‧蔣安祥跋語》。

……凡於序跋傳贊，理宜切實簡明，不應鋪張過當，引用經史子集中稱述古帝王諸侯之詞，如始遷稱開基，置業稱創業，造屋稱啟宇，復業稱中興及無職捏稱有職，小銜書列大銜，婦人夫無品級漫稱淑人孺人，冒稱華胄分支，冒稱縉紳銜名作傳作序外，此若實錄二字幾世世字改用代字，葬基之龍形鳳形，諸如此類，一切僭越荒謬不經字句，概不敢用。**37**

　　根據以上各家譜書所記，我們可以了解，清代「譜禁」的內容還是政治的因素遠過於教育或風俗等的因素，不管是廟諱御名的敬避，始祖以帝王將相的扳附，譜書的用世表、傳贊，或是若干文字上的問題，在在都可以說明滿洲人要以主位自居，不容許一般家族有帝王似的身分或地位。他們頒布修譜禁例的真正目的是在強調滿洲人的正統地位，維護他們的統治權力。

五、譜系類書所引起的文字獄案

　　清朝文字之獄，雖然比任何一個朝代都要慘烈，不過因修譜或與譜系之書有關的文字獄案，為數實在不多。我們知道，清人入關之初，由於戎馬倉皇，根基未定，一切大政都以籠絡人心為主，對當時文人學士懷抱故國之思而發抒文字的，常採放任寬大的態度，不聞不問，只有牽涉到清朝正統地位問題的，才興獄究辦。如順治朝的函可「變記案」，康熙朝的莊廷鑨「明史案」、戴名世「南山集案」等等。雍正一朝，文字之獄多與繼承政爭有關，而真正有民族思想要推翻清朝的曾靜等選文之獄，

---

37. 《湘東桃橋五甲李氏宗譜‧首卷 2‧凡例》，頁 1。

卻得到皇帝的寬赦。乾隆時則一反康雍兩代的作風，高宗以高壓手段對付一切反清反滿的人，凡是詆斥滿洲的，都誅戮不稍寬假，所以當時因指謫誹謗而發生的大獄，可謂層出不窮，與族譜一類書有關的也有幾起，現在就列舉如後。

(一)王爾揚撰寫〈李範墓誌銘〉稱「皇考」案

乾隆四十三年（1778年）四月初四日，山西巡撫巴延三奏報在該省武鄉縣內，有生員李掄元的，請了遼州的舉人也當過靈石縣訓導的王爾揚，為他過世的父親李範作墓誌銘，作成以後，由另一舉人趙擴書寫，結果地方官員發現王爾揚所作墓誌銘中，竟在「考」字之上擅用「皇」字，巴延三認為「實屬悖逆不法」，於是立即密拿監禁了李掄元，並關提王爾揚等到案，另一方面也呈送石碑摹本給皇帝報告。四天以後，清高宗降諭說：「此係迂儒用古，並非叛逆。」「皇考之字，見於《禮經》，屈原〈離騷〉及歐陽修〈瀧岡阡表〉，俱曾用之，在臣子尊君敬上之義，固應迴避，但迂腐無知，泥於用古，不得謂之叛逆。至趙擴代為書寫，厥咎更輕。……其李掄元更無論矣，……此事可無庸查辦。」[38]

(二)黎大木私刻《資孝集》案

乾隆四十三年六月初十日，湖南巡撫李湖奏報：該省臨湘縣民婦黎李氏呈控監生黎大木私刻《資孝集》，「語多僭越」，岳州知府鳳翔等人到黎大木家搜查，又發現一本《得失圖》甚為可疑，於是把一干人犯，押赴省城，徹底根究，從重定擬。當清高宗看了這兩本書之後，了解《得失圖》只是刊載墳山圖形

---

38. 見北平故宮博物院文獻館編輯，《清代文字獄檔》（北平：北平故宮博物院，1931），第3冊。

碑記的書，《資孝集》則是黎大木為慶賀他母親八十壽辰請親族等人撰作詩文的集子，雖然詩文中有人將黎大木母親比之姬姜太姒文母的，有人稱黎母為女中堯舜的，甚至還有一首詩內干犯了聖祖廟諱的上一字的。他仍然降旨說：「皆係迂謬不通之人，妄行用古，與今年巴延三所奏舉王爾揚代人作墓碑，率用皇考字樣者彷彿相似，並非狂悖不法。……不宜概行提問，株累多人。」黎大木後來因為平日勢壓鄉里，實際上這也是他這次被控的主因，被判了「杖一百，徒三年」，與文字獄可以說無關。[39]

(三)韋玉振為父刊刻行述案

乾隆四十三年十月二十五日，江蘇巡撫楊魁奏報：贛榆縣民韋昭首發他的侄子韋玉振為父刊刻行述，書中有「於佃戶貧者赦不加息，並赦屢年積欠」等語，楊魁認為韋玉振身為廩生，竟敢用「赦」字，「殊屬狂妄」，後來又搜查韋玉振家族譜，雖然沒有發現任何問題，但是已有很多人受到株累了。清高宗了解事實真相以後，便在一道上諭裡訓誡楊魁說：「韋昭控告伊侄韋玉振於伊父行述內，敘其自免佃戶之租，擅用赦字，於理固不宜用，但此外並無悖逆之跡，豈可因一赦字，遂坐以大逆重罪乎？」「今楊魁因前案（按指徐述夔一柱樓詩案）之失意存惶惑，遇有控首逆詞之案，不論其事之輕重，紛紛提訊，株累多人，自以為辦理認真，而不知其過當，以飾前次不能查察徐述夔逆詞等之罪。」皇帝認為楊魁不能實心辦事，而獄案後來也不追究了。[40]

39.《清代文字獄檔》，第 4 冊。
40.《清代文字獄檔》，第 7 冊。

(四)劉遜宗譜案

這是一件真正因家譜而生的文字獄案,時間是在乾隆三十年代前後,而到四十五年因文網嚴密而公開爆發。據山東巡撫國泰奏報:沂水縣劉遜等同族人因修宗譜攤派費用發生意見,大家失和,劉遜乃就他本支修輯成譜。其他族人甚為不滿,便告到官府,說劉遜所編新譜內凡例中有「卓爾源本,衍漢維新,希其如是,嘉毓統真」等字樣,自乾隆二十九年至三十一年間糾纏不清,地方官只草草結案。乾隆四十五年舊案重翻,其時劉遜已病故多年,但國泰仍認為宗譜內有狂悖不經語句,恭摺奏聞。清高宗對於這件案子的批示是:「劉遜等修葺家譜,於凡例內遠引漢裔,妄自誇耀,甚屬不合。但漢人積習相沿,每有此等陋見,其實可鄙,如搜查該犯家中,果實有別項不法的形跡,自應從重辦理,以昭炯戒。若止於支譜內,妄相援引,以為家族榮寵,亦不過照例擬以不應重律,將所有板片及印存家譜,盡行銷燬,已足示懲。……」這件家譜案就此了結。[41]

(五)樓繩等呈首《河山氏諭家言》暨《巢穴圖略》案

浙江義烏縣有捐職州同樓德運,於乾隆四十年(1775年)及四十五年先後刊刻《河山氏諭家言》及《巢穴圖略》二書,四十八年(1783年)正月樓氏病故,其子樓繩就將書本及板片呈送官府並聲稱在他父親生前因阻止無效,因此在父死後第五日即呈首,以明心跡。地方官發現這兩本書雖是房屋圖式及居家鄙俚之語,但其中問題甚多,如樓德運自號「河山主人」、「以樓姓系夏禹之後」、「伊母像贊內用拱服垂旒」、「自像內稱寶頂龍

41.《清代文字獄檔》,第5冊。

綬」、匾額內妄用「協乾承坤，龍蟠虎踞」、詩文中有「世事人心，大大非今」，又「遇廟諱御名不知恭避」等等，皆是「情罪實屬重大」之事，於是「提集案內有名人犯暨戶族保鄰」，準備「確訊嚴究，照例定擬」，這是乾隆四十八年五月初二日浙江巡撫福崧報告中的大概情形。清高宗認為浙江巡撫福崧「將樓繩等收禁革去職銜衣頂，並將該犯家產查封」，「所辦未免過當」。「樓德運妄行撰輯字句，多有違礙，使其人尚在，自有應得之罪，今業已身故，伊子樓繩等知有違礙，從前屢經阻止，伊父執拗不聽，及伊父一經身故，樓繩等即將書本板片自行呈繳，是樓繩等本知畏法，自無庸治罪，除將繳出書本板片銷燬外，樓繩等均著加恩寬免，其無干人犯，概予省釋。」[42]

　　從以上五件有關族譜、處家之語、房屋圖式及子孫為父母所作的墓誌銘、賀壽文集等案件看來，我們不難了解以下幾件事實：一、與族譜有關的文字獄案都發生在乾隆四十三至四十八、九年間，正是清朝文網最嚴厲的時候。二、案發的原因多是官員們過分小心，也可以說是為了保護他們自己的政治地位而起。另一種起因是仇家的告訐結果。三、所有案件的最後判決都不嚴重，比起乾隆朝其他大案，動輒牽累很多家破人亡的情形來，真是不可同日而語。四、案件中有妄攀援引的，有用僭越字句的，甚至有不避廟諱御名的，清高宗只說這是迂儒用古，或是可鄙陋見，不予重視。同時對地方官員的雷厲風行，往往評為「所辦未免過當」。這些事實，幾乎可以否定了清代文字獄的慘烈特性。我們看了這些譜系類書所引起的文字獄案之

---

42. 《清代文字獄檔》，第 7 冊。

後，對所謂「譜禁」的真相也就有了更深一層的了解了。

六、清代「譜禁」影響分析

　　清代「譜禁」的影響我以為可以分為兩方面來看，一是對一般人家修譜的影響，一是對清代譜學研究與發展的影響。如上所述，清代因建祠引起的紛爭，冒攀而激起帝王的不滿，使得族譜需要送官審查，產生所謂的「譜禁」。對於修譜人家來說，確有很多的不便與影響。例如為了避諱皇帝的名字與廟號，不少人家必需改寫祖先的名字，或是以缺筆來表示對君主的尊敬。子孫給祖先改名諱，相信絕不是一件樂意從事的工作。族譜中的序傳藝文，常是修譜人家用以炫耀家世等的主要內容，如果不容粉飾，當然會令人感到美中不足。圖像原是族譜的特色之一，如果刪削不載，實在也是缺陷。這些文字、名詞以及形式上的種種禁例，實實影響到譜書的纂修，也給修譜人家帶來很多的不滿與不便。不過中國地域廣大，族譜又不藏於公家，「譜禁」能否徹底執行，很有問題，再說如果沒有仇家舉發，不是地方官員的刻意搜求，又怎麼能知道那些族譜裡有違禁的字句？因此只要皇帝不重申禁令，禁令也就逐漸廢弛了。清代所謂「譜禁」在乾隆五十年以後就有這樣的現象。如湖南省寧鄉縣一個蔣家，在乾隆五十五年重修族譜的時候，仍有「蔣母王老孺人傳贊」等內容。[43]同治年間，朱次琦、朱宗琦同修《南海九江朱氏家譜》時，則逕用「崇禎」、「隆武」等的年號而不以為忌。[44]當然也有不少清代中葉以後成書的族譜中，對廟號

43.《灰湯蔣氏族譜》。
44.《南海九江朱氏家譜・卷6・恩榮錄》。

御名敬避，對世表傳贊改稱，可以說完全看家族與修纂人的意思決定遵守或不遵守禁例，清代官方似乎已不如乾隆四十年代那樣講究這些規定，更未見有任何因「譜禁」而興的獄案發生過。況且乾隆以後，譜書的刊刻在數量上非常可觀，這也可以證明「譜禁」對修譜人家的影響並不為大，「譜禁」發生影響的時間也不算長。

至於「譜禁」對清代譜學的研究與發展有無不利的影響？我個人以為清代文字獄確實箝制了民族精神，束縛了學術思想，尤其使中國史學傳統的褒貶功能，幾乎喪失殆盡。然而由於清代重視倫理教育，強調敬祖睦族，他們的動機與目的是功利現實的，是為穩固他們統治地位的，因而對譜學的研究與發展卻產生了一種加強的效果，也可以說「譜禁」影響譜學發展或使譜學蒙受損失的地方並不嚴重。現在我就分作以下幾點說明。

一、我國族譜的卷首，常有敘述祖先姓源與世系源流的部分，由於姓源往往不只一個，世系又因年代久遠而難以明瞭，譜家乃有不同的主張。如清初宋犖、紀昀等人，都認為姓源無法考查的，就不必亂加附會。[45] 這固然是治學態度謹嚴的表示，但也可能是因為他們都做了清代大官，心存謹慎的關係。然而到同治年間，《南海九江朱氏家譜》成書時，顯見譜家的看法不同了，他們以為：「然姓族源流不可不考也。近時《諸城劉氏譜》、《景城紀氏譜》，均以不著族姓源流為慎，蓋非古義。」[46] 可見清末譜例中有了反對清初譜家主張的了，由此也反映了「譜

45.清初宋犖修《商丘宋氏家乘》，紀昀有《景城紀氏家譜》，劉墉家修有《諸城劉氏族譜》，均提出相同主張。

46.《南海九江朱氏家譜‧序例》，頁 2 上。

禁」的影響並不深遠。至於世系的難追，更是常事，歐陽修等人早就感嘆了，因而他提出了「斷自可見之世」的切實主張，免得大家妄行攀附而厚誣了祖先。清代譜家也都繼承這一義例，寧缺勿濫，使族譜能為真正可信的家史，這確是良法美例。清朝「譜禁」不但沒有否定歐陽修的主張，並且強調「斷自可見之世」的重要，可見中國譜學在清代並無中斷之事。

二、明清兩代，譜家強調修譜的目的主要在於睦族，因而重視族內成員之間的互相關係，這種關係常用世系表來說明。明清族譜的世系表多採歐陽修與蘇洵的舊法，歐蘇世系圖表則又以標榜宗法為先，宗法的小宗五世則遷，因而歐蘇的世系圖表也以五世為圖，即在族譜內每一頁上畫成五格，以表倫次。明代人家修譜已有不按五世為圖的了，如《汪氏淵源錄》中，雖取歐陽式，但每頁九格即以九世為圖，[47]可能為的不浪費紙張。清代則有人以為五世為圖無法詳紀傳略，因而每頁僅畫成三格，使篇幅增多，以多記祖先事蹟。[48]清末同治年間，翁同龢補輯《海虞翁氏族譜》時，取蘇式，但每圖有多至十三世的。[49]此外，清代名家修譜時，又常取歐蘇二式的世系圖，並且配上章學誠所謂的「牒」，即「行實」、「傳實」一類的簡歷記事，以示體例嚴整。總之，就世系表一項來看，文字獄或「譜禁」也並未影響到我國譜學的發展，不然怎能有如此自由的選擇，能任隨人意作各種改變？並作各種進步的改變呢？

三、傳記與紀錄也是我國族譜的主要內容。傳記有家傳、

---

47. 見明正德十三年（1518 年）《汪氏淵源錄》。
48. 見乾隆六十年（1795 年）姚鼐修，《麻溪姚氏宗譜》。
49. 見清同治十三年翁同龢補輯，《海虞翁氏族譜》。

傳略、牒等等的名目，要之立傳的人應是有大貢獻於國家民族或社會的。「譜禁」有所謂庶民之家不得用傳贊，為的是不僭越規制。然而事實上乾隆以後很多人家族譜中都有傳贊部分，甚至若干婦女都有傳贊。章學誠曾經主張族譜中的家傳，應該分為三類，一是男性之有嘉言美行的立「列傳」；一是婦女之有內行可稱的立「內傳」；另一是出嫁之女有「內訓可傳，節孝可表者」立「外傳」。姑不論他的說法是否切實可行，但是充分說明了清代確有譜家在從事研究譜學，而研究的深度也比前朝更勝一層，「譜禁」之對清代譜學之發展似無影響，由此又得一證明。紀錄是記述一家一族各項值得刊載之大事的，這是自南宋至明代期間，譜家為比家史為國史而採用的體例。明代已有人家在族譜中分恩榮、婚姻、家祀、義莊、居室、塋墓等等來記述家族中大事的了。清代族譜更見進步，如道光二十四年《京兆歸氏世譜》分有彝訓、論譔、祀事、義莊、阡隴、著述、事跡、德行、藝文、詩詞、崑塋、舊序等十二目，[50]甚至還有人家族譜中僅「藝文」一項，又分為經、史、子、集，且附文詩等等的。[51]這雖然有誇張之嫌，但也不能不說是族譜的一種發展。此外譜書中常有插入精美圖畫的，對於藝術與古建築而言，多少是一種珍貴資料。這一類的插圖，在清代我國族譜中俯拾皆是，也可以說是譜學的一項貢獻。

　　據上可知，清代所謂的「譜禁」，對於一般重視自身祿位的官員而言，確實是要大力奉行的，對於一般謹慎的家族而言，也是有所顧忌的。但是對於大部分的修纂人家，未必都切實遵

50.《京兆歸氏世譜‧目錄》。

51.見宣統三年（1911 年）刊《南海學正黃氏宗譜‧目錄》。

行，尤其是在乾隆五十年以後，「譜禁」的影響可以說是愈來愈
小了。

七、結　語

　　綜合以上所述，我們不難了解，清初帝王為了統治漢人，
為了穩固基業，他們的政治主張都以儒家思想為主，而中國社
會，一向又以家族為重，孔子的修齊治平，歸本於孝友，所以
清初君主無不強調人倫孝悌，家和族睦。順治年間頒布的臥碑
諭文，康熙初年的聖訓傳世，雍正時又引申為萬言《廣訓》，在
在都教人睦鄰睦族，親親長長，主要的是求得社會和諧安定。
這些訓諭實際上大部分是與一般人家的家規、家訓相同的，因
此，清初絕無譜禁之事，雍正時甚至還有「修族譜以聯疏遠」
的諭令，鼓勵大家修譜呢！乾隆之世，由於地方上合族建祠，
妄聯姓氏，而產生了斂財械鬥等的糾紛不安事件，造成社會上
的騷亂，加上有些人家在族譜中用一些僭越的文詞，如冒攀華
冑，誇大粉飾等等，所以在乾隆二十九年，清高宗便下令各省
督撫，通飭查辦，於是一時建祠禁止，族譜也紛送地方官府審
查了，產生了清代所謂的「譜禁」。乾隆四十年代，編纂《四庫
全書》時，皇帝認為地方官搜求遺書的事辦理不力，大興文字
之獄，甚至連一些地方官員也有被法辦的。為了保全自身的祿
位，不少知府知縣，嚴飭下屬，到處搜求違礙書籍，加以民間
告訐風行，因而當時發生好幾件與族譜、家傳、行述、墓誌銘、
家訓等有關的文字獄案，不過各案的審結都是從輕發落的，既
未殺人，也不見有牽累眾多或發配極邊的慘事，比起同時代的
其他大案來，真是不可同日而語。至於當時的修譜禁例，實際

上大都是一般出版與考試等都必需遵守的，並非特別為修譜而專定的禁條，如廟諱御名的改避、世表傳贊的不得使用、帝王後裔的不可冒攀等等，都是任何書、任何人不能濫用、不能不遵的，可見「譜禁」也是一般文字上的禁例。再說這些禁例實行的時間並不太長，施行的地區也不太廣，如《常州卜氏宗譜》在乾隆五十五年重修時，序文裡竟說：「誥敕像贊之類，遵例登載之。子姓之未入譜者，於世傳，世表之列，以次增敍之。」[52] 這離大興文字之獄的時間才十多年，江南人家修譜已見照登像贊，仍用世表了，則又像似毫無禁例存在一樣。同治年間《南海九江朱氏家譜》中刊載崇禎、隆武等年號不以為忌，也足以說明「譜禁」的不生效果。清末我國修譜的風氣盛行，成書的數量極多，這些也都是「譜禁」影響不大的證明。至於我國譜學在清代發展的問題，我個人以為「譜禁」的影響並不嚴重，因為無論是體例或書法上的，表面或實質上的，似乎看不出有受到箝制扼殺等等的事實，相反的，由於文字獄的影響，清代考據學大興，清末修族譜的名家也都講求無徵不信，務使家史成為真正信史這一點了，因而在姓源、世系、傳贊、紀錄以及其他書法與義例方面，都有人不斷的研究討論，力求改進，這也許可以說是文字獄給予中國譜學一些進步的影響吧！

　　總之，依我個人的看法，清代「譜禁」似不如前人所述的那麼嚴重，對我國譜書的編纂，譜學的研究，應該是影響不大的，不能與編《四庫全書》而燬書以及文字獄之束縛學術思想、抑制民族精神等事相提並論。

52.見乾隆五十五年《常州卜氏宗譜‧陳詒直序》。

九 清代族譜家訓與儒家倫理 [1]

　　就倫理體系言，在中國思想史上，儒家、佛家、道家等都各有其倫理，不過由於儒家的倫理一向對中國人最有影響，也最被中國人普遍的實踐，所以一般談中國倫理的多以儒家的倫理為言。同時中國族譜之學雖然歷史悠久，譜系之書也從古就有人修纂，但是舊家譜書至今尚存的，仍以清代的為最多。本文以清代族譜家訓與儒家倫理為討論範圍，原因即在於此。

　　家訓是治家立身之言，用來垂訓子孫的，這一門學問在中國也是由來已久了。《孔子家語》雖然久佚其書，但是書中記述婚姻、喪祭、廟祧等等應是事實。漢初有《任公家約》及《邴氏家約》，其後有《班昭立誡》、《武侯集誡》等書，都是約束家人的專書。魏晉以降，著作漸多，北齊的《顏氏家訓》，至今仍膾炙人口。唐代房玄齡的《家法》，狄仁傑的《家範》，韓休的《家訓》以及穆寧的《家令》等等，都是世人稱道的作品。宋代學者特重修身，一般人要進身科名，則非加強家庭教育不可，家訓之家，乃更為世人所重，像司馬君實、葉石林、陸放翁等人的《家訓》，朱文公的《小學》，呂東萊的《閨範》諸書，尤稱家訓中的名著。到了明朝，隨著譜學的進步與發展，家訓成

1.原文刊載於聯合報文化基金會國學文獻館主編，《第二屆亞洲族譜學術研討會會議記錄》（臺北：聯經出版公司，1985），頁 161–182。

為譜書中重要的部分，好的譜書，必有家訓，因而家訓變成家喻戶曉而且影響人心世道至深的著作了，家訓也因此奠定了它在我們倫理教育上的特有地位。

我們知道自孔子以來，儒家思想中一直存在著一種想法，認為社會上的成員一定要良善優秀，然後社會全體才能臻至良善，所以個人的人格特質與學養，都是儒家非常講究的。這種個人與社會的關係，《大學》這部書中論述得最為詳盡：

> 古之欲明明德於天下者，先治其國；欲治其國者，先齊其家；欲齊其家者，先修其身；欲修其身者，先正其心；欲正其心者，先誠其意；欲誠其意者，先致其知。致知在格物，物格而后知致，知致而后意誠，意誠而后心正，心正而后身修，身修而后家齊，家齊而后國治，國治而后天下平。自天子以至於庶人，壹是皆以修身為本。[2]

由此可見，人人不論地位高下，從天子到庶人，都須以「修身為本」，而個人的修身，才是社會康寧與國家安定的根本。然而個人如何修身呢？《大學》經文裡也說得很清楚，個人修身應「先正其心；欲正其心者，先誠其意」。因此，正心誠意是個人修身的最先步驟。清代人家修譜，多重家訓一章，在眾多的清代族譜家訓當中，我們常常可以看到各家祖先要他們的後世子孫注重修身一事，強調正心術、務誠信等等的德目。例如《暨陽許氏宗譜》裡就有〈正心術〉一條：

> 為人最要存心，存心善惡，天必鑒之。先儒云：一念而善則

2.《大學》，卷首。

和風慶雲，一念而惡則妖星厲鬼。諺云：暗室虧心，神目如電。但存方寸地，留與子孫耕。 **3**

《延陵金氏宗譜》的〈訓子語〉中也說：

正直端重，是居身法良。……**4**

也有人家以為「誠」字對修身是最重要的，如《代州道後馮氏誌傳世譜》記道：

人只一誠可久耳，少一不實，盡是一腔虛詐，怎得成人！**5**

總之，家訓中是一再教子孫為人誠正的。

按照儒家倫理實踐的步驟：「身修而后家齊。」家在中國是社會的基礎，中國社會一向強調家族關係的完整，而幾千年來，中國人又注重父母與祖先是個人生命的來源，這種血親關係在法律上與道德上都是天經地義的事，因此儒家倫理中不但極為強調家的重要性，而且也重視親子的關係。人的生命既是來自父母，人又是在家庭中長大，一切修身德目的培養與擴充，必須始自家庭，所以個人對家有著極大極多的責任，要了盡這些責任，最基本的便是對建造家也是授與生命的人——祖先父母——表示敬愛，即盡孝道。

---

3. 同治十一年（1872 年）許子銘等修，《暨陽許氏宗譜》，卷首，頁 11 上。

4. 〈雪岸公訓子語〉，第 1 條，見咸豐六年（1856 年）金祥徵等修，《延陵金氏宗譜》，卷 3，頁 7 上。

5. 乾隆五十二年（1787 年）馮秋山、馮右書等修，《代州道後馮氏誌傳世譜》，卷 2，頁 15 下。

　　孝道在過去一直是深入中國社會與生活的每一個層面，瀰漫在中國人民的一切生活之間的，實際上中國社會是建基於孝道之上。孟子說：「事孰為大？事親為人。……」**6** 我們若不能侍奉親長，則齊家的事就根本不可能了。一個人在親長健在時或逝世後，尊親敬長的心意都不可一日稍衰，所以孝道是家庭倫理的首要項目，當然族譜家訓裡也無一不記下崇孝道的誡律了。

　　《皖桐璩氏族譜》作：

> 五刑之屬三千而罪莫大於不孝，孝之道無窮，不能殫述，不孝之條無盡，亦不能悉數。然大抵在父母面前，愉色婉容，下氣怡聲，不拂乎親之心者，必孝子也。若是已非親，凡事悻悻，自好獨斷獨行，以傷父母之志者，必不孝子也。至於忤逆怨懟，忍心害理，苟賤卑污，虧體辱親，及犯孟子之所謂五不孝者，皆五刑之所以不赦者也。夫昊天罔極之恩，殺身難報，況忍以違拗對之，以刻薄待之乎？子夏曰：事父母能竭其力。朱子曰：善事父母為孝。一「竭」字中有無限艱難，無限刻屬。一「善」字中有無限委曲，無限權宜。為人子者，果能體貼此二字，則貧富貴賤，無不可盡之職，常變順逆，無不可順之親矣。凡我族人，守此家訓，宜首務之。**7**

　　又如《伍氏宗譜》記：

---

6. 《孟子·離婁上》。
7. 同治四年（1865 年）璩光爍修，《皖桐璩氏族譜》，卷首，頁 9 下。

……人只一不孝，便百行俱不必言；人只一不孝，便五刑無出其上。豈得無悔乎？亦豈得無懼乎？[8]

他如《毗陵范氏家乘‧家訓》第一條說：

孝順之事，不出兩言，一是養父母之身，一是安父母之心。養身之事，不過飲食、衣服、起居、疾病四者而已。人有貧富貴賤，豈能盡同，但隨自家力量做出，不逆親心便是。如飲食的事，必欲珍饈常奉，斷非富貴不能，若貧賤之家，只須家常蔬菜，鹽淡得宜，間有好物，儘奉父母，便是盡心。衣服的事，不必錦繡細軟，只要冷暖合宜，添新換舊；冬則隨時溫暖，夏則頻加洗滌，便是盡心。起居的事，凡行止坐臥，人子都要照管扶持，如黑夜清晨，江湖風浪，俱不可令老年人輕往，又或喪祭鬭訟憂愁之所，亦不可令父母輕到，惟快樂安逸的事，則必勸父母多走，惟所喜的好事，亦必勸父母多做，總能使之安穩自在，便是盡心。疾病的事，更須加意調治，先思受病之由，然後延醫用藥，又不可輕用尅伐寒涼，為庸所誤。至於進奉飲食，又須自家親嘗，不可盡委奴婢，生懈怠心。至於媳婦賢愚不等，亦須常加考察，兄弟多寡不同，又須各盡心力，不生推諉。古人不嘗云：養親者不窮，欠債者不富乎？凡能體此，即所謂孝順也。[9]

也有一些人家在族譜中將孝悌合列為家訓一條的，如《常

8.同治七年（1868 年）伍受糈等修，《伍氏宗譜》，卷 1，頁 2 上。
9.同治九年（1870 年）范顯瑤等續修，《毗陵范氏家乘》，卷 1，頁 10 上。

州白洋橋沈氏宗譜》說：

> 人倫莫先於孝弟，一生事業，須從此做起，於此或乖，是為
> 大逆，雖名為人，實等禽犢。 **❿**

又如《梁溪倪氏宗譜》有：

> 堂堂七尺之軀，試問何人生我，渺渺九洲之內，請看幾個同
> 胞？繼乳育以撫摩，惟父母劬勞莫甚，自草弁而耄耋，獨友
> 昆情誼偏長。無如俗世易漓，以致天親不篤。或養成驕惰之
> 氣，定省全疎；或習慣紾奪之風，友恭盡失；或以後母而生
> 猜忌；或以庶出而肆欺凌。種種乖戾之習，皆非名教所宜。
> 況堂構之貽漸，多因妻子；鬩墻之兆釁，總為家財。惟割愛
> 而厚天彝，自見堂前聚順；能重人倫而輕長物，必無同室操
> 戈。務養志以養身，必弟恭而兄友。孝子還生孝孫，天道循
> 環不爽，難兄更有難弟，家門昌熾何疑。勿謂迂談，咸期猛
> 省。 **⓫**

這一類惇孝弟的家訓可以說俯拾皆是，這裡不擬贅舉。族譜家
訓中之所以強調友昆之情誼，兄弟之敬愛，實際上也是對我們
生命來源的另一種禮敬的表示，也是孝道的一部分。因為我們
既然尊敬父母，就應當也同時尊敬父母所生的其他兄弟。孟子
所說：「堯舜之道，孝弟而已矣。」**⓬**即是指此。凡能克盡孝道

10.光緒二十三年（1897 年）沈保靖序，收於《常州白洋橋沈氏宗譜》，
　　卷 1，頁 1。
11.《梁溪倪氏宗譜》，卷 1，頁 8 下。
12.《孟子‧告子下》。

的，自然懂得友愛兄弟。以此推論，凡一族親人也應當互相友愛，所以族譜中也將「睦族」的誡條列為家規，如：

> 思族中叔姪弟兄，與我原是一人耳。同體相看，絕不可傷殘骨肉，即如傷我祖宗一般。[13]

或者記說：

> 放勳曰：克明峻德，以親九族。孔子居鄉恂恂自處睦族之道。古人所以尊重者，誠有見於伯叔兄弟之間，不可以賢智先，不可以意氣後，故為此醇謹之道以處之也。吾族如有強凌弱，眾暴寡，與族不睦者，懲毋貸。[14]

也有詳記睦族之道的，如《毘陵承氏宗譜》作：

> 范文正曰：宗族於吾固有親疏，自祖宗視之，則均子孫也。人能以祖宗之心為心，自知宗族之當睦，而其要有六焉：曰敬老、親賢、矜孤、恤寡、周急、解紛。……他若患難相恤，疾病相扶，其概焉者也。至於置義田、建義學、設義塚，教養不遺，生死無憾，皆仁人君子之用心，苟有可勉，須用實心實力行之。[15]

更有家規中規定不准親族相訟的，如：

13.《延陵金氏宗譜》，卷2，頁13上。
14.見光緒二十八年（1902年）李光詮等修，《三江李氏宗譜》，卷1，頁61下。
15.見光緒五年（1879年）承譜等修，《毘陵承氏宗譜》，卷首，頁78上。

> 合族公議：我村聚族而處，戶口眾多，祖宗以來，務敦和
> 睦，歷數百年不聞互訟。今我等商議，重整家法，以後遇有
> 兩造口角，必須鳴證族人，秉公調處。⋯⋯遽行興訟，即使
> 有理，亦照抗違家法議罰。若再查明無理，除公同由首送究
> 外，仍以家法逐出不貸。**16**

　　睦族是孝道的延伸擴大，我們不但應該尊敬本支祖先，也
要尊敬遠房祖先，同時我們不但對健在的親長要尊敬，對死去
的親長也應該尊敬，因此崇拜祖先與建立祠堂也是一般族譜裡
必備的內容。有的家規裡記：「天地者，萬物之本；祖宗者，一
族之本。故圓邱方澤，答覆載之功，禴祀烝嘗，盡追遠之義。
降而庶人，皆得隨分以自盡，厥爾後裔，獨無是心！倘遇春秋
祭祀，粢盛不潔，冠裳不肅，及盜賣祀田等情，重懲不恕。」**17**
也有談到祭祀先遠的說：「〈祭義〉曰：霜露既降，君子履之，
必有悽愴之心。雨露既降，君子履之，必有怵惕之念。是報本
追遠，莫重於祭。冬至祭始祖，立春祭先祖，季秋祭禰，忌日
祭所祭。自高祖以上之群祖，俱無不祭，宜依漢時墓祭之法，
合一族之眾為清明祭掃之會。其行祭之禮，先期齋戒，晨集祭
所，戶長宗子率眾子弟序班行禮，不必舉樂。⋯⋯飲福時談笑，
亦要循禮，不得縱飲酣歌，以亂體統。」**18**至於祠堂，不少族
譜裡都認為是「子孫水木本源之地，謁必恭肅，祭必誠敬」**19**。

---

16. 光緒六年（1880 年）吳重仁等八修，《吳氏宗譜・家規》，第 2 條。
17. 《三江李氏宗譜》，卷 1，頁 61 上。
18. 咸豐九年（1859 年）毛海宴等修，《西河毛氏宗譜》，卷 2，頁 10–11。
19. 光緒十一年（1885 年）許克勤纂，《靈泉許氏宗譜》，卷 7，頁 1 上。

也有的說：「蓋有宗祠，而後家規、家法、祭薦、禱告，行之有其地也。」因此祠堂的修建整飭，實是族人「倡首竭力」的事，若能修理營辦齊備的話，「則上可以伸報本反始之心，下可以立保世滋大之本。先人未逮之志，亦藉之以仰答矣」[20]。這些以恭肅誠敬的祭祀來報本追遠，或是營建祠堂以作為完成先人未竟之志的場所，也都是孝道的一部分。

　　在中國家庭倫理中，僅次於親子關係的是婚姻關係。以往中國人家對婚姻的事極為重視，這也與傳統中國倫理中的孝道有關。我們既然重視傳自祖先的生命，孝順的子孫都會小心的保護自己的身體，正如《孝經》裡說的：「身體髮膚，受之父母，不敢毀傷。」[21]不但如此，依照儒家倫理的解釋，我們的生命是祖先生命的延續，而我們的子孫又是我們自己的生命以及我們祖先生命的延續，因此子孫的存在與子孫的延續是每一個傳統中國家庭重視的，子孫的延續靠著婚姻關係，婚姻乃變為道德觀念上的一層問題了，族譜家訓中記下婚姻的條文，顯然是理所當然的事。例如家訓裡會說：「《詩》首〈關雎〉，《禮》嚴〈內則〉。上承宗廟，下啟雲礽，所係重大。」[22]也有寫成「人之娶妻，上承宗祧，下啟後嗣，關係不小」的。至於娶妻的注意事項，則多說「須當以德為主，不當以財為尚。倘是德行禮法之家，雖窮何害」[23]。或者規誡中有：「子女當婚嫁者，聘婦惟良，毋責厚奩；擇婿惟良，毋責重幣。務締源流清白之

20.《皖桐瓛氏族譜》，卷首，頁 6-7。

21.《孝經・開宗明義章》。

22.《延陵金氏宗譜》，卷 3，頁 1 下。

23.《西河毛氏宗譜》，卷 2，頁 14 上。

家，毋慕目前紛華之美。」[24]若有擇配不當的，家族中人可以「勒令離異」。如《常州白洋橋沈氏宗譜》說：「禮嚴配耦，不得與同姓為婚，並不得與娼優隸卒為婚。如有嫁女下賤人，及娶下賤人女者，通族公同勒令離異。」[25]「擇婚姻」之所以如此受重視，主要的是「婦之賢不賢，所係至重，先祖之絕續、舅姑之憂樂、家道之盛衰、戚黨之毀譽、門戶之榮辱、丈夫之窮達，悉於斯人焉。……」[26]姑不論這種重男輕女的說法極不合今日的時宜，但在民國時代以前這一觀念仍是被大家所認同的。尤有進之，舊時家庭雖強調夫婦為五倫之一，也將舉案齊眉與飽饖如賓傳為美談，確認「一室之內，必須和且敬，庶釁隙不生而家道成矣」。然而男子「四十無子，方可娶妾，無子不可不娶」，因為「生子為宗祀計也」[27]。這是儒家倫理的「有後」孝道觀。

延續父母與祖先的生命是孝道，但是人的生命又至少可分為生物性的生命與具有社會、文化、道義等方面的高級生命。生物性的生命只需要結婚生子便可以完成，而高級生命則必須培養教育所生的子女，使他們的生活與生命具有社會、文化、道義等部分，才算完成或實踐這一層次的孝，因而族譜家訓之中也極為強調子孫的教養等問題。如《西河毛氏宗譜》說：

　　人生內無賢父兄，外無嚴師友，而能有成者鮮矣！蓋以人之

24.《伍氏宗譜》，卷1，頁9上。
25.《常州白洋橋沈氏宗譜》，卷1，頁3下。
26.《毘陵承氏宗譜》，卷首，頁73上。
27.《西河毛氏宗譜》，卷2，頁13上、下。

少時，多喜放蕩，所以古之生子，六歲教之方名，七歲教之別，八歲教之讓，九歲教之數目，十歲出外就傅，十有三歲，學樂舞勺，二十惇行孝悌，是以父兄之教易行，子弟之才易成也。諺云：將大從小役，長大役不成。為父者必須身率以正，教之以義方，……擇師而傅，卜隣而處，庶幾漸摩，日久相觀而化自然，禮義熟，德性成，賢子賢孫，必接踵而出，家日昌門自大矣。……[28]

又如《暨陽許氏宗譜》：

大凡子弟多肖鷇失教故耳，是必為之擇明師，選良友，責其勤業，禁其遊蕩，馴其性氣，戒其浮薄，一切提防，乃可以復於善。語云：有子不教父之過。又云：愛而勿勞，禽犢之愛也。[29]

他如《伍氏宗譜》說：

父母無不知教訓子孫者，惟其所以教，與子孫所為成立者常相反。蓋子孫之成立以勤，而父母憐以惰；子孫之成立以儉，而父母導以奢；子孫之成立以安，而父母遺以危；子孫之成立以約，而父母任以放；子孫之成立以正，而父母趨以邪，是知教而不知所以為教也。[30]

子孫的教養最要緊的事是讀書，因而教子孫多讀書被認為是必

28.《西河毛氏宗譜》，卷2，頁13–14。
29.《暨陽許氏宗譜》，卷首，頁3上。
30.《伍氏宗譜》，卷1，頁3上。

需要做的事，幾乎每家族譜都強調這件事。如《代州道後馮氏誌傳世譜》說：

> 要讀書。家不論貧富，子不論賢愚，讀書窮理則知孝悌忠信、禮義廉恥，自己不至作惡為非，他人不能輕欺誆騙。……[31]

《梁溪倪氏宗譜》也記：

> 千年閥閱之宗，必是家傳黃卷；屢代簪纓之冑，無非世守青緗。金張七葉，顯貴盈朝，王謝家聲，風流滿卷，莫不枕經藉史，因而馳譽騰休。朱翁子市上行吟，負薪自若；高文通庭前雒誦，漂麥何傷。非無集葦編蒲，終成大器；亦有囊螢映雪，卒號通儒。幾見博洽多聞之彥，盡隔青雲，未聞興賢選俊之朝，概遺白屋。但由寒素掇科名，慎勿掇科名而忘寒素；因文章而悟道德，奚容棄道德而事文章。如使名教有虧，縉紳大傷元氣，即若行止不飭，秀士亦玷宗祊。生平所讀何書，請自三思此語。[32]

還有詳細教導子孫讀書方法的，如《靈泉許氏宗譜》說：

> 自胎教至子能言能食，一一做古人教之文法，及七八歲知識蒙昧，初入小學之時，先收其放心，養其德性，隨時隨處，禁戒將誘，曲為漸漬涵濡，習成溫恭端默氣象。時時與言古今孝弟忠信長厚退讓之事，使其盈耳充腹，皆性分中

---

31. 《代州道後馮氏誌傳世譜》，卷3，頁10上。
32. 《梁溪倪氏宗譜》，卷1，頁11。

道理。[33]

由於一般家庭都重視子孫讀書，因此尊敬老師與慎選老師也在族譜家訓中被強調了。例如《伍氏宗譜》中有：

> 師也者，成我子弟，續我書香，大我門戶，光我先祖者也，故稱之為恩師。〈學記〉曰：師嚴道尊，雖詔於天子無北面。〈檀弓〉言：弟子之事與君親一致。樂共子曰：民生於三事之如一，教子者之待先生，豈可不忠且敬哉。內心稍怠則不忠，外貌稍飾則不敬，忠與敬又必極誠無偽焉。然待師固貴忠敬，而擇師尤宜慎審。學問不優，講究不能盡致，子弟安得長進？品行不端，儀範不能表率，子弟安得成人？苟能審慎擇師而待之，以極忠且敬，則書香永不失矣。[34]

《西河毛氏宗譜》中說：

> 孔子曰：溫故而知新，可以為師矣。當玩可以二字，彼不可以為師者，書之句讀未曉，字之死活未識，其誤人於蒙童時也非淺。至講解不徹，理法不精，其誤人於稍長時也更甚。故教子者，當自擇師始。然師不可不擇，又不可不隆。諺云：惜錢休教子，護短莫從師，此二語洵為確論。必內竭其誠，外竭其力，而始足以獲其報，蓋可以為師之人，於道義二字見得透，天人二字認得真，我果致敬盡禮，何患子孫之不成哉。[35]

33.《靈泉許氏宗譜》，卷7，頁6下。

34.《伍氏宗譜》，卷1，頁13下。

35.《西河毛氏宗譜》，卷2，頁19上。

《皖桐璩氏族譜》也有：

> 師傅之重，等於君親，故詩禮之家，必知尊師重道之義，凡
> 所以待之者，須情文俱備，豐儉適宜，設有不合，可以辭
> 謝，而不可謗毀，方不失為尊師之道，如此教子，必食其
> 報。但為師者，亦當體東人教子之念，盡心訓誨，不可欺
> 罔，誤人子弟。……[36]

這一類的教子與多讀書的譜訓，不外是希望子孫能有高度的見識與學養，能這樣延續父母與祖先的高級生命，便是實踐了上乘的孝道。

其他有關尚勤儉、禁賭博、肅閨閫、恤奴婢、別嫡庶、嚴立繼等等的名訓，也都是為齊家而立的，而且在族譜中屢見不鮮，這裡不一一列舉了。一家人如能尊親敬長、和睦兄弟、夫妻美滿、教子有方，善盡各項職責，齊家的事應該是大體完成了。個個有了健全美滿的家，當然就想到應有一個安和樂利的國，這就是家齊而後國治的理想。

儒家思想雖然基本上視個人為根，視社群為葉，也可以說是重個人甚於重社群的。不過個人的修身與齊家工作一旦完成，便應該擴大一己的仁德而延伸到國與天下。照儒家觀念，有仁德的人和宇宙合而為一的，而這種合一是經由社會不是脫離社會的。社會幸福要依賴每個人的修養、成就，但個人也只有經由公共事業與社會服務，才能充分的實現他為人或成聖人的命運。個人不能視社會責任與義務為厭煩的負擔，更不可逃避，

36.《皖桐璩氏族譜》，卷首，頁 13 下。

相反的應當竭盡所能的完成社會責任，如此才能實現個人完善的人格。因此治國與平天下是個人對社群的道德責任。

　　為達成這項道德責任，我們個人必應接觸家庭以外的社群，必須處理治家以外的事務。由於儒家倫理的中心思想為「仁」，「仁者愛人」，所以儒家倫理重視每一個個人，視人人有平等的地位，在家庭中如此，在社會上亦然。族譜家訓中對這方面的事也極為注意，例如有條規中說：

> 仁人之視萬物，皆為一體，一物不得其所，則恫瘝切身。[37]

這是說人人皆有仁心，有惻隱之心，不忍他人遭受痛苦，正是孟子所謂的「無惻隱之心，非人也。……惻隱之心，仁之端也」[38]。

　　也有強調與他人關係應依照禮的，即以禮善待他人的。如《西河毛氏宗譜》中有〈當敦禮義〉一條：

> 人之所以為人者，禮義也。蓋禮義兩字，乃襯貼人身骨子，人無骨子，身何以立？是人於世，豈可斯須去禮義耶！《詩》有〈相鼠〉、〈茅鴟〉之篇，刺人無禮義與禽獸何異，為子孫者，平居少長相見，親友相接，衣冠必整，容貌必莊，語言必謹，進退周旋，雍容揖遜。粗鄙暴戾之氣，不使設於身體，雖燕享合歡之際，亦必循循雅飭，勿肆詬誶，放蕩敗度為知禮者誚。[39]

37.《吳氏宗譜》，卷1，頁6下。
38.《孟子‧公孫丑上》。
39.《西河毛氏宗譜》，卷2，頁16–17。

《常州白洋橋沈氏宗譜》中也說：

> 進退辭受，處世大凡也，故先王制禮讓以節民淫。近世人情
> 澆薄，等如弁髦，吾家號稱舊族，不可貽笑大方，務期共惇
> 禮節，講明仁讓。 [40]

禮與讓在儒家倫理思想中是一直相關連的，懂禮的人必定
知道讓，講求禮讓的人也就必不與人爭吵了。族譜家訓中也有
提到「讓」的好處至多的：

> 夫讓之效，固非一端，不必言其大也，言其小者，不必觀其
> 深也，觀其淺者。讓人一步，人未必以為我謙，而自不以我
> 為傲。讓人一錢，人未必以我為惠，而自不以我為貪。⋯⋯
> 兩相讓而爭以息，兩相讓而愛以深，兩相讓而功以成，兩相
> 讓而名以著。我讓而人亦讓，固為兩難；我讓而人不讓，亦
> 為獨善；我讓而欲人之讓，即非能讓；我讓而責人之不讓，
> 亦非真讓。讓則秦越相親，不讓則夫妻反目。讓則虞芮相
> 睦，不讓則兄弟成仇。讓之時義大矣哉！ [41]

儒家倫理也要求人與人相處應以忠恕為行為的準則，所謂
「夫子之道，忠恕而已矣」 [42]。忠恕也來自仁。忠是對眾人的
一種態度，並不一定要專作忠於君主解釋，曾子說：「⋯⋯為人
謀而不忠乎？」可見忠是對他人責任的自我獻身，忠君固然包
括在內，但不必專指忠君。恕是以待自己的態度或方法來待別

40.《常州白洋橋沈氏宗譜》，卷1，頁2上。
41.《毘陵承氏宗譜》，卷首，頁82。
42.《論語・里仁》。

人，「己所不欲，勿施於人」是最好的詮注。族譜家訓中極為重視這方面的仁德，如對讀書出仕的人就有如下的訓誡：

> 盡己之心為忠。忠之一字，毫髮不可自欺者也。既已委質為臣，即將自家置之度外，其在內也，毋論職之大小，視君事如家事，總期克盡厥職，勿至尸位素餐。其在外也，亦不計地之肥瘠，視民之疾苦，一如己之疾苦。所欲與聚，所惡勿施，必使斯民各得其所，而後即安。清慎勤三字，尤宜刻刻存心。蓋慎則虛心咨訪，事無差謬；勤則案無留牘，事無塌冗；清雖不必沽名干譽，故為矯廉，而份內所不當取者，即為不義之物，斷宜杜絕。寧使人笑予之迂拙，無使人議我之貪污；寧貽子孫以清白，不貽子孫以貨財，則忠盡於君與民矣。[43]

至於講述恕道的則更多了，如：

> 路狹處留一步與人走，味甘處減三分與人喫。[44]

又如：

> 我以厚待人，人以薄待我，匪薄也，我厚之未至也。我以禮接人，人以虐加我，匪虐也，我之禮未至也。厚也、禮也，自我行之；薄也、虐也，由我召之，彼何罪也。然則厚矣禮矣，彼復薄虐者，乃吾命也。彼何罪耶？是故不怨天、不尤人，庶幾君子矣。[45]

---

43. 《暨陽許氏宗譜》，卷3，頁2下–3上。
44. 《暨陽許氏宗譜》，卷3，頁7下。

他如：

> 責人則明，恕己則昏，苟能以責人者責己，不患不至聖賢地位。[46]

這些禮、讓、忠、恕美德，如果人人都以之為行動的準則，那麼人人就都禮敬他人，肯定他人的人格、價值與權利的尊嚴了。倘若人人對他人都有如此的禮敬，則人與人間的關係便會一片和諧，絕無衝突了。禮讓忠恕的真義是培養人與人間的和諧，孔子說：「禮之用，和為貴。」[47]則禮之目的在人際間之和平可知。

要和諧人際關係，睦鄰是很重要的。族譜家訓中對這方面也寫下了不少的規律。如《西河毛氏宗譜》說：

> 出入相友，守望相助，疾病相扶持，睦鄰之道也。我居是方必將使一方之風俗以正，爭訟以息。善我悉親我，惡我悉畏我，方為有道君子。若徒隨聲附和，共為敗常亂俗之事，烏足云睦哉。[48]

《皖桐璩氏族譜》說：

> 自民生一體之情看來，四海之內，何非兄弟，何在可置度外，況鄰里至近，非親即友，烏庸以富欺貧，以貴凌賤，失

45.《暨陽許氏宗譜》，卷 2，頁 3 上。

46.《暨陽許氏宗譜》，卷 2，頁 28 下。

47.《論語‧學而》。

48.《西河毛氏宗譜》，卷 2，頁 23。

> 和好之誼，貽刻薄之誚乎。大而田產交易，小而借貸往復，
> 以及酒食應酬，牲畜侵犯等類，皆宜退省謙讓，以敦和好，
> 以弭嫌隙，非但睦鄰，亦可省事，遇有患難困苦者，為之排
> 解，為之周濟，亦同里分內之事。世之一錢如命者，擁其倉
> 箱之貯積，坐視鄰里之困危，而不肯捐萬一以救之，真守財
> 虜也。[49]

個人與社群的不和諧，原因雖然很多，但是多半是因日常瑣事而起的，初係小節，逐漸的積為乖恨，以致於衝突。族譜的立訓正依照儒家倫理的思想，為防患於未然，所以日常小事，也會不厭其詳的寫下，警惕世人。

儒家倫理中還有一項顯著的特點，那就是強調個人與社會關係之中的個人義務，而不強調個人的權利與特權。因此我們若要成聖成賢，我們就應該依照道德的原則竭盡所能的克盡一切義務。族譜家訓中常見有：

> 別件俱可讓人，只有世間好事，不可讓人做。[50]

也有教人安生理的，如：

> 人各賴常業以生，然不謂生業而謂生理者，以循理則生，不
> 循理則不能安其生也。蓋本分之外，無所營求，方始為循理
> 者也。

除了安守個人的本分與積極的做好事以外，還有一些世俗

---

49. 《皖桐璩氏族譜》，卷首，頁 15。
50. 《延陵金氏宗譜》，卷 2，頁 15 上。

的義務要盡的，如納稅。族譜裡常訓誡子孫說：

> 民得仰事俯育，各安其業，皆朝廷休養生息之恩。一歲只此春秋二課，所效於上者甚微，豈可復以催科之勞仰累官長，早完國課是第一緊要事。[51]

或是在家訓中作：

> 諺有之曰：要得寬，先了官。蓋錢糧者官府之考成所係，民家之廢興所關，故當以此為先務。一經逋欠，則催科頻至，不但不能短於正供之內，而且耗於額外之求。天下未有創業之人，而不錢糧是急，傾敗之家，而不錢糧緩者也。……[52]

也有兼顧官員考成與家門榮辱而立家規教子孫 「急官糧」的，如：

> 國家惟正有供，敢不輸將恐後。長吏考成攸係，能無悉索為先。士誰不愛功名，抗賦則隨加裭奪；民誰不惜肢體，逋糧而動受笞鞭。……倘使年年清給，何來新舊交征。苟能限限依期，豈至身名俱敗。奉公守法，官府不得呼其名。樂業安居，差役無能擾其室。士可一意於詩書，民可安心於畎畝。[53]

也有人家將納稅視為與祭祀祖先一樣重要的，如：

---

51. 《毘陵承氏宗譜》，卷首，頁 34 下。
52. 《伍氏宗譜》，卷 2，頁 20 下。
53. 《梁溪倪氏宗譜》，卷 1，頁 12 上。

建祠所以安祖靈，建義莊、置田產所以贍族人。然而滄桑之
變，古今同慨。日後祠宇、義莊以及光裕倉屋，倘有損壞，
惟應完國課，不可拖延，祖宗祭祀，不可廢弛；除此正供、
祭祀外，酌即於是年，將合族老幼丁穀僉議停止不給，或須
從新建造，或須補苴修葺，停穀積貲，總宜規復原制而後
已。……[54]

　　另外一種為社會國家克盡義務，成就和諧的責任，就是息
爭訟，因為爭訟就是不安，是非禮的，是仁所不容的。這一類
的家訓極多，略舉數則於下。

　　《皖桐瓈氏族譜》說：

事之有訟，萬不得已而為之也。苟非深仇大枉，可以耐忍
者，須自己退省。勿以求勝為能，勿以示弱為恥，安靜養
和，何等受用。若倚財勢悍雄，武斷鄉曲，把持衙門，此國
法之所必誅，而亦冥報之所不赦者也。其他不忍小忿，釀成
訟端，勞力傷財，幸而勝則爭氣必窮，不幸不勝則受氣必
死。事後追思，豈不悔恨。文王繫易於訟之封詞曰終凶，孔
子釋之曰訟不可長。又曰君子以作事謀始。嗚呼！聖人之為
戒深哉！[55]

《毘陵承氏宗譜》也說：

朱子曰：居家戒爭訟，訟則終凶。余推訟之由，不過為爭財

---

54. 宣統元年（1909 年）危瑄璋等三修，《南城危家山危氏家譜》，卷首，
　　頁 7 上。
55. 《皖桐瓈氏族譜》，卷首，頁 17 上。

爭氣。不知將官場使費之財讓儕輩，儕輩自然心悅；耐胥隸呵叱之氣耐儕輩，儕輩自然氣消，斯真一劑清涼散。況一人興訟，則一家不寧；一事興訟，則一方不清，致使習唆游手之徒，得獻勤漁利於其間。小則結仇怨於後來，大且傾身家於不測。何如守耕讀，保妻子，身心安逸，粗茶淡飯，以為太平之民也。至於事繫倫常，或生死大故，自宜鳴官究治，不在此例。[56]

據此可知，家訓中常常有誡律教子孫息訟的，不過若有「深仇大枉」或是「事繫倫常、生死大故」的事，祖先並不反對子孫們去「鳴官究治」。因為凡是破壞社會和諧，發生不仁不義的事件或對別人人格、價值、權利不予禮敬時，應該「當仁不讓」的去討回仁德的公道。就像孔子對言論自由的態度一樣，凡是言論是正當的，合於善合於仁的都可以講，所謂「君子於其言，無所苟而已矣」[57]，或「非禮勿言」[58]等等，即使父母有不合仁義的事，為人子的一樣也可以與父母作有禮貌的爭論，《論語》裡說：「事父母幾諫，見志不從，不敬不違，勞而不怨。」[59]即是指此。這是儒家倫理的原則，即在把仁德作為自己的責任時，讓是有限度的。

然而，爭訟之事，多半還是由小事而起的，由鬥氣而生的，所以不少族譜家訓中仍是勸誡子孫忍氣無爭的好，《延陵金氏宗

56.《毘陵承氏宗譜》，卷首，頁81。
57.《論語‧子路》。
58.《論語‧顏淵》。
59.《論語‧里仁》。

譜》中有一段話值得一讀：

> 訟之興也，多由氣不能忍；氣之不忍，由於理之不明。夫理
> 不明，則是非曲直昧焉莫辨，明係己之非己之曲，而堅執僻
> 見，不肯認非認曲，彼此相爭，致成獄訟。殊不知獄訟一
> 成，勢不能已。訟師差房，茶點酒飯，所不必言，乃勝負未
> 分，而夤緣賄囑所費，已不知凡幾，即或得勝，而家私已耗。
> 俗語云：贏了官私輸了錢。……吾願宗族，惜自己之錢財，
> 不必負一時之閒氣，寧為無用之鄉㒼，不為逞強之訟棍也。

同書又說：

> ……為爭一日之氣，遂致舉世之貧窮。只因些小之虧，竟博
> 終身之大異。與其事後追悔，何如及早回頭。古人云：得忍
> 且忍，家業安穩；得解且解，身心康泰；不忍不解，小事成
> 大。苟能於此數語，牢記於心，則無訟矣。[60]

《西河毛氏宗譜》則說：

> 聖學曰忠恕，王道曰絜矩，是皆以人心為己心，以己心度人
> 心，我無所刻於人，則必不為被犯，我有所讓於人，則又不
> 為原告。試看好訟者必敗，無訟者必興，興敗所關，可不息
> 與！[61]

由此可見，息爭息訟是與聖學王道有關的；實際上，王道常是
重義務輕權利，貢獻於社會國家的要多，而求取於社會國家的

60.《延陵金氏宗譜》，卷3，頁13-14。
61.《西河毛氏宗譜》，卷2，頁22上。

要少。人人能如此，則爭訟自然平息，社會自然和諧，國家也就自然安定了。孔子說：「為政以德，譬如北辰，居其所而眾星拱之。」[62] 孟子也認為一位有賢德的國君，「民之歸也，如水之就下，沛然誰能禦之」[63]，都是指中國傳統王道精神的。以服務群眾為出發點，而以造福社會國家為目的，這是中國倫理的偉大處，也是中國倫理的特有精神。

綜合上述，我們不難了解，我國族譜家訓的本旨，是以忠、孝、仁、愛、信、義、和、平等德目為主，融冶了儒家倫理的精義，而以日常生活為例，以平易近人的短句警語寫出，令人恍然省悟，深銘肺腑，進而身體力行。族譜家訓中有教誡個人的規條，如正心、誠意、讀書、明理、培養人的惻隱之心，使人知道愛眾人，並激勵大家成為好人，成為聖人賢人。家訓中也強調對人類生命的來源要禮敬，教大家敬祖先、孝父母、惇友恭、睦族黨、宜夫婦、教子孫，以延伸孝道，並無限存在家族的生命。然而家訓並不只以個人與家庭為極限，而是更由修身而齊家，由齊家而睦族，由睦族而睦鄉里，由睦鄉里而睦國家，由睦國家而善天下。若是人人以禮讓為先，惟忠恕是從，重社群義務而輕一己權利，則人際之間必充滿和諧，而國家安定，世界和平當然也就指日可待了。我們傳統優良文化中的家訓內容，實在是存有深遠意義的，我們應該潛心研究，弘揚這一倫理系統，重振這一能勵族治、正人倫、美風俗的特有精神才對。

---

62. 《論語·為政》。
63. 《孟子·梁惠王上》。

十 談滿洲族譜 [1]

一、小 引

　　幾千年來，我們中國一直以家族為中心，而族譜是家族歷史的紀錄，所以這一文獻的歷史悠久是可以想見的。根據可靠的史料以及近世學者的研究，我國族譜之學至少源於周代，當時因為實行封建制度，「奠繫世，辨昭穆」是與繼承有著極大關係的，因而譜牒也成了周朝的經國大典。降至兩晉六朝時代，譜書變成了家世的證明文件，譜學也是時尚的實用之學，因為政府選官，家庭嫁娶，都以門第為準，而能顯示門第的惟有譜書，這就是形成「人尚譜系之學，家藏譜系之書」空前盛況的原因。宋朝繼五代喪亂之後，加上科舉制度已經確立種種原因，譜書譜學乃有新的轉變。譜書失去了家世證件的用途，因而不必呈官核驗，人人可以私自寫製了。譜學則特重新宗法與倫理，從此成為勵族治、美風俗的一種專書，其後又歷經明清兩代的增訂義例，擴大內涵，譜書譜學更具資格躋身於學術之林。正如地方之有方志，國家之有正史一樣，很多家族也以修纂族譜來保存一家一族的有關資料了。

---

1. 原文刊載於聯合報文化基金會國學文獻館主編，《第三屆亞洲族譜學術研討會會議記錄》（臺北：聯經出版公司，1987），頁 59–93。

據上可知，中國的譜書與譜學，歷史悠久，內容豐多美備，而且在過去的歷史上，也曾對國家、民族作過不少的貢獻，特別在宏揚倫理與安定社會等方面。由於族譜之學是中國的特有文化，又兼具社教功能，亞洲鄰邦都漸次受到影響，像韓國、日本、琉球、安南等國，無不仿行編製。甚至邊疆各族同胞，也不例外，在他們「沾染漢俗」之後，對中國族譜之學，必加重視，日益講求，滿洲人就是很好的例證。

二、滿洲族譜溯源

「滿洲」這個名詞，明朝末年才在國史資料中出現，是遼東眾多女真部族中一部的稱號，他們是阿爾泰民族南支的一系，當時文化程度不高，過著半漁獵半農耕的生活，在風俗習慣方面，顯然已經受到不少漢人的影響。

滿洲人早年的族譜，現在我們能看到的，為數實在不多。清朝皇家祖先的簡單世系，也許是較早的一種，清官書裡曾作如下的記述：

> ……天女佛庫倫所生，姓愛新覺羅氏，名布庫里雍順，……居長白山東，俄莫惠之野，俄朵里城，……國號滿洲，是為開基始祖也。歷傳至後世，……有幼兒范察者，其後傳至肇祖原皇帝諱都督孟特穆，……居虎欄哈達山下，赫圖阿喇地，生子二：長充善、次褚宴。充善生子三：長妥羅、次妥義謨、次錫寶齋篇古。錫寶齋篇古生子一，即興祖直皇帝，諱都督福滿。興祖生子六：長德世庫、次劉闡、次索長阿、次即景祖翼皇帝諱覺昌安、次包朗阿、次寶實。……長祖德

世庫生子三：長蘇赫臣代夫、次譚圖、次尼陽古篇古。二祖劉闡生子三：長陸虎臣、次馬寧格、次門圖。三祖索長阿生子五：長李泰、次吳泰、次綽奇阿注庫、次龍敦、次飛永敦。景祖生子五：長禮敦巴圖魯、次額爾袞、次界堪、次即顯祖宣皇帝諱塔克世、次塔察篇古。五祖包朗阿生子二：長對秦、次稜敦。六祖寶寶生子四：長康嘉、次阿哈納、次阿篤齊、次多爾郭齊。……**2**

這一份世系記述最先是以滿、蒙、漢三種文字寫製的，編寫的時間應在西元十七世紀的三十年代，也就是明朝末年的崇禎年間。由於是編纂清太祖實錄而觸發追溯祖先的世系，所以就寫製的動機而言，可以說也是受了漢人文化影響所致。**3**

　　另外也有人發現一種以《張氏事業錄》為稱的滿洲人家紀錄，據說就是族譜。這位住在東北遼陽附近的張氏人家，他們藏有手抄本的舊譜，始祖可以上溯到名叫馬札爾台的人，是元朝武宗時代（1308～1311 年）的重臣。這本舊譜，原先是用蒙文寫的，到乾隆年間，張家第十三世孫伯爾格才譯蒙文為漢文。後來譜書遭到嚴重蟲蛀，字跡都已模糊不清了，才經第二十世孫合成厄（漢名張春生）重新辨認抄錄，乃成《張氏事業錄》，成書的時間已是清朝末年了。**4**

---

2. 見《大清太祖高皇帝實錄》（臺北華文書局本），卷首，頁 2–3。

3. 清太祖努爾哈齊的實錄初修於清太宗年間，崇德元年（1636 年）成書。《大清太祖高皇帝實錄》係依初修本改纂的，詳情請參看陳捷先，《滿文清實錄研究》（臺北：大化出版社，1978）。

4. 張其倬編著，《滿族在岫巖》，頁 66。此書係大陸在 1982 年出版，我在英國牛津大學圖書館看到此書，摘抄了一些資料，以供本文寫作之用。

　　從以上兩種古老族譜所記，我們可以看出元朝與明末清初，滿洲人家就有製譜的事實了。譜書的內容雖然簡陋，大概只記世系人名，但卻有滿、蒙、漢幾種文字的寫本，這是值得我們注意的事。

三、簡介幾種滿洲族譜

　　滿洲人自入關以後，他們的生活方式，風俗習慣日趨漢化了；在命名、婚姻、飲食、嗜好、節令慶典、語言文化等等方面，都逐漸喪失其文化傳統，而有接受漢人方式與制度的。族譜的製作也是一樣，不但更進一步仿效漢人族譜的體式，同時也有不少的講求符合漢人譜書的義例了。滿洲人家在清朝入主的二百多年當中，究竟編製了多少族譜，我們無法確知，不過從資料看來，數量應該是很多的。就目前可見的一些滿洲族譜來說，在文字方面，我們發現有以滿文編寫的，有以漢文記述的，也有滿漢兼書的。在內容方面，有簡略的譜系圖表，有記事豐富的譜書，也有官方保管的旗人家譜資料。現在我就以手邊有的譜表與譜書，簡介幾種滿洲族譜如後。

㈠滿文或滿漢合璧的滿洲譜

1.《烏拉國世系》：

　　烏拉是明朝末年東北女真中的一部，後來被清太祖兼併了，族人當然也被編入八旗。這份世系是敘述他們祖先的。音譯讀為：

> ulai aiman i da gebu hūlun, hala nara, amala ulai birai dalin de
> gurun tehe seme gurun i gebu be ula sehe, ulai gurun i da mafa
> nacibulu, nacibulu de banjihangge šanggiyan dorhoci,

šanggiyan dorhochi de banjihangge giyamaka šojugū, de banjihangge suitun, suiton de banjihangge dulgi, dulgi de banjihangge kesine dudu, gutei juyan, kesine dudu de banjihangge cecemu, cecemu de banjihangge wan, gudei juyan de banjihangge tairan, tairan de banjihangge buyan, buyan ulai aiman be gemu dahabufi, ulai birai dalin i hongni gebungge bade hoton arafi tefi enculeme beile sehe, buyan de banjihangge bugan, bokdo, buyan beile akū oho manggi jui bugan siraha, bugan beile akū oho manggi jui mantai siraha.

漢文的意思是：

> 烏拉國本名呼倫，姓納喇。後因居烏拉河岸，故名烏拉。始祖名納齊卜祿，生商堅多爾和齊。商堅多爾和齊生嘉瑪喀碩珠古。嘉瑪喀碩珠古生綏屯。綏屯生都爾機。都爾機生二子：長名克錫納都督，次名古對珠延。克錫納都督生徹徹木。徹徹木生萬。古對珠延生太蘭。太蘭生布顏，盡收烏拉諸部，率眾於烏拉河洪尼處築城，稱王。布顏卒，其子布干繼之。布干卒，其子滿泰繼之。**5**

2.《興墾達爾哈家譜》：

滿洲葉赫納喇氏，有興墾達爾哈的，他編製了家譜，所以稱為《興墾達爾哈家譜》。這一部譜書的特別處是：

(1)世系表與簡略記事同在一頁，記事部分在人名下。

(2)人名間有翻譯成漢字的，但仍以滿文為主，記事則全寫滿文。

---

5. 見《滿洲實錄·卷首·烏拉世系》。

⑶每頁的左邊寫注一、二、三、四、五、六表示世代，並在漢
　字人名右上角也注明世代，很像歐陽式的格式，但是譜表顯
　然是屬於寶塔式的。 **6** （請參見附圖六）

3.《他塔喇氏家譜》：

　　這部滿洲家譜是吉林滿胞他塔喇魁陞修的，共九卷八冊，
成書於清光緒二十三年（1897年），是一部相當好的譜書。書中
有序、有例，另外記述他們一家的〈開源篇〉都用漢字，只有
嘉慶十五年（1810年）初修〈原序〉，道光十八年（1838年）改修
〈譜圖原序〉以及光緒六年（1880年）再修〈原序〉，三篇是滿漢
合璧的，而且滿文每一個字的旁邊都用漢字音譯，「以便稽考」，
可見清末滿洲人家一般說來滿文程度都很低落了。 **7** （請參見附
圖七）

4.《八旗滿洲氏族通譜》：

　　這是清代官修最有名最有內容的滿洲譜書，共八十卷，是
清高宗在乾隆初年下令纂修的，詳記八旗滿洲氏族的源流，一
一考其異同，並分列其世系。書中將少數久隸於八旗的蒙古、
漢軍、高麗氏族也一併錄入，是研究滿洲八旗氏族源流的必備
參考書。

6.《興墾達爾哈家譜》滿洲原名為 *Singken darhan sirge minggatu cirhan
　mergen jukungge*，資料藏在日本東洋文庫，聯合報文化基金會國學文
　獻館有微捲底片，可參考。

7.《他塔喇氏家譜・序例篇》（聯合報文化基金會國學文獻館藏本）。

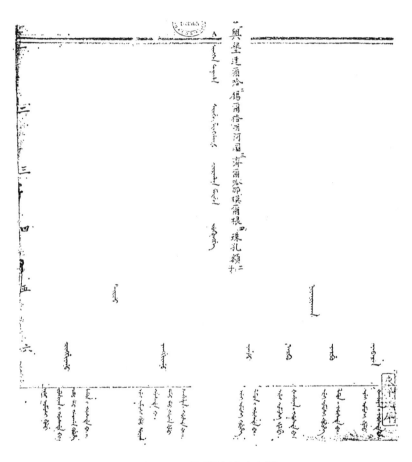

附圖六　興墾達爾哈家譜

他塔喇氏家譜原序

譜成緬懷先德我族本瓦爾喀部安楚拉庫內河人

太祖朝隨穆達羅七來歸後之人其知所自焉可

皇清嘉慶十有五年庚午正月初六日長支七世勝柱謹序

（以下滿文）

㈡純用漢文寫製的滿洲族譜

1.《齊氏族譜》：

又稱《喜塔喇氏族譜》，一冊，初修於順治三年（1646 年），是當時居住在京城裡的齊家修的。康熙十七年（1678 年）由後人抄寫一份，帶到遼陽附近的岫岩。住在岫岩的齊氏族人在乾隆十一年（1746 年）又去京師重抄一份，據說是便鄉試之用。內容簡略。 **8**

2.《鑲黃旗紐祜祿氏弘毅公家譜》：

又稱《鑲黃旗紐祜祿氏弘毅公勳蹟家譜》，清嘉慶年間修，十五冊，有序、凡例、譜引、弘毅公家傳、世系等等的部分。從書中用語與體例來看，這是一部水準以上的族譜，也是極為符合漢人義例的族譜。 **9**

3.《汪氏族譜》：

又稱《完顏氏族譜》，清嘉慶七年（1802 年），由六世孫七成額與永升額等修製的，民國三十一年（1942 年）十世孫汪逢業等再修。書中談到他們祖先發展與遷徙的經過，也敘述祭田有關的情形，而修譜費用實際上就是由祭田餘款中取得的。 **10**

4.《洪氏族譜》：

道光十七年（1837 年）修，前有〈舒通安序〉，記述洪氏的祖籍、旗屬、姓氏由來、旗遷經過、族居、族中名人以及墾拓事業。另有坟山祭田等條規，族人排行用字等紀錄。 **11**

8.《滿族在岫岩》，頁 65。

9. 嘉慶二年（1797 年）修《鑲黃旗紐祜祿氏弘毅公家譜》（聯合報文化基金會國學文獻館藏本），卷首。

10.《滿族在岫岩》，頁 64。

5.《正紅旗滿洲哈達瓜爾佳氏家譜》：

道光二十九年（1849 年），恩齡編，八冊，也算是頗具規模的家譜。書中有序、凡例、譜原、譜彙、譜圖等部分。**12**

6.《滿洲三甲喇佐領下薩克達家譜》：

同治七年（1868 年）寫本，薩克達誠存書，一冊。譜內記世系、略傳，有關女子記事似較他書為多。**13**

7.《白氏族譜》：

光緒八年（1882 年）白景亮、白瑜瑞等修，民國十一年（1922年）白瑜瑞續修（瑜瑞係十一世裔孫），封面寫「凌雲堂白氏事業錄」，譜內較特別處為「祭祖上規矩」、「祭田沿革」等，另有十二世至三十一世排行用字。**14**

8.《曹氏族譜》：

又稱《索綽羅氏族譜》，光緒十六年（1890 年）初修，民國十八年（1929 年）續修，印刷本。譜中有「安放祖先方位章程」及「祭祀應用器具」兩項較為特別。**15**

9.《楊氏族譜》：

又稱《易穆查氏族譜》，光緒二十四年（1898 年）立譜，三十二開手抄本，內記世系、各房人事。修纂人特別指出「考其實，錄其事，以敘成書」，可見此書修者態度比較嚴謹。**16**

11.《滿族在岫岩》，頁 67。

12.請參看聯合報文化基金會國學文獻館微捲資料。

13.此譜內容特重婦女記事，與一般滿漢族譜均有不同，聯合報文化基金會國學文獻館藏有微捲資料，請參考。

14.《滿族在岫岩》，頁 68–69。

15.《滿族在岫岩》，頁 68。

10.《新修富察氏支譜》：

光緒三十三年（1907 年）富察札勒哈哩修，此支富察族人當時駐防江陵，全譜五卷四冊，數量不算多，但譜中有序、例、排行、世系、祠堂圖、墓圖、祭田、第宅圖、傳、奏議及荊州駐防志等，內容堪稱豐富。[17]

11.《馬佳氏族譜》：

民國十六年（1927 年）吉林滿胞馬延喜等三修，五冊，內有趙爾巽、袁金鎧等人序文五篇，另有傳略、圖像、宗祠、碑文等部分，人物傳記事頗詳。[18]

12.《馬佳氏族譜》：

民國二十五年（1936 年）馬廣棻修，一冊。內有凡例、世系、行輩用字、序文等部分。[19]

此外，還有很多的滿洲譜，在編製動機與內容方面，都與以上所舉的有些不同，它們只是簡略的譜表，是為承襲官爵地位而用的，都是官方的資料，數量是相當多的。在介紹這些譜表之前，我們應該先了解一下清代旗員的賞卹制度。《大清會典》中記：

> 賞卹陣亡官員：順治年間定，八旗陣亡各官，應得贈蔭，由部開列官階，移咨吏部，按品贈爵予蔭。……[20]

16.《滿族在岫岩》，頁 66。

17.請參看聯合報文化基金會國學文獻館微捲資料，編號 1087889 號。

18.請參看聯合報文化基金會國學文獻館微捲資料，編號 1129092A 號。

19.請參看聯合報文化基金會國學文獻館微捲資料，編號 1087092B 號。

20.《大清會典事例·卷 640·兵部·卹賞》（臺北中文書局重印本），頁 1。

乾隆四十九年（1784 年），高宗上諭：

> 向來旗員效力行間，懋著勞績，及臨陣捐軀者，其子孫俱應
> 得世職。……**㉑**

可見八旗屬人如有臨陣死亡的，子孫都有得贈世職的賞卹制度。
至於賞卹贈爵標準，也是有規定的：

> 道光二年（1822 年）奏定：陣亡贈爵，統兵參贊都統，授騎
> 都尉兼一雲騎尉；前鋒統領、護軍統領、副都統，授騎都
> 尉；營總參領以下，前鋒校、護軍校及有頂戴官員以上，授
> 雲騎尉，令其子孫承襲。襲次完時，給予恩騎尉世職罔替。
> ……**㉒**

因此，當旗下屬人獲贈卹爵時，家族父子兄弟關係的譜系圖就
須編製呈官核驗了。以下的這一幅譜系圖是一個名叫那穆善的
旗下人，他原任圓明園護軍校，後來在山東等地作戰陣亡，兵
部議定他賞襲兩次雲騎尉，他本人開始「立官」，他有兒子四
人：祥奎、英奎、恩奎與榮奎，經揀定由長子祥奎襲爵。（請見
附圖八）

　　以上是父子相傳的例子。**㉓** 也有當事人陣亡之後，因無嫡

---

21. 《大清會典事例‧卷 640‧兵部‧卹賞》，頁 9 下。
22. 《大清會典事例‧卷 640‧兵部‧卹賞》，頁 24 上。
23. 旗人臨陣殉職後，照例卹賞時須由當事人長官報兵部，然後經核驗無
　　誤再上奏章附譜表呈皇帝賜賞，所以清代官方留下了這一類《世襲武
　　職摺譜》很多，此處所引係日本東洋文庫所藏，聯合報文化基金會國
　　學文獻館亦有微捲資料。

子或無嗣，由過繼子襲爵的。如滿洲正紅旗七品頂戴尚玉在湖北岳家口作戰殉難，荊州將軍巴揚阿便向管理正紅旗的都統和碩豫親王義道報告，後來由部議給二次雲騎尉。但是尚玉沒有子嗣，而過繼了他胞兄喜玉的次子成斌為嗣。正紅旗的管理都統認為合於規定，經過王大臣等驗證無誤，因而繕寫了一份奏摺向皇帝報告此事，並附呈了如下的一份譜圖。[24]（請見附圖九）

此外，還有一些滿洲旗下人陣亡以後，因無子嗣，按條例也可以由親兄弟承襲的。如同治初年，滿洲正黃旗文生員馬甲陞慶，因江南省城失陷，打仗陣亡，結果由胞弟鍾慶承襲了。[25]又如黑龍江軍功六品頂戴馬甲蘇崇，也是由親弟勝珠爾襲爵的，而勝珠爾因「尚未出痘，未經保送」，這又說明了承襲者本人的健康也被視為條件的。[26]（請見附圖十）

另外還有一種滿洲族譜資料，內容雖然簡單，但數量卻是很多的，而且滿漢兩種文字的都有，也是為承襲卹爵而留下的資料。（請見附圖十一、十二）

從以上介紹的滿洲族譜，不論是官方的史料，或是家族的記事；不論是為勵族治而修的，或是為賞卹而備用的，我們可以看出，滿洲族譜的數量是豐多的，文字是兼有滿漢文的，就我國族譜學與族譜發展史而言，確是我們應該立專章記述的大事之一。

24.《世襲武職摺譜》中另有管理正紅旗滿洲都統和碩豫親王義道等人的奏摺二通，詳述尚玉卹賞事由，因文長不贅錄。

25.《世襲武職摺譜》。

26.《世襲武職摺譜》。

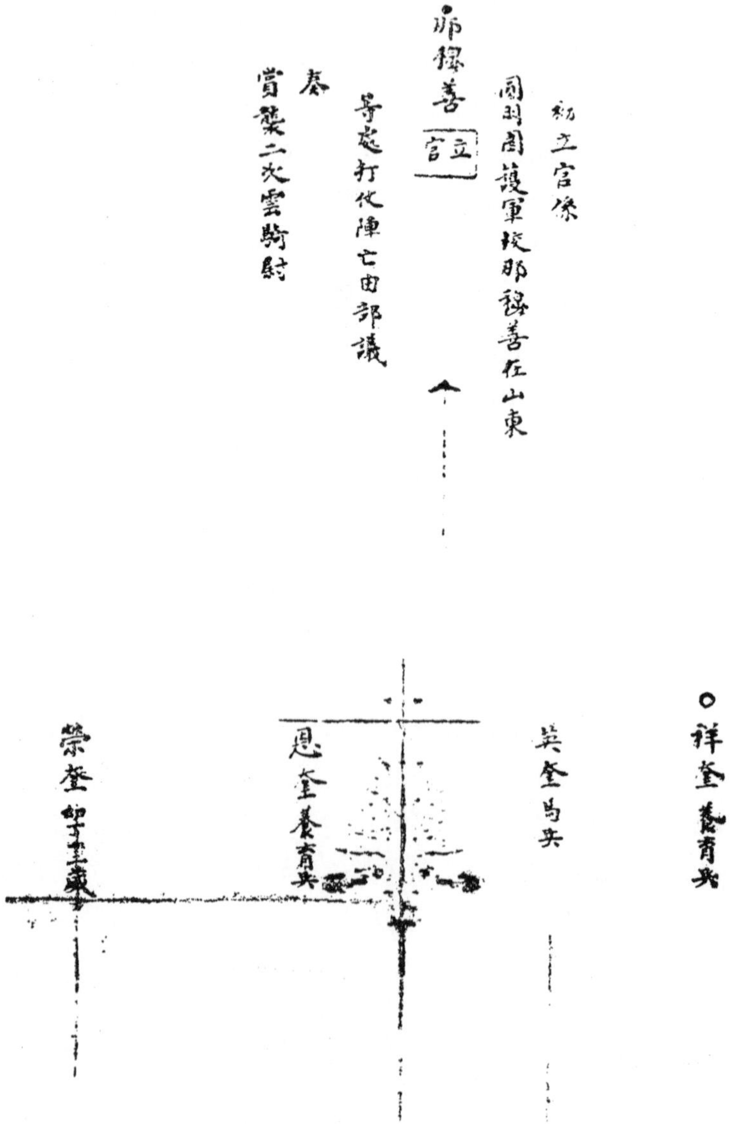

勅立官像

同羽周護軍故那穆善在山東

那穆善 官

尋起打化陣亡由部議

叁

賞襲二次雲騎尉

榮奎 卯十二歲

恩奎 養育兵

英奎 馬兵

○ 祥奎 養育兵

附圖八　那穆善家譜系圖

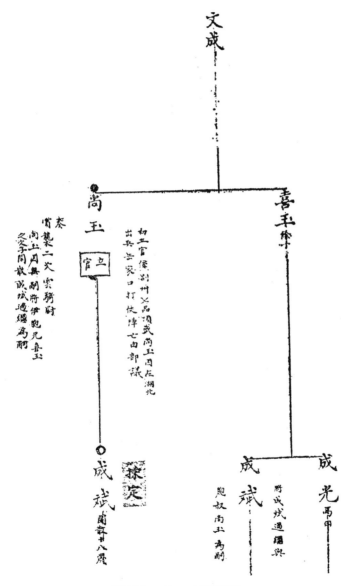

附圖九　尚玉家譜系圖

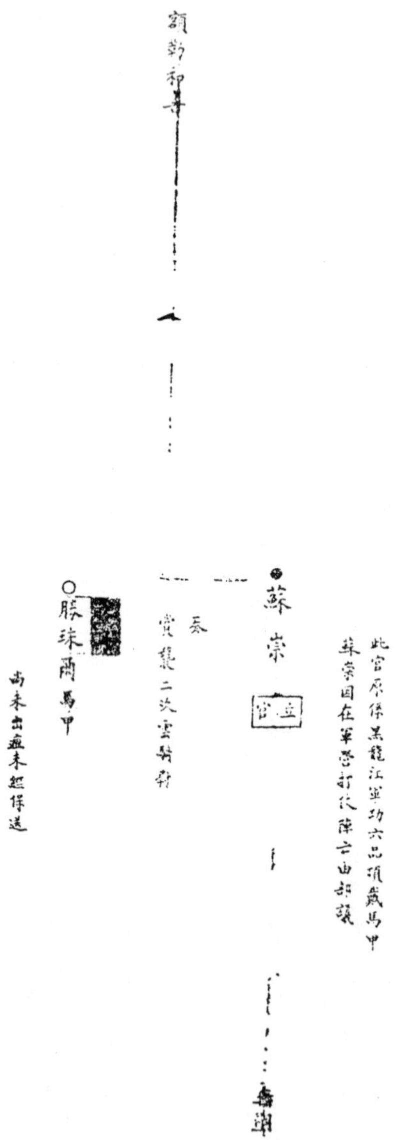

附圖十　馬甲蘇崇家譜系圖

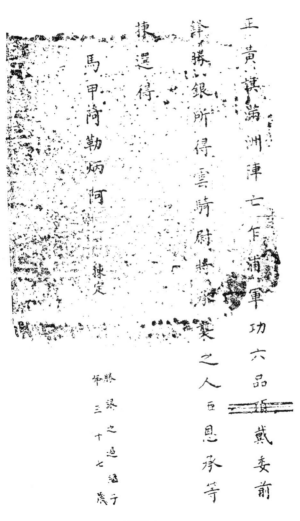

正黃旗滿洲渾七作蒲軍功六品珺

詳揀選銀所得雲騎尉將承襲之人臣恩承等

揀選得

馬甲阿勒炳阿揀定

戴委前

臣恩承等

勝繰之處遵行

年三十七歲

附圖十一

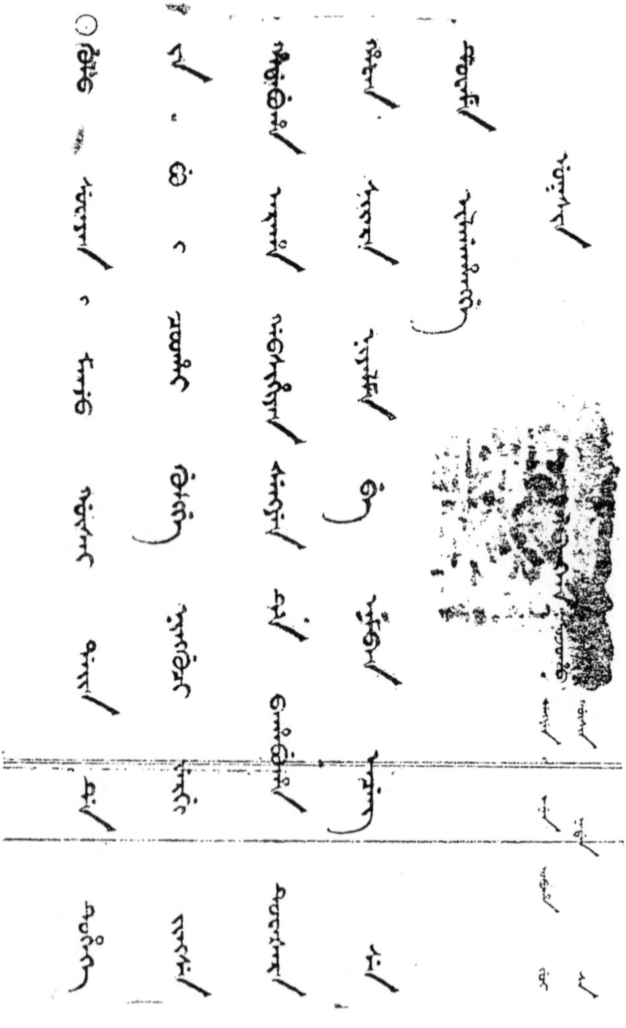

附圖十二

四、滿洲族譜漢化舉隅

　　滿洲族譜雖然在文字上有以滿洲文寫製的，在內容方面也可以看到一些滿洲傳統的文化，但是大體言之，它們受漢人譜學與譜書的影響仍是非常大的。現在就以下列數事作一簡略說明。

(一)

　　漢人族譜卷首，常有譜序，用來說明修譜緣由等事。有的序是修譜人家子孫寫的，有的序則是約請名家撰述以增光寵的。不少舊家族譜中序言因歷代纂修而有多達十數篇的，從這些序文之中我們可以了解修譜人家的源流遷徙與家世，以及修纂譜書的時代背景。滿洲族譜也多列譜序於卷首，而且多用漢人譜家術語。例如：

1. 《他塔喇氏家譜》中計有黑龍江將軍程德全等所作序文十一篇，大多談些「睦族之道，必先修譜以聯之」或是「譜牒者，所以明本源保宗族」一類的事，[27] 充分顯示了漢化的實況。

2. 《鑲黃旗紐祜祿氏弘毅公家譜》序文中則開宗明義的說到「夫國有史、邑有乘而家有譜，所以紹述前麻、昭明世系，用以備考證而廣流傳也」[28]。

3. 《正紅旗滿洲哈達瓜爾佳氏家譜》的譜序是他們一族六世孫恩齡所作，他也強調：「《禮‧大傳》曰，尊祖故敬宗，敬宗故收族。昔范文正公云：吾族人雖有親疏，自吾祖宗視之，則均是子孫，固無親疏。嗟乎！萬物本乎天，人本乎祖。木

27.《他塔喇氏家譜‧序例篇》，程德全、周樹模等人序文。

28.《鑲黃旗紐祜祿氏弘毅公家譜‧卷首‧勳績上‧序言》。

有根而枝附焉，水有源而流出焉。譜也者，藉以萃人情之渙而聯合族之和氣也。」 [29]

4. 《新修富察氏支譜》的序文也首先提出「譜猶史也，所以推本所自出，而維繫宗族人心於不敝者也」的修譜目的。 [30]

5. 《馬佳氏族譜》卷首則有趙爾巽、袁金鎧以及馬佳氏裔孫馬延喜、馬佳績、馬世杰等人的譜序五篇，除敘述修譜緣由外，馬佳績特別說到：「方今世風遞降，宗法陵夷，族系不詳，曷資敦睦？凡我馬佳子孫，恭覽是譜，愴懷祖懷，克迪前光，於以敘彝倫，縣延似續，胥有賴焉！豈非吾宗族之厚幸也！」 [31]

以上這些文字，不但使我們了解滿洲族譜中的序文是仿照漢人譜書體式而作的，同時他們修譜是有著「收族敬宗」與「篤念宗支、追懷先德」等等的動機，尤足以表示有清一代滿洲人在譜學譜書方面是深受儒家思想影響的。

(二)

明清以來，大陸人家的譜書常有「凡例」一章，是修譜人家所訂的修譜規則，這些譜例可以讓我們明瞭譜學在各個時代發展與變遷的情形。好的與篇幅多的滿洲族譜也不例外，都有「凡例」，而且我們也可以從中看出滿洲人家在譜學上與其他文化上漢化的情形。例如：

1. 《鑲黃旗紐祜祿氏弘毅公家譜》上卷有家譜凡例二十四條，其中有部分是值得一讀的，如：「子弟有名同長上者，修譜時

---

29. 《正紅旗滿洲哈達瓜爾佳氏家譜・卷首・恩齡序》，頁 3 上。

30. 《新修富察氏支譜》，卷首。

31. 《馬佳氏族譜》（1927 年），卷首。

即將卑幼之名另易」、「生卒年下俱注寫干支」，以及「祔葬於
塋內者，俱寫明葬於某墓之昭穆；葬於塋外者，俱寫明葬於
某塋之某方」。**㉜**

2.《新修富察氏支譜》也有凡例十四則，第三條是：「書法今定
以名為綱，用大字書，下注本人字號、功名、生卒及葬所畢，
妻室另行，亦大字平書，下注明某某處人，某人女，次書生
卒，與其夫合葬否亦載明。側室則另行低半格書，子女幾人，
即於其母名下注明，其再娶側室有出者，各於名下注明。女
適某或待字亦標出。如此條分縷晰，庶可一覽了然。」第四
條記：「譜中人名已往者統稱公，如現在則直書其名。」第五
條則說：「夫婦為萬化之始，名分宜嚴。凡元配曰娶某氏；未
娶而夭別娶者曰聘某氏；娶某氏續配曰繼娶某氏；有三四娶
者俱依次直書；若已娶正室而又置小星及收媵從者，皆書側
室。」其他有關過繼、祖塋、祠堂等等也都在凡例中有所規
定。**㉝**

以上所引只是滿洲族譜凡例的極小部分，然而從長幼尊卑
觀念、祔葬塋地規定、譜內記事書法、稱公稱名有別以及妻妾
娶聘用詞等等來看，滿洲人在這方面接受漢人傳統是不言可
知了。

(三)

世系圖是描繪一個家族成員之間關係的，可以說是譜書中
最重要的部分。滿洲族譜也具備這一內容，並且各家所採用的
形式全都是仿照漢人譜書的。如有些人家用歐陽修所創的譜圖，

32.《鑲黃旗紐祜祿氏弘毅公家譜・卷首・勳績上・家譜凡例》。
33.《新修富察氏支譜・卷1・凡例》。

「有經有緯，經則上下五格，祖父子孫曾一線直接；緯則左右同行，挨行平列，兄弟從堂，一類橫推。經之緯之，而九族以辨，五服以明」**34**，《新修富察氏支譜》就是屬於這一種。

《他塔喇氏家譜》則強調：「遷固創侯表，蓋仿古旁行斜上例。今表列五格，格書一世，服窮五世之意也。上下列父子，橫列兄弟，長幼有序之經也。……宗法昭焉。」**35** 可見也是主張歐陽譜式的。現在把各家的世系圖各摘抄一頁如下，以助說明。（請見附圖十三至十七）

以上歐陽式、牒記式、寶塔式等的世系圖，都是宋明以下漢人族譜中常用的，尤其歐陽式與牒記式更是明清譜書中世系的主要體式，滿洲族譜也採用了這些圖式，可見其漢化之一斑。

(四)

族譜是家族的歷史紀錄，對於家族生長終老的故居、先人安息的墓地、供奉祖先的祠堂，以及族人共置的祠產等等，當然不能不記，因此漢人族譜中多有宅里村莊圖、墓冢圖、祠堂圖、義田義莊圖、庭院居室圖等，滿洲族譜也不讓漢人譜書專美於前，如《他塔喇氏家譜》有〈祠宇篇〉與〈墓圖篇〉，詳繪祖先墓地方位與族產。《新修富察氏支譜》則有第宅、祠堂、墓地、試館等圖，可謂極盡精美之能事，也是漢化的明證。

(五)

漢族人家為了辨明父子祖孫關係，常有預定行輩用字，作為後世子孫命名的依據，這是我國特有的文化之一。在族譜中經常可見以每句四字、五字、七字不等的吉語作為一個家族後

34.《新修富察氏支譜・卷1・凡例》，第一條。
35.《他塔喇氏家譜・卷首・序例・譜列表》。

一世	二世	三世	四世	五世
岱清公 遠蘇蘇始結赫圖阿拉地人先世從‧能入關後隸荊州駐防生卒姚氏均無考葬荊州西門外龍山寺東南方丁山癸向	佈舒庫公 生卒姚氏均無考葬荊州西門外龍山寺東南方丁山癸向	富台公 生卒姚氏均無名各葬荊州西門外龍山寺東南方上首一座墓乾辰戍	福昌泰公 滿授振威將軍生卒無考葬荊州西門外西南湖觀音巷西南方中一座卯山酉向乙辛	豐阿拉公 滿授振威將軍里光祿大夫生卒無考葬荊州南門外何家土地南首中一座癸山丁向
			娶明阿忒氏 滿封一品夫人生卒無考葬荊州西門外龍山寺東南方下首一座墓乾辰戍生方向	娶巴里齊烏克氏 滿封一品夫人生卒無考享年九十六荊州南門外何室土地南呂右一座子山午向生子穎勒精穎
			繼娶鄂爾羅斯氏 滿封一品夫人生卒無考葬荊州南門外西南湖觀音巷西南方卯山西向兼乙辛又祖坟一座係林氏穎公卯山酉向兼乙辛	

附圖十三　歐陽式世系圖（《新修富察氏支譜》）

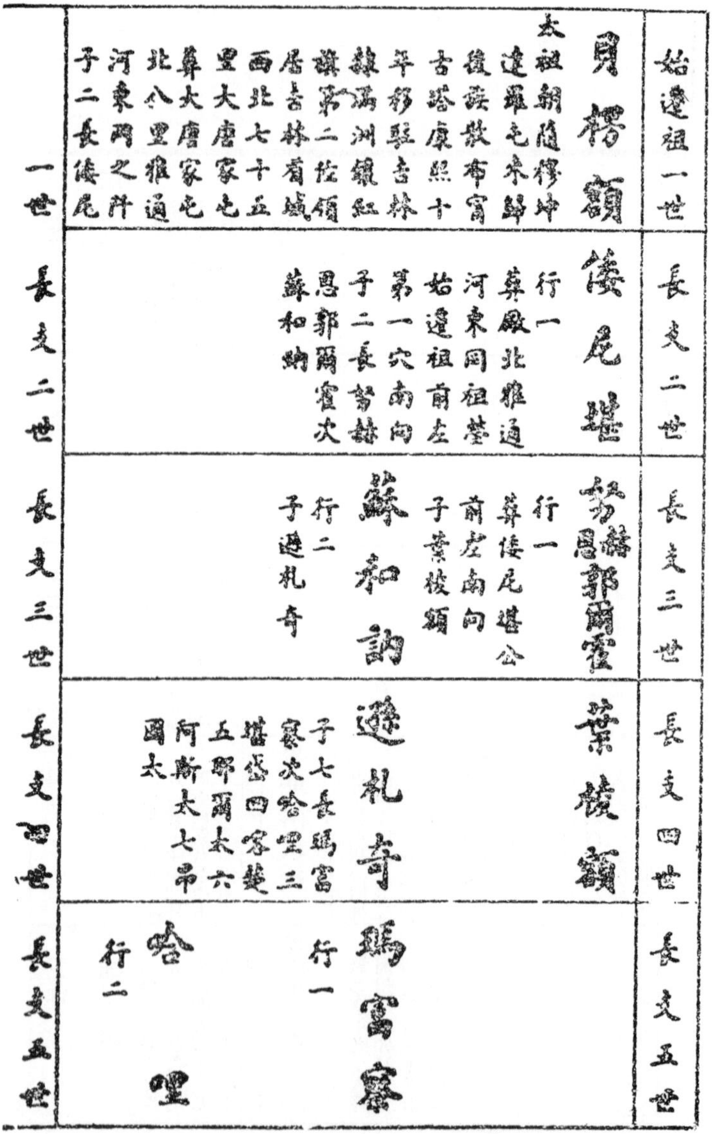

始遷祖一世	長支二世	長支三世	長支四世	長支五世
冑樗頜	倭尼韃	努爾郭爾霞 / 蘇和訥	葉楼頜 / 遜礼奇	瑪富寨 / 哈哩
太祖朝隨穆坤達羅屯來歸後隨故布齊古塔康熙十年移駐吉林第一穴南向轄渦洲鑲紅旗第二佐領轄吉林有歲蘇和蚋居大唐家屯西北七十五里大唐屯北舁大唐家屯北八里雅通河東岡之阡子二長倭尼	行一葬殿北雅通河東岡祖塋前左南向子葉楼頜恩郭爾霞次蘇和蚋	行一葬倭尼達公前左南向子葉楼頜 行二子遜礼奇	子七長瑪富寨次哈哩三墔愍四家雙五郎爾太六阿斯太七吊國太	行一 行二

一世	長支二世	長支三世	長支四世	長支五世

附圖十四　歐陽式世系圖（《他塔喇氏家譜》）

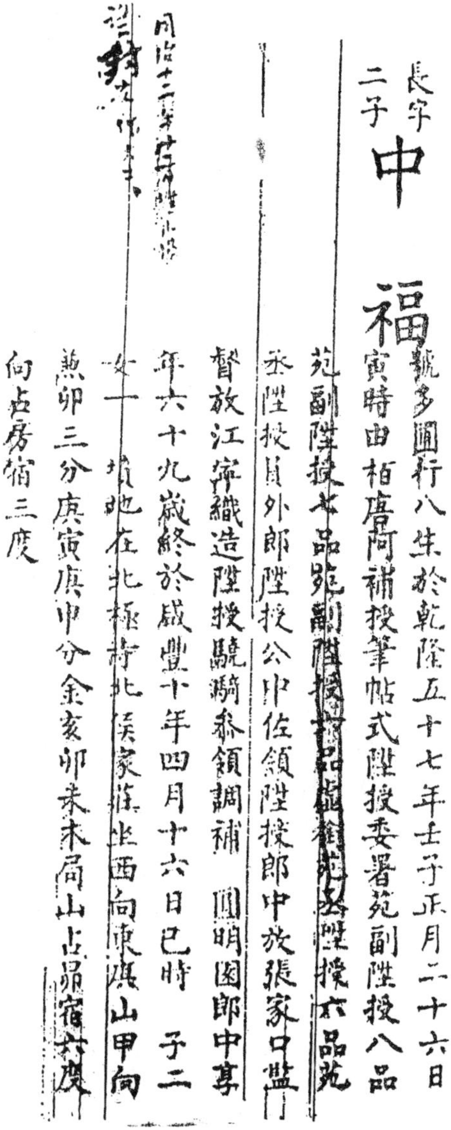

長字二子　中福

號多圖行八生於乾隆五十七年壬子正月二十六日
寅時由栢唐阿補授筆帖式陞授委署苑副陞授八品
苑副陞授七品苑副陞授[illegible]陞授六品苑
丞陞授員外郎陞授公中佐領陞授郎中放張家口監
督放江寧織造陞授驍騎參領調補　圓明園郎中享
年六十九歲終於咸豐十年四月十六日巳時　子二
女一　墳地在北極寺北　侯家莊北西向東偏山甲向
兼卯三分庚寅庚申分金亥卯未木局山占昴宿六度
向占房宿三度

附圖十五　牒記式世系圖（《滿洲三甲喇佐領下薩克達家譜》）

九世

三房 富喀

系東三公第三子襲世管佐領兵部郎中護軍參領因効力年久以績授為騎都尉兩遇恩詔加一雲騎尉加至二等輕車都尉管理上駟院大臣看佛色布勒阿敦散秩大臣誥授武功將軍

愛新覺羅氏 誥封夫人

生三子　長 傳爾護
次 珠爾護
三 馬克圖

附圖十六　牒記式世系圖（《馬佳氏族譜》）

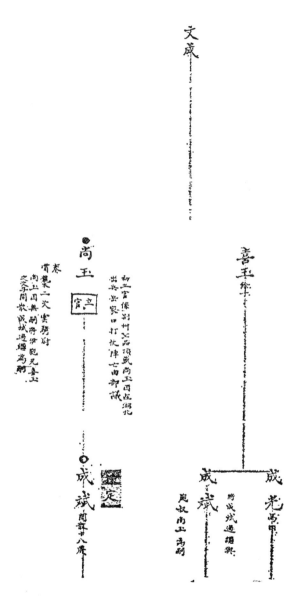

附圖十七　寶塔式世系圖

代的人名用字，以便若干年後子孫繁衍，散處各方時，大家仍能從輩分用字上分別長幼世次。滿洲人在這方面也沾染了漢俗，如《馬佳氏族譜》定「紀世字」為：

> 天經國緯　祖德宗功　嘉猷懋績　宣勤效忠
> 鈞衡鼎笏　代有傳人　顯揚蕃衍　承澤存仁

文後並且另加小注說：「以上三十二字自二十世起，凡我苗裔一代用一字以紀事，男女一致遵守排用，……不得任意更改，以免混亂。」[36]

其他如《新修富察氏支譜》卷 2 專論「排行」。東北滿胞洪錫英於同治年間修《洪氏族譜》時也擬定了自六世到二十五世的排行用字。[37] 滿洲人本來命名是沒有排行別長幼的，早期的漢字人名都是由滿洲人名音譯而來，康熙時皇室中才講究子孫的輩分用字以及名字的偏旁，以明宗支世次，以別關係的親疏。其後旗下屬人也紛紛仿效，輩分用字的入譜，當然是意料中事了。

(六)

我國家訓之學，由來久遠，降至明代，由於族譜重修齊治平之道，家訓也就廁入譜牒之中了。族譜家訓具有勵族治、正人倫、美風俗等的功能，近代漢人族譜中都常有家訓的製作。滿洲人所修族譜，隨著漢化的加深，而專闢了家訓一章的也為數不少。如《白氏族譜》說：

36.《馬佳氏族譜・卷首・擬訂紀世字》（1936 年）。

37.《滿族在岫岩》，頁 68。

按早日晚定鐘點、會長幼、講道德、說仁義、釋四書五經之
經意，選諸家家語家訓并《孝經》、《烈女傳》等，使一家男
女長幼，耳濡目染，因成風俗。[38]

又如《曹氏族譜》中也有家訓，對妻、兄、弟、子、媳、士、
農、工、商、親戚、朋友、富者、貧者等，都作了詳細的言行
約束。[39] 還有黑龍江省三家屯的《唐氏家訓》則重家法制裁，[40]
雖與曹氏譜的正面教育稍有方法上的不同，但是相同的基礎則
是儒家的倫理。由此可見清代滿洲人確實是被漢化了。

　　此外滿洲族譜中也重視「姓族源流」與「恩榮紀錄」等事，
行文時常用漢人族譜術語，考姓源的也有主張「不敢妄斷」的，
在先世無法追憶的情形下，他們都贊同「斷自可見之世」的主
張，這一切也都是滿洲族譜漢化的有力旁證。

五、滿洲族譜中所見的滿洲傳統文化

　　滿洲人家的族譜，雖然可以說是受漢人文化影響很深而成
書的，但是滿族的傳統文化在若干族譜中仍然是隱約可見的，
與漢俗頗有不同，也因而形成了滿洲族譜的一項特色。現在舉
其大者，略述如後。

(一)

　　滿洲族譜除了全以滿文寫製的以外，也有滿漢合璧成書的，
而在眾多的滿文族譜中，常見有書中夾用滿洲名詞的現象。如

38.《滿族在岫岩》，頁 57。
39.《滿族在岫岩》，頁 58。
40.《滿族在岫岩》，頁 59。

姓氏一項，雖然清代不少滿胞所修的譜書多以漢姓為稱，如薩嘛喇氏譜稱《蔡氏族譜》、完顏氏譜稱《汪氏族譜》、喜塔喇氏譜稱《齊氏族譜》、易穆查氏譜稱《楊氏族譜》、那他拉氏譜稱《白氏族譜》、伊爾根覺羅氏譜稱《趙氏族譜》、他塔喇氏譜稱《唐氏族譜》、瓜爾佳氏譜稱《關氏族譜》、索綽羅氏譜稱《曹氏族譜》以及赫舍里氏譜稱《赫（一作何）氏族譜》等等。然而到清末也有不少族譜以滿洲姓氏冠於其上的，像同治七年修的《滿洲三甲喇佐領下薩克達家譜》、光緒二十三年修的《他塔喇氏家譜》、光緒三十三年的《新修富察氏支譜》等等。至於滿胞在當時強調滿洲姓氏的原因，大概與漢化過甚及清末局勢有關，宋小濂為《他塔喇氏家譜》作序時說了這樣的一段話：

> ……近自融和滿漢之說起，滿族多仿漢人一字為姓，如瓜爾佳切音為關，他塔拉切音為唐，其他赫舍哩為何，托霍洛為陶之類，不勝枚舉。一字冠首，爭相摹效。余竊意不三五世，關者不知其為瓜爾佳，唐者不知其為他塔拉，以至何者，陶者不知其為赫舍哩，托霍洛也。所謂數典而忘其祖者非耶！豈知滿漢融和之實，固在彼不在此哉！故余謂星階必以保姓為急者，蓋他塔拉氏滿洲名族，即使世變無常，而一姓淵源自不可泯，萬勿泥世俗之見，改而為唐，使他塔拉氏之子孫，十世百世終為他塔拉氏，而不為唐氏，則序斯譜者之意也。[41]

可見保存滿洲姓氏，實為漢化的一種反動。另外還有一些滿洲

41.《他塔喇氏家譜・序例篇》，宋小濂序文。

語常被應用，如「穆昆」或「穆坤」（Mukūn，意為族長）、「穆昆達」（Mukūn da，意為總族長）、「達祖母」（意為大祖母）等等，也足以說明滿洲舊俗在他們族譜中存在的情形。

（二）

　　我國族譜，自魏晉至隋唐，由於有「辨婚姻」的作用與功能，因而婦女在譜書中的地位是很高的，此事從《世說新語》一書中可以窺知梗概。然而降至宋代，因譜家強合譜法於宗法，所以只書婚姻而不書生女等事了。後世雖不論生男生女都記入譜，但也只有簡單的記述而已，僅僅寫記「生女曰某，適某」，或是「生女必書其嫁與何地，何人之子某某」，直到民國以後，由於女子教育程度提高了，對社會的貢獻多了，女權既高，不少譜書中也登載生女於世系，記女子的事蹟等事了。滿洲人家的族譜，對女子的地位，則似乎與漢人族譜所記的內容略有不同，如《滿洲三甲喇佐領下薩克達家譜》內記熙亭長子誠基（號杏樓）其人時，在敘述了誠基的生平之後，便將他的三位妻妾及五個女兒的有關事蹟全都寫記了。

　　有關誠基妻女的傳略記事，有兩件事值得在此作一說明：一、按滿洲舊俗，滿漢不能通婚，然納妾可擇漢人家女子，該份譜傳可為說明。二、誠基生女均不記所出，與漢人譜書頗有不同，也是滿洲族譜的特別之處。

　　又如《馬佳氏族譜》中凡例第十三條作：

> 各世配偶門氏下注明生辰年月日時，所生子女姓名及母家三代官爵姓名，兄弟子姪姓名，本人照相列譜，母家照相附列本人照相之下，齊下邊粘存注明，以資識別。

第十六條又記：

> 出嫁之女照相亦得列譜，注明三代秩爵、夫婿姓名及所生子女姓名，婿與甥照相附列本人照相之下，齊下邊加注粘存。[42]

雖然上引《馬佳氏族譜》是纂修於民國二十五年，但女權之如此受重視應與其傳統習俗有關，當然「辨婚姻」也可能是原因之一。

（三）

　　婚姻習俗，滿漢本有不同，在滿洲族譜中也是可以窺知一二的。如《他塔喇氏家譜》的〈家訓篇〉中，首列「婚姻」一項，並且記：「族人婚姻，由兩姓主持，然仍須通知穆坤，以定可否，不許論財。」又稱：「嫁娶期限，宜確遵婚律，不得過早。」[43] 按滿洲早年婚俗，其決定婚姻之主持人實係一部的首長，或是八旗之旗主乃至各牛条的長官。如清太祖以弟舒爾哈齊之女妻烏拉貝勒布占泰、嫁族女給大臣額亦都為妻，以及配婦女給族中貧苦無妻之人等事，在在可以說明當時實際主持婚姻的人是一部的首長。後來到清太宗之世，也見有上諭命令說：「其小民女子寡婦，須問明該管牛条章京，方准嫁。……其專管牛条與在內牛条，皆同此例。」[44] 上引《他塔喇氏家譜》有「通知穆坤，以定可否」的家訓，相信與此一傳統滿洲文化有關。至於嫁娶的期限，我們在資料也可以查出一個大概，如清

42.《馬佳氏族譜・卷首・凡例》（1936 年）。

43.《他塔喇氏家譜・家訓篇・婚姻》。

44.《大清太宗文皇帝實錄》，卷 23，頁 2。

太祖努爾哈齊納多爾袞生母為妃時，　烏拉納喇氏當時年方十二。[45]又《清太宗實錄稿本》中記：「凡女十二，方准做親。」昭槤也說過：「滿洲氏族，罕有指腹定婚者，皆年及冠、笄，男女家始相聘問。」[46]可見滿洲舊俗，不准童婚，至少以十二歲為限，滿洲族譜中所謂的婚律期限，也許就是指此而言。

(四)

　　祭祀一向是滿族重視的事，他們對祭告天神、先祖，以求賜福或禳災的習俗，可謂歷史久遠了。因而在不少人家的族譜中，都專載祭祀的一章。雖然在若干儀注上已經顯見漢化的痕跡，但是滿洲的原始文化仍然存在其中。現在以《新修富察氏支譜》為例，作一說明：

　　大祭禮節

　　每逢祭祀，選擇吉日，先期在堂前天井添設連二竈一座，上張五色花布篷，並於篷上先蓋蓆篷，不使露天，所有祭器預為運出，用新布洗淨，先辦鹹小菜數盆，為購牲為緊要，毛無雜色，不剪尾，不穿耳，選其肥大養於淨室，以紅硃塗於背頭間，派妥人經管飲食，必潔必淨，所以昭誠敬也。祭日，穿蟒袍繡挂，四更時，主祭者盥手，將黃綾幛懸挂，焚香燭，捧神盒，謹啟主祭者，敬請列祖從左序次入坐。初獻酒七杯。持香赴淨室引牲，迨至堂門外，主祭者行三叩首禮，復位；陪祭以次均復位，執事者引牲至堂中，盆前以白布七尺纏刃宰牲，不使血溢於地云大喜。　主祭以次行初獻

45.《大清太祖武皇帝實錄》，卷末，記多爾袞生母殉葬事條。

46.《滿族在岫岩》，頁85。

禮，三跪九叩首，主祭者赴供案前，初奠酒，陪祭者將酒折入淨壺；復獻酒，主祭者復位，陪祭者以次均復位。俟牲毛去淨，五臟洗潔，剖牲五段（頭段首，二三四五段係由背脊剖成兩塊，再由腰中分為四塊，共成五段），用熱水全浸，將牲品於祭盤分獻五臟。主祭者率眾子孫行亞獻禮，三跪九叩首，主祭者入供案前，復奠酒，陪祭者將酒折入淨壺，三獻酒，執事者撤牲暨五臟，各取上分加米作小肉飯，此飯祗準族人喫，主祭者分獻七碗，率眾子孫行終獻禮；三跪九叩首，主祭者赴供案前，三奠酒，族中婦女行三跪九叩首禮，陪祭者將酒折入淨壺捧盒，主祭者敬請列祖從右序次入位，禮畢。[47]

從以上的記事中，我們不難看出，祭祀時焚香燭、行初獻、亞獻禮以及三跪九叩首等儀注，應是漢化的結果，而以活牲祭祀，並在祭禮舉行中「引牲至堂中，盆前以白布七尺纏刃宰牲，不使血溢於地云大喜」，以及「俟牲毛去淨，五臟洗潔，剖牲五段……用熱水全浸，將牲品於祭盤分獻五臟」、「執事者撤牲暨五臟，各取上分加米作小肉飯，此飯祗準族人喫，主祭者分獻七碗……」等等，則顯然是滿洲舊俗了。這種滿洲舊俗不但存有薩蠻教祭祀的遺風，同時也反映了滿族早年的尚武精神。

此外，在東北現存的《關氏族譜》中有〈祭祀典要〉一節，《白氏族譜》中記載著〈祭祖上規矩〉等，可惜目前我們不能目睹全文，否則對滿洲人的祭祀情形，必會有更多的了解。

以上僅僅是在有限的滿洲族譜資料中，所看到的幾項滿洲特有文化，相信從這些實例中，已經能夠說明滿洲人家直到民

---

47. 《新修富察氏支譜・卷2・附載春秋祭祀禮節及器皿件數》。

國以後仍保存一些傳統舊俗的情形了。

六、結　語

綜合以上所述，我們對滿洲族譜似乎可以得到以下幾點認識了。

一、滿洲人家自清初以來，即有製作族譜的事實，入關以後，由於接觸漢人文化更深，染漢俗日多，族譜的內容豐富了，也愈合乎漢人族譜的義例與體式了，大體上說，滿洲族譜是滿人漢化後的一項文化產物。

二、由於滿洲人有其自創的文字，正如政府修纂的官書與檔冊一樣，滿洲人家族譜也有滿漢不同文字的本子，或是以滿漢文合璧成書的本子，即使是全以漢文寫製的滿洲族譜，也會在譜書的字裡行間，可以看到滿洲的姓氏、人名以及若干專有的名詞，這是滿洲族譜的一項特色。

三、有清一代，滿洲人家所修製的族譜，為數很多，有些是為「收族敬宗」或溯本追源而作的，有些則是備賞卹參考而修的，兩者在製作的緣由上雖有不同，內容上也有繁簡之別，但都是滿洲族人家庭的歷史紀錄，是我們研究滿洲文化與歷史的重要資源，這一點應該是毋庸置疑的。同時由於滿洲早期的文化比較落後，記錄他們傳統文化的專書不多，所以這批能夠有助於我們了解滿洲舊俗的族譜資料，更是顯得珍貴了，我們今後應該多加利用、多予研究才是。

四、正如韓、日、琉球、安南等國的譜書譜學是受中國文化影響而興起的情形一樣，滿洲人家修譜也是因漢人文化而啟發的。不過，滿洲族譜的修纂與出版工作卻大盛於清末民初，

而不是康乾的盛世，這是值得我們注意的一個事實。其中原因，可能與清末國勢日衰，民族前途信心日漸喪失有關。尤其是東北地區，歷經八國聯軍、日俄戰爭諸役，地方八旗衙門檔冊燬失嚴重，滿胞因民族意識與民族感情的因素，開始更重視家族史事的整理與流傳工作，大量族譜也因而成書問世了。

　　總之，滿洲族譜有其獨特的內容與修製的特殊背景，是研究滿洲文化的資料寶庫，我們今後應該對其加強收集、整理與研究的工作才對。

略論清代蒙古的族譜 ¹

十一

一、小　引

　　蒙古人以族譜來記載他們家族宗支世系的人事資料，可謂由來已久了。所以在談論清代蒙古族譜之前，我認為有了解一下早期蒙古族人譜牒的必要。

　　早期的蒙古人是重視血緣關係的，為了維持一個血系的完整，分辨血系的異同，氏族血統的不可混淆被視為重大之事，因此外婚制在早年蒙古部族中是普遍流行，而且嚴格遵守。基於此一歷史傳統，蒙古人對祖先繁衍傳承，各族間都有清楚的紀錄，即使在文字未發明之先，也以口傳的方法，代代轉述下來，使之流傳不絕。這種家族資料，實際上就是族譜。

二、早期蒙古族譜述略

　　以口述流傳下來的早期蒙古族譜，在《蒙古祕史》一書中就可以看到。如該書卷首說：

> 成吉思汗的先世，是奉上天之命而生的字兒帖·赤那。他的妻子是豁埃·馬闌勒。（他們）渡海而來，在斡難河源頭的不

1.原文發表於蒙藏學術研究研討會（1985，臺北）。

崛罕山前住下，生了巴塔‧赤罕。巴塔‧赤罕之子塔馬察。塔馬察之子豁里察兒‧篾兒干。阿兀站‧孛羅溫勒之子撒里‧合察兀。撒里‧合察兀之子也客‧你敦。也客‧你敦之子撏鎖赤。撏鎖赤之子合兒出。合兒出之子孛兒只吉歹‧篾兒干，他的妻子是忙豁勒真‧豁阿。孛兒只吉歹‧篾兒干之子脫羅豁勒真‧伯顏，其妻孛羅黑臣‧豁阿。……脫羅豁勒真的兩個兒子是都蛙‧鎖豁兒（和）朵奔‧篾兒干。……都蛙‧鎖豁兒有四個兒子，……他的四個兒子，……遂成為朵兒邊氏族。**2**

上引文中「孛兒帖‧赤那」意為「蒼色的狼」，「豁埃‧馬闌勒」則是「佳麗的鹿」，是說一個狼圖騰的氏族與鹿圖騰的氏族聯婚，也是族外婚制的一項證明。**3**同時在「孛兒只吉歹‧篾兒干」與「脫羅豁勒真‧伯顏」之後又記了他們的妻子「忙豁勒真‧豁阿」與「孛羅黑臣‧豁阿」。「豁阿」是「美女」，「忙豁勒真」與「孛羅黑臣」則是氏族的稱謂，可知早期蒙古是以父系為主，母系為輔的社會，而強調「美女」來自某一氏族，則是重視族外婚的表現。**4**總之，蒙古人有了文字以後，口傳的家族世系都被記錄成文字的譜書了，而這些文字紀錄有助於我

---

2. 札奇斯欽著，《蒙古祕史新譯並注釋》（臺北：聯經出版社，1979），卷 1，頁 3–13。

3. 《蒙古祕史新譯並注釋》，卷 1，頁 4。

4. 《蒙古祕史新譯並注釋》，卷 1，頁 4，注 4。又札奇斯欽著〈蒙古族譜概說〉一文中也強調此義，請見聯合報文化基金會國學文獻館主編，《第三屆亞洲族譜學術研討會議記錄》（臺北：聯經出版社，1987），頁 45–58。

們了解更多早年蒙古的社會制度與家族制度。

　　由於蒙古氏族的世系清楚，漢人史官在修《元史》的時候，對皇家譜牒的修纂十分便易。例如《元史》中的記事就很清楚，如元太祖一系宗室的世系為：

> 烈祖神元皇帝（也速該），五子：長太祖皇帝；次二搠只哈兒王；次三哈赤溫大王；次四鐵木哥斡赤斤，所謂皇太弟國王斡嗔那顏者也；次五別里古台王。……太祖皇帝，六子：長朮赤太子；次二察合台太子；次三太宗皇帝；次四拖雷，即睿宗也；次五兀魯赤，無嗣；次六闊列堅太子。**5**

　　元代覆亡以後，族中變亂頻仍，譜牒資料也受到影響。所幸到十六世紀後期，族人多皈依佛教，生活較前安定，譜系之書也稍稍出現。據目前了解，明末清初以後，蒙古人所著的譜系之書或與世系源流有關的資料，至少有下列數種：

1. 達元・希雅 (Dayon Kiya) 的《阿勒坦汗傳》(Altan Khaghan-u tugh)，成書於 1607～1612 年之間。
2. 薩囊・徹辰 (Saghang Sechen Khong Tayiji) 的 《蒙古源流》 (Khad-un Ündüsün-ü Erdeni-yin tobchi)，這部書原名應譯成《蒙古汗族源流珍寶史綱》。乾隆年間曾奉敕譯成漢文本，但錯誤不少。
3. 羅卜桑・丹津 (Lobsang Danjin) 的《黃金史》(Altan tobchi)，成書於十七世紀中葉，此書有漢譯本，係札奇斯欽先生所譯，臺北聯經公司出版，書名為《蒙古黃金史》。
4. 佚名所撰的《黃冊》(Shira Tughuji)，成書時間約在十七世紀中

---

5. 宋濂等撰，《元史・卷 107・帝室世系表》（臺北鼎文書局重印本），頁 2710、2714。

葉。此書於 1957 年在莫斯科附加俄文譯本出版。

5. 瞻巴 (Byamba Erke Dayiching) 的 《慈佑者史》 (*Asaraghchi neretu-yin teüke*)，成書於 1677 年左右。

6. 喇特納巴札爾的《札雅班智達傳》(*Saran gerel nertü Zaya Pantida-yin namtar*)，成書於 1690 年左右。

7. 貢布札布 (Gombujab) 的《恆河之溪流》(*Ghanggha-yin Ursaghal*)，成書於 1725 年。

8. 達爾瑪 (Shinegetu Gunshi Dharma) 的 《千輪金輻》 (*Altan Kürdün mingghan Kegesütü*)，成書於 1729 年。

9. 羅密 (Lomi) 的《蒙古孛兒只吉惕氏家史》(*Möngghol Borjigid Obagh-un teüke*)，此書有滿漢文譯本，滿洲文本名稱是 *Monggo Borjigit Hadai Giyapu Bithe*，漢文本則作《蒙古世系譜》，成書於 1735 年。

10. 墨爾根格根 (Mergen Gege'en) 的《黃金史綱》(*Altan tobchi*)，此書於 1942 年在張家口，由德王祕書處整理出版。**6**

就蒙古的重要氏族而言，在以上的這些資料中都可以查閱大概了，尤其是部族的起源與首長的世系，記述得都相當詳盡。**7**

---

6. 墨爾根格根是內蒙古烏蘭察布盟烏拉特前旗的轉世喇嘛。

7. 日本學者岡田英弘著，〈蒙古編年史與成吉思汗一系的族譜〉(Mongol Chronicles and Chinggisid Genealogios) 一文中對此類譜系之書，有較詳盡之說明，請參看。岡田氏文請見聯合報文化基金會國學文獻館主編，《第一屆亞洲族譜學術研討會會議記錄》（臺北：聯經出版社，1984）。

三、清代蒙古族譜簡介

　　自從十七世紀中期，滿清代明有國以後，蒙古也被滿洲人征服了，清朝對蒙古的統治政策是分而治之，在原先的游牧封建體制上，又加上了嚴格的限制，後來便形成了盟旗制度。清朝對蒙古等外藩的事務一向十分的關心，在關外的時候便先設立「蒙古衙門」，後來在崇德三年（1638 年），改「蒙古衙門」為「理藩院」，專管外藩事務。[8]順治十八年（1661 年），清朝皇帝又諭令：「理藩院職司外藩王、貝勒、公主等事務，及禮儀、刑名各項，責任重大，凡官制體統，應與六部相同，理藩院尚書照六部尚書入議政之列。」[9]可見清朝對這個機關是極為重視的。

　　理藩院的職掌是「掌外藩之政令，制其爵祿，定其朝會，正其刑罰」[10]。其內部組織有旗籍、王會、典屬、柔遠、徠遠、理刑六個清吏司，及管理行政事務的若干小單位。其中旗籍清吏司掌「內札薩克」（內蒙古科爾沁等部所屬各旗）的疆域、封爵、會盟、軍旅、驛遞等事。內札薩克的封爵則分親王、郡王、貝勒、貝子、鎮國公、輔國公六等，都是「世職」（子孫襲爵）。以下為台吉、塔布囊，又分四等，像似滿官的一品至四品。有封爵的子弟，除襲爵外，一般的也封給爵銜。[11]由於襲爵的需要，內

8.《光緒大清會典事例》，卷 20，頁 11 上。

9.《光緒大清會典事例》，卷 20，頁 11 上。

10.《歷代職官表》，卷 17。

11.《光緒大清會典事例》，卷 973，頁 8 下記：「乾隆十七年（1752 年）

　諭：定例內蒙古親王之子弟年已及歲者，授為一等台吉。郡王、貝勒

札薩克的貴族們必需要編製族譜來證明他們的世系，而理藩院則要求他們每十年修一次族譜。**⑫**

　　理藩院中另一單位典屬清吏司，最初叫柔遠司，後來又一度稱為旗籍司，到乾隆二十九年（1764 年）才正式定名為典屬清吏司，這個單位是掌理「外札薩克」（外蒙古、青海及新疆金山、天山之間各部蒙古）各旗疆域、封爵、會盟、軍旅、驛遞等事務的。外札薩克的封爵，除如內札薩克分王、公等外，另有「汗」王，其實際地位高於親王。他們也都是世職，他們的族譜也正如內札薩克一樣，每十年纂修一次。

　　族譜既是清代內外蒙古貴族們的襲爵證明文件，當然每旗在地方上各有他們的族譜，中央辦理蒙古事務的理藩院中也保存了全蒙古貴族家世的資料。到清朝光緒年間，各旗貴族的世系資料都還完整記錄在理藩院的檔案中，現在且舉出幾個例子，以作說明。

　　烏喇特前翼旗札薩克鎮國公一系的譜牒資料作：

> 順治五年（1648 年），圖巴從子諤班始封今爵，詔世襲罔替。十五年，長子博勒都呼襲。十八年，諤班次子博勒圖襲。康

之子等，授為二等台吉。貝子、公之子弟，授為三等台吉。其襲爵之子，並無區別。今特加恩將襲爵之子，與餘子示以區別，親王之長子，著賞給公品級。郡王、貝勒之長子，授為一等台吉。貝子、公之長子，授為二等台吉。將來各承襲父爵，餘子俟年已及歲，仍授應得品級。……永著為例。」

12. 蒙古貴族襲爵所修家譜，乾隆二年（1737 年）諭旨：「蒙古王等家譜，嗣後五年繕錄進呈。」乾隆十年（1745 年），清高宗又諭：「嗣後著十年具奏一修。」事見《光緒大清會典事例》，卷 973，頁 6–7。

熙七年（1668年），諤班四子阿玉什襲。十一年，長子諾捫襲。二十三年，長子達爾瑪第襲。二十八年，長子達爾瑪什哩襲。雍正三年（1725年），以罪削，令長子達爾瑪吉哩第襲。乾隆十六年（1751年），長子達爾瑪哩第襲。二十九年，長子噶勒桑車淩襲。四十四年，達爾瑪哩第次子噶勒桑羅壘襲。是年，達爾瑪吉哩第四子濟克默特多爾濟襲。五十六年，弟巴圖鄂齊爾襲。道光十四年（1834年），子噶勒當旺楚克多爾濟襲。咸豐四年（1854年），子貢蘇隆札布襲。光緒八年（1882年），孫克什克德勒格爾襲。**13**

又如車臣汗汗部左翼後末旗公品級札薩克一等台吉一族的資料是這樣的：

> 先於康熙五十年（1711年），封札薩克一等台吉車淩達什弟多爾濟達札為札薩克一等台吉。雍正三年（1725年），長子成袞札布襲。乾隆二十一年（1756年），賜公品級。三十六年，長子雲敦齊旺襲。三十九年，長子貢桑班巴爾襲。四十六年，詔世襲罔替。嘉慶二十二年（1817年），子薩滿達巴達喇襲。道光九年（1829年），子瑪哈蘇噶襲。同治五年（1866年），子德勒克依車車克襲。光緒九年（1883年），嗣子多爾濟玉勒吉克多克襲。**14**

他如蘇尼特右翼旗札薩克多羅杜棱郡王一系的承襲情形，理藩院的檔案中也記述得很清楚：

13.《光緒大清會典事例》，卷968，頁11。
14.《光緒大清會典事例》，卷970，頁5-6。

崇德七年（1642年），騰機特族兄叟塞始封今爵，詔世襲罔替。順治四年（1647年），次子沙希岱襲。康熙九年（1670年），長子恭格襲。十二年，長子勞彰襲。十四年，沙希岱次子阿玉什襲。三十二年，長子達爾札布襲。雍正七年（1729年），長子旺青齊蘇嚨襲。乾隆六年（1741年），長子丹津車凌襲。九年，旺青齊蘇嚨次子朗袞車凌襲。十六年，達爾札布三子車凌多爾濟襲。三十四年，長子車凌袞布襲。嘉慶七年（1802年），長子喇特那錫第襲。道光六年（1826年），子布爾呢什哩襲。咸豐五年（1855年），子布達莽噶拉襲。同治二年（1863年），子那木濟勒旺楚克襲。**15**

上引理藩院蘇尼特右翼旗札薩克多羅杜棱郡王家系中的叟塞其人，實係統一蒙古再行封建的達延汗六世孫，達延汗又是成吉思汗的十五世孫，所以這一支蒙古族人是出自黃金血胤的，而前述承襲世系中最後一人，即同治二年襲爵的那木濟勒旺楚克，在他死後，便由他的獨子德穆楚克棟魯普在光緒三十四年（1908年）承襲了。這位德穆楚克棟魯普便是後來大名鼎鼎的德王。由於他是成吉思汗的第三十一世孫，所以他能號召蒙古，風光過一時。

如果我們再查看一下理藩院的檔案，我們很容易看出蒙古諸部的世系源流。在《光緒大清會典事例》中有這樣的記事：

內札薩克四十九旗內，四十五旗為元裔，姓博爾濟吉特。科爾沁、札賚特、杜爾伯特、郭爾羅斯、阿嚕科爾沁、四子部

15.《光緒大清會典事例》，卷968，頁4–5。

落、茂明安、烏喇特八部十六旗，系出元太祖弟哈巴圖哈薩爾。土默特部右翼一旗，系出元太祖十六世孫阿爾坦。敖漢、奈曼、烏珠穆沁、浩齊特、蘇尼特五部八旗，系出元太祖十六世孫圖嚕博羅特。巴林、札魯特二部四旗，系出元太祖十六世孫阿爾楚博羅特。翁牛特部二旗，系出元太祖弟諤楚因。克什克騰部一旗，系出元太祖十六世孫諤齊爾博羅特。喀爾喀左翼右翼二旗，系出元太祖十六世孫格呼森札札賚爾琿台吉。阿巴噶、阿巴哈納爾二部四旗，系出元太祖弟布格博勒格圖。鄂爾多斯七旗，系出元太祖十六世孫巴爾蘇博羅特。喀喇沁三旗及土默特部左翼一旗，為元臣濟拉瑪之後，姓烏梁罕。其土默特左翼閒散多羅貝勒，始封曰巴勒布冰圖，為元太祖裔。歸化城閒散輔國公，始封曰喇嘛札布，為元太祖十六世孫阿爾坦裔。外札薩克各部，喀爾喀四部，與內蒙古喀爾喀部，俱為格呼森札札賚爾琿台吉之後。和碩特，系出元太祖弟哈布圖哈薩爾，十七世孫博貝密爾咱，始稱額魯特汗，其孫曰顧實汗。青海各部落及西套額魯特，皆其後裔。珠勒都斯之和碩特，係顧實汗之兄昆都倫烏巴什裔。科布多之和碩特，世系未詳。杜爾伯特姓綽羅斯，與準噶爾同姓，為元臣孛罕裔。孛罕六世孫額森，其子曰博羅納哈勒，後為杜爾伯特，曰額斯墨特達爾汗諾顏，後為準噶爾。額斯墨特達爾汗諾顏七世孫，號巴圖爾琿台吉，青海綽羅斯部二旗，及附牧三音諾顏部之額魯特二旗，皆其後裔。輝特部姓伊克明安，附牧杜爾伯特之輝特，為元臣札巴甘墨爾根之裔。青海之輝特，系出納木占，附牧札薩克圖汗之輝特，系出羅布藏，其前此世系皆未詳。凡內外札薩克各部落

閒散貝勒貝子公台吉,皆係各本旗札薩克之族,惟附牧察哈爾之和碩特閒散輔國公二人,札薩克銜台吉一人,為顧實汗之裔。附牧呼倫貝爾之額魯特閒散輔國公,始封曰巴桑,姓伊克明安,與輝特同姓而非其族。又札薩克銜台吉一人,始封曰阿卜達什,為巴桑同族,附牧科布多之札哈沁閒散公一人,及唐古特封爵,其世系均未詳。**16**

另外《清史稿》中也根據清國史館的檔冊記載了不少蒙古貴族之家的簡單世系,如科爾沁、札賚特、杜爾伯特、郭爾羅斯、喀喇沁、土默特、敖漢、奈曼、巴林、札嚕特、阿嚕科爾沁、翁牛特、克什克騰、喀爾喀、烏珠穆沁、浩齊特、蘇尼特、阿巴噶、阿巴哈納爾、四子、茂明安、烏喇特、鄂爾多斯、厄魯特、土爾扈特等,現在就抄錄科爾沁部初封札薩克和碩土謝圖親王一系的資料,作為對這類譜系內容的說明:**17**

初　封	奧巴	元太祖弟哈巴圖哈薩爾之裔,天命十一年(1626 年)封土謝圖汗,天聰六年(1632 年)卒
一次襲	巴達禮	奧巴長子,天聰七年(1633 年)授濟農,襲土謝圖汗號。崇德元年(1636 年)封札薩克和碩土謝圖親王,去汗號,詔世襲罔替,康熙十年(1671 年)卒
二次襲	巴雅斯呼朗	巴達禮長子,康熙十一年(1672 年)襲札薩克和碩土謝圖親王,尋卒

16.《光緒大清會典事例》,卷 973,頁 5–6。

17.《清史稿·藩部世表》。

三次襲	阿喇善	巴雅斯呼朗長子，康熙十三年（1674年）襲札薩克和碩土謝圖親王，二十七年（1688年）以惰職削
四次襲	沙　津	巴達禮次子，初封多羅貝勒，……康熙二十七年襲札薩克和碩土謝圖親王，四十一年（1702年）以罪削
五次襲	阿喇善	康熙四十一年仍襲札薩克和碩土謝圖親王，五十年（1711年）卒
六次襲	鄂勒齊圖	阿喇善長子，康熙五十年襲札薩克和碩土謝圖親王，五十九年（1720年）卒
七次襲	阿喇布坦	鄂勒齊圖長子，康熙五十九年襲札薩克和碩土謝圖親王，乾隆二十四年（1759年）卒
八次襲	垂札布	阿喇布坦長子，乾隆二十四年襲札薩克和碩土謝圖親王，三十二年（1767年）卒
九次襲	納　旺	垂札布長子，乾隆三十二年襲札薩克和碩土謝圖親王，尋卒
十次襲	喇什納木札勒	垂札布次子，乾隆三十二年襲札薩克和碩土謝圖親王，四十七年（1782年）卒
十一次襲	諾爾布璘沁	喇什納木札勒長子，乾隆四十七年襲札薩克和碩土謝圖親王，道光二十年（1840年）卒
十二次襲	色登端魯布	諾爾布璘沁子，道光二十年襲
十三次襲	巴寶多爾濟	色登端魯布子，咸豐六年（1856年）襲，光緒十六年（1890年）卒
十四次襲	色旺諾爾布桑寶	巴寶多爾濟子，光緒十六年襲，二十七年（1901年）遇害

| 十五次襲 | 業喜海順 | 色旺諾爾布桑寶嗣子，光緒二十八年（1902 年）襲 |

以上是清代蒙古族人因襲封而編製的譜系資料，為數相當的多，是我們研究當年蒙古貴族的好依據。還有清代有功勳的蒙古人，他們不一定是貴族，但他們也留下了一些家族資料，特別是一些在旗的蒙古人。在介紹這一部分譜系之前，我們應該先了解一下有清一代旗員的賞卹制度，《大清會典》中記：

> 賞卹陣亡官員：順治年間定，八旗陣亡各官，應得贈蔭，由部開列官階，移咨吏部，按品贈爵予蔭。……[18]

據此可知，清代入關以後，為獎勵軍功，訂定了賞卹辦法，規定旗人官員陣亡的可以得贈蔭的賞卹。蒙古八旗的官員當然也不例外。

乾隆四十九年（1784 年），清高宗在一件上諭中又提到：

> 向來旗員效力行間，懋著勞績，及臨陣捐軀者，其子孫俱應得世職。[19]

可見八旗屬人中如有臨陣死亡的，他們的子孫都有得贈世職的規定。至於賞卹贈爵的標準，道光年間的情形是這樣的：

> 道光二年（1822 年）奏定，陣亡贈爵，統兵參贊都統，授騎都尉兼一等雲騎尉。前鋒統領、護軍統領、副都統，授騎都尉。營總參領以下，前鋒校、護軍校及有頂戴官員以上，授

---

18. 《光緒大清會典事例》，卷 640，頁 1。
19. 《光緒大清會典事例》，卷 640，頁 9 下。

雲騎尉。令其子孫承襲，襲次完時，給予恩騎尉世職罔替。
……[20]

這種賞卹的制度一直到清朝末年仍然實行著，現在且引證一件
奏摺，以為說明：

> 鑲白旗蒙古都統臣崇禮等謹奏。為承襲雲騎尉事准兵部咨，
> 熱河都統色楞額咨稱：熱河圍場駐防鑲白旗蒙古雲騎尉莫爾
> 根，現在出缺。查莫爾根之襲官，敕書內載名慶爾原係候補
> 筆帖式，因在江南等處打仗陣亡，由部議給雲騎尉子莫爾根
> 承襲等語。查定例世職官若缺出無嗣，將出缺人之繼子揀選
> 擬正，別支子孫內揀選擬陪列名等語。今莫爾根所出雲騎尉
> 遵例揀選得莫爾根之繼子閒散奎文擬定，繪畫襲職家譜咨行
> 兵部，由兵部轉咨該旗辦理承襲等因前來。臣旗相應將熱河
> 圍場駐防莫爾根所出雲騎尉，照依襲職家譜覆加騐看，僅將
> 擬定莫爾根繼子閒散奎文帶領引見，合將襲職招譜一併呈
> 覽，請襲雲騎尉。為此謹奏請旨。
> 於光緒二十四年（1898 年）十二月十六日帶領引見，奉旨：
> 熱河圍場莫爾根所出雲騎尉著擬定奎文承襲，欽此。
> 光緒二十四年十二月十五日
>
> 　　　　　　　太子少保頭品頂戴刑部尚書都統
> 　　　　　　　管理新舊營房城內官房大臣專操大臣
> 　　　　　　　總理各國事務大臣步軍統領
> 　　　　　　　崇文門副監督　臣崇禮

20.《光緒大清會典事例》，卷 640，頁 24 上。

> 花翎頭品頂戴都統銜副都統
> 圓明園進班大臣公中佐領
> 臣明惠差
> 副都統公中佐領武職進班大臣
> 臣舒存 [21]

這種「摺譜」為數是很多的，而且常有內容相同的滿文本子。

根據滿洲八旗賞卹的實例，我們可以知道，凡遇當事人陣亡之後，因無嫡子或無嗣時，可以由過繼子襲爵的。如清末滿洲正紅旗七品頂戴尚玉在湖北岳家口作戰殉職以後，荊州將軍巴揚阿便向管理正紅旗的都統和碩豫親王義道報告，後來由部議給二次雲騎尉。但是尚玉沒有子嗣，因而過繼了他胞兄喜玉的次子成斌為嗣。這種過繼子承襲爵位是合乎規定的，所以經過王大臣等核驗之後，便向皇帝寫了一份奏摺，並附呈了一份譜系圖。

此外，也有一些旗下滿洲人陣亡之後，因無子嗣，而按條例也可以由親兄弟承襲賞爵的。如黑龍江軍功六品頂戴馬甲蘇崇，因陣亡賞卹二次雲騎尉，蘇崇沒有子嗣，乃由親兄弟勝珠爾襲爵，而勝珠爾因「尚未出痘，未經保送」，顯然襲爵人的健康也是條件之一。[22]

以上所舉雖是滿洲旗人的襲爵例子，相信蒙古旗下人也應該是一樣的。目前大陸上尚有八旗世職譜檔數百冊，其中滿、

21.《世襲武職摺譜》資料很多，此處所引係原藏日本東洋文庫，現藏臺北聯合報國學文獻館與臺北故宮博物院之微捲。

22.《世襲武職摺譜》。

蒙、漢各旗的都有。我們無法盡窺其內容，只好以滿洲八旗的襲職譜圖代替作說明了。

除了襲封與賞卹而產生了大量的蒙古族人家世資料以外，清代也有少數蒙古人家留下譜系文獻的。如東北遼陽南方岫岩縣境內，就住著一些蒙古人，他們有些是編入八旗的，有些是自元代就駐紮該地的。根據他們家傳的資料，我們可以看到以下幾家的情形。

一、張氏（治良匡氏）：嫡系蒙族，後入鑲黃旗。始祖馬札爾台，在元代首事武宗，任行營都統，後晉封萬戶，歷任陝甘、湖廣等行省平章。元文宗時又封為朔方鎮守使。繼至惠宗，封太保，並知樞密院等。元朝滅亡以後，其子孫牧畜於長白山麻加樂和忽密拉，經商於巴唐。至十一世祖繼英授德，時值滿洲興起，乃投效努爾哈齊帳下。後清人入關，張氏族人遷到瀋陽安家。十二世祖西伯，康熙二十六年（1687 年）襲父統領職。十三世孫伯爾格，通漢文，嫻武技，乾隆六年（1741 年）任岫岩防禦使。

二、李氏（李雅拉氏）：蒙古鑲紅旗，吉慶保佐領下。祖上兄弟二人：安達、福達力虎，在邊外羊山賀力擒地方居住。安達係三等侍衛，福達力虎為佐領。清世祖入關時安達次子護軍思華隨太后御駕，奉旨特授乾清門二等侍衛。安達長孫白彥代（長子思年之子），康熙二十六年來岫岩。白彥代有三子，長子白查爾遷到湯池，次子白達爾、三子黑旗爾從奇風峪遷到李家堡子一帶。自第七、八代行輩排二十字詩為：「雲廣承洪德，文林佐國良，本源多福祿，蘭桂永吉祥。」

三、謝氏（薩拉氏）：蒙古鑲藍旗。兄弟二人，康熙二十四年

（1685年），白達色到牛莊落了戶，姓白；黑達色，領著寡婦兒媳和三個孫子來到岫岩，姓謝。行輩排十五字詩為：「阿坤成祥普，忠文延世勇，玉德慶春長。」

據說還有正黃旗蒙古卜氏、鑲紅旗蒙古何氏等等也有記載世系的譜書，這些都是清代蒙古族人家世資料的一鱗半爪而已。[23]

四、結　語

綜合以上所說，我們對蒙古族譜的源流以及清代蒙古族譜資料，有了若干的了解，例如：第一，蒙古先世因行族外婚制，為了血統不致混淆，對族內祖先繁衍傳承的記事，非常重視，即使在部族沒有文字之先，也以口傳方式，代代轉述，使後世子孫對先人血源世系有明確的了解。這種外婚制與原始簡易的譜系紀錄，實際上在古代社會或初民社會中是極為普遍的。如我國上古時代，所謂「同姓不婚」、「母黨不婚」，也都是族外婚制的明證，而《史記·三代世表》中所列舉的古代皇朝世系，顯然也是由口述傳下來的。司馬遷用以編為世表時，他自己也說「疑則傳疑」，可見口述世系可能是有問題的。最近我們仔細核對〈三代世表〉，發現黃帝的九世孫舜竟然以他五世從堂高祖禹來治水，這是有問題的。另外黃帝的第十九世孫周文王昌所討伐的商紂帝辛，竟是黃帝的第三十四世孫，這在時間與倫序上都極不合理。所以口述的譜系資料常有錯誤是難免的，但把它們視為初民社會的文化遺存應該是沒有問題的，《蒙古祕史》

23.張其倬，《滿族在岫岩》（瀋陽：遼寧人民出版社，1984），頁45-46。

也應該作如是觀。第二，《蒙古祕史》中記錄了某些氏族首領妻子的家世，這是應該注意的，因為這可能與母系社會的殘存影響有關。我們發現滿洲人家的族譜中也強調女子的地位，韓國的族譜更是重視「外家」的記事，可見阿爾泰語系民族在這方面有相通之處。我國商周古史中敘述先人世系時，也記述女性祖先的名字與事蹟，在《史記》一書中就屢見不鮮。如商代的簡狄生始祖契，及甲骨文中常見祖姓名稱並列的事。周朝又有姜原、太任等等女性祖先的記述，可見女子的事不斷的被提到。族譜資料中重女子地位也可以看作是重門第權勢的一種表示，如琉球族譜中王裔貴族家的女子多會詳記人名與事蹟。我國南北朝時也有族譜中兼記士族女家門第官階之類大事的，李氏朝鮮時代的譜書則有「八高祖圖」記錄女家顯赫的家世，這都與明清中國族譜的一般內容不同。明清族譜女子地位降低與記事減少則是受了理學興起的影響。第三，清代蒙古族譜的大量出產，大體上說是與滿洲統治蒙古的政策有關。由於襲封的需要，各盟旗必須每隔十年修製一次完整的世系資料，送呈中央的理藩院備核，以揀定襲封的繼承人選，因而理藩院中與蒙古各地盟旗衙門都保存著大量的蒙古親王、郡王等襲封、過繼的有關文件。同時又因為清朝政府獎勵八旗軍功，對蒙古旗人都有賞卹的規定，凡臨陣死亡的蒙古旗員，都給予他們子孫以世職，而在辦理贈蔭與承襲的事務時，必定具呈摺譜等資料以為查案之資，所以又留下了不少蒙古旗人的世系與譜圖一類的文獻。由此可知，清代蒙古譜系資料，在政治與軍事上的意義遠超過文化上的意義。第四，無論是理藩院的襲封文件，或是有關衙門的賞卹摺譜，以及後世據以編纂的藩部世表等資料，在在都

可以證明蒙古繼承制度到清代已變成了嫡長繼承的漢人古制了，不再像早年蒙古部族首長以「庫里爾台」宗親大會的方式來產生繼承人。這一點可以看出蒙古人在清代因受滿洲統治政策的影響而接受了漢人的文化。第五，有清一代，也有蒙古人家私自修製族譜的，以目前所看到岫岩縣一地的少數蒙古族人家世資料來說，清代蒙古人已不像元朝時代一樣著意保存傳統文化了，他們也隨著滿洲人逐漸的漢化，在修製譜系之書時也有定下行輩用字的，並以吉語詩文連續決定了十五代，甚至二十代後世子孫的人名，這是仿行漢人傳統的明證。

總而言之，就清代蒙古族譜的編製與內容而言，我們不但可以了解，大部分的這類資料是因滿洲統治蒙古政策需要而製作產生的，因而政治、軍事的意義遠過於文化的意義，早年蒙古族譜的「辨血源」作用也不存在了。另外清代蒙古族譜資料中所顯現的嫡長繼承原則以及行輩用字的預定等等，也足以說明當時蒙古人的漢化一斑。

十二 族譜中所見太平軍戰亂期間江浙死難人口舉隅 [1]

清朝道光末年，由於鴉片戰爭失敗後的影響，中國內部農業經濟的破壞，以及滿清統治者在施政上的缺失種種原因，中國大陸上激發了一場大動亂。這次大動亂，一般人稱為「洪楊之亂」，但又因為在洪秀全與楊秀清領導下的反清人士都蓄髮不薙頭，所以當時人又稱他們為「髮匪」、「長毛」。洪楊起事的地點在廣西，當然不少清代官私書檔中又以「粵賊」、「粵匪」為他們的代號。清道光三十年（1850 年），這批反清起事的人在廣西金田村建號「太平天國」，所以後世史家多以「太平天國」或「太平軍」稱呼他們的政權與集團。太平軍從廣西北上以後，轉戰於湘鄂之間，先破武漢，再陷九江、安慶等地，終於定都南京，洪秀全以天王名義，大行封爵，更定朝制，舉凡經濟、社會、軍事、政治、宗教等制度，無不重新確立。一時聲威大盛，與清廷形成南北對峙的局面。其後太平軍更北伐，由皖北轉戰豫魯晉燕各省。然而由於太平軍缺乏強有力的領導階層，反清運動因而不能深入全國人民之間以產生決定性的力量，而

1.原文刊載於聯合報文化基金會國學文獻館主編，《第四屆亞洲族譜學術研討會會議記錄》（臺北：聯經出版公司，1989），頁 99-119。本文所用族譜資料，皆係聯合報文化基金會國學文獻館收藏者，謹誌。

太平軍首腦人物間的腐化與內訌，更成了他們日後敗亡的致命因素。清同治三年（1864 年），曾國藩領導的湘軍攻陷南京，太平天國隨之滅亡，太平軍的餘支雖在南北諸省與清軍續有戰鬥，但為時不久，終被清軍消滅。這一歷時近二十年，蔓延十七省的全國大動亂，是近代中國史上的大浩劫，直接蒙受災害的當然是人民。根據史實，在這次十多年的動亂中，人煙稠密的長江流域，是太平軍與清軍往復爭奪燒殺的主要地區，各自受災情形，湖南約為時四年，湖北五年，江西八年，安徽、江南約十二年，浙江為五年左右。其他被兵的省分，以廣西、廣東為久，次為四川、河南、陝西、山西、山東、直隸，多則七、八年，少則二、三年。由於江蘇與浙江等省，是雙方多年爭奪的戰場，「往往二三十里，不見居民，戶口有僅存五分之一者。浙江一片劫灰，道殣相望，昔時溫飽之家，大半成為餓莩。號稱天堂的杭州，居民由八十餘萬減至數萬。……據官方的統計，1851 年（咸豐元年），江蘇人口約為四千四百三十萬，浙江的人口約為三千萬，至亂後十年，即 1874 年（同治十三年），江蘇為二千萬不足，浙江約為一千一百萬不足。如屬可信，此兩省人口已減少四千餘萬」❷。由此可知，江浙兩省在太平軍動亂期中，死難的人口是相當多的。我們現在看到了清末江浙兩省若干家族纂修的族譜，發現清末官方資料與近代史家對這方面的說法是可信的，而且族譜中所記錄的文字似乎更為詳盡，可以補官書與若干私人記述的不足，值得我們注意與應用。

先來看看族譜資料中對太平天國期間江浙兩地死難人民慘

2.詳見郭廷以，《近代中國史綱》（香港：中文大學出版社，1980），頁183。

重的一般敘述。在江蘇方面如《蘭陵繆氏世譜》記：

> ……回溯己酉（按指道光二十九年，1849 年）至今已閱六十餘年
> 矣。而兩經兵燹，一度滄桑，士失其業，農困於歲，風俗窳
> 敗，戶口凋零，盛衰之間，不勝感慨……。[3]

《洞庭秦氏宗譜》卷首記：

> 咸豐中，粵氛之擾東南數千里，巨家大族，蕩析流離，不可
> 殫述。[4]

《江震殷氏族譜》也說：

> ……咸豐庚申（按指咸豐十年，1860 年），寇至平望，諸房亂離
> 尤甚，其人亡矣，其屋墟矣！[5]

《錫山平氏宗譜》則記：

> ……庚申之變，髮逆滋擾，族之人瑣屋流離，或荷戈拒賊身
> 死，或鼠竄無歸，無稽無考，不可勝數。[6]

又如《晉陵瞿氏宗譜》序文中有：

---

3. 見民國五年（1916 年）繆荃孫監修，《蘭陵繆氏世譜・卷首・繆錫疇
　　序》（江蘇江陰）。
4. 見同治十二年（1873 年）秦敏樹等修，《洞庭秦氏宗譜・卷首・郭柏
　　蔭序》（江蘇無錫）。
5. 見光緒二十九年（1903 年）殷文謨重修，《江震殷氏族譜・卷首・序》
　　（江蘇吳縣）。
6. 見同治十三年（1874 年）平靜安等輯，《錫山平氏宗譜・卷 2・宗人
　　平楷序跋》（江蘇無錫）。

……溯吾族宗譜，失修于今，六十餘載。庚申喪亂，殉節尤多，展卷之餘，轉滋悽惻。 **7**

《武進羊氏宗譜》則記：

咸豐庚申之變，丁口散亡。

同書卷末跋文中又記：

庚申兵燹後，遺譜有三部，況義烈、貞節、死亡、避難遷徙者不少。 **8**

他如《夢溪嚴氏宗譜》中又說：

修族譜恆事也，亦易事也。而吾族……聚居一郡，又不時修葺，故易為力。乃自癸巳至咸豐癸丑，雖相距二十載，而適遭粵匪之亂，族人蕩析離居，迄承平已久，而來歸故鄉者，不及半。…… **9**

可見無論是江陰、無錫、蘇州，或者是常州、鎮江等地，太平軍亂期間確實使得不少人家家破人亡，人口死亡與離散的情形都相當嚴重。在浙江省方面，族譜中記述類似情形的也很多，以下就是一些例子。如《浙江會稽花巖尉氏宗譜》記：

---

7. 見民國二年（1913 年）瞿樹承，《晉陵瞿氏宗譜・自序》（武進）。
8. 見宣統三年（1911 年）羊開第等修，《武進羊氏宗譜》中，〈汪洵序〉及〈羊開第跋〉二文中記此事。
9. 見光緒二十八年（1902 年）嚴開甲等修，《夢溪嚴氏宗譜・自序》（江蘇鎮江）。

……況我浙東，當咸豐辛酉（按指咸豐十一年，1861年）秋九月，粵匪盤踞省垣，烽煙四起，不踰而竄入山鄉，民財既已盡，民房既已焚，到處戰場，白骨青蒿，頹垣灰燼，城郭坵墟，而難婦殘黎，鵠面鳩形，相率而枕藉於道旁者纍纍，即同里之人，或被擄，或殉難，其存亡卒葬有不可得而知者，在在皆然……。**10**

又如《雉南敖氏宗譜》中說：

泊乎咸豐十年春，粵匪稱亂鄉里，家族流離失所，而吾族之家乘，如被秦火，即所存者不過斷簡殘編……。**11**

他如《清溪沈氏家乘》也記：

咸豐庚申遭髮逆之變，牒版燬于火，子姓亦散之四方，我宗幾乎微矣！**12**

　　從以上列舉的族譜記事中，我們不難看出，太平天國時期江浙兩省不少地區因雙方的爭奪戰爭，民間的受害真是可怕，尤其是人丁死難與離散的景象，可謂躍然紙上。然而人口死亡的實際數目究竟如何呢？有些人家的譜書裡也作了比較明確的說明。

10.見光緒三年（1877年）尉承安等修，《會稽花巖尉氏宗譜‧蔣介堂序》（浙江紹興）。

11.見光緒二十年（1894年）敖明耀等纂，《雉南敖氏宗譜‧卷2‧續修宗譜序》（浙江長興）。

12.見光緒二十二年（1896年）沈應奎續修，《清溪沈氏家乘‧卷首‧自序》（浙江平湖）。

《潤東紀氏家乘》中記：

> 庚申之變，干戈擾攘，兵燹頻仍，族中子姓，或遷居異地，
> 或貿易遐方，或老者轉乎溝壑，或壯者擄至他鄉，往事傷
> 心，不堪回首，……各支各派戶口凋零，僅存半矣。[13]

又如《吳縣程氏支譜》也說：

> 溯自始祖靜軒公遷吳以來，越十數傳，分居蘇城內外，子姓
> 繁昌，……庚申之亂，先君子在城殉難，族中之殉難者，亦
> 復不少，餘各流離遷徙，死傷殆半……。[14]

此外《毘陵呂氏族譜》則說：

> 矧經咸豐庚申粵匪之亂，當時流亡相繼，糾恤無從。同治甲
> 子（按指同治三年，1864年）官軍收復常城，江南底定，宗人稍
> 稍安集，復我邦族，而料檢丁口，半為國殤……。[15]

另一《毘陵白旂岸楊氏宗譜》又說：

> ……道光二十年（1840年）修譜，共九百餘丁，戶口之繁，
> 一時稱盛。至咸豐庚申粵匪驛騷，常城失陷，逃亡故絕，不
> 可枚舉，……今存者三之一耳。[16]

---

13. 見光緒元年（1875年）蔣南山修，《潤東紀氏家乘·卷首·顏子嘉序》
（江蘇鎮江）。
14. 見光緒三十一年（1905年）程曨等修，《吳縣程氏支譜·程為晅序》。
15. 見光緒四年（1878年）呂嗣彬修，《毘陵呂氏族譜·卷首·呂洪盛序》
（江蘇武進）。
16. 見光緒二十年（1894年）楊德馨修，《毘陵白旂岸楊氏宗譜·李翼清

還有《錫山過氏潺塘派遷常支譜》有另外一種寫法：

> 溯吾族由錫遷常已四百餘載，現有人丁合老者壯者少者而統
> 計之，僅百有八人，而年登耄耋者且鮮，究其因則庚申喪亂
> 殉難較多，生齒蓋寡之故。**⓱**

而《常州卜氏宗譜》的主修人卜起元則說：

> ……起元少壯時，多諸父諸兄皆長厚可法，時一想像，猶皆
> 在目。豈料庚申之劫，竟無一存者，不肖如起元，亦忝為族
> 長耶！……亡者不可見，來者未可知，顧此子遺，僅十之二
> 三耳……。**⓲**

像這樣江蘇很多人家的族譜中提到了「遭粵匪之亂，族人顛沛
流離，死亡疆半」，或是「慨自咸豐庚申之難，族之人死亡流離
者半」等等說法的，為數甚多，這裡不擬一一贅舉了。**⓳**

　　總之，根據以上江蘇地區部分的族譜，我們可以了解，咸
豐年間，由於太平軍戰亂，不少家族人口死亡離散的都是相當
可怕，有高達 50% 的，更有「十存二三」的。浙江的被禍情形
也不亞於江蘇，如《會稽杜氏家譜》裡記：「自甲子（按指嘉慶九
年，1804 年）至今五十有七年，兵燹以來，族人死亡暨流離分散

序》。

17. 見民國十九年（1930 年）過鏡涵修，《錫山過氏潺塘派遷常支譜・卷
　　首・過廷耀序》。

18. 見光緒六年（1880 年）卜起元等修，《常州卜氏宗譜・卷首・譜序》。

19. 請參閱光緒七年（1881 年）戴士衡等修，《新安戴氏支譜》及民國五
　　年（1916 年）管鳳穌等修，《武進華度里管氏族譜》等譜序。

者，居十之五」[20]。又如汪元方在《汪氏支譜》的序文中說：
「今粵寇毒痛吾浙，不啻澤水焉，黎民傷亡者半，流離者
半。」[21] 還有記述更清楚詳盡的，如《錢塘沈氏家乘》中沈紹
勳的序言有：

> 吾沈氏於五代吳越時，由武康遷杭，占籍仁錢，千百年於
> 今，亦舊族也。……當咸豐十一年，粵匪再陷杭城，府君已
> 先故，吾母徐安人投井殉節，紹勳年十三，被虜流離至於松
> 江，……時紹勳於先世之事，僅知三代名諱，與夢溪老人、
> 青門山人，暨堯年、佩彝兩公而已，餘皆茫然無知。……年
> 二十始能由滬至杭，年三十乃遇從兄紹森，而前後七至杭
> ……求吾母之骸骨不得，則痛哭不欲生。故居已易他人，則
> 悲憤不能平，鄰里故舊，渺焉無存，則歔欷而莫可語也。其
> 後之遇從兄，實由毛家埠守墓者歐陽順，然亦數年而始得
> 之。兄五伯父琴山府君諱觀霖，後與紹勳同被虜，旋即相
> 失，而先脫歸者也。既遇兄，又因兄而遇異母娣之歸張氏
> 者，與姊夫張季方、姑子方淦，於時紹勳有一二骨肉矣，則
> 悲喜交集，而急叩以先世之事，又皆相若，而若能詳焉。兄
> 語我曰：弟僅知叔母之殉難耳，同時殉者，就我所知，有伯
> 母王孺人、紹麟、紹聯、紹烺、紹康四兄弟，與我妹雲姑
> 也。而吾父又先於蕭山督團陣亡焉。嗚呼！府君兄弟七人、
> 女兄弟四人，今所存者，止數人，則吾杭浩劫之慘可知，安

20.見同治九年（1870 年）杜耀川等修，《會稽杜氏家譜·卷首·杜悅韶
　　序》。

21.見同治六年（1867 年）汪秋潭修，《汪氏支譜·汪元方序》。

紹勳屢至杭，而無一遇也。 [22]

戰亂造成家破人亡的情景在這篇自序中是記敘詳細而且感人的。如果我們再看看《休寧西門汪氏族譜》則對當時杭州一地的戰火為害以及人口死亡的實狀就更能窺知真相了。

《休寧西門汪氏族譜》中有〈庚申、辛酉杭族殉難誌〉一篇，內容記太平軍蹂躪杭州事甚多，對汪氏一族宗人殉難的也有詳盡紀錄，值得一讀。茲錄原文如後：

> 溯自道光二十九年己酉，粵匪起事于廣西。殃及湖廣，繼及兩江，旁及各省。咸豐十年庚申二月十有九日，賊自廣德入安溪，屯江干之饅頭山，西湖之錢塘門，圍我杭城，賊不及三千之眾。城中無備，至二十七日轟破清波門城隅一角，城遂陷。幸賊寡，滿城無恙，下城亦無恙。城內郭之外，火光不息者，旬有餘日。上巳，張璧田軍門統兵抵武林，賊聞風遁，城賴以復。城中官民死者數千人，我族死者十人。當是時也，捻逆擾亂于河南山東，苗逆擾亂于黔蜀，回逆擾亂于陝甘雲南，外夷又從而憑陵之，殆哉岌岌，天下幾無一片乾淨土矣。浙省兵單餉乏，孤立無援。
> 上命王雪軒中丞有齡巡撫之，中丞至。講備陳戰守諸略，城稍安，逾年辛酉九月十四日，賊率眾十萬。圍十徧城。城中糧盡。甚至以浮萍草根代食。餓殍于塗者，不可勝數，然由與民守之效死弗去，迄至十一月二十八日。賊攻愈急，兵民不敵，城再陷，天復降雪為災。寒不可支，官民死者，以億

萬計。我族死者百有三十人。同治三年甲子二月二十四日，左季高節帥宗棠，恢復省垣，杭之人存者僅十之二三而已，招集滿營流亡僅百餘人而已。收檢骸骨得二十數萬觔，瘞于西湖之南北兩山。惟涉漢水，渡申江，奔回故里，泫然者久之。哀我骨肉，傷我族人，舍生取義，殺身成仁，謹錄名冊，柬撰次園侍御震侍御以事聞。奉旨照例賜卹外，男入祀昭忠祠，女入祀節義祠。聖恩厚矣，我族之忠義于斯益見，冊附于後。同治甲戌（按指同治十三年，1874年）春二月，曾唯識。

△錢塘縣學生員汪英與子震，十年二月二十七日被戕死。

△錢塘縣學增生汪秉邕之子清漪，十年二月二十七日被戕死。

△候選從九錢塘汪壁，十年二月二十七日率眾巷戰死。

△江西德化縣典史錢塘汪曾事之母朱氏，守節二十七年與孫松年，十年二月二十七日投井死。

△錢塘縣監生汪曾撰之妻朱氏，守節十七年與僕婦陳氏，十年二月二十七日自縊死。

△候選布政司理問錢塘汪萵慶之妻朱氏，十年二月二十七日投河死。

△錢塘汪裕慶之妻楊氏，十年二月二十七日投河死。

△錢塘縣學生員汪萁，十年二月二十七日被戕死。

△錢塘縣學生員汪申，十一年十一月二十八日被戕死。

△杭州府學生員汪彝準與妻陳氏、子和尚、女勝姑、義姑，十一年十一月二十八日同時被戕死。

△錢塘縣學生員汪寶善與妻岳氏、子集顯、集恭、女深姑、相姑，十一年十一月二十六日在嘉興投河死。

△候選詹事府主簿錢塘汪遹孫，十一年十一月二十八日被戕死。

△議敘八品銜錢塘汪曾博,十一年十一月二十八日被戕死。

△候選巡檢錢塘汪曾思與妻章氏、女文姑,十一年十一月二十八日投河死。

△議敘八品銜錢塘汪曾篤與妻陳氏、女莉姑,十一年十一月二十八日被戕死。

△錢塘縣副貢生汪光榮,十一年十一月二十八日被戕死。

△錢塘縣學廩生汪俊儀與妻吳氏、子蘭生,十一年十一月二十八日投河死。

△錢塘縣監生汪彥安,十一年十一月二十八日被戕死。

△候選布政司理問錢塘汪延祥,十一年十一月二十八日自縊死。

△候選布政司理問仁和汪珣與妻金氏、子庚照、僕婦李氏、婢翠雲,十一年十一月二十八日投河死。

△錢塘縣監生汪玉璋,十一年十一月二十八日被戕死。

△試用訓導錢塘汪國珍,十一年十一月二十八日率眾巷戰死。

△候選從九錢塘汪禮恭,十一年十一月二十八日被戕死。

△錢塘汪禮和與弟禮陶,十一年十一月二十四日在紹興投水死。

△錢塘縣學生員汪大任與妻孫氏、女慈姑,十一年十一月二十八日投河死。

△錢塘汪綬高與妻項氏、妾王氏,十一年十一月二十八日服毒死。

△錢塘汪高績與妻孫氏、子桐,十一年十一月二十八日被戕死。

△錢塘汪安仁,十一年十一月二十八日被戕死。

△仁和汪廷琇,十一年十一月二十八日服毒死。

△錢塘汪邦俊與子嘉鏖、喜鏖,十一年十一月二十八日服毒死。

△錢塘汪致光,十一年十一月二十八日自刎死。

△錢塘汪文浩，十一年十一月二十八日自縊死。

△仁和汪延祐，十一年十一月二十八日投河死。

△仁和汪頓浩，十一年十一月二十八日投河死。

△仁和汪桂，十一年十一月二十八日被鎗死。

△仁和汪聯，十一年十一月二十八日服毒死。

△仁和汪延杞，十一年十一月二十八日自縊死。

△仁和汪林，十一年十一月二十八日投井死。

△仁和汪榛，十一年十一月二十八日被鎗死。

△錢塘汪棨與妻魏氏，十一年十一月二十八日投井死。

△錢塘汪延祿，十一年十一月二十八日投江死。

△錢塘汪延壽，十一年十一月二十八日被鎗死。

△仁和汪延樾，十一年十一月二十八日投池死。

△錢塘汪繩年，十一年十一月二十八日服毒死。

△錢塘縣學生員汪英之妻錢氏，十一年十一月二十八日自刎死。

△錢塘縣學生員汪萇之妻孫氏與子巽、女雲姑，十一年十一月二十八日投水死。

△錢塘汪慶曾之妻金氏，十一年十一月二十八日自縊死。

△候選大理寺丞錢塘汪錫庚之妾王氏，十一年十一月二十八日被毒死。

△仁和縣學生汪怡浩之妻王氏，十一年十一月二十八日被鎗死。

△仁和汪文伯之妻范氏，十一年十一月二十八日投河死。

△錢塘汪壽臧之妻趙氏與子之軌，十一年十一月二十八日被戕死。

△錢塘汪華之妻孫氏，十一年十一月二十八日自縊死。

△錢塘汪省薇之妻宋氏，十一年十一月二十八日投池死。

△錢塘縣學附貢生汪彝慶之妻諸氏與子鑫、女祥姑、淦姑、采姑，十一年十一月二十八日被焚死。

△錢塘縣學生員汪錫元之妻張氏與子慶德、慶貞、女來姑，十一年十一月二十八日服毒死。

△錢塘縣監生汪麟孫之妻鍾氏，十一年十一月二十六日在嘉興自縊死。

△原任廣東儋州知州錢塘汪阜之妻譚氏，十一年十一月二十八日服毒死。

△候選從九錢塘汪秉仁之妻劉氏，十一年十一月二十八日投井死。

△前湖北候補從九錢塘汪秉莊之妻楊氏，十一年十一月二十八日投井死。

△錢塘汪高儼之妻宋氏，十一年十一月二十八日自刎死。

△河南候補知縣錢塘汪守正之妹和姑，十一年十一月二十八日投井死。

△候選詹事府主簿錢塘汪遹孫之妻關氏，同治元年（1862年）六月初三日在紹興江藻投河死。

△錢塘縣學生員汪曾輔之妻郭氏，十一年十一月二十八日服毒死。

△錢塘汪森之妻邵氏與子悅康、悅信，十一年十一月二十八日投河死。

△候選光祿寺署正仁和汪英之子租庚、女同壽，十一年十一月二十八日投池死。

△候選從九仁和汪珽之子承烈、承熙、女元姑、芷姑，十一年十一月二十八日投河死。

△候選從九錢塘汪邦傑之妻張氏與子兆鏖，十一年十一月二十八日投河死。

△錢塘縣學生汪龍光之妹愛姑、佩姑，十一年十一月二十八日自縊死。

△杭州府學生員汪鈇之妻陳氏，十一年十一月二十八日被焚死。

△錢塘縣監生汪曾憲之妻張氏、女麗珠、二姑，十一年十一月二十八日投江死。

△揀選知縣仁和汪善浩之妻吳氏與子詵、女玉姑、微姑、安姑、婢女鳳珠，十一年十一月二十八日投河死。

△錢塘縣學生員汪汾之妻李氏，十一年十一月二十八日自縊死。

△候選布政司經歷錢塘汪敬之女珍姑、孫女藍姑，十一年十一月二十八日被焚死。

△錢塘縣學生員汪稻孫之妻郁氏，十一年十一月二十八日自縊死。

△錢塘縣學增生汪秉邕之妾王氏與子清潤、女順姑，十一年十一月二十八日投江死。

△錢塘縣監生汪悌之女玉卿，十一年十一月二十八日自縊死。

△錢塘縣學生員汪本立之妻陳氏與子達，十一年十一月二十八日投河死。

右男六十七人，女六十九人，僕婦二人，婢女二人，共一百四十人。[23]

這篇〈殉難誌〉不但記述杭州城在咸豐間兩度被太平軍攻陷的

23.明嘉靖年間始修，汪武允等纂，《休寧西門汪氏族譜》。休寧係安徽地名，此書後三冊記清代事，編成於同治年間。

情形，兵民死亡的慘況，同時對他們自己的汪氏一族宗人，因戰爭而身亡的各種事實，也都詳列人名、職銜、族中地位、死亡日期以及如何致死等等的翔實資料，實在不易多得，值得我們重視。

杭州與浙江其他城鎮在太平軍戰亂中死難的人數眾多之事，清代官書中也常見記載，如咸豐十年十月十七日的皇帝諭旨中就提到：

瑞昌、王有齡奏續查浙江省城及湖州等處殉難官紳，開單請恤一摺，本年杭州等處，被匪竄擾，該處官紳士民，見危授命，為國捐軀，深堪憫惻，所有杭州省城陣亡被戕之即選從九品范鳴球、候補從九品胡驥、試用縣丞馮譽驊、參將銜守備胡應元、千總李玉、華衛、千總金九齡、把總伍逢雲、袁桂森、同弟袁純齋、女琴姑、外委朱澐、武童胡明忠、朱澐之妻張氏、妻女張王氏、張王氏之姊、張王氏之女張國楨、女張大姑、外委戴國忠、受傷病故之都司楊日宣。湖州陣亡之儘先遊擊楊家正、都司銜哨弁梁鎮邦、儘先都司楊光富、儘先守備唐玉喬、彭會友、儘先千總楊正平、儘先外委余得貴、儘先把總王序倫、儘先外委田光輝、六品藍翎秦高陞、張祖興、儘先外委李松、五品銜從九品方家薰、從九品張國柱、項榮卿、文生湛榕、六品軍功李勳、淳安陣亡之儘先守備何占魁、儘先把總廖明學、儘先外委轟興高、六品軍功蔡必克、儘先守備曾保安、儘先把總曹正懷、鄧連貴、外委張得勝、祁國安、葉隆俊。孝豐陣亡之典史董光照。廣德州陣亡之署州判陳建章、學正趙對澂、訓導宋載陽、歲貢生湯培

庚、千總汪驥、把總鄂奏功、外委王茂榮、貢生李鳳鈞、丁
震申、生員包步青、監生王大益、六品軍功華銓、儘先守備
郭世升、儘先把總王廷鏞、儘先千總黃志蘭，均著交部從優
照升銜議卹，其婦女等並照例旌表，以彰忠節。又續查出省
城殉難紳士一百二十八人、眷三十八人、紳眷八十四人、書
吏三十六人、民團及眷屬一百九十人、節烈婦女七十三人。
滿洲營陣亡兵勇一百六十三名，省城陣亡勇丁一百五十六
名，湖州陣亡兵勇一百七十五名，淳安陣亡兵勇三百六十五
名，廣德州陣亡兵勇二十九名。著俟冊報到時，一併交部分
別旌卹。[24]

　　從以上兩種官私文獻中，我們不難了解，若配合利用兩者，
我們會對當時真相更能明瞭，而族譜資料對某些家族的記事當
然比官書更詳盡、更生動。

　　太平軍與清軍多年的戰爭，江蘇一省受害的情形更勝於浙
江，一般來說，江寧、鎮江、常州、儀徵、無錫等地被災很重，
人民的傷亡失散相當可怕。現在我們僅以《毘陵惲氏家乘》一
書為例，讀來便教人觸目驚心，頓生悽惻之感。據該書所記，
咸豐十年的戰亂，惲氏在武進的一族，死亡與被擄的就有五百
多人，婦孺婢僕還有很多不記在內。後來惲氏族人重修家譜時，
為了追念當年殉節的先人，表彰他們的忠義，特在族譜中專立
「先德」一門，詳記庚申年死難與被擄宗人的人名、世系以及
少數人的忠烈事蹟。由於人數眾多，不能一一抄錄，現在分別

---

24. 《清咸豐朝起居注冊》（聯合報文化基金會國學文獻館景印故宮博物
　　院抄本），咸豐十年十月十七日條，頁 31313–31317。

以兩類情形舉例說明死難者的情形。

一類是只記死難宗人的人名、世系、居地與房支的：

△鍾揚：六十五世、蓬塵墩、濬公支。

△元：六十六世、石橋灣、魁元公支。

△達祖：六十七世、沙河頭、克慎公支。

△景泉：六十八世、黃塘、懋德公支。

△洪度：六十九世、岑北、淵公派。

△廷玉：七十世、蕩里、隱耕公支。

另一類是略記宗人殉難事蹟的。如：

△樹蕃，聞賊至，與老母、妻女，闔門殉難。

△彙昌，增貢生，候選訓導。咸豐庚申，髮逆大股下竄郡城，
被圍。閏四月初六城陷，遂自經於孫公祠，世襲雲騎尉。

△元升，字仲元，彙昌次子也。性磊落，事父兄以孝友聞。
庚申髮逆圍城，偕父倡行保甲，登陴固守，城破，知事不
可為，即回家省視。群賊麕至，大呼殺賊。賊怒，以刃擊
其喉而死。

△鶴起，咸豐庚申髮逆犯境，率團民禦之，屢挫賊鋒。賊乃
率眾三路合擊，被鎗彈入腹，創甚，奮力衝出重圍，血盡
而卒。

△松二，咸豐庚申髮逆之變，創議團練，率眾與戰，屢挫賊
鋒。四月初八日，賊大至，遂被戕。

△兆英，髮逆將至，鳴鑼集眾以禦之，遇賊被害。

△興保，膂力過人。庚申四月八日，髮逆壓境，與戰於村前

> 之東橋，勢漸不支，乃大聲疾呼，轉戰而前，群賊聞之，
> 力竭被戕，死事最慘。
>
> △祖望，手持大刀，與賊戰於安寧河，賊眾圍之，力竭而
> 死。 [25]

另外被擄的惲氏族人約有三百多人，在〈先德門〉中只記他們
的人名、世系、居地與房支，雖然簡略，但是惲氏族人因庚申
軍亂而離散的實況是由此可以證實了。同時在這部惲氏的族譜
中還記錄了當時清朝皇帝的一道上諭，以褒揚這一族人的忠節。
內容是：

> 都察院奏：刑部主事惲鴻儀，以守城盡節，合家殉難等詞遣
> 抱告赴該衙門呈訴：本年（按指咸豐十年）四月間，逆匪陷常
> 州府城，該員胞弟附監生惲元升，守城巷戰，身受重傷殉
> 難。該員親父候選訓導惲彙昌、妻余氏、胞嬸趙氏、胞姑母
> 何惲氏、妹吳惲氏、朱惲氏、何惲氏、三姑女三寶，子積
> 謙、姪積功、積勤、妹夫朱文齡、何承慶、僕婦陸姓、李
> 姓、張姓，同時殉難，殊堪憫惻。著交部分別旌卹，以褒忠
> 節。 [26]

我們查看了清代的官書，發現也記載了這道諭旨，其中只有少
數小異的地方，如在「常州府城」上加了「江蘇」二字；惲元
升身受重傷「殉難」，官書作「遇害」；以及其他家人姓名或親

---

25. 民國六年（1917 年）惲季申等修，《毘陵惲氏家乘・卷 2・先德門》，
    頁 1–37。
26. 《毘陵惲氏家乘・卷首・思綸門》。

屬稱謂上也稍有出入以外，其他都無不同，可見惲氏後人對這件家族慘事並沒有誇張或失實的記述。[27]

　　太平軍亂期間，江蘇一省人口死亡與離散實在是嚴重的，據早年戶部清冊所記：乾隆五十五年（1790 年）全省人口總數為三千二百三十七萬七千人，道光二十年（1840 年），人口總數到達了四千二百七十三萬人，一直高居全國的首位。到道光三十年（1850 年），也就是太平軍起事之日，江蘇人口已超過四千四百多萬；可是太平天國滅亡之後，光緒二年（1876 年）時，據官方統計，全省人口只有兩千萬左右了，比四川、河南、山東、湖北、福建、江西、廣東、湖南都少，成為全國人口總數第九位的省分。從第一位到第九位，人口在軍亂中的損失是明顯反映出可怕的情形。[28]

　　人口的銳減當然影響到農業的生產，百業的蕭條、地方殘破的景況也不難想像了。清朝皇帝都關心到了人民的生活，咸豐十年十一月二十七日，清文宗在上諭裡特別說：

> 朕聞江蘇省本年被賊蹂躪，最為慘酷，百姓流離顛沛，戶口散亡，賊復設立偽官，迫索錢米，並多方誘脅，稍有不遂，凌虐橫施，朕心實深憫惻，屢飭統兵大臣等，督率兵練，奮力勦辦，諒不難指日蕩平。惟念陷賊州縣小民，如在倒懸，將來克復地方，若將新舊錢糧照常徵收，民力其何能給？所有江蘇、浙江、安徽所屬被賊占踞各州縣，應徵本年新賦及

27.《清咸豐朝起居注冊》，咸豐十年七月二十五日條，頁 30964-30965。
28.詳見嚴中平著，《中國近代經濟史統計資料選輯》（北京：科學出版社，1955），頁 362-374。

歷年實欠，在民錢糧，著一律豁免，以蘇民困。其被賊竄擾未經占踞地方，並著各該督撫查明，應徵應緩，分別具奏。……[29]

後來經過曾國藩的查明奏報，皇帝終於作了如下的決定：

……所有江蘇省被賊竄踞之長洲、元和、吳縣、吳江、震澤、常熟、昭文、崑山、新陽、青浦、武進、陽湖、無錫、金匱、宜興、荊溪、丹陽、金壇、溧陽、太倉、鎮洋、嘉定，並華亭、婁縣、江陰等二十五縣，咸豐十年新賦，並各年舊欠錢糧，均著概行蠲免。[30]

甚至到同治元年九月，御史們還奏報：「江蘇省分其完善地方，僅松太揚通等屬州縣。」[31]地方復原之慢，由此也可以看出一斑。

綜上所述，我們可以得到如下的幾點簡單結論。

第一，族譜資料對於歷史上某些問題的研究，確實有補充與發明的效用，就如本文利用清末成書的江浙若干人家的族譜，便可以看出太平天國戰亂期間，在長江下游以及浙江杭州等地所造成災害之嚴重，尤其是人口傷亡與失散的情形，比起官書所記，既詳盡又真切。又如這些譜書中對戰爭的慘烈、田園的荒蕪、文物的損毀、地方的蕭條等等，都描繪得很清楚，官書

---

29. 《清咸豐朝起居注冊》，咸豐十年十一月二十七日條，頁30575-30577。
30. 《清咸豐朝起居注冊》，頁31824。
31. 《清實錄・穆宗毅皇帝》，卷42，頁17。

中的記載絕少能比擬。當時修譜的人可能無心作史，可是他們卻意外的給後世人留下大批的珍貴史料，也給族譜增加了一項效用。

第二，族譜資料如果與官方檔冊一併利用，相互印證，對重建過去歷史的工作將會有更多的幫助。就以太平軍亂為例，《清實錄》、《清代起居注冊》、大臣奏摺等官方資料，記江浙以及所有太平軍經過戰區中各項事務，長處是層面廣，但多不精詳。然而某些家族的族譜中，卻記述了他們家庭以及他們所居住地區的被災實況，細緻而又深入。所以若將官書與族譜以及其他有關資料一併配合利用，小心求證，相信對學術研究是有助益的。

第三，從《休寧西門汪氏族譜》與《毘陵惲氏家乘》二書中，我們看到了〈殉難誌〉與〈先德門〉一類的特殊記事，其中詳列了這兩家死難先人的人名與忠烈事蹟，當然是表彰他們的忠義的，所以族譜在敦親睦族的功能之外，又有彰顯忠義人物以勸民風、助世教的經世效用，這一點也是我們應該注意的。

總之，族譜的內容，堪稱豐多美備，可以提供給我們很多的資料，作研究學術問題的依據。這也是近代歷史學家、社會學家、經濟學家、民族學家重視族譜研究的一個主要因素。然而族譜畢竟是後人為上報祖恩而修纂的多，因而誇張祖德，粉飾家世的文字也俯拾皆是，我們在利用族譜時，應該特別小心，詳加考證才是。

韓國與琉球的族譜

一 中國族譜學對韓日琉越漢文族譜的影響 [1]

一、引　言

在討論中國族譜學對韓國、日本、琉球以及越南漢文族譜的影響之前，我們應該先對中國族譜學的發展歷史作一觀察，以了解中國族譜學的若干內涵與特性。

《史記》一書中的〈三代世表〉，顯然是根據中國早年口述族譜資料寫成的，可見中國族譜學興起歷史的久遠。至於中國以文字記載的族譜，有人認為甲骨文中的「兒氏家譜」是可靠的資料，但是有人也懷疑它的可靠性。不過商代後期宗法制度已經頗具規模了，族譜在當時以文字寫記也是可能的事。

周代滅商以後，實行封建制度，分封子弟，以家族來治理國家，因此一定要有詳細的宗族譜牒資料，記載宗族的血統，以分別昭穆親疏，來作為分封的依據，所以司馬遷說族譜是周代的經國大典，也就是說當時的譜牒主要功用，在於貴族的建國立家，分別血統的親疏的。由此可知，中國古代的譜牒只有貴族之家才有的。

1.原文刊載於聯合報文化基金會國學文獻館主編，《第一屆中國域外漢籍國際學術會議論文集》（臺北：聯經出版公司，1987），頁 323–340。

　　周代滅亡之後，社會起了很大的變化，封建制度廢了，貴族之家的譜牒也不存在了。不過，漢代初年，從帝王到將相，不少是平民出身的，這些新形成的官族，人數日益增多，勢力日形強大，到東漢更為強盛，官族與豪門為了強調並維護他們的身分地位，族譜又被他們重視了，這也就是後世譜評家所謂的漢代族譜「尚官」的原因所在。

　　魏晉時代，豪門的勢力越來越大，政府便利用他們設官分職，來治理一般平民。當時的「設品立狀」，就是把人民分成不同的九品，而各家又須寫製家狀，以記錄各家世系的資料，作為選拔官吏的依據，結果族譜之學大為流行，「人尚譜系之學，家藏譜系之書」，正足以說明此一時期族譜的發達情形。所以魏晉一直到隋唐之世，不論是做官，或是議婚姻，都要以族譜來證明身分。族譜既是世族家庭的證明文件，又是選官婚嫁的憑藉，當然偽造譜牒粉飾家世的事便常有了，這與中國古代族譜的尊祖追遠與「奠繫世，辨昭穆」的功用大相逕庭了。柳芳評論魏晉的族譜「尚姓」、「尚詐」，真是確論。

　　唐末五代，時代喪亂，世族家庭也逐漸淪亡，他們的家世紀錄也隨之煙消雲散。趙宋建國，由於學術界有復古傾向，重求真求實精神，加上科舉取士制度的確立，新觀念與新功能的族譜學乃應運而生了。宋代的族譜平民也可以自由寫作，政府不須審核，中國族譜可以說由「官譜」進入「私譜」，書的內容與體例也都大異於以前。根據宋代最有名也是影響後世最深遠的兩位族譜學家的理論——即歐陽修與蘇洵的譜論——大致可以看出宋代中國族譜學有如下幾點特質。

　　一、歐陽修的譜例是仿效《史記》世表作成的，蘇洵的譜

系則依宗法禮圖為表，兩者都是據古禮古法為基礎。

二、一家族譜的世系表，都是以譜法強合於宗法，就是以小宗「五世則遷」之說，強合於譜法，因此記述祖先的世系，都詳近略遠。

三、二家譜法都主張徵實，反對魏唐間「尚詐」的作風，認為假造世系或家族資料，都是誣蔑自己的祖先。「斷自可見之世」的名言，便成了千載以下譜家奉行的準則了。

四、歐陽修作族譜的目的，以發揚倫理教育為主，以修齊治平為終極目的。蘇洵則更擴而大之，由睦族、恤族，進而和閭里、化鄉人、正風俗為本。

南宋社會繁榮，人文興盛，譜學因而益見進步。朱熹不但主張徵實，贊同「斷自可見之世」，並且還強調「缺疑傳舊」，顯然較歐蘇尤勝一籌。另外朱夫子又認為強合譜法於小宗法必將流於瑣碎，認為一併恢復大小宗法，以影響與改變世風吏治更為有效。南宋的譜書有不少已躍出了歐蘇譜例的範圍，若干人家模仿正史體例來修族譜，譜例也不拘於宗法，敘事則多仿《史記》與《漢書》，記述的門類也大為增多，如姓氏源流、郡望居地、行實家傳、族人遷徙、家範家訓等等，多見諸譜書了，這也奠定了日後元、明、清幾代中國族譜之學的根基。

綜合以上所述，我們可以很清楚的了解中國族譜學有如下的幾項值得注意之事。

一、就譜學譜書的起源時間言，中國在上古之世就產生了這門學門，製作了譜牒之書。

二、就譜書內容言，先秦時代只是「奠繫世，辨昭穆」的簡單貴族家庭人事紀錄。魏晉以後，為重視門第，多記祖先功

業，家人榮耀之事，以表現顯赫家世。宋代新譜學則使族譜內容增多，凡家庭重要事務，無不記述，甚至有以家史比國史的，中國明清族譜多依此一觀念更形發達。

三、就修譜的宗旨與目的言，上古之世，中國貴族修譜，旨在作為經國之典，為實行分封的依據。漢魏以降，則一變為崇祖功、揚門第、備選官、議婚姻等目的，宋代則革除「尚官」、「尚姓」、「尚詐」的陋習，強調徵實，並重建倫理、發揚宗法，以睦族恤族為先，進而達成「管攝天下人心，收宗族、厚風俗」，整頓社會風氣與不良吏治的偉大理想，也就是說族譜具有社會教育的功能了。

在我們了解了中國族譜的內涵與特質以後，現在再來看看中國族譜學對亞洲鄰邦各國的影響。

二、韓　國

先以韓國為例。韓國譜學的發展，為時甚晚，《慶州李氏譜》中說：

> 我東三韓之世，文獻無徵……史牒不全，況於氏族之譜系乎？

《天安全氏譜》中也記：

> 我東姓譜，雖在盛族，其先系之肇自三韓者鮮矣。

可見三韓時代絕無譜書。目前尚存的韓國古譜《安東權氏檢校派譜》，徐居正在明朝成化十二年（1476 年）的序文中說：

> 吾東方自古無宗法，又無譜牒，雖巨家大族，絕無家乘。纔
> 傳數世，有不記高曾祖考名號者，子孫寢而乖隔，或不識緦
> 功之親，視同路人，何待服盡親盡，而疏且遠哉！如是欲興
> 孝弟、成禮讓，豈不難乎？

清朝乾隆年間修成的《豐山金氏世譜》記：

> 氏族之書，始起於《周禮》小史氏之遺，其來尚矣。我東文
> 獻，大抵一倣中州氏族之書。

據此可知，韓國譜書譜學確係仿自中國，而且有著宋代譜家睦
家族、補世教、厚風俗的理想。

　　韓國族譜不但源出中國，而且重宗法與倫理，同時在名稱
上也沿襲中國之舊，如家乘、家譜、宗譜、世譜、族譜、派譜、
支譜、門譜、大同譜等等，可以說都不出中國族譜名稱的範圍。

　　至於韓國族譜的內容與體例，也多仿照中國譜書，如一般
韓國的族譜都有譜序、譜例、族姓源流、世系表、恩榮紀錄、
宅里故居、墓冢祠堂、家傳藝文，甚至家訓也抄自中國。有些
韓國譜序、譜例中，明白的提到引用了歐陽修、蘇洵、宋濂、
方孝孺等人的譜論，凡例也多合儒家倫理的規範。世系表則盡
皆歐蘇「五世則遷」的譜表，絕少例外，在在都說明了韓國族
譜受中國譜學影響之深。

　　此外，在譜書的行文方面，中國族譜中常用一些古代的名
詞，如「昭穆」代替行輩，「干支」表示年代，「兆域」實即墓
地等等。韓國譜家也習用這些名詞，在很多的韓國譜書中，我
們常可以看到「始祖」、「嫡庶」、「昭穆」、「世代」、「支派」、

「娶配」、「行實」、「義莊」、「兆域」、「祔葬」、「享年」、「生卒」、「科甲」等等的中國專用名詞。不僅如此，韓國譜家還喜歡採用一些中國古代用語，如以「行列」表示「行輩」，「出系」或「出繼」說明「出嗣」，「鄉貫」意為「郡望」等等，這些書法的特殊，尤其可以證實中韓譜學的關係。

中韓兩國，無論是政治關係，或是文化關係，都有悠久淵源的。尤其到明代初年，李氏朝鮮崇尚儒學，兩國文化關係，更形深厚，族譜之學，如上所述，尤可證明。

三、日　本

日本與中國的文化交流，以唐代為盛，兩宋三百一十多年間，日僧來華的很多，除攜回佛學經典多種外，中國儒家典籍、建築、工藝、醫學、食物烹飪之術等等的中國文化，也大量東傳。然而到明代因倭亂而兩國關係漸漸疏遠，與朝鮮相較，文化影響當顯有不同。

族譜之學必賴於姓氏制度的建立，日本人的姓氏制度當在漢字輸入後才成立。據日僧成尋《參天台五臺山記》所述，宋代日本國王尚未有姓，由此推知，族譜之學在日本之興起，為時必不太早。日本姓氏有「皇別」、「神別」與「蕃別」三類，其中「蕃別」多指古代中國先秦漢魏的移民，目前所知，「蕃別」譜書多推其始祖為秦始皇、漢高祖、漢靈帝、漢獻帝、陳思王植、公孫淵、孫權、梁武帝、隋文帝等等，顯與中國有密切關係。

現在再以《里見九代記》、《里見代代記》與《長曾我部譜》為例，其中用「家系」、「系圖」、「後胤」、「世代」、「三男」、「四

男」、「先祖」、「公」、「薨」、「行年」、「繼嗣」、「嫡」、「庶」、「正統」、「家傳」、「卒」、「養子」、「贅婿」……等中國譜學專有名詞的屢見不鮮，顯然是受到了中國的影響。又上述諸書中的系圖格式，中國習俗也有類似簡易譜圖。而系圖後的附傳也很像中國族譜中的小傳（或稱世牒）的，只是比較簡略一點。

又如島津國得佛公一系的《本支百世圖》一種，很值得吾人注意，卷首有山本正誼序文一篇，抄錄如下：

> 蓋聞公室者，公族之根本也。公族者，公室，枝葉也。本藩自得佛公至圓德公，二十四世，公子公孫，支分派別，不可勝記，爰作《本支百世圖》，以著其親疏遠近，附諸島津國史，而其譜系據舊譜圖，頗加刪定，因書其說曰：舊譜圖自得佛公遡至清和天皇。天皇生貞純親王，親王生六孫王經基，始賜姓源。經基生滿仲，滿仲生賴信，賴信生賴義，賴義生義家，義家生為義，為義生義朝，義朝生賴朝，賴朝生得佛公，以為遙遙華冑。臣正誼竊謂得佛公封於島津御莊，實為大國始祖，如魯伯禽、衛康叔、晉唐叔虞、鄭桓公之比，何必效日本武士自乎王孫為？故今斷自得佛公，如《史記》列國譜系圖例（《史記》譜系圖，陳自胡公始，不及舜。杞自東樓公始，不及禹。燕自惠侯始，不及召公。衛自康叔始，不及文王。晉自唐叔虞始，不及武王。魯自伯禽始，不及周公。鄭自桓公始，不及厲王），以為上焉者所同也，下焉者所獨也云爾。然，論者或言為人子孫者，因各祖其祖矣，而其祖所由出者，亦不可不知也，故屈原亦自稱高陽之苗裔，卿大夫猶，況諸侯乎？是或一道也。是以略紀賴朝以上卅次，如舊譜圖，而書諸圖首。又舊

譜圖至大翁公而世系絕，別揭大中公為祖，如中興創業主然。昔者平常為王莽所弑，西漢既亡矣，而光武以長沙定王之孫，即位於洛陽，為東漢祖。獻帝為曹丕所廢，東漢既亡矣，而昭烈以中山靖王之後，即位於益州，為蜀漢祖。愍帝為劉曜所害，西晉既亡矣，而元帝以瑯玡王之孫，即位於建業，為東晉祖，此皆創業主，惟也大中公，則異於是。公者，伊作久長十世孫也，而梅岳君之子也。大翁公以為嗣子，遂傳以守護職矣。國統未嘗有一日之絕也，不得從創業主例。且夫後世有以異姓為人之後者，名雖曰繼其宗，實則滅其族也。然作譜圖者，紀其世系，猶父死子繼者也，而況以同姓為本宗嗣者乎？故今以大中公繫大翁公為父子行，所謂為之後者，為之子者是已。此外尚有刪定，其說各見世系條下。至於眾子婚嫁及天亡出繼等，則具於舊譜圖矣，茲不復載。寬政十二年（1800年）歲次庚申十二月朔旦，用人班知府學教授事，臣山本正誼謹敘。

從以上序文中，我們可以看到很多中國族譜學中慣用的名詞，如「譜系」、「譜圖」、「本宗」、「姓源」、「始祖」、「世孫」、「世系」、「支派」、「嗣子」、「出繼」等等，而作者也明白的聲稱他編的圖是援《史記》周代諸世家為法的，尤其值得注意的是山本正誼很熟悉中國的歷史，並以史法合於譜法，以家史來比國史，這正是明清譜家所提倡的，像汪道崑等人，都仿《史記》體例自撰族譜。山本的這篇序作於清嘉慶五年（1800年），受明清中國譜家的影響是意料中事。

四、琉　球

　　琉球自明朝末年以後，與中國、日本都有宗主關係，即所謂的「兩屬時期」。琉球家譜修製的歷史比中國與日本都晚，除極少數的幾本是成書於明末清初的，其餘絕大多數都是康熙二十八年（1689 年）以後的產物。琉球譜大體上可以分為兩大類，一為本島系，包括首里、那霸、泊、久米村等地的族譜。另一為先島系，包括宮古島、八重山、久米島等地的族譜。其中久米村系是來自中國移民（多為福建人）的後裔。

　　康熙二十八年，琉球王府設「系圖座」的官方機構，以「系圖奉行」為長官，「考稽諸士之家譜，押御朱印」，從此琉球士族之家都開始修譜，而且因為譜成後須經官方審核，所以一般琉球家譜的內容都相當可靠。

　　琉球家譜用漢字寫成的很多，而且多用中國清朝皇帝的年號。除此以外，我們還可以從以下三方面來看中國族譜學對漢文琉球家譜的影響。

　　一、從修譜的動機與目的方面說：雖然有人認為琉球人家修譜與日本薩摩藩入侵有關，因為薩摩藩要調查琉球士族與農民的確實人口、大量土地，以達到完全統治的目的，因而士族階層為鞏固家族地位，乃修纂這種可以證明士族地位的文書。不過，從很多琉球譜的序文當中，我們卻可以看出另外一些修纂的宗旨。如《向姓家譜》序云：

> 宇宙間凡物各無不有本，而事皆無不有本，而事皆無不有始也，故萬物本乎天，而人本乎祖。自昔國之史、家之譜，月

星河洛輿圖之載，世系昭穆宗族之紀，官爵勳庸品級之傳，並設以誌示不忘本始也。我中山開國以來，崇淳龐習樸直，於譜牒之文、宗族之紀，蓋闕如也，故雖有古昔臣子會德高行，不得盡傳於後世也。……今幸遇我王殿下仁德，逮諸先臣，會世家各修譜牒，改正世系，永垂為例。……自此以後，永承先式，續記家事，雖亘萬古系序不紊，而官爵勳庸皆與國史均垂不朽焉。……

向龍德一系的《向姓家譜》序文中也有：

……家之有譜，猶國郡之有史誌也，故欲知一代之勸懲，人物之臧否，非史誌不傳不備，況且人之家譜序昭穆，不修祖譜，何以見其徵也。……

《馬姓家譜》序也說：

蓋夫人之有祖，猶水之有源；家之有譜，猶國之有史矣。族戚萬派，從祖而出，昭穆系序，非譜不明。祖實不可忘，譜不亦重乎？……從今而後，王臣家家將見孝順之風益興，禮教之習愈盛。……

蔡溫序《向氏家譜》時則說向瑞菴曾云：「忠輔社稷，孝和族氏，能留芳名於百世者，則臣子性分之職。……方今世俗之人或養父母口體為孝，而族氏禮情之道不知焉；或掌官職一事為忠，而社稷盛衰之機不計計焉，此無賢師友所導而孤陋寡聞之所致也。昔范文正公有曰：『先天下之憂而憂，後天下之樂而樂。』斯非能計社稷盛衰之機者乎？又曰：『吾宗族甚眾重，祖

宗視之，均是子孫，安得不恤也？』斯非能知族氏禮情之道者
乎？如范公者誠又謂臣子模範矣！」蔡溫便用這段話作為《向
氏家譜》的大宗旨，可見琉球譜的製作動機與目的又有更深一
層的意義了。

　　以上只是「首里系」的幾個例子，如果再讀讀漢人移民後
裔久米村人的家譜，中國譜學的影響則顯然更著了。如《鄭氏
家譜》序曰：

> 家之有譜，猶國之有史，所以昭信紀實、重本篤親，使後世
> 子孫不敢忘祖考之所自出也。蓋支分派衍之間，系序易淆；
> 歲月更移之後，功烈難顯。非筆之於譜，以畀後世，將數世
> 以遠，茫然不知祖考所自出，事業所創始，或相視如秦越
> 焉。……蓋族姓之始，歡然一父之子也，久之而親者疎矣，
> 又久之而疎者遠矣，故蘇洵之族譜引曰：「親盡無服，則途
> 人也！」……於戲！後之子孫，讀斯譜也，油然而孝敬生，
> 藹然而禮讓接。……

又《小宗梁氏家譜》序有：

> 昔宋儒黃子勉齋敘吾梁氏族譜曰：古人（立）譜之（義），匪
> 徒錄諱字備考（核）侈（？）觀聽而已也，蓋將以（之）推明
> 宗姓之本，甄別人品之異，辨親疎功緦之服，序昭穆長幼大
> 小之倫，示子孫（族）屬之所自出，故有屢書特書，依史氏
> 年表而為者。大宗小宗傲《周禮》而為之者，例不同而其
> 義一也。由此觀之，家譜之不可不作也。……竊恐宗姓之
> 本，親疎功緦之服，昭穆長幼大小之序，歷久而或紊也，不

揣固陋，爰就其所聞知者，修之以示將來，後之讀斯譜者，
有以知吾家小宗之所自，而水源木本之思，每可以油然動
矣。……

十三世孫光地謹題

這類例子俯拾皆是，不勝枚舉。總之，琉球家譜製作宗旨確有：
水源木本，以示不忘本；崇尚祖先功德事業；序昭穆不使世系
混淆；興孝順之風，盛禮教之習等等的目的。而這些大宗旨可
以說全是中國歷代譜家創製的，琉球譜受中國譜學的影響由此
當然可以看出端倪來了。

　　二、從用字遣詞方面說：琉球漢文族譜中的用字顯然比日
本譜受中國的影響還要深，如「昭穆」、「世系」、「嫡長」、「庶
出」、「大宗」、「小宗」、「水源木本」、「萬派一源」、……等等中
國譜學的專有名詞，到處可見，尤其久米村三十六姓後裔的譜
書，更常見引用范仲淹、歐陽修、蘇洵等名家的譜論精華，足
證他們譜學思想的來源。

　　三、就譜書內容方面說：琉球譜的內容一般都有以下幾個
部分：序、世系圖、紀錄。然而仔細分析，仍可以看出更多更
深的中國影響。如：

　　第一，前引序文有著富多中國譜學言論，譜家主張，這裡
不再贅述了。

　　第二，世系圖幾乎大部分都採用歐蘇譜例，所謂「五世則
遷」的小宗圖譜法。

　　第三，祖先傳略雖然多數簡要，但是很顯然的是由「牒記」
式體例而來。

　　第四，琉球家譜中，尤其是久米村人的家譜中，不少有祠宅圖、墓冢圖，這當然是依中國的舊制。

　　第五，琉球漢文家譜中偶而也見有家範、家訓一類的文字，如《魏姓家譜》序中記：「歷觀世家之盛衰，不勝之憂者五：一曰好酒致弊於譜，二曰好色致弊於譜，三曰耽財致弊於譜，四曰縱氣致弊於譜，五曰失言致弊於譜。若一在於身，則紊譜亡家之基也，汝為子孫者，慎之戒之。」此外，在一般的家訓中強調「仁義忠孝」這些儒家倫理德目的可以隨處可見。

　　總之，琉球家譜有極深的中國譜學淵源，應該是不容置疑的事實。

五、越　南

　　最後，再舉越南譜兩種，作一觀察，以明瞭中越兩國在族譜文化方面的關係。

　　先看河仙鎮的《鄚姓家譜》。據該譜的姓源部分所記，我們可以了解中國古代有「鄚國」，就是河間的鄚縣，後因以為氏。古代鄚縣在現今中國河北省任丘縣的西北，後來去掉「邑」邊，而成現在的「莫」字。

　　這位住在越南的鄚氏，據說是「明永曆九年（按即清順治十二年，1655年），由雷州原籍，避清人之擾，南遷真臘，以商致富，為真臘王室所重」的，可見鄚氏先世是中國人，清初因避難而遷居越南。

　　《鄚姓家譜》一書相當簡要，僅有他們族人的簡單傳記，沒有世系表，但是傳記家事記事一類的內容也是中國傳記文化的部分。沒有世系表可能是因為他們不能推知祖先的序系的原

因，很多中國海外移民常因家事資料缺乏，而無法追記祖先的世系與功業，臺灣的族譜中也有這類現象。

再以越南的《吳家世譜》為例。這部世譜頗具中國族譜的體例與形式，卷首先考吳氏的姓源，他們認為是吳太伯之後，是由中國廣東遷居越南的。

《吳家世譜》也沒有世系圖，但有「先祖名諱」及字或號的記敘文字，另外也有父子兄弟（昭穆）親疏關係的記事，不過不如世系圖的清楚。

這部《吳家世譜》卷首有序，篇末有跋。序文中談說家世情形，以及宗法大小宗的解說。跋文中則記寫了「禮嫡子而後得為譜，重宗法也」等字，顯然是受歐蘇譜例的影響，尤其尊崇蘇洵的譜例譜法。

書中有凡例十六條，可以說是仿照中國譜書體例的文字。從這些凡例中，我們可以看出這部《吳家世譜》頗重世代的敘述，也從而知道他們家有祠堂，重視傳記的寫製，而以為子孫效法之資的。另外對於祖先的葬地墓冢，規定要詳記山間所在等等，可見是有上報祖恩的宗旨與動機而修譜的。

歐陽修為他祖先修譜時，有先人小傳之作，後世也有稱為「世傳」、「世牒」等名稱的。歐陽式的小傳通常只記各人的生死日期、葬地向所、功名官爵、子女等事。這部《吳家世譜》中每人都有小傳，並在每個人名之後，常附錄「小傳」、「正式傳記」或「行狀」一類文字，較之歐陽式小傳，可謂化簡為繁。不過，《吳家世譜》中的傳記部分仍是「世傳」中國舊體例的加詳而已。

越南譜中所用的中國族譜學的特有名詞如：「姓源」、「原

籍」、「傳記」、「世記」、「世系」、「昭穆」、「名諱」、「大宗」、
「小宗」、「祠堂」、「山向」、「考妣」、「母家」、「外家」、「嫡庶」
等等，不一而足，充分反映了越南譜與中國的淵源。

六、結　語

韓、日、琉、越的漢文族譜與中國族譜學的關係，由以上
所舉實例，相信已能窺知一斑了。然而仍有一些問題，應為研
究亞洲族譜學家所注意的，那就是中國族譜中序文部分似與日、
琉、越南的稍有不同，中國域外漢文族譜除韓國的以外，其餘
的都極少討論到譜學理論，多數只重記述祖先功德的，這好像
與中國的異趣了。另一點是中國族譜對女子的記事不多，這與
韓、日、琉、越重外家的情形有別，這些是不是中國域外漢文
族譜的特質呢？有關此類的問題，我想把我個人的淺見寫在下
面，作為解釋。

第一，中國域外族譜的序文中常連篇的談及各家祖先的光
榮事蹟，這好像與中國族譜裡的情形略有差別。如果我們只讀
明清時代成書的中國族譜，可能會使人有如此的感覺，假如我
們看看晉唐時代殘存的中國譜書資料，必定會發現另外一些事
實的。如前所述，晉唐以上的族譜「尚官」、「尚姓」、「尚詐」，
與宋明以後的中國族譜重宗法、崇倫理、張世教等的宗旨不同。
在「尚官」、「尚姓」的時期，族譜中對祖先功德勳業必然強調
的，我們非常幸運的發現幾件宋代以前的殘存族譜資料，現在
且先抄錄晉成帝時汪旭所上的一件舊譜表如下：

晉成帝咸康二年丙申（336年）二月詔天下索譜，淮安侯汪旭

上譜。

《潁川晉初陳郡陽夏縣西鄉靖仁里汪氏大宗血脈譜》：

臣旭言：「臣等千載有幸，奉詔品量分別姓氏，臣承黃帝之後，玄囂之苗裔，周武王條周公旦、魯伯禽之後，至成公里肱次子汪封汪侯，食邑潁川。臣五世祖父和，漢建安二年（143年）為會稽令，因渡江而家焉。子孫遍布諸郡無不簪纓，以臣無功，蒙用領授護軍司馬、丹陽太守、淮安侯，食邑二千戶。索臣縣來，謹治舊譜婚宦職狀，詣闕拜表以聞。臣旭誠惶誠恐，坐罪謹言。」勅付尚書佐著作郎袁彥叔。

尚書佐著郎知譜臣袁彥叔奉勅品入。

袁彥叔曰：臣讀《汪氏家譜》云汪氏承周之苗裔，魯伯禽之胤，成公里肱之次子汪侯之後也，謚命族姓。觀經傳子史，實是不虛。汪錡、汪量名宦周秦之朝，汪騰、汪晃德昭漢世，顯著風烈品流，汪氏可證綱宗胄族者矣。

鄭樵在《通志》中說：「自隋唐而上，官有簿狀，家有譜系。官之選舉，必由於簿狀，家之婚姻，必由於譜系。歷代並有圖譜局置郎令史以掌之，仍用博通古今之儒，知撰譜事。」根據鄭氏此說，汪旭所上的這份文件很可能是簿狀，而圖譜局當時的郎令史顯然是袁彥叔了。從上引的文獻中，我們所看到的資料都是汪家的功業、食邑等。

又如《歐陽安福府君六字通譜》中的唐代貞觀六年（632年）譜表以及唐天寶十五載（756年）〈蔣氏大字碑記〉二篇不易多得的古譜資料，我們可以從而知道唐代譜表的內容仍是以記祖先功德勳業為主的。宋代譜學內容突變，崇祖功便略較前代的比

重為輕了。我們今天多數只看明清時代的中國族譜，當然會感覺到與日本、琉球的情形有些差異了。

　　第二，中國域外漢文族譜中對女子的記事較多，有時甚至對外家的記事極詳，這似乎也與中國族譜頗有分別。其實中國古代對女子的記事不為不多，在《史記》即反映這一事實。如商代簡狄生始祖契，甲骨文中常見祖妣並列的事。周朝姜原生始祖棄，季歷娶賢婦太任等等，都是婦女在古譜中受重視的明證。直到魏晉時代，族譜中記女子或外家事仍然很多，如：

1. 書母例的《嵇氏譜》曰：「康母孫氏。」（《文選・幽憤詩》注）
2. 書母敘及其父例的《許氏譜》曰：「元度母華軼女也。」
3. 書母名字例的《謝氏譜》曰：「朗父據，娶太康王韜女名綏。」
4. 書繼母例的《王祥世家》曰：「祥父融，娶高平薛氏，繼室以廬江朱氏。」
5. 書姊妹例的《袁氏譜》曰：「耽大妹名女皇，適殷浩。小妹名女正，適謝尚。」
6. 妻書姓氏例的《司馬氏譜》曰：「丞娶南陽趙氏女。」
7. 妻書郡縣例的《周氏譜》曰：「浚娶同郡李伯宗女。」
8. 妻書名字例的《王氏譜》曰：「導娶彭城曹韶女，名淑。」
9. 妻書次第例的《謝氏譜》曰：「裒子石娶恢小女名文熊。」
10. 妻書祖父例的《嵇氏譜》曰：「康妻林子之女也。」
11. 書繼妻例的《溫氏譜》曰：「嶠初娶高平李恆女，中娶琅邪王詡女，後娶廬江何邃女。」
12. 書離異例的《王氏譜》曰：「獻之娶高平郗曇女名道茂，後離婚。」

　　此外庾亮的兒子庾會死於蘇峻之亂，庾會妻諸葛文彪，年

少新寡，後來改嫁，譜書中也照實記述。可見魏晉南北朝期間，中國也並不注意「婦諱不出門」這些古禮，連離婚改嫁都直書無隱，不以為諱，這與宋明以後的譜書中對女子記事的情形顯有不同。這其中原因可能與重門第、顯權勢而多記女子事有關，如朝鮮兩班制度對門第、婚姻、任官都有關係與影響，因而當時的譜書也特重外家的記述。當然中國自宋代理學發達以後，女子的地位大為降低，這也影響到她們在族譜中的比重變輕。所以我們如果單看明清的中國族譜，一定會以為中國家庭譜書不重女性資料，實際上在上古時代，在南北朝時代，中國族譜中仍是重女子地位，重外家的。只是時代演進了，學術思想創新了，影響到了譜學理論與譜書內容。

　　綜合以上所論，我們可以獲致一些結論：中國族譜學對亞洲鄰邦韓、日、琉、越的漢文族譜普遍的有著影響，無論是修譜的宗旨、修譜的體例或修譜的書法，在在都可以發現有顯著的仿效之處。即使表面上看來與中國譜法略有不同的序文強調祖先功德以及多記女子與外家的部分，實際上也可以在中國譜書裡找出來源的。韓國李朝受中國儒學影響很深，族譜學也與明清中國譜學發展的情形相似，日本、琉球、越南的譜書譜學則不如韓國的進步，還留滯在晉唐階段，或受宋明的影響不多，因此內容也與中國明清的族譜稍有差距了。再說任何一種文化影響另一種文化，在程度上並不一定非達到百分之一百才是，也就是各國採納接受或吸收的情形不一定是全盤的。在各國自有其本身傳統與個別國情的情勢下，文化移植都會碰到排斥的，都會有或多或少改變的，中國族譜之學對亞洲鄰邦的影響也應該作如是觀。

二　中韓族譜比較研究 [1]

　　族譜是家族歷史的紀錄。由於家族的活動與社會的演進有著密切的關係，族譜的資料也就可以作為研究傳統社會結構、民族遷移與融和、地區開發、經濟消長以及一時一地史事文風等問題的參考依據了。近代歷史學家、社會學家、經濟學家以及民族學家都勤於收集族譜資料、整理研究族譜資料，其原因即在於此。

　　我們東方國家，素來就重視家族，族譜的編纂與保存當然就成為家族中的一項重要工作。尤其中韓兩國，族譜的歷史悠久、內容豐富，以及目前保存古譜數量之多，實在不是世界上其他國家所能匹比的。而中韓族譜的體例與書法，又有值得我們注意的大同小異之處，應該作一番比較研究才是。現在我就把我個人對閱讀中韓兩國族譜的一點初步心得，一些膚淺的了解，寫在下面，提供同好參考，並請方家君子指教。

1. 原文刊載於《中日韓文化關係研討會論文集》（臺北：太平洋文化基金會，1983），頁 537–566。本文撰寫期間承聯合報文化基金會國學文獻館慨允借閱中韓族譜資料，盛清沂先生賜閱草稿一遍，併此感謝。

一、從中韓兩國族譜發展的歷史來看

　　中國族譜之學，由來已久。近代學者都公認，早在周朝，我國譜學就已經興起了。當時的譜牒實際上就是貴族的族譜。雖然這種古老文獻的內容我們現在不能盡知，但是《史記》一書中的〈三代世表〉，實在可以視為古譜的縮影。《史記·十二諸侯年表》編首記有「太史公讀《春秋歷譜牒》，至周厲王，未嘗不廢書而嘆也」的話 [2]，《梁書·劉杳傳》中也說「太史〈三代世表〉，旁行斜上，並效周譜」 [3]，可見司馬遷所作的〈三代世表〉是由閱讀了周代以來留傳的舊譜牒所生靈感而作成的。其實周代不但有譜牒，而且還設有專官以司其事。《周禮·春官·宗伯》所屬有：「小史掌邦國之志，奠繫世，辨昭穆。若有事，則詔王之忌諱。」 [4] 同時《國語·魯語》中也記：「宗有司曰：夫宗廟之有昭穆也，以次世之長幼，而等之親疏也。故工史書世，宗祝書昭穆。」 [5] 楚國的三閭大夫屈原據說就是「掌王族三姓，曰昭、屈、景。屈原敘其譜屬，以厲國士。」 [6] 總之，在二三千年以前，中國帝王與諸侯家族，都已注重世系，並有專人記錄家事了。

---

2. 《史記·卷14·十二諸侯年表》（臺北鼎文書局重印本），頁509。
3. 《梁書·卷50·劉杳傳》（臺北鼎文書局重印本），頁716。
4. 《周禮·春官·宗伯下》，收於《十三經注疏》（臺北藝文印書館版），卷26，頁16。
5. 《國語·卷4·魯語》（臺灣商務印書館四部叢刊本），頁11下。
6. 洪興祖，《楚辭補注·卷1·離騷》（臺北藝文印書館版），頁1，王逸注。

　　戰國以降，各國紛爭，氏族譜牒之學大受影響。秦始皇時又焚書坑儒，更使典籍散失，很多氏族互相混亂，因而不少人對自己的氏族來源都知之不詳了。誠如清代學者顧炎武說的：「漢時碑文所述氏族之始，多不可據。」[7] 從《史記·高祖本紀》不能推考劉邦祖父一事，也可以了解當時族姓系統不傳的一般情形。[8] 不過帝王貴族之家畢竟是注重家世的，因為事關繼承，後來漢代也有了宗正或宗伯一類的官員，其職掌就以「奠繫世，辨昭穆」，「歲一治諸王世譜」為主。《漢書·藝文志》裡提到《帝王諸侯世譜》二十卷，可能就是他們的工作成果。漢代除帝王諸侯有世譜以外，有些名人家庭也製作了譜書，例如揚雄《家牒》、《鄧氏官譜》、《聊氏萬姓譜》等等，都是很好的例證。不過這些舊譜現在我們只能在古書的徵引文字中窺知其確實存在過，而原書可能因漢朝末年動亂而亡失了。[9]

　　曹魏時期，九品中正之法設置，門第觀念因而風行，政府選官，家庭嫁娶，都要譜牒來作依據，因此譜學大盛，可以說到達了高峰的階段。鄭樵說過：「自隋唐而上，官有簿狀，家有譜系。官之選舉，必由於簿狀，家之婚姻，必由於譜系。歷代並有圖譜局置郎令史以掌之，仍用博通古今之儒，知撰譜事。

---

7. 顧炎武，《日知錄·卷23·氏族相傳之訛》（臺北：明倫出版社，1970），頁652。

8. 《史記·卷8·高祖本紀》，頁341：「高祖，沛豐邑中陽里人，姓劉氏，字季。父曰太公，母曰劉媼。」記事可謂簡略。

9. 揚雄《家牒》見《七略》、《藝文類聚》、《太平御覽》諸書，《鄧氏官譜》則《隋書·經籍志》中提及，《聊氏萬姓譜》則見於鄭樵《通志·氏族略序》。

……。」[10]一時「人尚譜系之學，家藏譜系之書」。當時社會人士，常以門第相誇耀，為了分別士族與寒門，族譜的製作成為必需的了。同時由於族譜是當時的一種實用學問，很多人也埋首於族譜學的研究，甚至不明譜學的人，都沒資格被任選為官吏。[11]

從晉室東遷到隋代統一，三百多年當中，譜書的著作，為數極多，可惜一無所存，現在只能從《魏書》、《蜀書》以及《世說新語》等書當中所引的零星片斷，得悉當年舊譜的部分情形。

隋唐以後，雖然樹立了科舉制度，但六朝遺風尚存，政府還有修纂氏族志書的詔令，民間也有以氏族郡望相矜的舊習。據《新唐書》的記載，家譜、總譜、皇室譜一類的專書有一千六百一十七卷之多。[12]不過到唐朝末年，時代喪亂，政治與社會的情況變化很大，一般人也不像以往那樣的重視禮俗，譜書也因黃巢之亂與五代紛擾毀失殆盡，譜學當然也隨之不振。

宋代是我國譜學發展史上的一個重要時期，當時因為已無士族與寒門的分別，而宋儒的治學精神又重在復古，倡言道德仁義，因此有不少人在慨嘆譜學的衰微之餘，留心於譜學的研究與發明工作。同時又因譜牒不止於官，即譜學不受政府的干預，學者可以自由寫作，在這種背景與環境之下，產生了我國

10.《通志‧氏族略序》。

11.《南史‧卷24‧王晏傳》（臺北鼎文書局重印本）中記：「……永明中，武帝欲以明帝代晏領選，晏啟曰：『鸞清幹有餘，然不諳百氏，恐不可居此職。』乃止。……」可見當時居官與明譜學之關係。

12.《新唐書‧卷58‧藝文志二》（臺北鼎文書局重印本），頁1499-1502。

兩位著名的譜學大家：歐陽修與蘇洵。歐陽修發明了圖譜，蘇洵則創造了宗譜圖法。這兩家的譜例都著重圖表，重視長幼親疏的倫序，把古代辨昭穆的主張一目瞭然的顯現在譜書中。他們的譜義則又都標榜周代的宗法，使製譜能收到宗族更加團結的效用。歐蘇的譜式自此就成為後世中國人修譜的規範了。**⓭**南宋時代，由於印刷術的較前便利，地方志書的倡修以及戰禍使不少家族離散的種種原因，族譜的內容變得較前豐富了起來，體例與書法也略有更張，開啟了明清譜學的濫觴。當然宋代族譜由於各姓氏可以自為修纂，攀援華胄，甚至與史事相乖異的也難免絕無了，這也是後代中國譜書的一項缺點。

明代初期，修譜之風，可以說與日俱盛。同時由於漢人的威儀重見，乃重夷華之防。加上明太祖的凌辱文士，成祖朝的骨肉相殘，因此學者對修譜與讀譜，又關心到了宗族的敦睦團結與群體社會的維護方面。**⓮**明代中期以後，新安商人興起，江南文風鼎盛，因而安徽江浙一帶，修譜人家常以家史比國史，如汪道崑自撰族譜時，全仿《史記》體例。甚至有些族譜，除世系以外，也損益《史記》、《漢書》的綱目，多到有列出八志

13.歐蘇譜例都標榜宗法，歐陽式的圖譜源於《史記》、《漢書》諸表；蘇式則本於宗法為圖，都是五世則遷的小宗譜。後來有些譜家擴大為大宗譜，因此也擴大了族的組織和團結，並從而發揮了族團和族治的功用。歐蘇譜例結束了漢、唐時代譜學「尚官、尚姓、尚詐」的局面，而開明清譜書記實存真的風氣。

14.如方孝孺就強調說：「士有無位而可化天下者，睦族是也。睦族之道三：為譜以聯其族；謁始遷之墓，以繫其心；敦親親之禮，以養其恩。」又說：「夫斯道（按指修譜）可以修身，可以齊家，可以祈天而永命。」方氏於靖難之役中被殺。

以上的。[15]凡是與家族中有關的大事，如文獻、家廟、宅第、公益、祀田、家規家訓等的，都全被記入族譜了，這不僅擴大了族譜的範圍，也增多了族譜的功用，更奠定了南宋以來譜學發展與改變的基礎。

清代族譜的譜例一沿有明之舊，製譜的風氣可能盛於明朝。前輩學人有認為清代文字大獄，影響族譜的研究與修纂的，譜學在學術發揚上的地位也頗受損失。我個人則以為清代文網，在族譜製作的用詞遣字上確有干擾，體式也因忌諱略有改變。不過清朝歷代帝王都一再強調敦親睦族，鼓勵大家修譜，所以清譜成書的數量，遠邁前朝。而文字獄影響了清代考據學風，因而清代修譜名家也多考究精詳，寧缺毋濫，多數主張要盡掃前人誇飾扳附的修譜舊習，做到無徵不信，使族譜成為家族的信史，這是譜學的一大進步，[16]也可以說是文字獄給譜學帶來的間接好影響。當然清代族譜出自俗師之手的也很多，製譜態度的不謹嚴，內容的不可靠也就不問可知了。

民國以後，我國戰亂頻仍，共產社會又不重視家庭倫理，因而在中國大陸上的譜書，文化大革命期中損失極多，譜學當

---

15. 萬斯大修 《萬氏宗譜》 時分內外二集，共二十目。民國二十三年（1934 年）湘潭泉沖王氏五修族譜則有志、表、錄記等近四十類。

16. 有關我國族譜研究的論文，有不少是應該閱讀的，如潘光旦，〈中國家譜學略史〉，《東方雜誌》，26 卷 1 期（1929，上海）；楊殿珣，〈中國家譜通論〉，收於《圖書季刊》，新 3 卷 1、2 期合刊本（1941，北平）；羅香林，〈中國族譜學史〉，收於《中華學術與現代文化叢書(三)：史學論集》（臺北：中國文化大學出版部，1983）；盛清沂，〈家譜諮詢記〉，《中華民國宗親譜系學會年刊》（1981，臺北）。羅香林先生則認為清代文字之獄，「使譜學在學術發揚上之地位頗受損失」。

然更談不上有創新之處。中華民國政府遷臺之後，由於社會安定，經濟繁榮，又大力提倡復興中華文化，譜學研究因之得以振興，製譜之家，比比皆是，中國譜學的續延與光大是可以預期的。

　　至於韓國譜學發展的歷史，無疑的沒有中國的那樣長久。新羅時代，除了王姓金、貴族姓朴以外，很多韓國人家還沒有姓氏，[17]當然修譜之事也就談不上了。明朝成化十二年（1476年），韓國李朝崇政大夫徐居正為安東權氏作譜序的時候曾經說過：

> 吾東方自古無宗法，又無譜牒，雖巨家大族，絕無家乘。纔傳數世，有不記高曾祖考名號者，子孫寢而乖隔，或不識緦功之親，視同路人，何待服盡親盡，而疎且遠哉！如是而欲興孝弟、成禮讓，豈不難乎？[18]

據此可知，韓國以前原無族譜，而後來受中國宗法觀念影響，並為「興孝弟、成禮讓」而修纂族譜的。有些韓國學者都認為這部成化權氏譜可能是韓國的古譜，權氏族人也說：「海東之族，莫鉅於我族；海東之譜，莫古於我譜。」[19]不過我個人卻以為在我國元朝，韓國似乎就已經有譜書了。李齊賢的《益齋集》中說：「宗女與宗子並列，討其世譜，棼然莫之辨也。」[20]

17.《新唐書·卷220·東夷傳·新羅》，頁6202：「王姓金，貴人姓朴，臣無氏有名。」

18. 見 《安東權氏檢校派譜·卷首·成化譜序》（清光緒二十三年重刊本）。原書現藏美國哈佛大學燕京圖書館，臺北聯合報文化基金會國學文獻館收藏其微捲資料。

19.《安東權氏檢校派譜·卷首·甲寅譜序》。

可見當時有了世譜。另外在一部《文化柳氏世譜》中,卷首刻有一篇永樂二十一年（1423年）的譜序,也可證明明成祖時代就有了家族專書問世。[21]雖然當時的族譜很簡略,「不過子孫錄而已」,但族譜的存在事實是可以確定的。乾隆時期,韓國學者有謂:「東人之為譜也,昉于高麗之式目焉。」[22]這也可以說明在高麗時代,韓國就有了記家系的「式目」。後來由於中國儒家的學術思想傳入韓國,主宰了李朝的朝野,中國重睦族、厚風俗的譜學也改變並增強了韓國「式目」或「子孫錄」的內容。此外,韓國族譜中也有承認他們是仿效中國制度而修譜的。如乾隆四十七年《豐山金氏世譜》序中說:

> 氏族之書,始起於《周禮》小史氏之遺,其來尚矣。我東文獻,大抵一倣中州氏族之書。……[23]

還有不少人家根本就自稱他們是華裔而移居韓國的。如英陽金氏〈舊譜序〉中說:

> 我東世族,未有盛於金氏,其鄉貫之多,不知為幾許,而實皆源於新羅王。獨其貫英陽者,肇自中國來耳。粵在羅朝,金公忠以中國汝南人當大唐天寶中奉使日本,漂到朝鮮,景德王以聞于中朝,而許其仍居,賜姓南改名敏,而特封為英毅公。其長子僕射公之隨來者,獨冒舊姓,而後裔綿綿,今

---

20. 李齊賢,《益齋集》,卷9（該書收於韓國成均館大學重印本《麗季名賢集》）。
21. 《文化柳氏世譜・卷首・永樂譜序》（清嘉慶八年重刊本）。
22. 《幸州奇氏族譜及誌狀・甲午舊譜序》（1957年重刊本）。
23. 《豐山金氏世譜・壬寅舊序》。

踰千餘載之遠矣。……[24]

《豐川任氏世譜》也說：

> 吾任于豐川自諱溫而始譜，子可珪、子備、子徒、子天裕，
> 相傳此五世。紹興府慈溪縣人也，子澍始來東國。……[25]

又如《靈光丁氏護軍公派譜》稱：

> 吾丁始祖大陽君，諱德盛，自唐東來新羅押海郡，墓在于
> 此。高麗初，郡屬靈光，其裔以此為籍。[26]

其他還有韓國族譜稱他們是姬姓後人的，也有溯其始祖為箕子
的，可謂不一而足。[27] 要之，韓國不少族譜的修纂確係仿自中
國，或是中國子孫在韓依舊制記述家事的，而編譜的目的也在
於睦家族、補世教、厚風俗、光門第等等中國的老觀念，尤其
是韓國族譜不出宗法範圍，更可證明他們譜學發展與中國文化
的淵源。李朝中期以後，由於門第風氣日見崇尚，軍伍免役的
享受等現實因素的影響，韓國族譜由一個家族世系紀錄的單純
功能，而增加了功利的色彩與行政上的需要，李氏朝鮮人家，
特別是兩班階層，都對修譜表現了極大的興趣與關心，因而造

---

24. 《英陽金氏世譜・舊譜序》，頁8。
25. 《豐川任氏世譜・卷首・舊辛酉譜序》（咸豐七年重刊本）。
26. 《靈光丁氏護軍公派譜・卷1・1965年重刊本序文》。
27. 如《原州元氏宗史》稱「本姬姓，周成王近親」；《清州韓氏世譜》
　　說他們起源於黃帝，譜中並附有他們先世箕子圖；《裴氏族譜總目》
　　稱他們是周代之臣；《幸州奇氏族譜及誌狀》也說他們是箕子的後人
　　等等。

成十八世紀韓國族譜的全盛時代。根據目前的了解，現存於世的韓國族譜約有二三千部，這些族譜的內容固然有不少是翔實可靠的，但也有很多因修譜人員的知識不足而遺漏記事，或因扳附門第而誇飾事物的。尤其當時的族譜具有做官、婚嫁等參考的現實功能，各家記事的重點常放在家世、財富、官宦等方面，甚至有某族人因無政治地位或無法提供修纂譜書經費而被摒棄譜外的，因此有些族譜就嚴格的觀點看，便不能視為全族的信史了，這是近代有人否定李朝族譜學術價值的原因。然而正如中國若干家族的譜系之書一樣，李氏朝鮮的族譜，也是惟一的、僅存的記載家族的資料，我們捨此別無可求，而且記事也並非全然虛偽。所以若說韓國現存族譜是毫無研究參考價值的話，這種論調是不公平、不合理的。第二次世界大戰以後，韓國不少家族又注重修譜之事，而且這種風氣至今不衰，這和我國目前的情形，極為相似。

綜上可知，中韓兩國的人民，由於重視家族，多年來一直熱心於修纂家譜的事業。若以譜學發展的時間來說，中國當然比韓國要早，若以修譜的動機與目的來說，韓國族譜確是有著深厚的中國淵源。也許可以說，韓國之有今日形式的族譜，根本就是中國文化東被的一種結果。

二、從中韓兩國族譜所用的名稱來看

漢代以前，中國譜書的名稱有世本、世表、世譜、官譜、家牒等的不同。南北朝時代則多以某氏譜為稱，如庾氏譜、王氏譜、謝氏譜、孫氏譜、孔氏譜、陳氏譜等。趙宋以後，由於譜書不必上達於官，可由私人自由編著，因而族譜的編製動機、

寫作方法以及內容格式等都有了變化，而修譜的人士又因學識程度的不一，家族規模的大小不同，使得成書的族譜有繁有簡，有好有壞。甚至有些人為了實際需要或是為了標新立異，連名稱都刻意法古或新創而變得多彩多姿了。現在列舉出一些在名稱上與以往不同的在下面，以作說明：

《日照丁氏家乘》（清康熙二十六年刊）

《丁氏真譜》（民國十三年刊）

《孔子世家譜》（清康熙二十三年刊）

《江陰六氏宗譜》（清康熙二十二年刊）

《尤氏祖譜》（不詳）

《方氏聯宗統譜》（民國十三年刊）

《方何宗譜》（清光緒年間刊）

《鄞西桃源水氏世系考》（民國三十六年刊）

《淄川牛氏支譜》（民國二十三年刊）

《王氏三沙全譜》（清光緒五年刊）

《王一本堂享錄》（清光緒三十一年刊）

《會稽王氏清芬錄》（清光緒二十六年刊）

《王氏世系圖表元編》（清光緒三十三年刊）

《王氏郁氏李氏三宗同家譜》（民國十一年刊）

《涑水司馬氏源流集略》（明萬曆三十六年刊）

《（古比）二十五府君泒譜》（清康熙二十年刊）

《新安堂古氏先德錄要》（民國三十六年刊）

《富春靈橋朱氏副譜》（清乾隆年間刊）

《朱氏傳芬錄》（清咸豐十一年刊）

《新安吳氏考系》（清康熙三十五年刊）

《榆林李氏世系譜》（民國四年刊）

《李氏溯源錄》（民國十年刊）

《汪氏淵源錄》（明正德十三年刊）

《太倉汪氏述德小識》（民國五年刊）

《杭州汪氏振綺堂小宗譜》（民國十四年刊）

《休寧遷浙金氏譜略》（清光緒二十年刊）

《紹興金氏藏譜》（民國十四年刊）

《周李合譜》（清道光年間刊）

《姚氏百世源流考》（清光緒二十九年刊）

《桐城姚氏碑傳錄》（清光緒三十二年刊）

《胡氏世典》（清光緒三十一年刊）

《柳氏世爵籍貫考》（清康熙年間刊）

《慈谿竹江柳氏興孝錄》（清咸豐三年刊）

《（徐氏）誦芬詠烈錄》（清光緒十七年刊）

《秦氏譜牒》（清嘉慶二十四年刊）

《東里高氏世恩錄》（清康熙二十九年刊）

《蕪湖張氏續存名錄》（清光緒二十五年刊）

《章氏會譜德慶編》（民國八年刊）

《郭氏舊德述聞》（民國二十五年刊）

《登瀛陳姓一房私譜》（清光緒二年刊）

《白沙陳氏必元房譜》（清宣統元年刊）

《潁川陳氏近譜》（清嘉慶年間刊）

《楚黃松山陳氏續編本宗譜》（民國七年刊）

《華氏本書》（清光緒年間刊）

《華氏通九支傳芳集》（清光緒二年刊）

《黃紐同宗錄》（民國二十一年刊）

《鄞縣楊氏小宗祠譜》（清咸豐七年刊）

《金城劉氏先德錄》（清光緒三年刊）

《歐陽安福府君六宗通譜》（清乾隆十五年刊）

《新鐫吳越錢氏續慶系譜》（清康熙十八年刊）

《粵東簡氏大同譜》（民國十五年刊）

　　據上可知，中國人家所修族譜，自明清以降，名稱頗有不同，可謂洋洋大觀。反觀韓國李朝及現代所修族譜，在名稱方面，似乎沒有中國的名目繁多，而且也大致不出中國族譜名稱的範圍。例如他們以「世譜」為稱的有：

《朔寧崔氏世譜》（清乾隆十五年刊）

《綾城具氏世譜》（清嘉慶十年刊）

《陽城李氏世譜》（清光緒四年刊）

《星州李氏世譜》（1957年刊）

《英陽金氏世譜》（清同治二年刊）

《清州韓氏世譜》（清光緒二十三年刊）

　　以「族譜」為稱的有：

《八莒都氏族譜》（清乾隆三十二年刊）

《延州玄氏族譜》（清嘉慶四年刊）

《密城朴氏族譜》（清道光十一年刊）

《咸陽朴氏族譜》（不詳）

　　以「家乘」為稱的有：

《全州李氏孝僖公子孫春城君派家乘》（清宣統二年刊）

《金海金氏松齋公派家乘》（1957年刊）

《金海金氏洗馬公派家乘》（1961年刊）

《全州李氏蘭軒公派家乘》（不詳）

　　以「派譜」為稱的有：

《全州李氏派譜》（清同治十年重修）

《安東權氏檢校派譜》（清光緒二十三年重修）

《清州韓氏派譜》（1912 年重修）

《咸平李氏派譜》（1957 年重修）

　　此外還有用宗譜、支譜、門譜、大同譜、聯系大譜、宗史、事蹟記、世德錄等作譜名的，實際上也是一種標奇立異的作法而已。韓國族譜常常冠上祖籍的地望，即韓國所謂的「貫」，這也是中國族譜中常見的事。**28**

三、從中韓兩國族譜的內容來看

　　如前所述，中國族譜在宋代以前，由於譜書的功能只在「別郡望、辨婚姻」，因此族譜的內容非常簡略。可是明清以後，修譜者常以家史比國史，甚至有些族譜中的藝文一志分為史、經、子、集各門的，族譜資料的豐多美備由此可知。大致說來，明清以後的中國族譜內容，約有下列幾個部分。

(一)譜　序

　　敘一家一族修譜的緣由，以及這一家族的政治社會有關各項事務的。有些舊家望族，由於不斷修譜，譜序常由歷代名人或家族子孫寫作，甚至有多到十幾篇的，這些譜序不僅反映各個時代的背景及這些家族的情形，也是歷史學、社會學、民族

28.中國族譜中多半是以地名冠在譜名之先的，如《常州卜氏宗譜》、《蕭山于氏家譜》、《桐城毛氏宗譜》、《餘杭吳氏宗譜》、《商丘宋氏家乘》等等，不勝枚舉。

學等方面的重要文獻，非常寶貴。

(二)譜　例

　　很多家族在每一次修纂族譜時，都訂出一些適合當時時代需要與背景的規則，說明他們修譜所遵循的方向。這些譜例我們可以從而研究中國各個朝代譜學發展與變遷的痕跡，並且也能藉以了解每一部族譜的修繕原則與族譜內容的一斑。

(三)各族姓氏源流

　　說明這個家族得姓的來源，以及他們遷徙甚至改姓的一些歷史。這一部分很不簡單，因為有些姓源是無法考究的，也有些是似是而非的。不過從這一部分，至少我們可以了解每個家族姓氏的由來與歷史，可以作為他們一族子孫或其他關心研究這一族人的參考資料。

(四)世系表

　　這是每一部族譜的最重要部分，因為它可以說明每一個家族成員互相之間的關係，歷代修譜家都重視這一部分。我國唐代以前，世系常用線條的圖來表示，宋代以後，世系表的格式，由於專家的創新有了改變，以現存資料來證實，我們可以了解至少有四種不同的形式：

1.歐陽修發明的歐陽式圖譜：

　　他認為祖先的世系不一定都能確知，最好只「斷自可見之世」，以為高祖下至五世玄孫，別自為世，「凡遠者疏者略之，近者親者詳之」，因此圖譜以五世為限，五世以後，格盡別起。

2.蘇洵發明的蘇氏宗譜法：

　　比歐陽修稍晚數年，蘇洵發明了一種所謂的蘇氏宗譜法。他的論點在強調宗法，他認為「觀吾之譜者，孝弟之心，可以

油然而生矣！情見於親，親見於服，……無服則親盡，親盡則情盡，情盡則喜不慶，憂不弔，喜不慶憂不弔則塗人也」。

3. 寶塔式世系表：

此外還有一種所謂「寶塔式」的，這種形式不曉得創自何人，創自何代，不過南宋宇文懋昭的《大金國志》已採用了這種格式，可見至少在宋代以前已經流行這種圖譜以說明世系了。

4. 牒記式世系表：

還有一種牒記式的世系，是按世代分別以文字敘述，其實這一形式的來源也導源於歐陽修的譜例，就是歐陽修世系圖表後的「傳略」部分而已，其內容不外一個人的字、號、謚、功名、官爵、生卒年月日、妻妾子女、葬地及簡單的行事等等。現代中國家庭也常用這一形式來敘述世系，據說與方便以及節省經費有關。

以上四種敘述世系的方法，是中國族譜中多年來常用的，而其中尤以歐陽修的圖譜法被人沿用的為多，因為比較方便，只要在書頁上畫幾條橫線就可以了，既省錢又省事，而且橫格可多畫也可少畫，任隨君意，因此明清以後的中國族譜多用歐陽修式。

(五) 恩榮紀錄

每一家族對於自己的光榮家世總是引以為傲的，族譜裡對有關族人官爵與封賞一類的紀錄當然格外詳盡。真是「凡有一資者無弗錄，有一命者無弗書」，所有制誥、功名、仕宦、封蔭、文學、恩例、冠帶、頂戴、旌節，以及耆壽、壽婦等等，無所不記。

㈥宅里故居

族譜是家族的紀錄，對於家族生長終老的所在當然不能不記，因而明清族譜不但述記地望，很多還以版圖印出家族居所亭園、樓閣、書齋、房舍等等的。

㈦祠　堂

中國祠堂，周代即已設置了，但是族譜中記載祠堂，則是從明代才有。祠堂是供奉先人的地方，孝子賢孫，都以設祠堂為要務，而祠堂也可以用來敦睦家族，且有安定社會的功能，所以大家望族修纂的族譜都兼收宇祠一章，並配版圖。有時候還記錄有關祠產、義田、義莊的事。

㈧家　傳

中國古代，譜傳是分開記述的，明朝開始譜傳合為一書，舉凡碑銘誌狀、行述年譜，都常常彙合而收錄在族譜中。有的家族又分列傳、內傳、外傳等部分的。列傳記族中男子有德行的人，內傳記族中女子有懿行的人，外傳則記嫁出女子中有懿行的。連篇累牘，非常繁雜。有時還附記族中名人版畫以示先人形像的。

㈨藝文著述

六朝時代似乎已經在族譜中記述名人的著作了，明清以降，記載得更為詳盡罷了。而且在名稱上又有藝文志、辭源集、文徵集等等的不同，所記的多是詩文，有時兼記時文。以本族人的著述為主，也有收錄別人與本族人唱和詩句及來往函札為外編的。

㈩其　他

族譜中也有列人口表、科舉表、職業表等，或契約志、水

利志、交涉志、拾遺志等，或詳記家規、家訓的，使得族譜的內容更形豐富。

以上就是明清以來中國族譜的主要內容。

至於韓國的族譜，我個人以為若以全書的內含來說，似乎不出中國族譜所記各事的範圍，而體例也是大致仿自中國的。譬如韓國古今譜書，幾乎都有譜序、譜例，而其內容也與中國的一樣，甚至還有很多家的序、例中，強調譜源於中國或是討論中國名譜家如歐陽修、蘇洵、宋濂、方孝孺等人譜論文章的。這類例子比比皆是，不勝枚舉。現在僅就韓國族譜中幾項重要的內容，略作比較如下。

㈠世系圖

這一部分也是韓國族譜中的主要內容，而且中國的幾種表示世系的圖譜法，他們都採用了。現在隨便舉出一些，以作說明。例如用歐陽修圖譜法的有：

《文化柳氏世譜》
《安東權氏檢校派譜》
《綾城具氏世譜》
《清州韓氏世譜》
《豐壤趙氏世譜》
《密城朴氏聯系大譜》
《昌源俞氏世譜》
《豐山金氏世譜》
《慶州金氏世譜》
《豐川任氏世譜》
《英陽金氏世譜》

《仁川李氏世譜》
《河東鄭氏世譜》
《金海金氏洗馬公派家乘》
《玉川趙氏世譜》
《坡州廉氏世譜》
《昌源黃氏世譜》
《慶州李氏四刊世譜》

　　韓國族譜採用歐陽修圖譜法的為數極多，雖然他們每頁用五至六格是常規，但也有每頁僅畫三、四條或增畫橫線十數條，形成變體的。其實這種增減每頁線條的新式樣在中國明清時代也常見，如明朝正德年間刊行的《汪氏淵源錄》就是以九世為圖，清朝道光十七年（1837 年）修印的《南皮張氏東門族譜》也有每頁畫線八至九條的，而清光緒四年（1878 年）的《麻溪姚氏宗譜》則每頁只有三格。不過在基本上，這些譜都屬於歐陽修圖譜法，畫線多少是與每一世祖先的齒錄（或稱行實、世錄）的內容繁簡有關，當然也有因為節省篇幅紙張而多畫線條的，這與韓國族譜中所顯示的並無不同。

　　韓國族譜也有以蘇洵小宗譜法為標準，來說明世系的，如《原州元氏宗史》、《龍川仁同張氏族籍簿》等等。用寶塔式的見於《天安權氏世譜》與《迎日鄭氏世譜》等書。另外以牒記為主的則有《裴氏族譜總目》、《全州李氏茂林派譜》等等。

　　此外，正如中國很多的族譜一樣，韓國也有混用兩家圖譜法來表明祖先世系的。他們常以蘇式圖表為綱，而以歐陽式來記述祖先的傳略，例如：《德水李氏世譜》、《延安李氏館洞派譜》、《江陵崔氏世譜》、《靈光丁氏護軍公派譜》，就屬於這一

類。也有混用寶塔式與歐陽式以及混用蘇式及牒記式法的，前者如《迎日鄭氏世譜》、《天安全氏世譜》等，後者則有《江陵劉氏兵判公派譜》、《義城金氏大同門案》、《延安金氏大同譜》等等。總之，韓國族譜在世系圖譜法方面，與我國的族譜並無不同，而採用歐陽修圖式的尤多。

㈡姓　源

韓國族譜中有不少的也講求考溯姓源的。如《清州韓氏世譜》中記：

> 古人譜牒必先詳其本源，遷固敘世，遠自高頊、重黎；歐蘇述譜，溯至夏禹、吳回。其間世次，雖未一一盡記，而所來自，有可據也。吾韓氏系出箕聖，而三韓之際，文獻未備，繫世昭穆，今不可詳，然得姓之源，昭載史策。《魏略》曰：「朝鮮侯奔金馬郡，國號韓，其子親留在國者，因冒韓姓。」……[29]

《幸州奇氏族譜及誌狀》中也記：

> 奇氏之先，出自箕子。按《史記》箕子與微子皆姓子氏。微子既歿，而子孫散處中國為商氏、殷氏、宋氏、皇父氏、華氏、向氏、戴氏、樂氏、孔氏凡九姓，而孔氏特著。箕子東封朝鮮，傳國四十有一世，遷于金馬，又歷八世至元王始國除，而其子得姓者三：曰鮮于氏、曰韓氏、曰奇氏。而獨奇氏之系，既詳且遠，與中國之孔氏，無以異焉。……[30]

29.《清州韓氏世譜・箕子系牒識》。
30.《幸州奇氏族譜及誌狀・甲午舊譜序》。

《原州元氏宗史》謂：

> 元氏本姓姬氏，周成王近親。……[31]

《坡州廉氏世譜》也記：

> ……惟我廉氏之本源，出自少典，至于黃帝，初以公孫為姓，移居姬水，以姬為姓。娶正妃嫘祖，生昌意，昌意生顓頊，顓頊有孫曰大廉，子孫中微以王父為氏，後徙河東，取義於祖名，始改為廉氏，此實上系之本蹟也。[32]

也有直接引中國姓譜專書內文的，如《碧珍李氏八門譜》中就把明代凌迪知著《萬姓統譜》的說法迻記了下來：

> 按《萬姓統譜》云：「李徵音也。顓頊曾孫外緜，堯時為理官，子孫以官為氏。殷末理利貞逃俟子墟，食李子變姓為李，十一代孫是老君也。其後子孫，一居隴西，一居代郡云。我東諸李自中州而至慶州，自慶州而來于各處云。」[33]

據上可知，韓國族譜對於姓源一方面也是像中國一樣的，常常追溯到遠古，並且多少有些想藉此以光耀家世的趨向與目的。中國明清之際，不少人家因姓源不甚清楚，或是有幾個姓源的，為了心存謹慎，主張「不敢苟為附會」，像宋犖、劉墉、紀昀等人都有此類看法。[34] 也有人覺得族譜中如果沒有姓源一章，不

31.《原州元氏宗史‧編輯解題》。
32.《坡州廉氏世譜》中的〈序言〉及〈本蹟〉。
33.《碧珍李氏八門譜‧李氏本源》。
34.清初宋犖修《商丘宋氏家乘》，僅述及商丘是周代封殷商後人微子之

像族譜，乃提出在譜書中把幾種姓源都寫出來，以供後人參考，以便探本尋根的，像明代的黃潤就是屬於這一派的。㉟至於姓源不明的，則應當多作考證，若考證不得，也至少錄下一些有關資料以收以疑傳疑的效果。韓國《文化柳氏世譜》有〈源派記〉一目，在考據姓源出自黃帝之後，撰者加了一段按語說：

> 按〈源派記〉車濟能以下二十一世系，出徐鄭金《夜史》、車原頻《雪冤記》，但無一以下十六代系，不知何人所記，而似是只記名顯耳。無一以上至王受競，則諸本所出，代數名字不同，然柳智源所記，今修改時，數家錄送亦與此同。柳夢庚所撰〈車氏碑〉獨曰：濟能，劉累之後，無以考信，兩存其說。吾東方文獻不足，麗前實錄，盡入於中國國乘，亦多疎略，私傳譜系安得無差誤？……㊱

這一段話也很像我國明代譜家的主張，即兩存其說，以收以疑傳疑之效，供後世族人去參考。

㈢其　他

韓國譜中記錄族裡名人傳略、詩文碑銘、亭舍居地、祠宇義莊、古蹟遺事、人像墓圖等等的，俯拾皆是，這裡不擬贅舉了，因為要皆不出中國族譜的範疇。㊲

地，也是周代宋國的都城，但他並未確說這就可以肯定他們的姓源，而說：「世遠年湮，不敢茍為附會。」見《商丘宋氏家乘·譜序》。

35.《黃氏族譜·圖序》。

36.《文化柳氏世譜·雜記》，頁 12。

37.中國明清族譜中，有很多在世系與傳略中不能記述或記述不詳盡的，都用「記」、「志」、「錄」、「考」等等名稱的一項來包括。韓國族譜中

㈣序文與凡例

還有在很多韓國族譜的序文與凡例中，我們不難看出兩件非常顯著的事。

第一，他們重宗法，並強調修譜的作用在睦族。如《文化柳氏世譜‧嘉靖譜序》中開宗明義的就說：

> 程夫子曰：管攝天下人心，收宗族，厚風俗，須是明譜系，然則譜系之明，豈不關於高祖重本之義耶？同源分流，人易世疏，詠於陶詩。情見於親，親見於服，發於蘇引。……嗚呼，蘇老泉云：觀吾譜者，孝悌之心，可以油然而生，愚不知看此譜者獨無是心之發也耶。……[38]

同書〈嘉靖譜跋〉也說：

> 竊觀夫今世之人，雖無為厚門巨室，尚不記高玄名字者，比比有之。況乃親盡服盡，而至於雲礽之遠者乎？是何秉彝之天，終有所泯滅而然耶？實以其世無家乘之相傳耳！……譜之有補於世教也，豈不偉歟！況功業節義，文章道德之可師可法者，磊落相望，然後之人聞其風而有聳慕興起，有得於師法，服膺之際而進進於光先耀後之域焉，則其於作成人才之益，夫豈少哉？是誠我一家世守之青氈也。……[39]

又同書〈己巳譜序〉又謂：

的情形差不多，惟內容比較中國的為簡略。

38.《文化柳氏世譜‧卷首‧嘉靖譜序》，頁2。

39.《文化柳氏世譜‧卷首‧嘉靖譜跋》，頁3。

> 譜系之修，端為尊宗法，序昭穆，別支庶，而親親之情，睦
> 嫻之義，因此而生焉，則蘇明允所謂觀吾之譜，孝悌之心油
> 然而生者，豈不信然矣乎？……**40**

可見他們重宗法，而且是受中國影響而注重譜書的。

《豐川任氏世譜》也標榜宗法，在〈舊辛酉譜序〉中有：

> ……嗚呼！古之合宗收族之法今亡矣！苟譜牒行於世，足以
> 別大小之宗，辨昭穆之序，分遠近之親，其關風教而厚民彝
> 者非淺鮮矣！吾任號為盛族，而譜猶未大備，此吾宗之愧
> 也。……**41**

又如《清州韓氏世譜》中有〈大小宗志〉一篇，文曰：

> 宗法亡後譜牒作，故蘇明允之譜一依《戴禮》大小宗之法。
> 義例之嚴正，堪為百世家之柯則。我先祖思肅公為始祖後
> 大宗，而檢校公、登第公、平章公、監務公，皆是小宗。今
> 依蘇氏譜例，以思肅公為第一大宗派，支季四公以世次序
> 列，分為小宗四派，合以為五大派，又分大宗為十九派，蓋
> 大宗之中繼禰者為小宗，小宗之中繼別者為大宗，各自有宗
> 法焉。**42**

在在都可以說明韓國族譜受我國宗法制度的影響。

第二，在眾多的韓國譜序等資料當中，我們不難了解韓國

40.《文化柳氏世譜・卷首・己巳譜序》，頁4。
41.《豐川任氏世譜・卷首・舊辛酉譜序》。
42.《清州韓氏世譜・卷1・識》，頁2。

譜家論譜，幾乎全都是引用我國譜家的說法，很少發現有他們自己的創見。例如他們常把家史比於國史。

《豐山金氏世譜》序說：

> 譜者，家史也，所以追先祖、敍宗族、示孝悌之道於無窮也。……[43]

《裴氏族譜總目》中有：

> 譜乘即一家之《春秋》，謹嚴嫡庶，以明名分。[44]

《碧珍李氏八門譜》中說：

> ……吾宗原譜，龍岩公創暨梨岩公繼□始大備，其謹嚴之體，至今為家史之的。……[45]

譜又稱家史是我國明清譜家常用的口頭禪，在我國明清學者的文集裡也隨時可見。

又如韓國譜序也有評論我國古時族譜內容的，如《綾城具氏世譜》序文中有一段說：

> ……宗子之法不立，則族人散。族人散，則世譜不明。世譜不明而風俗不厚，所關豈止於一家之事哉！故論人之譜者以仕宦較高下，則魏晉之門閥也。以族姓定甲乙，則崔盧之流品也，斯何足言也！……[46]

---

43. 《豐山金氏世譜‧序》，頁1。
44. 《裴氏族譜總目‧凡例》。
45. 《碧珍李氏八門譜‧跋語》。

　　我國魏晉至唐，譜書多是累積古聖先賢人名，用來品官階、聯婚姻的。劉知幾說：「高門華冑，奕世載德；才子承家，思顯父母；由是記其先烈，貽厥後來。」可見譜書的目的一斑。明代傅振也說：當時「以人物誌著稱，於探本睦之旨何當焉？」宋代以後，歐蘇新創譜例，標榜宗法，族譜內容才大加改變，上引韓國譜家的譜論背景與措詞，由此可以知其來歷了。

　　《河東鄭氏族譜》中有：

> ……秦漢以來，無所於別姓定系，宗法壞而虛文尚，尚文而尚閥，尚閥而尚官，尚官而尚詐，往往不知其所自。……**47**

其實這種說法，在唐代的柳芳早就提出了，而明代的焦竑則歸納簡要的說：「魏尚姓，南北朝尚詐。」 **48** 可見韓國譜多喜引用我國的譜論。

　　此外，明清時代的中國譜家，感覺歐蘇的譜例太瑣碎、簡略，大家雖仍依歐蘇的表式以述世系，稟承他們的宗法大義，但是在內容上擴大了範圍，家事卻無所不記了，因而又使中國族譜有了更上層樓的改變。同樣韓國學者也常引用中國明清譜家的說法，評論歐蘇，以擴大族譜的廣泛領域。如權容德說：

---

46. 《綾城具氏世譜・丁未譜序》，頁 10。

47. 《河東鄭氏族譜・卷首・新序》。

48. 《新唐書・卷 199・柳沖傳》，頁 5677–5678 記柳芳論譜事，文中有：「……漢高祖興，徒步有天下，命官以賢，詔爵以功，……先王公卿之冑，才則用，不才棄之，不辨士與庶族，然則始尚官矣。……魏氏立九品，置中正，尊世冑，卑寒士，權歸右姓已。……晉宋因之，始尚姓已。……夫文之弊，至于尚官，官之弊，至于尚姓，姓之弊，至于尚詐。……」〈焦竑傳〉見《明史》，卷 288，頁 7392–7394。

昔蘇明允為《眉山譜》，五服之外，不及袒免，惟序高祖以下四世之親，而詳且尊又異焉。今吾之譜則上自檢校公，下及吾族兄弟之行，又下及吾族兄弟之孫曾，凡幾世而詳且尊亦無異焉。……苟同吾祖者，至百世不以視塗人，是吾譜之義也。[49]

又如任希曾說：

若盧陵歐陽氏、眉山蘇氏之譜可見，比今人之譜，可謂太略矣，亦豈薄乎云哉！所貴乎譜者，非但譜其世也，祖先之辛勤立門戶，以庇其後人者，厥有由焉。……[50]

這些說法也都是我國譜家的舊調，我們只要看看清代紀昀與朱九江等人的譜論，很容易就知道韓人早年這些主張的來源了。[51]

明朝開國以後，由於蒙古人的統治被推翻，以及太祖晚年的興獄與宗室相殘之禍，譜家多強調修譜對睦族與強化團結家族的功能，族譜的內容與修纂目的又有了一些改變。韓國修譜的人後來也有同樣的看法，如權訪說：

……我宗自勝國以來，至于今日，簪組蟬聯，為東方甲族。觀乎譜牒，有道德經術之儒，有文章才譜之人，達則銘彝鼎而振聲烈於朝，窮則獨善私淑而為後學師範，暨忠臣孝子，卓節懿行，聯芳趾美輝映千秋，豈不盛哉！顧今我宗之分布在八路者，舉皆其雲礽也。今於按是譜也，各思所以克肖先

49.《安東權氏檢校派譜·卷首·序》，頁1下。
50.《豐川任氏世譜·丁巳三刊序》。
51.請參看《紀文達集》及朱宗琦等纂修《南海九江朱氏宗譜·卷首·序文》。

休，禔躬勉學，常若親承乎？詩禮之教誨，耳面之提命，則一氣所感，羕端油然，忠孝才德，自家達邦，不墜永世之家聲矣！然則是譜之修，不徒為序昭穆、篤倫彝之資，而抑將有補於國家之風教也！……[52]

又如趙廷彬也說：

族奚以譜族眾也，譜屬也，既有眾，可無屬乎？天下一大族也，版籍一大譜也，車書混同，百姓和睦，家篤仁義，戶講孝悌，則族可以無譜也。而三代以降，俗漸不古，講信修睦之事，或不能保其必無弊矣，則不可不有以維繫之族，有譜固其所也。於是大族分焉，大譜析焉。士大夫之族，各自為譜，其勢亦不得不然。……[53]

鄭休弼更強調譜書在這方面功能，他說：

譜雖一家之史，而正彝倫、厚風俗，實有關天下之治矣！故先王重之，以序昭穆、明系代，蓋父子之倫正，然後君臣之分定，而五倫敘，百姓親矣！自夫世級降，風俗澆，不考德而惟貴顯，棄寒宗而附名冑，惡學生而冒偽爵，諱孽庶而擬宗適，父子之倫、君臣之義、嫡妾之分亡滅，以是而事親、事君、事兄，彝倫安得不瀆亂？風俗安得不薄惡？於是子奪父位，臣奪君位，妻奪夫位，華夏淪於夷狄，識微君子如何不隱憂浩嘆？思所以正其本，清其源矣乎？……[54]

52.《安東權氏檢校派譜‧卷首‧甲寅譜序》。
53.《玉川趙氏世譜‧序》（清光緒庚寅刊本）。
54.《晉州鄭氏愚谷公派譜》，卷1，頁1。

同樣的，這些話在多年以前，方孝孺等人早就說過了。總之，從譜論一端來看，中韓譜學的關係也是相當密切的。

㈤韓國族譜與中國族譜不同之處

韓國族譜中有一小部分的內容，看起來似乎與中國族譜不同的，現在我把這些列舉出來，並略予討論如後。

《碧珍李氏八門譜》是 1923 年李廷和等續編的，他不依照傳統的族譜內容，分姓源、世系、傳略、記事等等的部門，而根據舊譜收集他們族中的賢者，分為經學、蔭仕、生進、文科、忠直、孝烈、清白、文章八大類而成書。李廷和在續跋中說：「吾東閥閱之家，孰不無八門之目，而未聞有以此為譜者。」[55]似有其自創新形式之意。然而我國明代就有類似的作品，如嘉靖十五年（1536 年），張陽輝等修的《張氏統宗氏譜》一書，就分詔敕、遺像、忠孝、功勳、政事、隱逸、著作、節義等門，來記其先世中的賢者。這與韓國《碧珍李氏八門譜》頗相類似，然而在時間上《張氏統宗氏譜》卻早在三百多年前就刊行了。

此外，韓國族譜中常有地方沿革或姓貫沿革一項的，列述古今地名的變遷，而且在很多譜書的凡例中也特別注明「貫」（一稱「郡」，實際上就是地名）必需詳填。如《昌源俞氏世譜》中就有：

> 配位書以配某郡某氏、生卒年月日及四祖有前後配所生，則各書育幾男幾女，無育則書無育。
> 女婿旁注書某郡人、某官、父某官某。……[56]

又如《晉州鄭氏愚谷公派譜》中也記：

55.《碧珍李氏八門譜・續跋》，頁 5。
56.《昌源俞氏世譜・凡例》（清乾隆四十六年重刊本），頁 1。

> 譜中書例字號、生甲、官職、卒年月日。配位則書鄉貫姓
> 氏、生卒年月日、墓某郡某洞某坐，曰合窆，曰上下兆者，
> 以示其壽藏不可失也。[57]

他如《延安李氏館洞派譜》與《慶州崔氏大同譜》等書，都規
定女婿「必書郡望科官」等事。[58]

　　這些「郡」、「郡望」、「鄉貫」等等，似乎都指居地的名稱，
與我國郡望之義不盡相同。我們知道，中國的郡望是指一個地
方行政區域裡的望族，這個名詞的起源約在東漢末年，當時天
下大亂，衣冠士族，多離本土南遷，家室源流很難徵覈，後來
就以九品官人之法，區別人物高下，作為授官的準則，因而高
門大家遂獨占仕途，寒門不易得做高位。豪門士族乃成了一地
區的望族，郡望之名，逐漸流行而被重視。同時因五胡亂華，
造成了不少閥閱巨室由中原故里南遷，他們常懷鄉戀舊，因以
郡望為自慰的寄託，而留在北方的士族，則不願與胡人相混，
冠上郡名，以別漢胡，因而形成了魏晉至唐約六百年間的郡望
盛行時期。唐宋以後，科舉建立，平民可由考試進登官階，郡
望也因此不再被重視，「以地望明貴賤」的事不存在了。當年族
譜既是別門第、入仕途、聯婚姻的依據，郡望與族譜的關係當
然密切，而且明郡望是撰譜的第一要件。宋代以後，由於郡望
的時代價值改變，郡望與族譜的關係也成為代表一個族派的系
統標誌而已了。降至明清，除極少數大家族仍提郡望以外，絕

57.《晉州鄭氏愚谷公派譜・卷1・己巳譜凡例》（1955 年重刊本）。

58.《延安李氏館洞派譜・己酉舊譜凡例》及《慶州崔氏大同譜・卷1・
　　凡例》。

大多數的族譜都不見標識郡望，而只在譜書名稱之前冠以居地名號。[59]韓國人早期多無姓氏，又沒有如我國魏晉六朝時代的背景，因此韓國族譜多冠以居地名稱，並作地方沿革小志，以示子孫故居遷變情形，也作為聯宗睦族之用。至於韓譜中有書「郡望」二字的，想是語用中國名詞的結果，絕非中國郡望的本意。

　　綜合上述，可知韓國族譜，就內容而言，譜例與譜義都不出中國的範圍，而很多譜序中所引中國史事與譜家譜論又常有失實之處，[60]這些似乎都可以被看著是中國譜學影響韓國的若干痕跡吧！

四、從中韓兩國族譜書寫的方法來看

　　族譜是一家一族的紀錄，家族裡的人有尊卑、有男女、有親疏，家族裡的事有好壞、有避諱。還有因宗法而產生的嫡庶問題、嗣養兼祧問題、繼承問題等等，使得族譜有了與他書不同的獨特內容，因而也產生了族譜書寫的獨特方式。現在就以

59.中國明清族譜多不標郡望，如明代《萬姓統譜》中約記族譜一百零七種，其中標郡望的僅十九種。清代文集分類索引所載名家譜序得五百二十七種，加郡望的也只有十種左右，可見明清族譜多以居地名稱冠於譜名之前。

60.如《英陽金氏世譜‧壬子序》中有：「……唐之太宗詔著《天下姓氏錄》，於是乎應邵《氏族篇》、高士廉《氏族志》、賈弼《百家譜》，紛然而起。……」按應邵實為應劭之誤，而且劭為東漢人，非唐代人。又如《德水李氏世譜‧卷首‧舊序》中也有：「噫！東方大族，如漢之袁楊，唐之王謝者多矣！……」王謝當係晉代大族。此類錯誤很多，不贅舉。

下列幾點，來比較一下中韓族譜的書法問題。

(一)行文方面

中國族譜裡常用一些古代名詞，如「昭穆」代替行輩，「干支」表示年代，「兆域」實即墳地等等。韓國譜家也習用這些名詞，在他們的譜序與凡例中，到處可以看到「始祖」、「嫡庶」、「昭穆」、「世代」、「支派」、「娶配」、「行實」、「科甲」、「義莊」、「兆域」、「各窆」、「合窆」、「祔葬」、「享年、卒、歿、終」一類的中國專有名詞。不但如此，韓國族譜中還見一些中國古代用語，例如他們排行不說「行輩」，而用「行列」，行列也有暗含五行相生之義的。其實「行列」就是古代中國用以說明排行次第的，《禮記》、《樂記》、《楚辭》等書中都可以找到出處。蘇軾有詩句說：「孔明死已久，誰復辨行列。」尤可作為注腳。韓譜中喜用「出系」或「出繼」來表示「出嗣」的，按照我國古代文字的解釋，「系」與「繫」通，「繫」字又兼「系」、「繼」二音，古代通用，而真正意義是「續」。所以「出系」或「出繼」根本上與「出嗣」是一樣的，常有「續」世系之意。另外如前所述，韓國譜家非常重視譜中人物的「貫」，中國古書裡也很清楚的指出「貫」是世居名籍，「鄉貫」一詞，在古代中國也常見使用。韓國《陝川李氏世譜》中說：「陝川是中始祖所居之地，而因為姓貫。」[61] 可見韓國人的用「貫」，實是中國古法。還有中國族譜在世系表或傳略中提到祖先時，在每個人的名字之上都加一「公」字，或用「諱」字，以示尊敬，這在韓譜的書法上也是一樣。清朝末年，湖南湘鄉曾家四修族譜時，由於

61.《陝川李氏世譜‧凡例》（清同治三年重刊本）。

族譜中人物的尊卑難以作固定的分界，所以他們在世系表與傳略中省掉了「公」、「郎」等的字樣，直書名號，不加任何別稱，這是一種改進。近代韓國人家修譜，也有作革命性改革舊規的，如 1961 年《全州李氏茂林派譜》，執筆主編的李麟默先生，花了幾年時間收集資料，最後請了四位在學的大學生協助整理，又以一個月的時間，據說每天費時十六小時，完成了修纂的工作。所謂改革，只是把我國近代牒記式譜書橫寫（大約受西洋文字影響），子女如為多母所生，並不寫明所出之母，書中也不記妾，可謂嫡庶不分，真是新創。其中對祖先稱「君」一事，尤其令人駭異，若以家族倫理觀念來說，這位主修的四十世孫真是不敬之極了。[62] 所幸這樣的族譜在韓國尚不多見。

㈡行輩方面

族譜裡的行輩是用來表示父子、祖孫或兄弟關係的，在中國有諱行、字行、行次、輩序、字倫、昭穆等等的不同說法，如前所述，在韓國他們多以「行列」為稱。韓國人名也像我國一樣，講求輩分用字，甚至還以偏旁來表示關係的親疏，或五行相生之意表示父生子、子生孫的次序的。如《綾城具氏世譜》中的行列是：

然、書、會、滋、本、謨、教、祐、齊、林。

同書中後來又加了十代的輩分用字為：

熙、奎、鍾、洙、相、燮、均、鎮、泳、根。[63]

62.《全州李氏茂林派譜・凡例》：「本譜係全州李氏茂林后裔之派譜。……」內容可見一斑了。

又如《晉陽鄭氏族譜文獻錄》中也記載了他們的行列為：

> 鈜、永、植、大、孝、鍾、淳、東、烈。[64]

他如《江陵劉氏兵判公派譜》中也列出了兵判公十六世孫為始以下的行列為：

> 源秉、烈載、鍾永、相煥、埴鉉、洙東、燮基。[65]

在我們中國，行輩起源得很早，有人認為《左傳》記載的長狄有兄弟四人：僑如、樊如、榮如、簡如，名字中的「如」字，就是行輩。至少唐代有《諱行錄》一書的出版，絕對是可以證明在唐代以前就講求行輩之事了。清代江南章氏相傳有「百代歌」，可能是行輩中取字最長的了。甚至連滿洲人入關後不久，皇室也都注重行輩用字及子孫名字的偏旁。康熙時期定了子孫輩分用字為：胤、弘、永，後來清高宗又下令「永字輩下即用綿字」[66]，綿字輩下又加奕載二字，排成序文，成「永綿奕載」，以「足兆奕世雲礽之慶」。[67] 道光年間，皇帝又選了吉語「溥毓恆啟」四字，上接「載」字，[68] 咸豐時更定「燾闓增祺」四字，「自啟字輩分以下，按字命名」，[69] 可惜清朝在「溥」

---

63. 《綾城具氏世譜》中的〈癸丑譜凡例〉及〈乙巳重刊凡例〉。

64. 《晉陽鄭氏族譜文獻錄‧凡例》（1918 年重刊本）。

65. 《江陵劉氏兵判公派譜‧行列表》（1939 年重刊本）。

66. 《大清會典事例》，卷 1，頁 6 下。

67. 《大清會典事例》，卷 1，頁 14 下。

68. 《大清會典事例》，卷 1，頁 14 下。

69. 《大清會典事例》，卷 1，頁 16 上。

字輩時就覆亡了。由此可知，韓國族譜中的行列也是中國的一種舊制。

㈢善惡方面

中韓譜家雖然都把家史比之國史，但是對於善惡的問題卻也都有著「家醜不可外揚」的基本觀念。誠如朱次琦說的：「史重勸懲，美惡竝書。譜言勸，不言懲，故稱美不稱惡。《春秋》為親者諱，厚之至也。」[70]因此一般的中韓族譜多有隱惡揚善的傾向。然而由於金元的滅宋，滿洲的亡明，士大夫不齒於一些不重氣節的敗類，加以清代考據學興，很多中國學者都主張家族中的記事也應據實直書，以足徵信才是。所以譜家主張「記其事，不溢美，不掩惡」的大有人在。尤其對於族中恃強凌弱、大為不義的子孫，「宜錄其惡於本紀，以警後人」[71]。這是明清中國族譜中常見善惡並書的原因。

韓國也有主張不分善惡，都應寫記的。如《昌源俞氏世譜》的中有：

　　犯罪伏法之類，有職名則書以經某官，以為考覽。[72]

又如《綾城具氏世譜》中也規定：

　　今此修譜，筆削之際，蓋多從厚，而其在嚴譜法之道，亦不可沒其事實。……[73]

70.《南海九江朱氏宗譜‧卷首‧序》。
71.石簡，《董氏族譜‧序》及《登第方氏族譜‧凡例》。
72.《昌源俞氏世譜‧凡例》，頁3。
73.《綾城具氏世譜‧癸丑譜凡例》，頁6。

《義城金氏大同門案》中也說：

> 凡吾宗族入是案者，賞善罰惡，以嚴門規。……[74]

在書善惡方面，中韓族譜也是完全一樣的。

㈣不書方面

中國族譜中有很多的「不書」條規，如不書生卒年的，不書妾的，不書逆理亂常子孫的，不書虧行辱身婦女的，不書養子的，不書改嫁女子的，不書乖戾五倫的，不書為僧為道子孫的，不書入贅為夫的……等等。這些「不書」的原因，有的是由於族譜的簡略，有的是基於倫常的觀念，有的則是援史家「筆削」之義，當然也有與門第、血統等問題有關的。然而清代以後，也有不少的譜書，為了忠於家史本義，若干以前人家不書的事卻都據實盡書，或以符號在譜中表示某種意義了，所以在中國舊的族譜中，這一方面的事最為複雜，沒有一定制度，可以說隨各家族之意而定。韓國族譜對不書的事規定的似乎不如中國的多，早年的族譜裡連女子再嫁都照實記錄，這大概與門第及科名的事有關，我將在本節後面談婦女在韓譜中地位問題一節中再詳論。不過，韓國家族對血統卻是很重視的，因此對異姓入繼的書寫方式有嚴格的規定。如《豐壤趙氏世譜》中說：

> 繼子之無來歷，則舊譜姑刪名字錄其子孫者，慮或有本生派出繼子之見漏故也。明知其只取姓名無昭穆與來歷，則今並刪去名字與子孫錄，益嚴譜體。[75]

74.《義城金氏大同門案・凡例》（1960 年重刊本）。
75.《豐壤趙氏世譜・首編・三修凡例》。

我國也有「入繼者恐後世有以呂易嬴之禍，黜而不書」的前例，[76]這當然是與防止溷混宗派有關的。

㈤婦女方面

我國族譜在魏晉隋唐時期，因為有「辨婚姻」的功能，所以婦女在族譜的地位顯然比較高。如《世說新語》注引的很多譜書，常常提到某些婦女的名字，她們的家世以及婚嫁情形。可是到了宋代，由於歐蘇強調宗法，族譜雖然還記婚姻，但不書生女之事。一直到南宋明初，婦女才又被登上族譜，並逐漸的寫記某人「所生女曰某、適某」的事。婦人於夫世錄下也「注明某氏、某鄉、某人之女」了。民國以後，女子教育程度提高，貢獻也多，我國民法也規定了女子很多應享的權利，修纂族譜當然也應時一反重男輕女的陋習。韓國的情形，很有不同，他們早年婦女的地位似乎很高，在成書較早的《文化柳氏世譜》與《安東權氏檢校派譜》中，據韓國學者宋俊浩教授的研究，發現古譜中對韓國婦女的記事，至少有三件值得我們注意的事：

1. 韓國古譜並不重男輕女，所生子女一概依年齡序登錄，不像後來的先男後女，可見當年女子地位被重視。
2. 早年韓國譜書當中，不見過繼的紀錄，到李朝中期以後才漸有「系」、「繼」等字的出現。過繼紀錄的不見，正可以說明韓國早年的家族組織與女子地位等問題。
3. 一般族譜中絕少記錄女子再嫁事的。韓國早期族譜不但記述某女再嫁某夫，而具書寫該女子與前夫及後夫所生諸子的很多資料。[77]

---

76. 《洪氏家乘・凡例》。
77. 宋俊浩，〈安東權氏譜、文化柳氏譜所見的李朝初年兩班社會〉

這些特有的現象，宋教授稱是韓國「傳統的價值」。不過後來因為儒家思想的輸入，女子在韓國譜書中的地位也隨之改變了。例如上述的文化柳氏譜與安東權氏譜到我國清代重修的時候，女子與男子則不依舊例按年齡排列，而是以先男後女的次序排比，「以示重本宗之義」 **78**。清初也是韓國譜書最盛的時代，幾乎子女的入譜都是「男先女後，嫡先庶後」了。這種書法一直到今天大部分韓國族譜都還採用。甚至在清咸豐七年（1857 年）《豐川任氏世譜》撰修時，凡例中還規定：

> 先男後女，明內外之外（雖無男者，女不得書據第一行）。……**79**

至於「系」、「繼」的事，在後編的韓國族譜中也屢見不鮮，而女子再嫁的紀錄則不多見，再嫁後的生男育女資料，也確實不像早年那樣毫無忌諱的登載了。這些改變當然是受了中國譜義與譜例文化的影響，然而韓國傳統重女子地位的習俗，在族譜裡似乎還留下了相當程度的分量，韓譜中「重外家」就是很好的證明。

所謂「重外家」可以分下列幾點來作說明。

第一，一般韓國族譜，即使在受到中國宗法禮教影響以後，

(Andong Kwsn, Munhwa Yu Chokpo and Yangban Society in Early Yi Dynasty)。

78.《豐壤趙氏世譜》也是同樣的情形，如該譜新刊本，頁 36，〈舊刊凡例〉作：「一、各其子女，一依年齡長幼而書之。」〈二修凡例〉（頁 38）則作：「一、子女列修之際，先男後女，以示重本宗之義。」按此譜初修於清雍正九年，二修於乾隆二十五年，其間只有三十年左右的時間，男女登錄次序即有了改變，此一事實，值得注意。

79.《豐川任氏世譜・凡例》，頁 2。

他們還在「妻」的記事中略述了她的四代祖先，即她的父、祖、曾祖與外祖。如鄭彥燦其人，娶的竹山安氏女，這位安氏的四世祖我們都可以在族譜上看到。

這是韓國族譜的一大特色。當然也有「配位則只書父名，有顯祖則或諡、或號、或爵書之」的，如權樸與權宗杰父子的妻室記事中就可說明。

可見妻記四祖並不是全部韓國族譜中強調的，而且記妻家祖先的目的似乎與家世門第有關，不然「諡」、「號」、「爵」等等顯著的為什麼才被書記入譜呢？不過，這種遺風一直尚存於今日，1961 年全州李氏重修族譜時，著意改革舊俗，但仍然刊登了妻的四代祖先。

第二，由於重外家，女兒一家的事也在族譜中受到相當的重視。一般韓國族譜記生女時，常不記女子名字，而在「女」字之下記上女婿的一些資料，包括他的姓名、籍貫、父名、科第、官爵及有名的先世人物等等。例如《德水李氏世譜》記貞靖公派十二世女嫁李弘業時，說弘業是慶州人，中過文科。弘業的父親當過判官，名叫李愷胤。弘業的兒子叫以健，官為監察，可見連外孫都被登入譜書了。還有連外孫女婿都收入書籍的，如《玉川趙氏世譜》中記趙子珣所生次女嫁給坡平人尹先哲，他官至府使。先哲的父親名尹悼，官為左尹。先哲與這位趙家女子生女三人，長配安東人權恂。次配青松人沈友善，友善官為縣丞。三女配生員柳錫賢。也有人家對女婿一系書法是這樣規定的：

女婿名下書貫、書官，次書某官某子（或書某後），次書子某

（俱姓官），次書女某（貫官皆書），外孫止於有服，其有沙麓之
慶，則依前譜不計世數而錄之。**80**

這種書法實在與中國的譜法不同，不過書外孫到四世後無服才
止，還是本於宗法之義，是很明顯的。

第三，由於重外家，韓國族譜中有時可以看到八高祖圖或
十六祖圖等，這些也是在我國族譜中不見的。八高祖圖就是由
某族的子孫起始，往上把他父母雙方的父母推出，直到四代以
上，表列出來。如果把某人父親的八高祖圖與母親的八高祖圖
合併刊載在一起，就是所謂的十六祖圖了。

此外，韓國因重外家而在族譜的書法上又發展成一種叫「內
外世譜」的，內譜就與一般族譜、家乘一樣，記述作者父系直
系祖先的。外譜則記錄內譜中出現的歷代祖先配偶者家系的。
甚至可以一直追溯到女方的始祖，形式也可以作成如內譜一
樣。**81**

韓國族譜的序文中常常提到「東人重外家」，但是他們卻很
少解釋過重外家的原因是什麼，近代韓國研究譜學的學者們似
乎也未嘗作過深入的討論。除了他們以李瀷的說法認為父母對
子女是同等愛護的，子女也應對父母同等的敬愛，因此八高祖
圖甚至重外家可以解釋為孝道的一種發揮，**82**其他沒有更好的
說明。我個人有些不成熟的看法，願意在此提出，就教諸位。

80.《天安全氏世譜・凡例》，頁 2 下。
81.宋俊浩，〈釋傳統韓國家史資料〉 (An Interpretative History of Family
　　Records in Traditional Korea)，頁 4。
82.李瀷，《星湖先生文集》，卷 50，頁 19。

　　第一，韓國早期的社會組織可以說是以族為單位的，到十九世紀末年，韓國仍存在著一萬五千多個同族部落。這種同族部落堅強停滯性的保守傳統，有著相當高的殘存率。尤其是這些重血緣關係的同族部落，在祭祀禮儀等方面都非常講究傳統，因而有著特別的鬼神與風水信仰。固有的韓國信仰是薩蠻教，薩蠻是重女神、女巫的。朝鮮學者徐居正也說過：「蓋男子陽也，鬼神陰也，陰伏於陽，理之必然，且男巫少而女巫多，是其驗也。」女性既然適合並容易與鬼神交通，巫女的優勢就不難想見了。韓國早年崇拜穀母女神與後來的敬拜觀音而視觀音為女性，也可以證明韓國社會，尤其是農村社會，女性一直是大家崇拜的對象。

　　第二，韓國文化中強調花郎精神，直到今天都還把這種精神視為國家的優良傳統。可是最初的花郎是女性，不是男性，男性花郎是以後才出現的，所以女性在韓國人心目中的地位原是很高的，中國儒教傳入以後才逐漸改變。

　　第三，高麗與李朝時期，在韓國歷史上都有外戚為患，如高麗朝的李子淵、李碩、李資謙等等，都是外戚動亂的主角。李朝更有多起，如中宗、仁宗時的尹元衡，純祖時的金祖純，憲宗時的趙萬永、趙寅永兄弟，哲宗時的金汶根，閔妃時的閔升鎬等等，都是名噪一時的人物。這些外戚事件在《高麗史》與《李朝實錄》中都有詳盡的記載，這裡不擬多述。但是外戚之所以握得政權為禍，當然都是起於后妃的關係，《高麗史》裡有〈后妃傳〉，《李朝實錄》中記后妃事也多，可見當時若干婦女是極有地位與實權的，這多少與「重外家」有些關係。

　　上述的三種現象，形成的原因，我個人以為可能與韓國原

屬阿爾泰民族有關。在歷史上我們可以看到阿爾泰人在母系社會進入父系社會的過渡期間，母系的權力仍然可觀，如契丹有南府、北府，南府由蕭太后一系掌管，北府則是皇家耶律氏的天下，兩者勢均力敵，而蕭太后權力之隆，《遼史》中斑斑可考。清初部落也有母系社會現象的殘存，努爾哈齊的大妃富察氏及葉赫納喇氏先後權重一時，舊滿洲檔中可窺知梗概。順治母后決定康熙繼承大位，更可見當時母系力量仍舊重大的實情。韓國是阿爾泰人東延的一支，早年確是母系社會，三韓時代是轉型期，因而母系權力在日後的被重視也是正常的事實。

第四，李朝門閥極盛，有王室宗室的門閥，有外戚的門閥，有仕宦登極品的門閥，有學問道德成一世宗派的門閥等等。門閥與仕宦婚姻的關係最深最切，正如我國六朝時期一樣，「官之選舉，必由於簿狀，家之婚姻，必由於譜系」。婚姻既是男女雙方的事，女方資料在族譜中變得詳盡當然是必需的了。

以上四種敘述可能都與韓國族譜中重外家有關的，前幾項可能是遠因，最後一項則關係著實際利益與權力等問題，應該是重要的背景與因素。儘管如此，八高祖圖、十六祖圖這一類的韓國譜學「特產品」，實際上只是他們譜書裡的附件，並不是族譜的主要內容，而且也不是每一部族譜中都需必備的。因此，正像中國譜書裡的若干附錄部分一樣，似乎可以看著是某一時代某些譜家因傳統文化與現實政治的因素，而標奇立異的想法結晶而已。

韓國族譜在書法方面還有一些值得我們注意的。如《陝川李氏世譜》有：

配位則本宗曰配，異姓曰室，庶派曰娶，用示區別。[83]

又如《迎日鄭氏世譜》中規定：

有官者書以卒字，無官者書以終字。[84]

正如其他譜書裡規定嫡派書卒，庶派書終一樣，都是宗法與門第造成的，也是受中國文化影響所致。同時這些規定常是隨家族、隨時代而有所不同，我們不能把這類凡例規條視為韓國族譜的特有書法。

　　我們比較了中韓兩國族譜的發展歷史、名稱、內容、書寫方式等等以後，似乎可以作出一些結論了。我們知道，中韓兩國，無論是政治的關係，或是文化的關係，都有著悠久而密切的淵源。自從宋明以降，儒學輸入朝鮮以後，兩國文化關係較前更為深厚，族譜之學，尤可證明。如前所述，我國譜學，始於周代，極盛於魏唐。上古雖貴胄才有譜牒，但漢朝族譜則以官家、豪戶為主。魏晉六朝由於取仕、婚姻都要譜牒參考，因而「人尚譜系之學，家藏譜系之書」。宋人多主復古，譜學譜書又轉回宗法，歐蘇譜例大行，而且成為後世國人修譜的規範。南宋至明初，譜家想以家史比國史，走出歐蘇狹隘譜義範圍，中國族譜遂進入了一個新境界，內容不但豐多美備，體例與書法也講求嚴謹了。所以中國譜學的發展可謂淵遠流長，而且不斷的進步。韓國譜學的肇興，由於古史資料缺乏，無法詳考。不過一般譜家都以為三韓時期絕無族譜。如宋煥箕說：「我東姓

83.《陝川李氏世譜・凡例》，頁1下。
84.《迎日鄭氏世譜・壬申凡例》。

譜，雖在盛族，其先系之肇自三韓者鮮矣。」[85]慶州李氏修譜時也說：「我東三韓之世，文徵無徵，……史牒不全，況於氏族之譜系乎？」[86]高麗時代，似乎有了「式目」之書，簡記子孫名錄，這可能就是李齊賢所謂的「世譜」[87]，明初因儒學輸入韓國，譜書內容大增，後來更因門閥婚姻等因素影響，遂有十八世紀的全盛時代。另外從《姓氏錄》一類的專書來看，也可以了解中韓兩國譜學發展的一些情形。中國唐代曾先後命儒臣編撰《氏族志》、《姓系錄》以及《姓纂》等等的專書，用以分別門第高下或考其郡望，使不致遺謬。韓國在這方面的工作則進行得很晚，據英陽金氏〈舊譜序〉說：「我朝則世宗大王命撰東國《姓氏錄》，沈、崔二家《萬姓譜》，得其各姓所修譜而辨其時世，去偽存信，上自帝王家，下至八方士大夫家，無不備錄。」[88]可見這是我國明代仁宣以後的事。

中韓兩國族譜的名稱，似乎也是大致相同的。文人喜歡標新立異，或以法古為高明，發明了多種不同的名目，但是無論

---

85. 《天安全氏世譜‧卷首‧庚申舊譜序》，頁 5–6。

86. 《慶州李氏四刊世譜‧卷首‧序言》。

87. 《益齋集‧卷 9 下‧宗室傳序》：「……金寬毅《王代宗錄》、任景肅《瓊源錄》：宗女與宗子並列，討其世譜，棼然莫之辨也。小白君齊而姑姊妹不嫁，稱父娶吳而謂之吳孟子，為不足譏歟？表而出之，又豈《春秋》諱魯之法乎？宗女雖親且貴，婦人外父母家可略也已。」可見高麗朝已有「世譜」之書，而且當時也重外家，以致這位精通中國學問的李齊賢才評論說：「婦人外父母家可略也已。」

88. 《仁川李氏世譜‧清康熙三十四年舊譜序》(清同治二年刊本)：「……又取丁氏之《萬姓譜彙》及鄭氏之《氏族源流》等編。……」可見韓國明代以來才著重編姓氏之書。

如何，譜書的名稱終究不離家、族、血脈、祖居、宗法等等的。有人以為韓國的家乘、派譜、合譜並非一事，而是有區別的，這種說法可能是由於誤解了某些舊譜的序文而產生的。例如《靈光丁氏護軍公派譜》序文中就說：「古之譜其族者，止於四世，此家乘之說也。諸房子孫各紀其當紀者，此派譜之說也。後世譜法寖廣，罔有遠邇，一例裒粹，此合譜之謂也。」[89]因而韓國有些譜學研究者就以為韓國的家乘只是「編纂家系文獻者一家直系祖先的紀錄」而已，和世系、系譜一樣，族譜則是家乘「聯合體」。[90]其實「乘」字在中國用得很早，《孟子》裡有「晉之乘」的記述，乘以載事為名，記載私家之事，因而叫做「家乘」。而且韓國族譜裡以譜乘為一事的也很多，以「家乘」為名而記合族事的也有。[91]至於「派」字在《說文》裡解釋為「別水也」，《左傳》一書中早有「木水之有本源」之說，用以比喻

89.《靈光丁氏護軍公派譜・卷1・1965年重刊本序文》。

90.〈釋傳統韓國家史資料〉，頁3。

91.《昌源俞氏世譜・舊序》：「……我中始祖而自直提學至奉常寺正，連六代以科甲顯。其前世系，考諸家乘，莫有徵焉，豈中經世變兵而淪逸無傳耶？良可嘆也！舍弟瑾搜諸家譜，裒集為一卷。……」可見「乘」、「譜」混用。《晉州鄭氏愚谷公派譜・己巳譜跋》：「……以忠莊公為窮源之祖，以為一家乘牒。」同時這部派譜中又有以「乘」為名的譜序，正像《裴氏族譜總目》中所謂：「譜乘即一家之《春秋》。」可見譜乘一事。又《金海金氏松齋公派家乘・舊譜跋》：「余觀乎樂隱公手書之家乘，其序曰：『王公之統緒載在國乘，子孫之姓氏記在家乘。』……自樂隱公傳家乘以來，侍郎公以上國系暨夫判書公以下昭穆，昭然可考，秩然相承者，豈非家乘之攸傳乎？由是言之，則族譜之有關于人道也，豈不重且大歟？……」由此可知，韓國舊譜序跋之中，也常見有說家乘就是族譜的。

族中支派的。支枝通用，「本」是樹幹，「支」是枝條，水有源流，也有別派，因而「本源」指大宗，「木水」指小宗，「支譜」與「派譜」也就是如此被引稱了，實際上仍都含有宗法之意。清末曾國藩家修族譜時，以「派」字代「世」字，譜書裡大家習用於世表的 「一世」、「二世」，曾家都改用 「一派」、「二派」，[92]可見「派譜」與「世譜」也是完全相同的。所以就名稱上來說，韓國族譜似乎沒有新的創意。

在內容體例方面，韓國族譜也本宗法大義，以歐蘇譜圖為規範，若干專門名詞也仿用中國舊有的術語，而修纂譜書的目的則又在光門第、序昭穆、睦宗族、原世教等方面。韓國譜家也注重姓源的考溯、世系的編列、傳略的刊載以及家族中各種事務的記述，甚至還用版圖插畫來增強譜書的內容，這所有的一切都可以說明韓國譜書不超出中國族譜的內涵。

同樣的，中韓族譜在書寫的方式方面也是大同小異的，行文仿效中國，而且喜歡採用中國的古文古語。行輩預定吉語，並且還有五行相生之意的。善惡並書與否全視各家的看法而定，正如中國的一樣，沒有一定的標準。血統不容混雜是中韓兩國族譜中一致強調的，這當然多少還帶有宗法的意味。虧行辱身、叛逆為惡是中國倫理所不容的，因此譜書也有懲戒或不書的規定書法。這些也都可以看出韓國族譜的淵源。惟一書法上有小異之處的是中韓兩國族譜中婦女的地位問題。韓國重外家，妻家可以在譜書中記到先世四祖，而出嫁女兒也有記到外孫等的，這種情形在明清時代的中國族譜中實在是不可一見。不過中國

92.《湘鄉曾氏四修族譜》（清光緒二十六年刊）。

魏晉南北朝期間，有些族譜的記事倒是應該提出來一談。如書母例的《嵇氏譜》曰：「康母孫氏。」書母敘及其父例的《許氏譜》曰：「元度母華軼女也。」書母名字例的《謝氏譜》曰：「朗父據，娶太康王韜女名綏。」書繼母例的《王祥世家》曰：「祥父融，娶高平薛氏，繼室以廬江朱氏。」書姊妹例的《袁氏譜》曰：「耽大妹名女皇，適殷浩。小妹名女正，適謝尚。」妻書姓氏例的《司馬氏譜》曰：「丞娶南陽趙氏女。」妻書郡縣例的《周氏譜》曰：「浚娶同郡李伯宗女。」妻書名字例的《王氏譜》曰：「導娶彭城曹韶女，名淑。」妻書次第例的《謝氏譜》曰：「袞子石娶恢小女名文熊。」妻書祖父例的《嵇氏譜》曰：「康妻林子之女也。」書繼妻例的《溫氏譜》曰：「嶠初娶高平李恆女，中娶琅邪王詡女，後取廬江何邃女。」甚至於還有書離婚例的《王氏譜》曰：「獻之娶高平郗曇女名道茂，後離婚。」另外庾亮的兒子庾會死於蘇峻之亂，庾會妻諸葛文彪，年少新寡，後來改嫁，當時譜書中也照實記述。[93] 可見魏晉南北朝期間，中國也並不注意「婦諱不出門」這些古禮，連離婚再嫁的都直書無隱，不以為諱，與宋明以後的譜書內容大有不同。了解了這些以後，相信對韓國譜書中所謂女子地位偏高的問題也就不以為怪了，這些資料似乎也可以顯示中國早期譜書中是相當重外家的。

　　任何一種文化影響另一種文化，並不一定是百分之百的程度的，也就是採用或吸收別種文化未必是全盤的。因為每一種文化都有排他性，都有若干自己的優良傳統需要維護的，還有

93.詳見《世說新語》注及黃任恆編，《古譜纂例・譜例二》。

各種的國情不同，或因一時及一地的特有情況而影響文化移植的。以朱熹的理學傳入韓國為例，我們也可以看出有李退溪等韓國學者提出新義的，儘管理學帶給近世韓國的影響是如此的深遠！韓國族譜之學「重外家」一事，我們似乎也可以作如是觀！

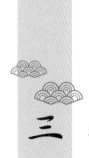

三　從族譜資料看中韓早年關係

　　族譜是家族歷史的紀錄。由於家族的活動與社會的演進有著密切的關係，族譜資料也就可以作為研究傳統社會結構、民族遷徙與融和、地區發展、經濟消長以及一時一地史事文風等問題的參考依據了。又因中韓兩國目前存留的舊家望族的族譜資料很多，而且內容又極為豐富，因而研究中韓關係，特別是明清時代的中韓關係，族譜資料是有參考助益的。

　　我們中國的族譜之學，實興起於先秦時代，譜牒之書也製作得極古。周代有「小史掌邦國之志，奠繫世，辨昭穆」。漢代也設置了「歲一治諸王世譜」的宗正與宗伯。魏晉六朝，由於九品官人之法實行，門第觀念重視，政府選官、家庭嫁娶，需要家族資料，因而譜牒為士族必備的文件，而政府也設圖譜局機關來審查各家譜系資料，一時「人尚譜系之學，家藏譜系之書」，我國譜學譜書可以說到達了高峰的階段。隋唐以後，科舉制度樹立，譜牒漸失「別郡望、辨婚姻」的實際效用，譜學乃衰微，譜書也失去重要性了。宋代學者鑑於唐代喪亂，倡言道德仁義，治學精神又有復古的傾向，譜學又被學者研究，而且有創新的發明，如歐陽修發明了圖譜，蘇洵則創造了宗譜圖法。這兩家的譜例都重在圖表，加重長幼親疏的倫序，把古代辨昭穆的主張清楚的顯現在譜系書中，而他們的譜義則都又標榜周

代的宗法，使編修族譜有加強宗族團結和諧的效用。歐蘇的譜
式從此就成為後世中國人家修譜的規範了，同時也深深的影響
到了日後我國的鄰邦，特別是明清時期的李氏朝鮮。南宋時代，
族譜的內容變得更為豐富，體例與書法也略有更張，開啟了我
國明清譜學的濫觴。自此以族譜比國家正史的有之，損益《史
記》、《漢書》綱目修族譜的有之。凡是與家族有關的人與事，
如文獻、家廟、宅第、祀田、家訓、人物等等，都被記入了族
譜，這雖然擴大了族譜內容的範圍，也增多了族譜的功用。但
是攀援華胄，甚至與史事相乖異的記事，也常在不好的譜書中
出現了。這也是我國明清時代族譜的缺點。

　　由於歷代動亂與家族遷徙種種的原因，我國族譜之書現存
於世的僅有極少數的宋代族譜和明中期前的部分，明末和清代
的名人族譜，目前存量較多，估計約有五千種以上。明清時代
內容較佳的族譜多有：譜序、譜例、姓氏源流、世系表、恩榮
紀錄、宅里、祠堂、墓冢、家傳、藝文、家規家訓等部分，其
中所記各家族之事，真可以說是包羅萬象，這也是近代歷史學
家、社會學家、經濟學家，以及民族學家勤於收集中國家譜，
用以研究明清時代若干問題的主要原因。**❶**

　　韓國譜學發展得較晚，譜書的製作也較遲，據說是高麗或
朝鮮時代的事。**❷** 目前韓國尚存的最古族譜（指有各項內容而非僅記
世系的）《安東權氏檢校派譜》中說：「海東之族，莫鉅於我族；
海東之譜，莫古於我譜。」**❸** 似乎這部《安東權氏檢校派譜》

1.有關我國族譜發展的歷史，請參看本書甲編〈中國的族譜〉。

2.李齊賢，《益齋集》，卷9記：「宗女與宗子並列，討其世譜，棼然莫
　之辨也。」可見當時已有世譜之事實。

是最古的譜書了。不過在《文化柳氏世譜》中，卷首刻有一篇永樂二十一年（1423年）的譜序，足證明成祖時代韓國望族已有家族專書問世，**4** 較之《安東權氏檢校派譜》約早五十多年。《安東權氏檢校派譜》中又說：「吾東方自古無宗法，又無譜牒，雖巨家大族，絕無家乘。」**5** 從以上韓國古譜中的說法，我們不難了解，約當我國元代，韓國已有簡單的世譜，而內容豐富的譜書，則在明朝以後才開始出現。

　　李朝時代的韓國族譜，在義例與書法上大體都是受中國譜學譜書的影響而修製成的。例如《豐山金氏世譜》的序言裡有：

> 氏族之書，始起於《周禮》小史氏之遺，其來尚矣。我東文獻，大抵一傲中州氏族之書。**6**

又如《文化柳氏世譜》記：

> 譜系之修，端為尊宗法、序昭穆、別支庶，而親親之情，睦婣之義，因此而生焉，則蘇明允所謂觀吾之譜，孝悌之心油然而生者，豈不信然矣乎？**7**

他如《裴氏族譜總目》中有：

> 譜乘即一家之《春秋》，謹嚴嫡庶，以明名分。**8**

3.《安東權氏檢校派譜・卷首・甲寅譜序》（清光緒二十三年重刊本）。

4.《文化柳氏世譜・卷首・永樂譜序》（清嘉慶八年重刊本）。

5.《安東權氏檢校派譜・卷首・成化譜序》。

6.《豐山金氏世譜・壬寅舊序》。

7.《文化柳氏世譜・己巳譜序》，頁4。

8.《裴氏族譜總目・凡例》。

可見宋明以來中國族譜的修製方法，重視宗法的譜義以及以家
史比擬國史的譜論，在在都影響著李朝的譜書譜學。至於當時
韓國族譜的「世系圖」部分，幾乎全是採用了歐陽修與蘇洵的
圖譜法，尤見中韓族譜文化關係的密切。甚至還有不少韓國族譜
承認他們的先世是來自中國的，如《靈光丁氏護軍公派譜》稱：

> 吾丁始祖大陽君，諱德盛，自唐來新羅押海郡，墓在于此。
> 高麗初，郡屬靈光，其裔以此為籍。 **9**

又如《英陽金氏世譜》有云：

> 我東世族，未有盛於金氏，其鄉貫之多，不知為幾許，而實
> 皆源於新羅王。獨其貫英陽者，肇自中國來耳。粵在羅朝，
> 金公忠以中國汝南人當大唐天寶中奉使日本，漂到朝鮮，景
> 德王以聞於中朝，而許其仍居，賜姓南改名敏，而特封為英
> 毅公。其長子僕射公之隨來者，獨冒舊姓，而後裔綿綿，今
> 踰千餘載之遠矣。 **10**

總之，李朝族譜本身就是研究中韓文化關係的資料寶庫，這一
點值得我們注意。

如前所述，中韓族譜內容豐富，凡家族大小事務，常常都
記入譜書之中，因此中國族譜中有不少關於韓國的史料，而韓
國族譜中也有若干與中國有關的記述。由於資料過多，我現在
僅舉出清代的一些中韓關係史事，以作為說明。

在韓國的《江陵崔氏世譜》中，記載了崔致雲的〈墓碑銘〉

9.《靈光丁氏護軍公派譜・卷1・1965年重刊本序文》。
10.《英陽金氏世譜・舊譜序》，頁8。

一文，其中說：

> 公姓崔氏，諱致雲，字伯卿，號鏡湖釣隱，江陵府人也。
> ……洪武二十三年庚午（1390年）六月十九日……生于江陵
> 私第。公自少英邁絕倫，篤志文學，中永樂戊子（六年，1408
> 年）司馬試，又擢丁酉（十五年，1417年）第。……宣德丙午
> （元年，1426年）注奉常簿，充書狀官，府尹韓尚德陪赴京師。
> 及陛辭，上謂尚德曰：「予事大之誠，書狀知悉。」蓋多公
> 有專對之才也。尋校理承文，戊申（三年，1428年），復以書
> 狀赴京。己酉（四年，1429年）又赴京。……癸丑（八年，1433
> 年），直藝文館。是歲婆豬江野人李滿住寇邊，上命判中樞
> 院事崔潤德率師問罪，以公充從事官。御思政殿引見將佐，
> 且曰：「崔致雲累日近前聽其所言，可與議事。」及至賊境，
> 判院事將三軍先行，公獨率精銳護輜重後，有賊數十騎突出
> 圍之，公即整兵憤欲逆戰，發數矢，賊徒畏而散走。公佐謀
> 出奇制勝，全師獻捷，上甚嘉悅，超授通訓，知承文院事。
> ……己未（英宗正統四年，1439年），野人凡察、童倉等與李滿
> 住相約謀叛，上欲馳奏天朝請留凡察等，召大臣議，□使者
> 大臣舉數人以聞，公不與焉。上特命公進階，嘉書判以遣
> 之，公果能專對，欽蒙允俞，奉敕而還，上備禮郊迎，御思
> 政殿，宴勞竟日，玉音溫醇，賜鞍馬甲五十結，寵賚無比。
> 俄遷藝文提學。……正統庚申（五年，1440年），又以請留童
> 倉事，如京師，復蒙敕允，上嘉之，又賜鞍馬。是年冬十有
> 二月十七日，以疾卒於第，年五十有一。……⑪

11.《江陵崔氏世譜》，卷首，頁8。

在崔氏〈墓碑銘〉之後，又有〈西征錄〉一篇，也值得一讀：

> 英廟十四年（正統十四年，1449年）冬十月，野人四百餘騎突入
> 閭延，剽掠人民，上令崔潤德為平安道節制使，以公為經
> 歷。潤德及公辭。上引見曰：「禦戎之道，自古無策，三代
> 帝王，來則撫之，去則不追，羈縻之而已，然無籍未得詳
> 知。漢高祖戡定天下，其於匈奴宜若振槁，然見圍於白登，
> 呂太后女主之英也，冒頓之書，置之度外，和親而已。至於
> 武帝多事，四夷遂至虛耗，古人所以如此者，國無大小，蜂
> 尚有毒，不忍彼此之間，無罪之民，橫罹鋒刃也。然婆豬之
> 賊，異於是歲，在壬寅（按指永樂二十年，1422年）侵我閭延，
> 其後為忽自溫所迫，遂失巢穴，乞住江濱，國家憐而許之，
> 其恩大矣。今者負恩背德，殺掠邊民，窮凶極惡，罪不容
> 誅。孟子云：『無敵國外患者，國恆亡。』今日之事，雖野
> 人所為，實天之警戒於我者也。……」明年二月，崔潤德遣
> 公啟曰：「今承內傳，伏審征討婆豬江野人，發軍三千，臣
> 竊惟虜地險阻，每於所經要害，須留兵守險，臣心密計，一
> 道自滿浦，一道自碧潼，共向瓦剌等處。一道自甘洞，向馬
> 邊、木柵等處，東西齊舉，臣則欲自小甫里向吒納奴、林哈
> 剌居處，須用萬兵乃可。」上引見公曰：「初與群臣議軍數，
> 或言七八百，或言一千，紛紜未定，終定三千，予以為少
> 也。朴好問亦言當不下萬數。今觀上書果然。」召政府六曹
> 及三軍都鎮撫議之，議論不一。公啟曰：「潤德言初來時，
> 若得精兵一千，足以辦事，今更思之，自馬邊至瓦剌等處，
> 野人散居山谷，雞犬相聞，非萬兵不可。」上曰：「然。」

公曰：「潤德言黃海之兵遠赴，則疲弊不可用。平安之兵，幾至三萬，不必黃海之兵。」上曰：「然。」問曰：「潤德欲於何時舉兵？」公曰：「潤德計端午時賊俗相聚、戲草亦長，但慮雨水，待二十四、五日欲舉事。」仍啟曰：「潤德言征討之事，宜寫彼人罪名，張榜而還。」上命安崇善與判承文院事金聽，草榜文送之。還師之日，上御勤政殿，諭崔潤德曰：「今使崔某來啟，欲親領軍卒巡行邊郡，耀武示威，予以為不可，彼既誠心來投，今復動兵，則彼必生疑，無乃違前約乎？兵貴秘密，使敵莫知其端倪耳。」……[12]

我們知道，李氏朝鮮的開國君主李成桂於明洪武二十四年（1391年）得國。建文二年（1400年），成桂以年老傳位於其子芳遠，芳遠又於永樂十六年（1418年）傳國於子祹，是為李朝世宗。芳遠迂緩，以致女真不時擾邊，且有如猛哥帖木兒時已入居鏡城阿木河地界。李祹則為英主，即位就想收復失土，計畫西征，十數年間，竟使李滿住不敢居住婆豬江邊，而凡察也幾次向明廷訴苦，希望明廷出面阻止朝鮮的軍事行動。李祹為這件事還特別向明英宗解釋緣由，他說：

近日凡察等奏臣追殺其部，又阻留一百七十餘家，蒙朝廷敕臣放與完聚，臣聞命兢惕，不知所措。……彼凡察舊居鏡城阿木河，即太祖高皇帝賜服之地，其親兄猛哥帖木兒等，被深處虜狄哈攻殺，不能自存，臣祖憫之，授以萬戶職事，為作公廨，給以婢僕鞍馬，撫綏備至，至臣父又陞以上將軍職

12.《江陵崔氏世譜》，卷首，頁 11–12。

事，後被七姓野人攻殺之，……凡察等俱各失所，臣撫恤之，一如先臣撫恤其兄。……忽於近歲，先以耕農打圍為由，移住本國邊陲東良地面，後乃潛逃，與李滿住同處，此時不及知，安有追殺之事，其在此留住者，或因婚姻懷土不去，或被同類開諭而還，非臣阻之也。[13]

又《明史稿》中也記：

袧疏辨，帝優詔答焉。後錦衣僉事吳良等，自朝鮮還奏：童阿里哈等八十五人，俱稱世居朝鮮，不願還。其餘有已故及先遠處者，皆非朝鮮居留。因諭李滿住等不得生釁，並諭袧謹飭備邊。[14]

可見李滿住等擾邊是事實，而李袧又想復失土，戰事當然是不能避免了。至於鏡城阿木河地既是明太祖給李成桂的「賜服之地」，猛哥帖木兒之建州設左衛是在永樂十年（1412年），所以李袧奏中很顯然的指出這應是朝鮮所應世守之土，不能讓女真人久居，西征也可以說是於法有據的。另外邊界上女真人留居的事，也是當時雙方交涉的另一重點。

在我們了解早期滿洲祖先與朝鮮當局的關係背景以後，我們對《江陵崔氏世譜》的記事，至少有以下數點新認識。

一、崔致雲在明初中韓關係史應占一席地位，他不但親身參與過幾次戰役，同時他也充當過使臣多次入京，交涉事務。

二、在前後幾次西征戰役中，無論是與李滿住的，或是征

13.《明英宗實錄》，正統六年二月丁酉條。

14.《明史稿》，英宗正統六年條。

凡察等人的戰事中，崔致雲似乎對婆豬江一帶的地勢敵情都很了解（按婆豬江是鴨綠江的支流，後改稱為佟家江）。

三、女真人在韓國居留的問題，崔致雲曾是這項交涉中的重要人物之一，他也曾為此事到過明朝都城。

四、從李裪的奏文上諭中，我們更可以看出當時朝鮮君主的漢化程度。

總之，《江陵崔氏世譜》確實有助於我們研究中韓關係。

韓國族譜中又有《通州康氏世譜》一種，其中記述滿洲興起之時，與明軍在遼東交戰史事很多，如薩爾滸山之役、遼瀋之役等等，記事頗詳，甚至有些是可以補官私書檔之不足的。現在先將康世爵回憶的一篇〈楚冠堂公自述〉抄錄如下：

……曾祖（按指康世爵之曾祖）諱祐，嘉靖三十六年丁巳（1557年）冬，以勇健擢為金州參將，往伐蒙古，亡於胡地，追贈為指揮使。祖父諱霖，以遺腹子生於嘉靖三十七年戊午（1558年）七月初七日。至於萬曆十九年辛卯（1591年），為天水郡守，時年三十四。翌年壬辰（1592年），東倭來伐朝鮮，皇帝使楊鎬為經略，徂征倭賊。經略楊鎬素聞祖父之武勇，奏請為中軍，自天水直來東國，而戰亡於黃海道平山地。二代戰亡之功，贈為都指揮使，而功臣祿則一年准給米百二十石，銀百二十兩。父諱國泰，字寧宇，生於萬曆九年辛巳（1581年）三月初一日寅時，歲在丁酉（二十五年，1597年）登武科，時年十七。季父諱國胤，甲申（十二年，1584年）生，登文科，而登科之年則余忘之矣。父登科後，越七年癸卯（三十一年，1603年），為清（青）州通判，二周年而遞歸。季

父則歲在庚戌（三十八年，1610年）除蘇州通判，居二年，棄官而歸。余亦隨季父往蘇州。余之外祖即撞州人前進士王景輔也。

父母生我三男妹，長妹適襄陽人李挺柱。余則生於萬曆三十年壬寅（1602年）十二月二十日申時，而名余曰世爵，字余曰子榮。舍弟則生於丙午（三十四年，1606年）七月初七日寅時，而名之曰世祿。

家君青州遞歸後，越十三年丁巳（四十五年，1617年），青州布政司王尚以軍器事論罪奏聞，則前後通判十三人拿囚廷尉。當是時，舍弟年十二，侍慈親留在家。余年十六，陪家君來北京，繫獄四十餘日。十三通判皆竄絕域，家君謫於遼陽，余隨來侍側。

越一年戊午（1618年），北賊始陷撫順，時閏四月十五日也。四總兵往擊之，遇賊於撫順地，大敗而還。七月，賊陷清河。皇帝聞邊警，又命楊鎬為經略，遣禦於遼陽城。於時廣寧總兵李光榮與父同榜，素相親厚，值北邊擾，謀欲解謫，稱以武藝出眾，可使制敵。論奏上達，特先蒙宥，而擢為中軍同詢軍務。軍功未效，光榮瓜歸。新總兵李汝柏仍執中軍，期掃群丑，時諸將相謂曰：「李總兵承良守廣寧，時入胡地點閱胡騎，則其數不滿四、五千，遍來數十年間，不過曰一、二萬，彼則可取而立功，皆輕敵自募多類。」

萬曆四十七年己未（1619年）三月初一日，經略楊鎬分軍為四路入胡地，使三總兵軍（將軍馬林率麻岩、丁碧等）由入開原路，使四總兵軍（將軍杜松率劉遇節等）由入撫順路，使總兵李汝柏（率賀世賢、李懷忠等）率軍十四萬由入清河路，河南都督

劉綎（率祖大定、喬一琦等）率軍三萬由入牛毛嶺，九連城游擊喬哥（即一琦）、寬奠參將祖哥（即大定）各率其軍在此陣中。時家君亦以經略之令分率廣寧軍千五百騎，與劉、喬、祖合軍先行，而東兵落後一息程許。牛毛嶺山谷素稱路狹，旁多阻隘，車不得方軌，騎不得成列。其時余隨父而去。父再三叱退，使之還家。余不忍離去，潛身帳外。深入賊穴，而余尚在後。於是招入帳內，撫余之背曰：「此地何等地，汝尚隨我也？」三月初三日，過牛毛嶺，行三十里許，前面遇賊，相與交鋒之間，忽見左右山巔隱賊突出，或射或擊，一齊夾攻，刃如電掣，矢若雨下。都督劉綎見我軍之敗績，放火於藥櫃自焚而死。家君亦於亂陣之中中賊箭而沒。天乎，地乎，胡寧忍斯？賊馳逐亡卒，東西分散，余潛身澗谷而覘賊勢，蒼黃之間，日已曛矣。先是家奴福只等十三人裝甲乘馬，使之前行。至是，只有一奴福只與我耳。置身體於北邊高岩底，周築石藏。而不肖無狀，不死於父屍之下，但取家君所懸玉貫子，而偷生於朝鮮陣中。喬游擊之子亦投入此陣，相逢泣告曰：「東兵若勝戰，則各收父屍而歸。」
初四日早朝，賊遍滿原谷而進。時東軍都副元帥陣於山上，左右營將陣於平地。賊先擊左營，一鏖而盡殺之。瞬息之間，軍無餘遺，而殊不見抗賊之人，賊又擊右營，右營敗入於山上之陣。堂堂天朝之兵不能敵強，勢如破竹。矧爾偏邦殘卒，比若泰山之壓卵，孰能當前？山上之軍望見賊勢，人皆戰慄。陣中有二元帥，而多有相較之端。余雖不通言語，觀其色、察其勢，一欲降一欲戰之故也。一將特遣使於賊所，須臾即還報，則即令軍中盡棄兵器，後率軍下山聚立於

左營軍敗戰之處，與賊相和。余一齊來到此處，賊自作外壁，回匝累重，乃使數騎入朝鮮陣中，明兵之投入此陣者盡數搜縛，我不知緣何事而忘，置於大石之下。余乃目朝鮮人，示之以縛。人皆視若不見。自分必死，計無奈何，磨背於石角，縛繩自絕。於是脫吾衣冠，得著朝鮮死屍之衣冠，與朝鮮國軍並立。是夜，走還遼陽。則撫、開二路兵亦皆敗績，而清河一路軍得經略之傳令，不戰而還。

皇帝聞敗死而震怒，經略楊鎬則以敗軍，總兵李汝柏則罪以不戰，拿去北京，而代送經略即揚州人熊廷弼也。及此四路兵敗，將有慢憓之色，軍無甘死之志，而民皆慄慄荷擔而立。渺余一身，亦獨處此。欲歸故鄉，則父骸未收，欲留邊境，則賊勢孔棘。彷徨號哭之際，得見家書之答。其書曰：「須待平亂，收骸骨而歸。」亦曰「請汝於新經略，必有所補」云。熊經略遽招我入軍門曰：「日者，汝之季父以書請我資汝身糧米，收汝父骸骨而歸。」仍指余曰：「汝年壯體健，可堪軍務。汝可起復父仇，收余（汝？）父骸，則於汝心快矣否？」余俯首聽令，更無措一辭。即傳令為軍官，號稱斬頭將。每送於戰陣之中，使之督戰。

己未六月，賊陷開原。余避還遼陽。七月，陷鐵嶺，又還遼陽。熊經略以敗軍之罪拿去北京，後交代經略，則廣寧布政司薛公（名國用）也。

越三年，辛酉（熹宗天啟元年，1621年）三月初九日，賊來圍瀋陽。其時十二總兵合守瀋陽城，諸將相議曰：「城少（小？）軍多，不能容處。」乃使馬軍出陣於城外。初十日平明，馬軍出東門外，約數三百步許。賊迎擊之。我軍北，入東門。

賊連尾而入，門蹕踏，城中殺人如麻。自開城門邀賊而入，則此豈非天亡之秋耶？城中男女老弱自靡於城西，盡墜於城底，或死或傷，委積沒城之半。余亦從西壕而上，躍馬墜城，則馬蹴於人積之上，跰趾復起，仍走還遼陽。

十九日朝，賊破遼陽馬軍於城外，仍圍遼陽城。時有遼陽人自敵所逃還者，利言破敵之易。諸將不察間謀，反以為信，定為城將，使守城西，則其夜乃與城中驕悍反覆之輩受略內應。西壕雉堞之間，皆垂絨索，引賊登城，乃自白晝，而遼陽城延袤十五里，東南北三面茫然不知。至於申時，量斬頭將數十餘騎巡到城，則西壕一面已作賊藪，驚惶叵測，急回向東，余馬顛蹶，陷於井中。失馬班如，脫身無謀。是夜將半，賊擁立城頭，終不下擊。經略薛公自焚死，御史張公不屈死。

余倉黃奔走，步出城外。避亂之輩，爭渡瓘水，載胥及溺其麗。不億設此城池，本為禦敵而鴻罹，今日反作禍祟。是知金城湯池，非固國之本也。余亦僅涉而出野，則覆屍盈野，匍匐不行。山在遠而夜已曙，平原之上，藏身無處。於是盡脫衣服，潛置屍底，乃與積屍連伏，而經日乘夜起著，走陟山上，人肩磨，車轂擊，兒啼女哭，滿壑遍山。……

壬戌，遇廣寧出身劉光漢，光漢義烈過人，兼有勇健，推以為義兵將，募得避亂之卒三百餘人，入鳳凰山留守三四朔。累被外侮，而適賴城險，終不被屈。遂帶馬軍向西而行，路遇賊兵大敗而潰。……其後光漢中矢以死，余亦天啟三年（1623年）二月被賊搶，……於是走向東國，時天啟五年乙丑（1625年）八月也。行糧已竭，粒米難得，山果木實，以

療飢腸。……作路十三日，始越滿浦境，留十餘日，又來江
界地，留三十餘日。……丙寅（1626年）七月，入咸興地，
留一年。至北青，留半年。戊辰（1628年），來於端川、吉
州，互相並居。丙子（崇禎九年，1636年）春，來居於慶源，
留十一年。丙戌（清順治三年，1646年），移居於鍾城境長豐，
留十六年。辛丑（1661年）春，移居於會寧境都昆地，於今
二十餘年矣。亂離餘年，飄泊海外，年過八十，身無小恙，
有子有女，滿堂盈室，豈不曰三代戰亡之先靈，常陰騭於冥
冥之中也乎？

……矧余亡國餘民，竄身荒谷。……人生到此，不死為何？
……父死而偷生於他邦，國亡而未蹈於東海。偷生免死，莫
若我甚。吾生可羞，吾死何葬。願汝曹葬不厚須得窆，俾贖
前日之愆，少答君父之冤，幸甚。嗚呼，萬曆之喪亂，一身
之奔竄，欲盡言則口啞而舌幾斷，欲盡書則筆禿而硯幾穿。
姑舉其萬一，以遺我後世耳。**15**

　　這部《通州康氏世譜》中還有康世爵的「墓誌銘」、康世爵
的傳記，內容雖大同小異於康氏本人的自述，但也有新的資料。
由於文字過長，這裡不擬贅錄了。單從〈楚冠堂公自述〉這篇
文章中，我們可以發現追述往事的人有記憶不清所致的若干錯
誤，如廣寧總兵應作遼東總兵；李汝柏應作李如柏；李如柏的
前任應是張承蔭，而不是李光榮；熊廷弼是江夏（武昌）人，不
是揚州人；代熊廷弼為經略的是袁應泰，薛國用則是代袁應泰

15.轉錄自中國社會科學院歷史研究所清史研究室編，《清史資料》（北
　　京：中華書局，1980），第1集，頁178。

為經略的等等。然而我們也不能否認這份「自述」確有極高的史料價值，尤其是親身見聞的部分，實在可以補他書之不足，或為史事作發明的。例如：一、劉綎一路的戰事以及劉綎本人之死，康世爵的敘述都是相當可信的，比起《清實錄》與《明史》所記的，真不知要生動而加詳多少倍！ **16** 二、無論是牛毛嶺之戰，或是遼瀋之陷，清代官書中都幾經修改，諱言屠殺軍士與百姓的事。康世爵則親見牛毛嶺一役朝鮮軍被滿洲「一麾而盡殺之」的慘狀。又說「瞬息之間，軍無餘遺」，這與《朝鮮實錄》的記事也很相近。而遼瀋戰況尤烈，康氏說屠殺明兵「幾盡」、「覆屍如堆」、「城中殺人如麻」等等，應該都是實狀。 **17** 三、遼陽之破，《明史》中已經說到「降人導之也」，康世爵則記「有遼陽人自敵所逃還者」與「城中驕悍反覆之輩受賂內應」。滿洲人早年作戰常用詐術奇謀，如撫順的陷落，實在是滿洲大軍謊稱互市，明朝守軍未予防範，結果失掉了城池，守將李永芳也只好投降了滿洲，像這類騙術清代官書中是絕口不談的。《通州康氏世譜》的有利於學術研究，由此也可以看出一些端倪來的。

　　《通州康氏世譜》只是韓國現存明清時代族譜中的一種，其他類似的記載有關中韓資料的，當然還有成百上千的，很值得我們去發掘、收集與研究。由於篇幅的限制，我現在再舉出兩種中國人家的譜書，來看看與中韓關係研究的有關資料。

16.請參看陳捷先，〈清太祖時期滿洲與朝鮮關係考〉，收於中國學論叢編輯委員會編，《中國學論叢：金俊燁教授華甲紀念》（漢城：中國學論叢刊行委員會，1983），頁 573–592。

17.請參看陳捷先，《滿文清實錄研究》（臺北：大化出版社，1978）。

　　第一種要提出來談一談的是《東魯端木氏小宗家譜》，這部家譜是一部內容完備的譜書，頗具傳統中國譜書的義例。書中卷 2 是「傳記」，專記端木家祖先的事蹟，其中有〈太鶴山人傳〉一篇，談端木國瑚生平的專文。端木國瑚是清末浙江學者，《清史稿》、《清史列傳》等書中都為他立了傳。如《清史列傳》卷 73 記他的一生事蹟約為五百字，其中四十二字是談他與韓國使臣交往的：

> ……朝鮮使臣入貢，通問致殷勤，曰：君所為〈定香亭賦〉，東國人已傳誦。請講《易》，國瑚為發揮旁通之旨，皆饜心而去。……[18]

從以上文字中我們只能知道韓國使臣曾與端木國瑚有過一段交往，但通候與學《易》的時間不詳，朝鮮使臣究係何人也不得而知。《東魯端木氏小宗家譜》的傳記述太鶴山人事約有八百餘字，較《清史稿》、《清史列傳》詳盡很多，而家譜卷 4 藝文部分又記載了朝鮮使臣的詩文，因此我們對清末這一中韓文化交流事件的了解便加深了。原來太鶴山人與朝鮮使臣通問與談《易》的時間是在道光丁酉年，即道光十七年（1837 年），而當時來華的韓使是申在植。申在植特別為與國瑚的這段交誼留下了一首文情並茂的詩，詩前小序是：

> 端木鶴田先生為我講《易》於長春寺，臨別贈之以詩，步韻祈正。

18.《清史列傳》，卷 73，頁 38 下。

詩文作：

> 羲皇畫後聖人經，我得南車見範型，
> 可與言詩端木子，行將歸里少微星。
> 先天觀理梅初白，高士留芳簡欲青，
> 千載相期心一片，山門茶熟已通靈。[19]

歷史的內涵不外時、地、人、事，《東魯端木氏小宗家譜》中兼有所有的記載，當然比《清史列傳》等書中的內容更具史料價值了。

第二種想要介紹的中國族譜是一部滿洲人家的族譜，書名為《馬佳氏族譜》，是 1936 年重修成書的，是漢化後的成品。在傳記部分，記述了他們家族十六世孫長房名叫繼格的人，說他是「瑞昌公長子，字續莊，號述堂，別署希來道人、凝道堂主人」，顯然他是一位文士；不過他的任官經歷也是很可觀的，他在咸豐二年(1852年)中進士以後，便在戶部工作，歷任主事、員外郎。咸豐十年（1860年）轉陞詹事府右庶子，第二年適逢英法聯軍北上，他又帶兵駐守永定門，保衛京畿。同光時期，他歷官侍讀學士、起居注官、國史館纂修、大理寺卿、都察院左都御史、兵部侍郎、盛京禮部侍郎等職。光緒四年九月，補授鑲藍旗蒙古副都統，十月充朝鮮賜奠正使，因而成為中韓關係史上的一名關係人物了。據說他此行發現以往清使到朝鮮有些使朝鮮接待人員不便的地方，他於是毅然的改正了，終令朝鮮人十分感激。繼格傳記中對這件事是這樣敘述的：

19.《東魯端木氏小宗家譜》，卷 4，頁 25 上。

> 鴨綠江岸欽使往來驛館，向例由朝鮮派員過江，先事預備迎
> 送欽使事宜。至是改議歸我國置備，朝人感念，此後免過江
> 設備煩難，於江岸勒碑頌德。 [20]

清代名人傳記雖然為數至多，但是繼格的專傳卻不得一見。所
幸他的家譜中記下了他的生平事功，也讓我們從而了解到了他
在清末中韓關係史上的一點為人罕知的史實。

以上所引的四件中韓族譜資料，是萬千這類資料中的微小
部分，然而從中已經使我們對朝鮮與女真的交涉、薩爾滸山戰
役東路軍喪師的情形、遼瀋的陷落、中韓邊界上接待制度以及
士人學士間的文化活動等等，有了新發現，增加了更多的了解。
族譜資料的史料價值，由此也可以窺知梗概了。

以往很多人認為族譜中的記事有些是荒誕無根之談，尤其
對祖先的傳記，常常以粉飾為事。這種說法也並非無因，確實
有些人家是如此的。不過正史記述帝王時，有時也有同樣的現
象，如《史記・高祖本紀》中，有一段斬蛇的故事，很多官書
也對帝王作誇張的描寫，實際上也是不經之談，又何必專責族
譜資料的不可信呢？倒是族譜的成書，不如正史官書都由名家
學者執筆，有些族譜因作者水準不齊，而有良劣之分，我們只
要在利用族譜資料時，詳加考證，披沙揀金，相信可以找出可
信的紀錄，有助於我們作學術的研究。中韓關係史的研究，特
別是明清時代的，族譜應該是一個新的資料領域，值得我們去
發掘、研究。

20.馬廣棻修，《馬佳氏族譜・十六世長房繼格傳》（1936年抄本）。

四 簡介兩部古朝鮮漢文族譜

一、引　言

　　中國族譜之學，不但歷史悠久，而且內容宏富，尤其到宋明以後，隨著理學的新思潮，中國新譜學的內容與體例也傳布到亞洲各鄰邦了。如日、韓、琉、越等中國文化圈內的國家，都先後有了中國式樣族譜的製作。由於朝鮮與中國在明清兩代有著五百年頻繁的封貢關係，中國族譜學在朝鮮發展的時間因此比他國為早，內涵也比他國更有深度。

　　朝鮮早年的族譜，為數必然可觀。儘管在天災人禍中燬損了很多，但據目前保守的估計，至少仍有千種以上的存藏。在這些古朝鮮族譜中，世界學者公認《文化柳氏世譜》（以下簡稱《柳氏譜》）與《安東權氏檢校派譜》（以下簡稱《權氏譜》）是最早的兩部作品。柳氏與權氏都是當年朝鮮的巨室，他們為記錄家世的顯赫而修譜，後世子孫又能不斷的續編，因而保存下了這兩部古籍資料。《柳氏譜》中列印了古譜序跋文字多篇，如〈永樂譜序〉、〈嘉靖譜序〉、〈嘉靖譜跋〉、〈己巳（按為康熙二十八年）譜序〉、〈庚申（按為乾隆五年）譜序〉、〈丁巳（按為嘉慶二年）譜序〉等，顯見柳氏子孫對先人的追思崇敬，四百年來，未嘗稍減。《權氏譜》則除於卷首刊印明憲宗成化年間名臣徐居正所作的一篇序

文之外，另刊出該族後世裔孫在明萬曆、清順治、康熙、雍正、同治等不同時代所寫的序跋數篇，足證權氏後人在明清兩代也不斷的續修家族譜牒。

柳、權二氏的這兩部古族譜，經翻閱後發現其書名、內容、體例、書法等等方面，都與中國族譜學有著淵源與關係，甚至可以說二書實脫胎於中國族譜。然而這兩部古朝鮮譜，雖是受中國文化影響而從事編纂的，但在書中也反映了當時編纂者並非全然盲目的接受中國族譜文化，他們似乎也有著保存舊俗與強調傳統的一些想法與作法，與中國舊族譜多少有些不同的地方，而這些相同與互異之處，正影響到朝鮮日後譜學的發展。

柳、權二氏的族譜，既是現存最早的朝鮮譜書，書中又呈現中國族譜文化的各種形影，但也有不同於中國譜書內容的特色，因此本文即以此二書為題，略述其源流、內容、體例、書法以及此二古譜中重外家的有關情形，藉以簡介朝鮮古族譜內涵與日後發展的一斑，以就教於方家君子。

二、柳、權二氏族譜溯源

柳、權二氏族譜的編修誰先誰後的問題，因無絕對文獻能證實，很難作定論。儘管《權氏譜》在我國清雍正年間重修時，其二十八世孫權訪曾說：「海東之族，莫鉅於我族；海東之譜，莫古於我譜。」 **1** 但是《權氏譜》中所存最早譜序為明成化時所作，而《柳氏譜》則有〈永樂譜序〉一篇，而且《柳氏譜》的卷帙遠較《權氏譜》為多，因此，我們先來介紹《柳氏譜》

1.《安東權氏檢校派譜・卷首・甲寅譜序》，頁 10 下。

的編纂小史。

　　《柳氏譜》現存六十六卷、二十七冊，據柳氏第二十八世孫柳秉均在 1803 年（朝鮮純宗三年，清嘉慶八年）重修時說：

> 世之以柳為姓者，無不鼻祖於大丞公，皆貫文化。延安之車，又祖於大丞，以一人之孫，同源異貫，支裔繁昌，振于永久，實為我東之大姓巨族，而車柳同譜之譜，回祿於神光。其後有《永樂譜》一冊，良度公穎之所修，而不過子孫錄而已。《嘉靖譜》十冊，即松庵公猶子希潛公所修，而尤詳於外裔各派，卷帙稍多。《己巳譜》五冊，即處厚公之所修，而亦不過子孫錄，且無生卒配墓，卷帙比《嘉靖譜》半減。《庚申譜》即我從祖叔父煥文甫所修，而始合瑞、善二派，卷帙為十三冊，而以財力之不敷，三冊未及刊行，各派生卒配墓，雖甚詳悉，而成書則猶未也。❷

據此可知，《柳氏譜》最早是車柳合譜，但在高麗時代遭回祿之災被焚燬掉了。其後在明永樂、嘉靖以及清康熙、乾隆間都曾經續修過，內容不是簡略的如子孫錄，就是有著「詳於外裔」或「無生卒配墓」等的缺點。柳秉均有感於他們家族「世疏人繁，百世敦親之誼，幾至於行路」，乃有心修譜。他曾敘述他後來重修譜書的經過：

> 癸丑冬，余自河陽還，纔數朔，統禦使文植，慨然以吾柳氏之無大譜為恨，勸余與副總管匡國發文諸宗，以為修譜之道。余不敢辭，遂發文於八路矣。至數載以歉荒未有應者，

2.《文化柳氏世譜》，卷首，頁 7。

粵丙辰春，郡守詢，亦勸余刊行通文，雖《庚申譜》未及修單者，並許錄入之意，縷縷勸諭矣。丁巳春，嶺南宗人東範、湖南宗人星緯、海西宗人希宗甫諸人，皆修單以來，與京有司夏亭公派府使光國、郡守詢之姪運弘、檢漢城派縣監明觀、左議政派承旨師模忠、景公派統禦使文植甫諸人相議，定日始役，幸賴八路諸宗，同心合力，庶幾有成書之幸。是譜也，即我得姓後，初有之大譜也，是豈特人力之可及，莫非先蔭攸曁，豈不盛哉。蓋譜者，譜其族也，而先重敦睦之誼，略附微婉之旨，不計久速，惟以成書為期，自發文至癸亥始刊行，首尾十載，頭鬚盡白，余之精力可謂盡枉是矣。後之繼為此譜者，果能知我罪我否也。 **3**

柳秉均的這部重修譜刊行於 1803 年癸亥，**4** 他歷時十載完成此書，因此文中所稱的「癸丑」、「丙辰」、「丁巳」分別是 1793 年、1796 年與 1797 年，正是我國乾嘉交替之際。《柳氏譜》本來只是十數卷的內容，經過這些宗人合力重修，變成六十六卷了，難怪編者會說：「即我得姓後，初有之大譜也。」

柳氏在高麗時代即有家族記事專書應屬事實，因為在明永樂年間，柳氏十四代孫柳穎曾在序言中說：

……蓋我柳氏，起於高麗之初。至于明王朝，始為宰輔。相

3.《文化柳氏世譜》，卷首，頁 8。

4. 柳秉均於序末記：「崇禎紀元後三癸亥……秉均謹序。」朝鮮被清太宗兩次征服淪為大清朝貢屬邦，朝鮮君臣，心有不甘，故多年以來，一直反清仇滿，民間出版品因仍多用明崇禎年號，到清末未改。惟官方文獻則必須奉清正朔，與私家作品不同。

襲箕裘，以至于今，垂五百年，果未有久於此者也。若論其
派，大提學觀與其都觀察使思訥，同源於文簡也。政丞亮，
則貞慎公之玄孫，總制殷之，則章敬公之曾孫也。其他同源
分派，從仕于朝者，不可勝記，我文化君，乃文簡公之五代
孫也，傳于領議政廷顯，以至都觀察使暉，八代連相，益振
家風，可謂有餘慶矣。……**5**

柳潁若無族譜等資料作參考，相信必不能對他們一族先人敘述
得如此肯定，記憶得如此清楚。

　　權姓是朝鮮安東地區的著姓，不過他們的先世本是新羅宗
室，姓金。後來在新羅末年，甄萱叛亂，「弒王辱妃」，當時名
叫金幸的人，與日後成為高麗朝始祖的合作，消滅了甄萱，金
幸成為有功大員，高麗開國君主認為他「能炳機達權」，乃賜他
權姓，「授以太師，以郡為食邑，陞為安東府」，權幸也就變為
權氏族譜的始祖了。**6** 權氏一族修譜情形，我們可以在權氏裔
孫的譜序與跋文中略窺一斑，如清康熙十三年（1674 年）權訪的
譜序稱：

　　……我譜自我先祖止齋文景公諱蹈肇修牒，翼平公姍嗣輯
　　之，而文景之甥徐四佳居正踵成圖譜，刊而行之世，所謂
　　《成化譜》也。其後龍巒公之《乙巳譜》，東谷公之《甲午
　　譜》，或稿或梓，詳略相懸，俱未成全譜。明陵辛巳，曾祖
　　縣監山澤齋諱泰時，與宗中名選合諸家譜，成原別十三卷，
　　乃我宗一部惇史也。……**7**

5.《文化柳氏世譜・卷首・永樂譜序》，頁 1。
6.《安東權氏檢校派譜・卷首・成化譜序》。

同年權德秀的一篇跋文說得更為清楚，他說：

> 我權得姓以後，柯葉分布，殆滿一國，為東方蟬聯大族。而
> 所謂譜，古則無之。國初以下，二百年間，只有四佳《成化
> 譜》上下卷刊行。其後龍巒公《乙巳譜》十六卷，草完而未
> 刊。《甲午譜》雖刊而單卷，草草所放失甚多。其餘《若公
> 山譜》、《盤松譜》、《鑄洞譜》，又皆私藏草本而已。全譜修
> 刊之不易，有如此者。迺於肅廟丙子，嶺中諸宗老，懼其散
> 落而無統緒，悉取古今諸家本，加爬括焉，合成一本，總十
> 三卷。越六年辛巳，始入梓于本府，吾家譜乃得完且成，而
> 印布未廣，旋值辛丑大火，板皆為爐。噫乎！何其不幸也。
> 甲辰秋，宗人等慨然發議重刊，前寢郎厚氏聞而樂成之，遂
> 發告中外，更聚各派譜單，參考辛本，辨別疑亂，出草稿十
> 三帙。己酉夏委送于本所，就加讎校，凡三易稿，定為原譜
> 十四卷，別譜三卷。……[8]

以上引文中所述的「乙巳」是明萬曆三十三年（1605 年）；「甲
午」是清順治十一年（1654 年）；「辛巳」是康熙四十年（1701 年）；
「己酉」是雍正七年（1729 年），而己酉「凡三易稿」的族譜到
雍正十二年（1734 年）才成書問世，即所謂的「甲寅本」。甲寅以
後，權氏子孫又在壬戌年，即 1862 年，清同治元年重修「派
譜」，這次修的「派譜」是因為「族姓既繁，事力難并，務從簡
捷，各修派譜，已成規例」。結果「募工而鋟刻成二卷」，「序跋
則印用舊板，從省費也」[9]，可見《權氏譜》當時已由合譜變

---

7. 《安東權氏檢校派譜・卷首・權訪序》，頁 10 下。

8. 《安東權氏檢校派譜》，卷首，頁 13 下。

為派譜了，卷帙與內容都減少。權氏最後一次再修譜是在 1897
年丁酉，即清光緒二十三年，同樣的「特以檢校公起為一派，
以修檢校派世譜」，完全是「倣各派之成例也」。[10]《權氏譜》
現存三卷三冊，原因即在於此。

　　綜觀以上柳、權兩氏修譜的簡史，我們可以得到一些結論。

　　一、柳、權二氏的族譜在高麗時代就已經修了簡略的初纂
本，到明朝初年，兩族的子孫再重修，一直到清末都不斷的續
修，因此，柳、權二氏譜是現存朝鮮最古的兩種族譜，而且是
連續纂修長達五百年的難得族譜。

　　二、《柳氏譜》在五百年中一直合族修譜，因而到清季仍有
六十六卷之多的內容。《權氏譜》則因在清代中期以後各派個別
修纂，由合譜變成派譜，檢校公一派到最後僅有三卷之多了，
這是與柳氏不同的地方。

　　朝鮮譜學發展的歷史，無疑的沒有中國那麼長久，因為在
新羅時代就是我國唐代，新羅除了王姓金、貴族姓朴以外，[11]
很多朝鮮人都還沒有姓氏，當然修譜之事也談不上了。根據朝
鮮一些古籍的記載，他們在我國宋元時代已經有了類似族譜的
文獻了，如《益齋集》的作者李齊賢就寫過：「宗女與宗子並
列，討其世譜，棼然莫之辨也。」[12]可見高麗時代王室人等已
經有了記錄世系的資料。有些朝鮮族譜裡也說：「東人之為譜

 9.《安東權氏檢校派譜・卷首・壬戌檢校派譜序》。
10.《安東權氏檢校派譜・卷首・權容德序》，頁 1。
11.《新唐書・卷 220・東夷傳・新羅》。
12.李齊賢，《益齋集》，卷 9（該書收於韓國成均館大學重印本《麗季名
　賢集》）。

也，眆於高麗之式目焉。」[13] 總之，朝鮮人家有族譜的事最早也只在宋元之世，柳、權家在元代有了「子孫錄」一類的家世紀錄是有可能的，而明朝初年改作族譜形式也是合理的發展，因此，我個人以為柳、權二氏族譜稱為古譜並無不當。

三、柳、權二氏譜的內容與義例略述

有關柳、權二氏譜的內容，先列簡目如下。

《柳氏譜》計有：

㈠墓圖

㈡歷代修譜序跋

㈢凡例十七條

㈣地名記

㈤源派記

㈥高麗太祖統合三韓翊贊功臣表

㈦墓碣題辭

㈧世系表

《權氏譜》則為：

㈠歷代修譜序跋

㈡增修廟記

㈢廟庭碑文

㈣墓碣文

㈤太師權公神道碑銘並序（另碑陰記）

㈥凡例七條

13.《幸州奇氏族譜及誌狀・甲午舊譜序》（1957 年重刊本）。

㈦派譜任員錄

㈧世系表

　　從以上表列的兩份簡目，我們不難看出這兩部朝鮮古譜的內容與一般中國族譜的內容相似，只是沒有專記恩榮、傳記、祠堂、藝文、宅里等資料，略嫌簡單了一些。

　　至於柳、權二氏譜的世系圖，完全都是仿照歐陽修發明的圖式，以高祖以下至五世玄孫別自為世的。歐陽修認為記家譜應以「遠者疏者略之，近者親者詳之」，因此圖譜以五世為限，五世以後，格盡別起。這種世系圖式比較方便，而且省錢省事，所畫橫格又可多可少，因而被後世人家沿用的很多。《權氏譜》就是「依舊譜橫間六層，書至六世，而最下六世，名諱不錄」的。[14]

　　柳、權二氏譜不但世系圖表借取歐陽修的方法，在修譜的義例與宗旨方面也繼承了中國的傳統。例如兩族都非常重視宗法，強調修譜的作用在睦族，並認為修譜有美風俗、淑世教的功能。柳氏〈嘉靖譜序〉中就說：

> 程夫子曰：管攝天下人心，收宗族，厚風俗，須是明譜系，然則譜系之明，豈不關於高祖重本之義耶？同源分流，人易世疏，詠於陶詩。情見於親，親見於服，發於蘇引。……嗚呼，蘇老泉云：觀吾譜者，孝悌之心，可以油然而生，愚不知看此譜者獨無是心之發也耶。……[15]

同書〈嘉靖譜跋〉也說：

---

14. 《安東權氏檢校派譜・卷首・凡例》，第 1 條。
15. 《文化柳氏世譜・卷首・嘉靖譜序》，頁 2 上。

竊觀夫今世之人，雖無為厚門巨室，尚不記高玄名字者，比
比有之。況乃親盡服盡，而至於雲初之遠者乎？是何秉彝之
天，終有所泯滅而然耶？實以其世無家乘之相傳耳！……譜
之有補於世教也，豈不偉歟！況功業節義，文章道德之可師
可法者，磊落相望，然後之人聞其風而有聳慕興起，有得於
師法，服膺之際而進進於光先耀後之域焉，則其於作成人才
之益，夫豈少哉？是誠我一家世守之青氈也。…… **16**

又同書〈己巳譜序〉又謂：

譜系之修，端為尊宗法、序昭穆、別支庶，而親親之情，睦
婣之義，因此而生焉，則蘇明允所謂觀吾之譜，孝悌之心油
然而生者，豈不信然矣乎？…… **17**

　《權氏譜》也同樣的標榜宗法，強調修譜與睦宗族、補世
教有關，幾乎每篇譜序中都提到這些事。如《成化譜》徐居正
就說：

……吾東方自古無宗法，又無譜牒，雖巨家大族，絕無家
乘，纔傳數世，有不記高曾祖考名號者，子孫寢而乖隔，或
不識緦功之親，視同路人，何待服盡親盡，而疏且遠哉！如
是而欲興孝弟、成禮讓，豈不難乎？此吾文景、翼平所以惓
惓於著譜，而居正之勉卒其志者也。……記曰人道親親也，
親親故尊祖，尊祖故敬宗，敬宗故收族，若能始於親親，推
及九族，則所以厚本敦末者，豈有窮哉。《詩》曰：「無念爾

---

16. 《文化柳氏世譜・卷首・嘉靖譜跋》，頁3。
17. 《文化柳氏世譜・卷首・己巳譜序》，頁4下。

祖，聿修厥德。」吾更為權氏子孫勉之。……[18]

《乙巳譜》中權紀也寫道：

> 吁，譜牒明，則親親之道立。親親之道立，則風俗正。風俗正，則治教成。譜苟不明，則人之道滅，而不近禽獸者，幾希！然則譜之關於風化者大矣。[19]

《甲午譜》權堈的譜跋中也說：

> ……嘗聞程子之說曰：收宗族，厚風俗，使人不忘本，須是明譜系，凡我同宗之人，益勉孝悌之心，毋墜祖先之業，敦睦之義，世守而勿失，則斯譜之作，其亦有補於風化之萬一云爾。[20]

《辛巳譜》中印了權愈的譜序，文中也有：

> 夫譜非私所譜者一姓也，為世教也。禮言尊祖敬宗收族之道，已備此道也。上能之，則大本立於上。下能之，則人道竭於下。以至百志成禮俗刑，此上下交相冀者也。是以后王聽治，必先治親。治親系於譜牒，故昔唐太宗著《天下世族志》，我世宗命撰《東國姓氏錄》，領天下國家而欲善治者，要賴此耳。[21]

---

18. 《安東權氏檢校派譜・卷首・成化譜序》，頁 2-4。
19. 《安東權氏檢校派譜》，卷首，頁 6 下。
20. 《安東權氏檢校派譜》，卷首，頁 7-8。
21. 《安東權氏檢校派譜》，卷首，頁 10 上。

修《甲寅譜》時，權訪也提到：

> ……我宗自勝國以來，至於今日，簪組蟬聯，為東方甲族。
> 觀乎譜諜，有道德經術之儒，有文章才識之人，達則銘彝鼎
> 而振烈於朝，窮則獨善淑而為後學師範，暨忠臣孝子，卓節
> 懿行，聯芳趾美映千秋，豈不盛哉！顧今我宗之分布在八路
> 者，舉皆其雲礽也。今於按是譜也，各思所以克肖先休，褆
> 躬勉學，常若親承乎？《詩》、《禮》之教誨，耳面之提命，
> 則一氣所感，羨端油然，忠孝才德，自家達邦，不墜永世之
> 家聲矣！然則是譜之修，不徒為序昭穆，篤倫彝之資，而抑
> 將有補於國家之風教也！……[22]

《權氏譜》在十九世紀末年最後一次重修時，權容德同樣的寫出：

> ……嗚呼，觀吾譜者，其必有孝悌之心，油然而生矣。程子
> 曰：收宗族，厚風俗，使人不忘本，須是明譜系，是為吾宗
> 之急先務也。[23]

由此可知，權氏子孫在李氏朝鮮五百年間一直是為「收宗族，
厚風俗」而修譜的。

　　綜合上述，可以了解柳、權二氏譜的內容顯然不出中國族譜
內容的範疇，世系圖又直承歐陽修的圖譜，而兩家修譜的宗旨則
都是有尊祖敬宗、正風俗、淑世教等的目的，並且一再的引用程
顥、蘇軾等中國學者的名言。因此，由柳、權二氏的古譜，實足
證明朝鮮早年的族譜之學是深受中國文化影響而產生的。

22.《安東權氏檢校派譜》，卷首，頁 12–13。
23.《安東權氏檢校派譜》，卷首，頁 2。

四、柳、權二氏譜的書法

　　族譜記錄一家一族的事，家族的人與事既多又複雜，例如人有男女老幼，又有親疏尊卑。事有婚姻、繼承，加以嫡庶、嗣養、宗法、血統等等，因而族譜有了與他書不同的特有內容，產生了不少專門詞彙。

　　柳、權二氏譜製作因受中國譜學影響極深，在書法上當然也不能例外的大異於中國，以下數事，可以作為說明。

　　一、柳、權二氏譜中大量引用中國譜學的專用術語，如世譜、派譜、譜牒、家乘、世、代、昭穆、行列、娶配、嫡庶、出系、鄉貫、始祖、名諱、生卒、墓向等等，在字裡行間常常出現。

　　二、朝鮮人名，早年極不講究。李齊賢就說過在新羅時代「羅人有祖子孫同名者，蓋時俗然也」。《權氏譜》中記一世祖名「權幸」，權幸的兒子叫「仁幸」，父子同用「幸」字，不以為怪。[24]然而到明朝以後，族譜內的人名就少見此等現象了。後來朝鮮人也注重輩分用字，以《權氏譜》來說，禮山一系的二十七代裔孫權重呂，生子二人，長名宅濂，次名宅洛。宅洛子為民新、得新。民新有子名宗弼，得新子名宗燦，可見這幾代人名都有了行輩的用字。[25]同樣的，《柳氏譜》中也有如此的事實，如二十世孫柳之性，生子克明、元明、東明三人。克明無子。元明一家兒子叫光載，孫子名演、溥。東明生子一，名光秀，其孫則有濂、潤、渥、泌、浩五人，這祖孫幾代也注重

24.《安東權氏檢校派譜‧卷首‧世系‧權仁幸》，注文。
25.《安東權氏檢校派譜》，卷2，頁53–55。

人名排行的用字了。[26]明清以後，還有不少朝鮮族譜中常見人名不僅講究行輩用字，有時還用些暗含五行相生之義的字，《權氏譜》裡就有這樣的情形，如二十五代孫守經的兒子有鑣、鉊、鏡等人，「金」字輩下子孫分別命名為聖漢、聖洪；棣、樸、柱、梢；宗烈、宗燁等等，以「水」、「木」、「火」偏旁字來命名了。[27]人名的進一步學中國，也可以說明朝鮮人當時更深一層的接受中國譜學的書法了。

　　三、宋明以後，中國修譜的專家們，常依宗法與倫理訂下一些條規，主張族譜裡有些事可以「不書」。例如子孫逆理亂常的，婦女虧行敗身的，後人出為僧道的，女子改嫁的，都可以不書。也有不書生卒年的，不書妾的，不書養子的以及不書入贅為夫的。柳、權二氏譜在不書方面也有效法中國的，但不如中國的嚴謹。根據這兩書的內容，我們可以發現不書的地方約有：

1. 很多人的生卒年不書，早年的可能因為資料不全，但《柳氏譜》到清代中期仍未見書寫他們祖先生卒年的。《權氏譜》的後世子孫中有逐漸記錄生卒年的，只是有時記寫得很簡略。

2. 《柳氏譜》有「不書繼字，古也。繼父名下注子某子」的規定。[28]《權氏譜》則有「出系人本生父下書子某出」條文，[29]則又表示了朝鮮當時是可以書養子的，不過過繼的多是自家兄弟的兒子。

3. 《權氏譜》又規定：「有大小科官銜，而雖高官達爵，只書末

---

26. 《文化柳氏世譜》，卷 16，頁 2–3。

27. 《文化柳氏世譜》，卷 2，頁 1–8。

28. 《文化柳氏世譜‧卷首‧凡例》，第 5 條。

29. 《安東權氏檢校派譜‧卷首‧凡例》，第 4 條。

職，務要審簡。有齋號、懿行、實蹟之表著者，書之。」[30]
《柳氏譜》也記：「王妃、孝子、忠臣、烈女，必表而特
書。」[31]這都是強調人才事功是要表彰的，但官爵等事則應
「務要審簡」。

4. 中國族譜中常有「出為僧道」的不書，《柳氏譜》中則見在十
一代孫仁修之女所生之二子中，一名「覺雲」者，下書「出
家」二字。又十一代女孫嫁權溥，生子五人，其中「宗頂」
名下，也書「出家」二字，可見朝鮮古譜中仍記子孫為僧道
的。[32]

中國族譜中對婦女有關的若干事常有不書的規定，但朝鮮
古譜中卻是不同，此類事將在下一節中敘述。

五、柳、權二氏譜中的婦女記事

魏晉南北朝時期，中國族譜中所記的婦女事很多，宋代以
後，則因理學、宗法等的因素，中國族譜竟有不書生女的事。
元明以降，婦女在族譜中的地位又逐漸升高，「所生女曰某，適
某」的一些簡單記事入譜了。古朝鮮族譜中對婦女的記事則與
同時代的中國族譜大有不同，現在僅就以下數點作一說明。

一、古朝鮮族譜世系圖中最初沒有「男先女後」的規定，
子女是按出生次填寫入譜的。[33]《柳氏譜》的凡例中訂：「先書

30.《安東權氏檢校派譜・卷首・凡例》，第 2 條。

31.《文化柳氏世譜・卷首・凡例》，第 13 條。

32.《文化柳氏世譜》，卷 3，頁 5。

33. 韓國學者宋俊浩著有〈安東權氏譜、文化柳氏譜所見的李朝初年兩班
社會〉（Andong Kwsn, Munhwa Yu Chokpo and Yangban Society in

子，次書女者，重本宗之意也。」[34]《權氏譜》中說：「先男後女，重本宗也。」[35]這些都是李朝中期以後的譜例。甚至還有人家嚴格規定「雖無男者，女不得書據第一行」的。[36]這種早年不重男輕女的族譜書法，朝鮮學者宋俊浩認為是韓國「傳統的價值」。

　　二、古朝鮮族譜雖依子女出生序入譜，但是女子多不記本名，而記女婿的名字，並兼記該女子與夫婿所生兒子全名以及女兒所嫁人名。如《柳氏譜》卷2記十二世孫司雨生子二，名之沼、之澤。生女一，嫁給金澍。同一代的柳松節生子二人，名光秀、光遠。二女則分別嫁給閔伯萱與李保生。又如同書第十世柳成庇，生子女各一人，子名溏，女則記其夫名「柳玕」，而該女子與柳玕生子四人，名之淀、之潾、之澤、之濕。生女二人，分別嫁給尹桓與洪彥猷。《權氏譜》裡說：「外孫則俱姓名書之，以別本宗。而雖曾玄孫或有聞人官職載以小注。」[37]這和《柳氏譜》的大意是差不多的。出嫁女子在娘家族譜裡記事如此之多，在近世中國譜書裡是從未見到的。

　　三、朝鮮族譜重視婦女的事還可以在族譜記事的另一些形式裡看得出來，就是男子所娶妻室的家人以及女兒嫁去的婆家，

Early Yi Dynasty) 與〈釋傳統韓國家史資料〉(An Interpretative History of Family Records in Traditional Korea) 二文，其中談到早年婦女在族譜中以出生序登錄情形，「先男後女」是日後改變的看法。宋氏不諳中國譜學發展，亦不甚知中國古譜書之出版與現藏情形。

34.《文化柳氏世譜・卷首・凡例》，第4條。
35.《安東權氏檢校派譜・卷首・凡例》，第5條。
36.《豐川任氏世譜・凡例》，頁2
37.《安東權氏檢校派譜・卷首・凡例》，第6條。

如果祖先父執輩有高官名人的，也被記入族譜。如柳氏第八代女孫嫁給尹威，尹威名字之後，譜書裡加了小注說尹威：「禮部侍郎，湖南廉察使，西京留守。南原尹氏，始祖父，坡平人，少卿德瞻。」又十八世女孫嫁盧漢文，族譜中加注說：「光州人，文參議。父直長自璋。子坦，生員。子壋，縣丞。子□，佐郎。□女金悌男，其女□□□□仁穆王后。……」可見盧氏一家四代也被記入《柳氏譜》中了。這是關於女兒婆家記事的又一例。另外柳家男子娶妻中也有記其家人先世的，如十三世孫曼殊，娶洪氏女，曼殊的傳略後有如此一段文字：「配寧淑宅主南陽洪氏。父左師南陽君澍。祖莊簡公戎。曾祖匡靖公奎。高祖翰林學士縉。外祖政承韓渥，本清州。」對女方的記事如許之多，難怪後世人說古譜「重外裔」了。 ③⑧李朝中期以後不少族譜有「四高祖圖」、「八高祖圖」等至「十六祖圖」，是兼記父母兩方祖先的，都是從這個基礎上發展出來的。

六、結　語

　　朝鮮族譜學的發展比較晚，而且是受中國族譜文化影響而產生的。我國元代，高麗的貴族士家曾編過「式目」一類的世系專書。明朝初年也仍只製作一些「子孫錄」而已。後來隨著宋明理學的輸入，歐蘇譜學的義例也隨之被朝鮮大家族接受了，中國式的族譜從此在朝鮮大為流行。

　　本文用作研究依據的柳、權二氏古譜，除了證明當時朝鮮人家用漢字修譜並以中國習用的「世譜」、「派譜」等為書名外，

38.《文化柳氏世譜》，卷首，頁7。

在修譜的宗旨方面，他們也認同族譜有尊祖敬宗、和睦家族的作用，修譜對美風俗、淑世教有很大關係的。

在體例方面，柳、權二氏譜的世系表都取法於歐陽修的圖譜法，以五世為限，五世以後，格盡別起的來敘述歷代家族成員親疏的關係。這是依據中國古宗法制度的一種產物，朝鮮人了解這一點，也接受了中國的這一古制。

柳、權二氏譜在敘事方面，也多依中國譜書的寫法，不但大量引用了中國譜學的術語，同時也講求中國人名輩分的用字。其他如登錄子孫人名的次序「先男後女」，以及「嫡庶以娶、配，卒、歿別之」 **39** 等觀念，都是依中國譜書舊規行事的。

惟一與中國族譜不同的內容，是柳、權二氏譜中對婦女的記事較多，而且將外家幾代祖先人名入譜，這確是朝鮮族譜的特別之處。推其原因，可能與早年朝鮮社會組織中女性地位特高以及李氏朝鮮時代兩班、門閥為特權階級等事有關。婚姻關係是集合政治力量的一種工具，婦女在其中扮演的角色當然就重要了。

總之，柳、權二氏的族譜是朝鮮現存的最古族譜，就其內容言之，大體上是仿照中國譜書製作的，無論是修譜的宗旨與體例，或是世系與書法，都可以說是脫胎於中國譜書的。中國文化的東被朝鮮，從柳、權二氏譜中又可以得到明證。

39.《文化柳氏世譜・卷首・凡例》，第 9 條。

五 談琉球久米系家譜 [1]

　　琉球王國時代，世家大族修纂的家譜為數很多。由於當時修成的家譜在文字與體例上略有不同，而又成書於不同的地區，所以有首里系譜、那霸系譜、泊系譜、久米系譜（以上為本島系），以及宮古、八重山、久米島等系譜（以上為先島系）的區別。本文僅就與中國移民關係密切的久米系譜作一探究，以明瞭中國譜牒文化對琉球部分古家譜製作的影響。

　　在敘述久米系譜與中國文化的關係之前，應該先對久米人與華人的關係作一考察。一般說法，久米村的人都是中國移民，也就是中國人的後裔，但是根據現存琉球家譜資料，我們可以看出，久米人從明朝初年以來，經過枝分派衍的歷史變遷，到清朝初年的三百年間，諸姓宗族確已產生過分化與重整的事實，甚至有「族不甚蕃」變為「人湮裔盡」的。所幸明末嘉靖、萬曆與清初順治、康熙時在政府有意安排下，作了兩次大規模的宗族整合，使唐榮久米人又呈現了生機，但也使宗族與血統有了混亂的現象。

　　清朝康熙年間，琉球國王下令士族修譜，久米系譜究竟修成了多少種，目前無法確知，不過清末日本人曾在琉球收集過

1.原文刊載於中琉文化經濟協會主編，《第三屆中琉歷史關係國際學術會議論文集》（臺北：中琉文化經濟協會，1991），頁 963–983。

文獻，據調查所得久米系譜有一百三十多種。第二次世界大戰期間，由於燬損於戰火中的很多，戰後那霸市編纂家譜時僅得六十種，為數已不足半數。就現存的資料看，久米宗族的整合可分為四種類型。

一、由中國血統的宗族構成的姓氏，如鄭義才、金瑛、紅英、陳康、王立思、阮明、毛國鼎、楊明州等八姓的子孫，他們當中有人是明初三十六姓成員，也有是明末才「賜宅於唐榮，以補三十六姓」的。

二、由中國血統與琉球的宗族合成的姓氏，如蔡崇、蔡添、林喜等三姓的子孫，他們的始遷祖都是來自中國大陸。但到明末或清初，有些琉球血統的人，因為「能通華語，知禮數」，琉王便讓他們「入唐榮，遂與姓蔡氏」或林氏。

三、以琉球血統承繼華人宗祧的姓氏，如程復一族的子孫到明末「弗嗣」了，清初順治年間，琉王便以琉球官員（相信是通華語的）「虞姓補之」，承祧程氏。

四、非中國血統組成的姓氏，如周國盛、孫自昌、曾志美、魏士哲、李榮生等人，他們原是琉球人，但都「通漢語，擅文章」，在明末清初「奉王命入唐榮」，以補三十六姓之缺的。❷

據上可知，琉球王國時代，居住久米村（一作唐榮或唐營）的人，雖然最初都是中國移民，但是後來因為有些人家人丁不旺，或是「漸至弗嗣」，便有若干琉球人入居斯土。然而在血統上縱有中琉之別，他們能通華語，擅文章卻是一致的專長。因此久

---

2. 請參看楊國楨，〈唐榮諸姓宗族的整合與中華文化在琉球的流播〉，收於林天蔚主編，《亞太地方文獻研究論文集》（香港：香港大學亞洲研究中心，1991），頁 120–122。

米系的家譜也是不同於其他琉球地區早年的家譜，它們與中國族譜的關係必然最密切，這是毋庸置疑的。

一、久米系家譜修製的時間

琉球人家修製家譜開始於明代，到清康熙二十八年（琉球尚貞王十八年，1689年）政府正式設官管理。琉球史書中記：

> 王命尚弘德……始授御系圖奉行職，而始令群臣各修家譜，已謄寫二部，以備上覽。其一部藏御系圖座，一部押御朱印以為頒賜，各為傳家之至寶。……**3**

琉球王室與久米村的華人在這之前就有修家譜的事實了，如琉球尚質王三年（清順治七年，1650年）王室首先編製了《琉球世鑑》一書，《球陽》卷6中寫道：

> 本國素無□王世譜，□王命尚象賢……旁訪父老，博採籍典，……編修《琉球世鑑》，而中山王世統興廢，政治美惡及昭穆親疏，事業功勳，燦然足逷，昭然足稽，《中山世鑑》由此而始焉。**4**

可見琉球一地修譜並非完全自尚貞王十八年開始，《中山世鑑》早在三十八年前就成書了。同時久米村人家的家譜著作也有在琉王下令設御系圖座令群臣各修家譜之前即問世的，以下各事，可為說明。

3.球陽研究會編，《球陽·卷8·尚貞王二》（東京：角川書店，1982），頁245。

4.《球陽·卷6·尚質王》，頁219。

　　一、久米系譜中有《孫氏家譜》一種，以孫良秀為一世祖，這一家族是非中國血統的宗族，孫良秀是後來取用的漢字人名，其人先世的祖籍為日本，明萬曆三十五年（1607 年）才遷居琉球，子孫中有比屋久的，「自少習漢語，好學針譜」，在清順治二年（1645 年），「奉王命入唐榮，補三十六姓之乏缺，賜姓孫氏」。這位原名比屋久的乃改名孫自昌，祖先與子孫也以孫為姓。孫自昌為「定昭穆，序長幼」而修譜，並請當時琉球漢學界聞人程順則代為作序，程順則撰成譜序的時間是「康熙二十六年歲次丁卯仲春吉旦」，顯然家譜的編成應略早於康熙二十六年（1687 年），或者最晚是康熙二十六年完成，可見《孫氏家譜》並非應御系圖座之命而修的，也足證久米系譜有早於一般琉球士族之家譜書修成的實例。**5**

　　二、久米系譜中又有《蔡氏家譜》一種，以蔡崇為一世祖，這部《蔡氏家譜》卷首有〈敘中山蔡氏世系圖〉一篇，文中云：「……中山僻處海陬，與余隔壤，往來觀京國使多俊秀聰穎可人，非他藩所及，余心竊異之。今上御極七年，歲當納款，使至，念亭蔡公，會余於春官署，一時言詞豐裁，絢爛奪目，又國中之尤者，樽口之暇，出系記以示余，展閱之，始愯然曰：先生乃閩人也哉！身雖殊域，溯源流若此，子孫萬億，咸余中原桑梓之苗，此當代直以四海為家耳。……」這篇序言的作者是「福建長樂榜眼陳全」，他寫序的時間是「崇禎甲戌」，甲戌是 1634 年，崇禎七年，由此也可證蔡家在明代也是修纂過世系

5.詳見《孫氏家譜・卷首・譜序》（安座間家）及元祖良秀、二世自昌等人紀錄。收於《那霸市史・資料篇》（那霸：那霸市企画都市史編集室，1980），頁 415–416。

圖一類譜書資料的 **6** 。

　　三、久米系譜《吳江梁氏家譜》序文中記：「……考唐榮吳江非中山舊名，蓋三十六姓自中華而榮，故日唐榮。唐榮因梁氏由吳航始遷，故日吳江，皆不忘其祖而稱也。雖然歷年已久，文獻無已足徵，惟環峰祖以下，悉皆家有神主所祀，而以上之遠祖，不知是何名氏，訪之不及而譜莫作也。……」 **7** 又《蔡氏家譜抄》中有〈蔡家創建祠堂緣由〉一則，也說明該族於明成化八年（1472 年）「卜地於唐榮東北之間，自行捐資，創建祠堂，以奉蔡家神主，著為定規」。另外以蔡崇為一世祖的《蔡氏家譜》中還畫了蔡氏祠宅圖，並說明「共計園地伍佰捌拾坪柒合一夕，山林八百二十三坪八合，前小山三十三坪五合八夕。但恐至於後世而有鄰境相侵之病也，故謹記焉」 **8** 。中國家族「祠」與「譜」向來是有關連的，當時的這些久米村華人是否建祠又修譜我們不得而知。不過祠堂中既供奉神主，祖先世系資料顯然是存在的，這也可以說明若干久米系譜的由來必然是早於康熙之世。

　　四、久米系譜《吳江梁氏家譜》說：明朝初年奉旨遷居琉球三十六姓中的梁姓一族，「乃閩吳航江田人也，係宋南渡相臣梁克家之後」。福建省的吳航是福州府長樂縣，梁克家是泉州府晉江縣人，後人遷居長樂與其他各地的很多。大陸學者曾經用長樂《華廈梁氏宗族譜》與琉球《吳江梁氏家譜》互校，發現梁顯（字環峰）、梁添、梁嵩等人都在中琉兩種族譜中出現，記事

6.《蔡氏家譜》（儀間家），收於《那霸市史‧資料篇》，頁 235。

7.《梁氏家譜》（龜島家），收於《那霸市史‧資料篇》，頁 752。

8.《蔡氏家譜抄》（具志頭家），收於《那霸市史‧資料篇》，頁 363。

也有相同處，只是部分年代失真。**9** 由此可見，若干旅琉華人在大陸老家就修製過家譜，有關他們明代先人的世系是確有所本的，這也可以證明久米村人的族譜歷史悠久。

此外《球陽》一書中常見引用各家族譜資料，記述明朝時期琉球一地的若干史事與掌故，其中必然有些是屬於久米系譜的。總之，根據以上各點，我們不難看出，久米系譜的修製時間必有一些是在明代就修纂成書的了。**10**

二、久米系譜的內容

久米系譜一般的內容大約包括如下的幾個部分：紀錄、官爵、勳庸、婚嫁等。比較好的則有序文、姓源考、家史雜記、墓冢祠宅圖、藝文等等。也有前列世系圖譜，算是井然有序。現在將有關內容略作說明如後。

一、紀錄部分：記某姓幾世祖某某，除名諱外還記童名、字、號。其次有關其人的生卒年月日時辰，葬地也詳加記載。最後則列寫其父、母、妻、繼室、子、女人名。如果子女中有與名門望族聯姻的，也加以記錄。

二、官爵部分：記載其人由得功名及累官的階級，實際上像一份履歷表。

三、勳庸部分：多記其出使中國或日本有關事務，內容詳

---

9. 王連茂，〈泉州與琉球有關兩地關係史若干問題的調查考證〉，收於《琉球‧中国交流史をさぐる：浦添市‧泉州市友好都市締結記念学術‧文化討論会報告書》（浦添：浦添市教育委員會，1988），頁63-64。

10. 《球陽》，第138、193、194等條。

細得連每次出使的時間、地點及發生大小各事皆書，如因有功受賞的也記錄在此一部分中。

四、寵榮部分：少數久米村人因功或因特殊際遇受王室封賜，家譜中就利用此一部分記述，有些竟連得銀幾兩，賜御酒若干或米幾石等等，都一一寫出。

另外也有專列采地、俸祿部分的，不過這方面的記事不多，更非每個人都有。至於序文、姓源考、家史雜記、墓地圖等，一般家譜中寫記這類文字的也不多。藝文部分則更是寥寥無幾，而其中兼記中國使臣或其他中國文人著作的，更是難得一見。

我們知道，中國族譜的歷史悠久，先秦時代就有譜牒製作的事實。降至宋代，由於製譜的目的不像魏晉時代專為「入仕途，聯婚姻」之用，因此宋明以後的中國族譜多以睦族聯宗為主，記事範圍也就大為增多。加上譜學家又想以族譜比擬家史，於是較好的族譜都有敘一族修譜之緣由、得姓始末與族人遷徙的序言、記各時代譜書修纂的凡例、家族繁衍的世系圖表、族人中有官爵與封賞等事的恩榮紀錄、宅里故居的簡圖、祠堂墓地的所在、族內名人的傳記與詩文，以及家訓、雜錄等項，內容可謂包羅萬象，堪稱家族史的百科全書。琉球人本來文化不高，原先是「國無史、家無譜」[11] 的，自從明初華人入居以後，「始節音樂、制禮法，改變番俗而致文教同風之盛」[12]。琉球人家修纂家譜，為時很晚，而且修纂的宗旨又與中國宋明譜書不盡相同，因此整個琉球家譜的內容也與中國的不完全一樣。不過，就寫記家族大小各事而言，琉球時期的家譜似乎可以視

11.《蔡氏家譜》（儀間家），收於《那霸市史・資料篇》，頁 235。
12.《球陽・卷 1・察度王》，頁 162。

為中國近世族譜的簡略本而已。

　　由於世系圖是說明每一個家族成員之間關係的文獻，中琉譜家都把這一部分視為家譜的重要內容。中國在唐代以前，世系常用線條的圖表來表示，包括《史記》中的〈三代世表〉也是由「旁行斜上」的線條組成。宋代以後，譜圖的格式，由於專家的研究改進結果，有了創新的改變，發明了幾種新形式，如歐陽修的歐陽式圖譜法，他不主張妄測遠祖，應該「斷自可見之世」，以為高祖下至五世玄孫，別自為世，「凡遠者疏者略之，近者親者詳之」，因此圖以五世為限，五世以後，格盡別起，這就是我們常見的一頁畫成五格的世系圖表。與歐陽修同時代的另一位大學者蘇洵，他發明的世系表圖雖然與歐陽修的相似，都是由《史記・三代世表》演變而來。不過蘇體本來只列世代人名，人名之間並無豎線直線相串聯，因此乍看起來，蘇體是上下直行，而歐陽體是橫行的，其實兩家的圖表都是由右向左旁行斜上的。後人採用蘇體為醒目起見，在蘇體人名間加上橫線連貫，而使蘇體有著直下分支的形狀。金元之際，一度流行一種寶塔式的圖表，由於豎線永遠在直線中央，世代多時，常受篇幅限制，而人名邊旁寫注的地方不多，所以明清族譜中採用此一形式的不多。還有一種叫牒記式的世系表，即按世代分別以文字敘述先人事蹟的，不用任何線條，也不需顧慮篇幅，只以文字將先人的名號、功名、官爵、生卒時間、妻妾子女名字、生辰葬地等簡略記出，這種簡歷表形式實際上相當於早年歐陽修世系圖後附的傳略部分，由於此一牒記式世系圖表形式固定，次序分明，又節省紙張，因此清代不少人家修譜時採用此法。

在我們了解中國族譜中世系圖的內容與發展情形以後，現在我們再來看看琉球早年的譜書中的世系圖，便很容易了解其源流了。現存的五十多種久米系譜（實際上其本島系與先島系也有同樣情形的），絕大多數是用類似牒記式來記述他們各家先人事蹟，而世系簡表則採用寶塔式與歐陽式的為多，且以五世為準，由於各代人名旁邊不附注任何文字，所以不受紙張限制，可以連續開列出十幾代的。總之，琉球久米系譜的世系圖也好，或是一般的內容也好，實在都脫胎於中國的族譜，似乎少見有新創的。

三、久米系譜的修製目的

從中國族譜學的發展史來看，先秦時代的族譜是為「奠繫世、辨昭穆」而修，實際上當時因行封建制度，宗族血統必須分明，嫡庶關係必須釐清，政治地位的傳承才不會發生問題，所以司馬遷才把譜牒比喻為周代的經國大典。然而秦代廢封建以後，族譜的實用價值也隨之改變，大約自漢至唐，修譜多為光耀門第且藉以證明家世身分，作為「入仕途、聯婚姻」之用，因此當時的族譜特重「辨姓氏、聯婚姻、明官爵」諸事。宋代以後，一方面由於考試制度的嚴格執行，同時學者們也大倡倫理道德，修譜的宗旨又有了新的改變，多以尊祖敬宗、恤族睦族以及崇厚風俗等為主題。南宋元初，又有一些譜學家採用正史義例來修族譜，強調「家之有譜，猶國之有史」，族譜既然比擬國史，當然修譜的宗旨又放在有助於世道人心等教化功能上。這是中國宋明以來族譜學發展的一股大潮流、大趨勢。

琉球人家修譜，多數是在清康熙二十八年以後遵照國王命令而製作的，當時的修譜目的是為了分別士、農階級，掌握生

產者與非生產者的身分情況以便統治國家，可以說極富政治性的目的。不過久米系譜，特別是出自一些大戶人家的，似乎還為別的目的而修譜，如程順則在〈孫氏家譜序〉中說：

> 家譜之義大矣哉！家之有譜，猶國之有史也。本始必正，遠邇必明，同異必審，定昭穆，序長幼，彰往法來，皆賴乎譜，譜之義大矣哉。故崇孝之道，莫急於尊親，尊親莫大於合族，合族莫先於修譜，譜修然後本始正，遠邇明，同異審。修譜然後昭穆定，長幼序，往彰來法而族始稱。……[13]

阮璋為《阮氏家譜》作序則說：

> 家之有譜與國之史、郡之誌同不朽也。但修之於子姓蕃衍之時者難，而作之於分枝啟緒之日者尤不易。猶之觀水者必窮其源，樹木者必探其本。源與本之不立，譜奚以作哉？……今王恭膺冊封，世襲爵土，令陪臣各修家譜，以備核實，故《阮氏譜》成獻之譜司，俾知不忘水源木本之思，不特可以承家，抑且可以報國，阮氏從此不祧矣。[14]

蔡炳作〈蔡氏家譜序〉時也稱：

> 家譜何為而作也？欲著世系，辨昭穆，使祖宗功德永垂無窮而作也，然則譜之為義大哉。……[15]

康熙二十九年（1690年）紅自煥序《紅氏家譜》時同樣稱說：

13.《孫氏家譜》（安座間家），收於《那霸市史・資料篇》，頁415。
14.《阮氏家譜》（池宮城家），收於《那霸市史・資料篇》，頁152。
15.《蔡氏家譜》（儀間家），收於《那霸市史・資料篇》，頁235。

宇宙間凡物各無不有本，而事皆無不有始，故萬物本乎天，而人本乎祖。自昔國之史、家之譜、日星河洛輿圖之載、世系昭穆家族之傳並設，以誌示不忘本始也。……**16**

鄭職良則敘述得更詳盡深入，他的文字值得一讀：

家之有譜，猶國之有史，所以昭信記實，重本篤親，使後世子孫不敢忘祖考之所自出也。蓋支分派衍之間，系序易清，歲月更移之後，功烈難顯，非筆之於譜以垂後世，將數世以還茫然不知祖考所自出，事業所創始，或相視如秦越焉。故家譜之作於蕃衍之日者誠亟，而作於啟緒之時者尤不容緩也。……今若莫修家譜，不合族姓，必數傳之後，系序混淆，且不知祖考所自，事業所創，竟致同源子孫相視如秦越焉，是則自然之勢也。蓋族姓之始，歡然一父之子也。久之而親者疏矣，又久之而疏者遠矣，故蘇洵之族譜引曰：親盡無服則途人也。一人之身分而至途人者勢無如何也，幸其未至於途人也，使無至於忽忘焉可也。況今有王命令世臣各修家譜，以考正世系，豈非教孝悌之義也歟？……**17**

由上舉數例可知琉球修製家譜之初，頗受中國宋明以來的譜學影響，多以家譜與方志、國史並稱，而且以敬宗收族為修譜宗旨，甚至蘇洵的理論也引以為據，其與中國譜學之關係，可謂至深至遠。

琉王下令士族修譜後四十年，即清雍正七年（1729年）時，

16.《紅氏家譜》（和宇慶家），收於《那霸市史‧資料篇》，頁196。
17.《鄭氏家譜》（池宮城家），收於《那霸市史‧資料篇》，頁571。

蔡溫在修他自家族譜作序文時仍說：

> 百世而系序弗失者，譜紀之力也。一族而情意弗離者，禮俗
> 之力也。是故君子有家之道，莫大乎明譜紀、正禮俗焉。蓋
> 夫族氏其初兄弟也，兄弟其初一人之身也，而後支分派衍，
> 綿綿延延，至於無服。無服則易忘，易忘則喜不慶、憂不
> 弔，喜不慶、憂不弔則至於相視如路人。一人之身，分而至
> 於如路人者，勢雖使然，實是譜紀不明、禮俗不正之所致
> 也。故曰有家之道，莫大乎明譜紀、正禮俗焉。……吾今反
> 覆思之，悲嘆如湧，願夫後世之觀吾譜者，油然以生忠孝之
> 心，蕭然以興禮讓之風，上報國恩，下重祖宗，永守族氏親
> 愛之俗，克保累世忠烈之業，是誠溫之所深望也。……**18**

雍正八年（1730年）久米村魏氏裔孫魏士哲也寫道：

> 夫譜也者，一家之寶鑑也，是故修之光宗業，載之明系序，
> 所以傳百世者，雖譜力之所係，實在於人心之所盡矣。夫勤
> 心力，篤親屬，尊禮情，立功業，則喜憂與行。喜憂與行，
> 則相見不忘。相見不忘，則一家為一身。一家至於為一身，
> 則家道莫不備矣。……吾反覆思之，皆出於祖宗一人之身，
> 而支別派分為大宗小宗，固無親疏，則是一氣之骨肉也，必
> 當切木本水源之念，而盡仁義忠孝之道矣。……**19**

以上二序，還都是立說於蘇洵譜論。宋明中國譜學影響，真可
謂畢宣於琉球家譜之中了。甚至到乾嘉之世，琉球修譜目的似

---

18. 《蔡氏家譜抄》（具志頭家），收於《那霸市史・資料篇》，頁362。
19. 《魏氏家譜》（慶佐次家），收於《那霸市史・資料篇》，頁23。

乎仍以敬宗睦族為依歸，毛維基在乾隆十二年（1747 年）所作譜
序中有如此的語句：

> ……吾竊思之，蓋族氏其初一人之子，一祖之孫也，而後支
> 分派衍，綿綿延延，意不免乎情意各離，家俗各異，而損本
> 源之德矣，願為孫子者深省祖宗之業，能勵忠孝之風，上報
> 國恩，下輔祖德，此誠吾深望也。……[20]

　　嘉慶以後成書的《小宗梁氏家譜》中也表示了久米村梁氏
後人修譜時的心聲，梁氏十三世孫梁光地說：

> ……（立譜）蓋將以□推明宗姓之本，甄別人品異，辨親疏
> 功緦之服，序昭穆長幼大小之倫，示子孫□屬之所自出，故
> 有屢書將書，依史氏年表而為之者，□大宗小宗倣《周禮》
> 而為之者，例不同而其義一也，由此觀之，家譜之不可不作
> 也明矣！……[21]

　　綜合以上各家譜序，可證久米系譜極大多數是為敦親睦族
與發揚忠孝節義精神而修譜的，完全是依隨中國宋明以後的時
代大潮流。至於琉球國內為分別階級製譜並嚴格審查家譜以及
加蓋御印等事，在中國也並非未曾發生過，魏晉時期有圖譜局
之設，也是專為審核鑑定譜書真偽的，因為當時的族譜就是一
家一族的身分證明文件，無論選官與婚嫁都要憑族譜資料定奪，
正如十七世紀末年琉球國王命令士族大臣家中修譜相似。

20.《毛氏家譜》（與世山家），收於《那霸市史・資料篇》，頁 705。
21.《小宗梁氏家譜》（上江洲家），收於《那霸市史・資料篇》，頁 788。

四、久米系譜的書法

　　族譜是一個家族的紀錄，家族裡的人有尊有卑，有男有女，有親有疏，而他們所作的事有好有壞，還有很多因中國傳統建立與宗法所遺留下的若干問題，如避諱、嫡庶、嗣養、兼祧、繼承等等，使得族譜中的文字有了與他書不同的若干獨特內容，也出現了一些專門的術語。琉球王國時期的久米系譜，基本上是以漢字寫製的，而且都用清朝年號，這些確可證實其受中國文化影響之深了，現在再從以下幾方面作一比較深入的探討。

(一)名　稱

　　現存的琉球王國時代族譜，在名稱上雖有以「姓」與以「氏」為稱的不同，但是絕大多數是以「家譜」名之的，或者因宗法制度而冠以「小宗」字樣，如《小宗王姓家譜》、《小宗金氏家譜》、《小宗梁氏家譜》等，或是以支派命名為《金氏家譜支流》、《鄭氏家譜支流》等一類的，名目可謂不少。不過如果比起中國宋明以後的家譜名稱來，實在是小巫見大巫了。因為中國自宋代以後，家譜由各家各族自行修纂，名稱不一而足，有人為取名古雅，有人為標新立異，族譜名稱可以說繁多爭勝，指不勝屈，如家譜、族譜、祖譜、宗譜、房譜、支譜、派譜、通譜、大同譜、家乘、世典、淵源錄等等，可謂俯拾皆是。冠以祖居地名的更是隨處可見，所以像《吳江梁氏家譜》一類在中國不知為數有萬千之多。琉球王室用「世譜」也並非新創，因為自漢代以來，皇家就用「世譜」之名，所以從族譜的名稱上看，琉球確實直接吸收了中國族譜的文化，這是顯而易見的。

㈡行　文

　　中國族譜中常見一些古代專用名詞，如「昭穆」代替行輩，「干支」表示年代，「喬梓」（或喬木）意謂「父子」等等。琉球王國時代譜書中也常見這些術語。另外在久米譜中也隨時看到用「始祖」、「嫡庶」、「世代」、「支派」、「娶配」、「祠墓」、「生卒」等等一類的傳統中國譜學裡的術語。另外在中國族譜的世系表或傳略中提到族內祖先時，人名之上都加上一個「公」字或「諱」字，以示對先人的禮敬，琉球古族譜中也同樣的加用「諱」字，可見書法是一致的。

㈢善　惡

　　中國傳統族譜中對於族內之人所行之事，常有「《春秋》為親者諱，厚之至也」的看法，也就是族內祖先好人壞人與好事壞事寫記在技術上常是隱惡揚善的。不過自宋明以降，有些譜家也認為祖先固然是應該尊敬的，但他們所行之事，無論好壞都應該兼記直書無隱才對，因為記好事雖然可以作為後世子孫的行事榜樣，記壞事也可以「貶惡以戒來茲」。尤其到清代考據學興起以後，學者們主張凡事講求徵實，族譜中記家族事務也應求真求實，都以贊成善惡並書。琉球王國久米村人家譜雖多「為親者諱」，記錄祖先的惡行壞事不多，但也有直書事實的。如《鄭氏家譜》記十二世鄭弼良條下：

　　　……童名金松，號恭橋，行二。順治十四年丁酉（1657年）八月十六日卯時生，康熙二十五年丙寅（1686年）二月初五日奉使為進貢在船通事，……在閩時因犯法有罪，康熙三十年辛未（1691年）四月二十日流於津堅島，本年七月三十日

自津堅島走歸本鄉之故，閏七月初七日誅死於我謝兼久。[22]

又如《陳氏家譜》十三世陳志學〈勛庸〉條：

> 乾隆四十六年辛丑（1781 年）八月廿二日，因逆悖父教誨，
> 流罪於宮古島。乾隆五十一年丙午（1786 年）十一月十二日，
> 蒙恩回國。
> 乾隆五十四年己酉（1789 年）四月十八日，因逆悖父教誨，
> 流罪於渡名喜島。嘉慶三年戊午（1798 年）四月十二日，蒙
> 恩回國。[23]

這種不掩惡的記事並不太多，這可能與東方家庭倫理有關，也
未可知。

(四)婦　女

　　中國古代族譜重在別郡望、辨婚姻。婚姻是男女雙方之事，
當然女子在族譜中是居於相當重要地位的，尤其女方門第高貴
時，經常大書其母家事蹟，魏晉時期尤見特出，這在《世說新
語》一書中可得明證。然而到北宋以後，歐蘇譜例標榜宗法，
所以只書婚姻，不書生女，婦女在譜書中的地位顯然下降。宋
元之際，譜學家中有採用史例修譜的，不論生男生女，又多被
登錄了。明清時代的族譜多半是「凡婦人於夫世錄下注明某氏、
某鄉、某人之女」，或是「生女必書其嫁與何地、何人之子某
某」。不過在寫記的書法上仍有一些值得注意處，如很多族譜不
書生女於世系表中。琉球久米系譜對婦女的記事，除與中國明

22.《鄭氏家譜》（池宮城家），收於《那霸市史·資料篇》，頁 578。
23.《陳氏家譜》（仲本家），收於《那霸市史·資料篇》，頁 501。

清族譜的情形大體相仿，即婦人在她丈夫的紀錄下注出某氏、某鄉、某人之女以及生女也書寫她們嫁與何人以外，另有幾點特殊之處，如：

第一，世系表中登錄出生女名字，並且大都依子女出生序為準，不是重男輕女的先登記男子而後登記女子。以毛國鼎一家二世毛世顯的情形來說，他有六男一女，女兒真牛排行第二，所以在〈毛氏世系總圖〉的「二世」中就寫成：

毛世顯的長子宗德生於明崇禎十四年（1641 年），長女真牛生於清順治元年（1644 年），其他諸子都在長女之後出生，以上世系表充分說明是依出生先後排列的。又如《林氏家譜》四世林邦法共生子女六人，其世系列表如下：

據《林氏家譜》記長女真武多瑠生於乾隆五年（1740 年），次女思戶生於乾隆九年（1744 年），長男崇德生於乾隆十一年（1746 年），其餘子女則生於乾隆十六年至二十四年（1751～1759 年）間，可見也是依出生序排比的。甚至到清末同治年間，大多數人家世系表都是如此編製的。

第二，中國明清族譜有「婦諱不出門」以及重視女子貞節等事，久米系譜在這方面似乎沒有受到太多道學家的影響。以下幾則例子，可作說明。

《梁氏家譜》十一世梁世煌三女條下記：

> 真武樽，雍正十三年乙卯（1735 年）十二月十一日生，母鄭氏萬及樽，適楊式龍，名嘉地秀才，琴瑟不和，再適程容光名護親雲上。[24]

同書十三世梁光地長男維隆條下又記：

> 娶毛元珍田里親雲上女真牛，因夫死嫁他家。[25]

由上可知，久米系譜中對於離婚、改嫁等事都毫無忌諱的照實登錄。

(五)不　書

中國宋明以後的族譜有很多家事是不寫記在族譜裡的，如異姓入繼的人不書、逆理亂常的不書、兒童夭折的不書、出為僧道的不書、婦女有辱虧行的不書等等。琉球家譜中除了嚴禁非長子繼承、禁兄終弟及以及禁異姓養子繼承外，其他的忌諱

24.《小宗梁氏家譜》（上江洲家），收於《那霸市史・資料篇》，頁 792。
25.《小宗梁氏家譜》（上江洲家），收於《那霸市史・資料篇》，頁 794。

似乎不多，如前所述，婦女改嫁不為所諱，逆悖父教也照實記錄。兒童夭折的書寫事例也不少，如：

《蔡氏家譜》十五世蔡成瑚條：

> 童名百歲，字發光，行一。乾隆二十九年甲申（1764 年）三月十七日丑時生，乾隆三十二年丁亥（1767 年）正月初八日殤，享年四歲。[26]

又如《紅氏家譜》十三世紅居寬條：

> 童名思武志，字而栗，行一。乾隆九年甲子（1744 年）十月初十日午時生，乾隆十五年庚午（1750 年）正月二十九日死，享年七歲。[27]

他如《金姓家譜》十六世金世昌其人條下：

> 四女武樽金，道光三十年庚戌（1850 年）六月十七日生，咸豐元年辛亥（1851 年）七月十日夭，享年二。[28]

出為僧道的也在久米系譜中可以發現，如《毛氏家譜》毛世顯的五男條下記：

> 順良，順治十三年丙申（1656 年）十二月二十日生，出家從天久住持賴秀法師為和尚，康熙十二年癸丑（1673 年）十月初三日死，享年十八，葬於慶蓮寺松厚墓。[29]

26.《蔡氏家譜》（具志家），收於《那霸市史·資料篇》，頁 319。

27.《紅氏家譜》（和宇慶家），收於《那霸市史·資料篇》，頁 222。

28.《金氏家譜》（多嘉良家），收於《那霸市史·資料篇》，頁 109。

中國族譜中「不書」的規定在琉球久米系譜中是不過分講求的。

五、結　語

琉球王國自明代初年以後，因為福建三十六姓華人的遷入久米村居住，中國文化對琉球的影響更加深了，一切典章制度多有仿效中國的，記錄家事的族譜文化也隨華人入居而傳入。不過琉球人家普遍修製家譜則是清初康熙二十八年以後的事，而且是為確實調查士族人口與家庭情形而由政府下令纂修的，這是眾所周知的事實。

然而久米村畢竟是華人生聚的所在，儘管久米村人後來有宗族整合，滲入琉裔與日裔子孫，但中華文化仍為久米人的必備條件，因此久米系家譜也與中國族譜最有關係，並受中國文化的影響最深。久米系譜除了全用漢字寫製（除少數重要文件，如與日本有關的呈請文、褒揚書以外）與奉清朝正朔等等以外，我們還可以從下面幾點看出中國族譜學對琉球家譜的影響。

一、在琉球政府下令成立系圖座的機關，嚴查家譜，並令全國士族修製各家族譜之前，有些華人移民家族原本就有族譜，同時久米村人正如琉球王室一樣在康熙二十八年前就修成了家譜，並多依中國族譜義例修譜，這是值得一述的事。

二、久米系譜在內容項目方面不出中國族譜的範圍，並無創新之處，而世系表一本歐蘇譜例，標榜宗法，以「五世則遷」為準，實在脫胎於中國族譜，也可以說是中國族譜的縮影。

29.《毛氏家譜》（與世山家），收於《那霸市史・資料篇》，頁 709。

三、雖然琉球政府下令修譜是為分別士、農階級，有著政治統治的目的，但是久米系譜仍多強調敬宗合族，睦族恤族，並進而以家譜比擬方志、正史，以「彰往法來」弘揚傳統中國褒貶精神，實在受了宋明以降中國族譜學發展潮流的趨勢影響。

四、久米系家譜在書法上也多傳承中國義例，如用家譜、大宗、小宗等名稱，昭穆、嫡庶、支派、生卒等中國譜學專門詞彙，善惡取決重事實，婦女記事不多等等，都是中國近世族譜的內涵。

五、琉球久米系家譜中有不少人家刊印了祖先的墓地圖，如《魏姓家譜》（楚南家）、《金氏家譜》（具志堅家）、《紅氏家譜》（和宇慶家）、《蔡氏家譜》（儀間家）等等。也有印出祠宅圖的，如《蔡氏家譜》、《曾氏家譜》 等等 。這些都是中國族譜的必備內容。

六、久米系譜也有極少寫出家訓一類文字的，如《魏氏家譜》中記：「歷觀世家之盛衰，不勝之憂者五：一曰好酒致弊於譜，二曰好色致弊於譜，三曰耽財致弊於譜，四曰縱氣致弊於譜，五曰失言致弊於譜。若一在於身，則紊譜亡家之基也。汝為子孫者，慎之戒之！」[30]家訓之學在中國歷史悠久，《魏氏家譜》的這一段訓誡子孫的話，顯然是受中國族譜家訓的影響。

至於琉球家譜中對於婦女的記事，如依出生序登錄世系，照實記載婦女離異、改嫁等事實，確與中國明清族譜不同。不過這一現象可能與琉球王國時代製譜的目的有關，因為當時是為分別身分而修士族家譜的，女子如果出自高貴門第或是嫁到

30.《魏氏家譜》（慶佐次家），收於《那霸市史・資料篇》，頁 23。

高貴門第，當然就特意要記錄了。正如中國魏晉南北朝時代，族譜裡對婦女的記述也很多，如有書母親的，書母親敘及其父的，書寫母親名字的，書寫姊妹的，書寫妻子及繼室並名字的，也有書寫離異改嫁等等的，婦女敘事之多以及婦女在族譜中的地位絕不亞於日後的琉球譜。魏晉中國族譜之所以重視婦女，當然是與當時的時代環境有關，在講求門第的魏晉，在做官與婚嫁都重家世背景的當日，婦女（尤其是高貴人家的）在其中扮演的角色是極端重要的，她們的事蹟也因而不能不記。中國宋明以後，由於理學發達，而族譜也失掉了世家證明文件的實用價值，婦女地位便在族譜中降低了。琉球家譜是為別士庶修纂的，重視各族家世背景，重外家是必然的事。

中國族譜自清代以後也有記載出為僧道、夭折以及女子改適等例子的，只是不太普遍，這一點也與琉球家譜略有不同，不過只是程度上的問題。況且任何一種文化影響另一種文化，並非百分之百的仿效，而常因個別傳統習俗與國情有所採用或排斥，都會有或多或少的改變，中國族譜學在琉球的傳布似乎也有類似的情形。

丙編

附　錄

一 民國以來的中國族譜學研究略述 ❶

一、族譜學的發展小史

　　在簡介民國以來中國族譜學的研究情形之前，我認為應該先把我國族譜學發展的歷史，作一扼要的敘述。

　　論我國族譜，源流極古。古書裡竟能上推古帝王的世系到黃帝，甚至黃帝以前，足證在文字沒有發明的時代，必有口傳的族譜。甲骨文始於殷商，因此當時有文字的族譜存在是可能的。周代滅殷以後，建立了封建制度，分封子弟，以家族來治理國家，當然記載宗族血統、分別昭穆親疏的家庭紀錄資料是必須的，因而族譜在周代不僅見諸記述，而且成了周代的立國大法，司馬遷在《史記》自序中說周代是以譜牒經略，原因即在於此。周代譜牒的體例如何，目前我們不得而知，東漢的桓譚曾經說，《史記》的〈三代世表〉，旁行斜上，就是仿效周譜寫成的，相信他的話必有根據。周代的譜牒，主要功用在於貴族的建國立家，到周代滅亡以後，社會起了很大的變化，秦漢時期，廢除封建改立郡縣，貴族譜牒成了歷史的陳跡，封建嫡

1.原文刊載於中央研究院近代史研究所、六十年來的中國近代史研究編輯委員會編，《六十年來的中國近代史研究（下）》（臺北：中央研究院近代史研究所，1989），頁 641–661。

長繼承與分封惟族譜依據的需要也失卻了。漢代雖以布衣而有天下，但隨著劉漢興起的布衣官吏很多，終於形成了漢代的官族。這些官族日漸增加而坐大勢力，到東漢便有了若干的豪族。官族與豪族為了有別於尋常的人民，維護他們的特權與利益，族譜的製作是重視的，所以唐代譜學家柳芳說漢代的族譜「尚官」，可見與周代族譜的效用已經不盡相同了。魏晉時期，豪門的勢力益發強大，勢傾朝野，政府便利用他們，設官分職，以治理一般平民。「設品立狀」，以為選拔官吏的根據。「設品」就是把人民分成不同的九品，「立狀」就是製作「家狀」，也就是記錄家世資料的族譜。憑著「家狀」來設定人民的九種品級，政府設中正官來執行這個選拔的工作。中正當然是上品，被選出來的官吏也都出自上品，因而形成了「上品無寒門，下品無世族」的現象。從魏晉到隋唐，這種世族政治的局面是一脈相承的，這時期的族譜，無異是世族人家的證明文件，是「入仕途，聯婚姻」必備的身分證件，因此當時族譜的內容惟門第是崇，一味的用以粉飾顯赫的世系。於是為達到目的，有人偽造譜書的，尊祖敬宗不是當時譜書製作的目的。柳芳說這一時期的族譜是「尚姓」、「尚詐」，應該是實情。魏晉至隋唐時期的族譜，都由官方管理，平民雖也可以修製，但不為世人所重。至於這期間族譜的內容與體例，從現存的斷簡殘篇來看，大概以簡略的記傳體為多，記述的內容以辨姓氏、聯婚姻、明官爵（門第）三者為主。唐代滅亡以後，經幾十年的五代之亂，中國精華地區，遭受到大劫難，數百年來的世族多已煙消雲散，族譜資料也毀滅殆盡。比及趙宋建國，新的族譜學才再興起，由於世局變遷，譜書譜學都大異於從前了。

　　宋代開創族譜新例的人似乎不少，但最著名也影響後世最大的當推歐陽修與蘇洵二人，世稱歐、蘇譜例，歐蘇兩家的譜學，立說大同小異，可以下數點作一說明：一、歐陽修仿《史記》世表，世系表略呈橫行式。蘇洵則仿宗法禮圖為表，略呈上下直行體。二、二家族譜的世系表，都是以譜法強合於宗法，即以小宗「五世則遷」之說強合於譜法。三、兩家修譜的主張都一反魏、唐族譜「尚詐」不實的弊病，提倡徵實，不可造假。四、歐陽氏作譜的目的，以發揚儒家倫理教育為主，歸結於修、齊、治、平。蘇氏則更擴而大之，由睦族、恤族，進而和鄉里、正風俗。南宋譜學更見進步，朱熹尤其是當時譜家中的傑出者，他的譜法雖仍本乎宗法，但不強譜法合於宗法，世系排比直下，不以五世則遷而有間斷。此外朱氏特別強調徵實的精神，比歐蘇尤為進步。

　　南宋以後，譜學發展很快速，不少譜家已衝出歐蘇譜例的範圍，模仿正史的體例來作族譜，強合宗法於譜法的觀念也改變了，世系多上達於始遷祖或先祖，敘事則依《史記》與《漢書》為準的多，記載的門類也大為增多，如姓氏源流、郡望居地、行實家傳、祠堂冢墓、家範家訓、族譜序例等等，大都包括在譜書中了。

　　宋代的譜書與譜學，在性質上與唐代以前的「尚官、尚姓、尚詐」大有不同，這是中國族譜發展史上值得注意的事實，這種轉變到了明代更奠定了堅實的基礎，明代修譜人家，更增多家族記事的範圍，使族譜成為家史。清代族譜的體例與內容，大致上與明代的相似，只是文字獄案使得修譜時在用字遣詞方面多些忌諱。不過這並不影響清代族譜纂修與研究的工作，事

實上，乾嘉以後各地修譜風氣很盛，尤其是浙江安徽等地，族譜成書的數量相當可觀。在眾多的清代族譜之中，雖然出於俗師之手的俯拾皆是，但是名家如紀昀、郭嵩燾、朱次琦等人主修的族譜，不僅考證精詳，同時編輯有法，務求內容達到無徵不信的境地。這也許是清代考據學風的影響，也可以說是文字獄案的意外結果。

從以上中國族譜發展的小史中，我們似乎可以看出：一、中國族譜的歷史，源遠流長，而族譜的內容與功效隨著時代有所不同，譜學家的主張也推陳出新，各有新論。二、唐代以前的族譜只以門第官爵是尚，內容簡略，目前幾無存藏。宋代以後，族譜變為家史，記述頗多，數量也極為豐富，這是近代學者重視族譜資料為學術研究寶藏的一項原因。三、宋代以後的族譜有極大的教化功能，能夠敦親睦族，和諧社會，美化風俗，所以族譜之學是中國優良文化之一，也是世界各國文化中不可多見的。

二、民國以來族譜學的發展與研究

民國以後中國族譜學的發展與研究，可以分為以下兩大項來說明。

第一，先從族譜修纂方面來作一觀察：民國以後，重視修譜的人家還是很多，修譜的義例也大多仍秉歐、蘇的表式與宗法大義。不過有識之士也有提出創新主張，改進舊譜學觀念中不合時宜的，其中最顯著的是女子在譜書中地位的提高與譜法不再強合於宗法二事。

我國古代族譜重在別郡望、辨婚姻，婚姻是男女雙方之事，

當然女子在族譜中是居有重要地位的，尤其女方門第高貴時，經常大書其母家血統等項，這在《世說新語》一書的注文中可以證實。然而到北宋時期，歐蘇譜例標榜宗法，所以只書婚姻，不書生女，婦女在譜書中的地位顯有變化。宋元之際，譜學家又採正史體例作族譜，不論生男生女，又多被登錄了。明代族譜中常見凡例規定對婦女記事的標準，如《安平高氏譜》說：「紀傳實並記其所生女曰某，適某。」《安溪詹氏譜》則記：「凡婦人於夫世錄下注明某氏、某鄉、某人之女。」清代不少族譜中也規定：「生女必書其嫁與何地、何人之子某某。」當然在書法上仍有差別，即不書生女於世系表中。民國以來，由於女子教育程度提高，社會轉型，婦女中對國家社會有貢獻的也大有人在，婦女在社會與家族中的地位不同，族譜裡對她們的記述也隨之改變了。民國二十四年（1935 年），王孝綺撰《西清王氏族譜》時，族人王孝英大聲疾呼：「譜牒為史籍之一種，昔者修史者，重在尊王，故帝統之紀錄為詳，而獨略於世變。時至今日，史學之義例既異，譜牒亦宜一反其重男輕女之陋習，於宗祧之外，兼明女之所自出，不容有所歧視於其間。是說也非一人之私言，蓋時會所趨，有不得不爾者。前歲忝參法席，早欲有以平其不平，居嘗以告家君，家君亦韙其說。並值堂兄彥超修譜之便，因書所感，以附於末。或者吾王氏族譜為之倡，世有聞風而起者乎！是故譜牒學之更臻上乘矣。」也有強調記錄外家資料的，如民國十九年（1930 年）所修《惠民李氏族譜》凡例中說：「凡母族之先世，並敘其出身官階，於女所適之族亦然，非鋪張也，亦以世遠年湮，俾後人有所諮考，勿忘戚好耳。」民國二十五年（1936 年）《滿洲馬佳氏族譜》也有類似的看

法：「各世配偶門氏下注明生辰年月日時，所生子女姓名及母家三代官爵姓名。」「出嫁之女照相亦得列譜，注明三代秩爵、夫婿姓名及所生子女姓名、婿與甥照相附入本人照相之下。」提高女權極為顯著的一部族譜是民國三十七年（1948 年）重修的《武嶺蔣氏宗譜》，書中記民國以後族人生平傳略時，對於婦女父親及住處、生女所適的地方和女婿的姓名，以及婦人的學歷等等，都一一寫記。就一般族譜而言，這確是相當凸出了，但是該譜的纂修總裁吳敬恆先生卻仍感不足，他說：「近世治優生學者，其研究資料，莫要於家譜。惟優生學男女並重，而家譜則偏詳男族，其於婦所出、女所適，欲並詳載世系，勢不可能。如何創立新體，以應優生學者之需求，則尚有待，茲蓋未遑也。」總之，現代婦女因在社會與家庭中之地位改變，她們的學養與貢獻也不同於往昔，族譜中也應以男女平等之意，給她們以適當的地位與篇幅才是。

族譜依傍宗法，是從宋代歐、蘇等大家開始的，不過歐蘇當日譜例，都是小宗譜法，南宋逐漸變為大宗譜法了。尤有甚者，後世更以族譜來補宗法的缺失，再進而以族譜的強合宗法以作改良社會風俗的法典，這絕不是歐蘇所想像的事。實際上，就歐蘇譜例泥於宗法一端來說，不僅失之過繁，而其記事則又失之過簡，如生死日期，原本譜中大事，竟然不記，所以宋元明清各代譜家，採取歐蘇表式並仿效他們立論大意的人雖很多，但是完全依照他們的體例而一成不變修族譜的幾乎不見。大家多超越歐蘇範疇，以正史體例修家譜，如世表有以五世作一表的，有不限五世的，絕不見以高祖之遷而族譜又重新製作的事。同時家族中各項大事，無不盡收，這也不是歐蘇的舊例。此外，

蘇洵主張親盡則不書，又尊其所出，貶其旁支，也是與合族敬宗的宏旨有乖的，所以清儒章學誠就加以評論過。然而宋儒以譜例強合於宗法，是想利用宗法與族譜結合，以團結親族，安定社會，這一點應該是值得讚揚的。現在是民主法治的時代，治世當然不能再強調宗法了，只是睦族以加強團結，大家行忠恕之道，敦患難拯恤之誼，來輔助社會救助的不足，這還是偉大的善舉，應予保存與發揚。

　　民國以後，不少人家修譜時，宗法的色彩都已不如往昔而漸趨淡薄。茲舉《武嶺蔣氏宗譜》作一例證來說明如下。《武嶺蔣氏宗譜》在清代前後八修，都是以譜法結合宗法，每次修譜都須「會宗長」，得其同意而後才著手修纂，並且在纂修職名中，宗長永遠領銜排在第一位，直到民國三十七年再修時，否定了他們家族三百年來的成規，竟把實際參與纂修的吳敬恆與陳布雷二先生列名在先，而宗長及房長等人都排在後面了，而且該譜的凡例裡有一條記著：「不孝有三，無後為大，嗣續之事，自古重之，舊時修譜所斷斷爭執者惟此。今律採用遺產繼承法，於舊例甚多變改。但宗譜以宗姓為主，必須斟酌法律習慣之宜。《民法總則》第一條云：民事法律所未規定者，依習慣，無習慣者，依法理。全譜纂述，悉本斯旨。」可見傳統譜學在新時代潮流下有了創新。

　　除了上述婦女地位與宗法問題以外，民國以來修纂的族譜中也有在名稱、姓源、記事、世系、行文、支派、血統、善惡等等體例與書法上，從事改革不合時宜的，也都是進步的實例。不過臺灣地區，過去幾十年中，雖然製作的族譜很多，且不乏佳作，但是由於先世的資料缺乏，製譜的方法欠妥以及修譜人

的素養不齊，譜書中出現的問題也很多。如在名稱方面，有人用「人文志略」、「歷代序」、「源流誌」、「世系譜」、「流傳」、「子孫名簿」、「生辰簿」、「牒圖」等等的，也許是有意創新，但終不免使人有不倫不類之感，不足取法。又有一些臺灣製作的族譜是由出版社商人編纂的，有人稱之為「拼盤族譜」，這些族譜常是因勢就便而雜湊成書的，修纂者不論宗派，不管血緣關係，甚至不問是否同姓，只要是願意購買的或是捐款的都可以入譜，實在不具譜書的真意，更談不上創新中國譜學的優良文化了。不過這些族譜的銷售量很大，因此影響社會與譜學發展也很大，值得大家注意。還有一類簡單的臺灣族譜，是近十年中大學裡某些中國通史課程的老師們指定學生寫製的，教師的用意極佳，但是不少學生心存應付，因而內容有簡略到只寫幾百字的，僅僅一段姓源與幾行世系而已，實在算不上合格的譜書。然而在民國七十六年（1987 年）出版的《臺灣區族譜目錄》一書中，在一萬零六百多種所謂的「族譜」裡，有不少就是這一類的作品。最近二十年間，臺灣製作的族譜很多，但數量多並不代表族譜文化的進步，這是無可諱言的事。

第二，再就學術研究方面來作一簡介：往昔中國人家視保存與纂修族譜為大事，成書後都由各房子孫敬謹尊藏，從未見有分贈各界或作買賣行為的，因此當日族譜流傳不廣，一般人能看到與利用到別人家族譜的機會也不多。民國以後，由於戰亂頻仍，家族離散，族譜散佚的很多，而一般家庭因遷徙無常不能續修族譜，譜書的修纂與譜學的研究都受影響，這一事實從國內各公家收藏族譜的情形與族譜成書的數量上可以得到證實。加以歐美文化的影響，家族的凝固力日薄，功利與個人主

義的抬頭多種原因，中國傳統譜學的研究幾乎到了中斷的地步。
所幸近二十多年來，由於臺灣地區社會安定，經濟繁榮，人們
在能延續生命並獲得生命的安全保障之後，家族成員對修建祠
堂與纂修族譜這類「敬宗合族」的工作又表現得熱衷了，因而
修製族譜的風氣變得旺盛起來，研究族譜也隨之成為不少人關
心的事了。同時明清時代所留下的族譜，內容包羅萬象，足供
現代學者查考之資，於是中外學界勤於收集資料，從事歷史、
社會、經濟等學科研究的人日增，中國族譜學的研究又獲得一
次的彰顯了。現在我就先把近幾十年臺灣及香港等地區在這方
面的情形，分以下幾點，簡要作一說明。

㈠族譜資料的收集

　　我國民間族譜，原本是不公諸社會的資料，也不能從坊間
買得的，因此國內著名的圖書館，收藏舊家族譜為數極少，如
中央研究院史語所圖書館僅藏有十多種，中央圖書館也僅有二、
三十種大陸人家的舊譜書。北平圖書館在民國二十年（1931 年）
前後登報向全國公開徵求明清族譜，結果在兩三年間，也只獲
得二百種左右的數量。中國族譜被海內外收藏中心大規模的收
集是抗戰以後的事。這大概是戰火使譜書失散，流落異邦，以
致外國若干圖書館收得的中國族譜遠比國內的豐富，如日本東
洋文庫藏有八百多種，國會圖書館有四百多種，東京大學有二
百多種。美國則以哥倫比亞大學收藏最多，近一千種，其他哈
佛大學、加州大學、芝加哥大學也分別有數十種或百餘種的存
藏。另外美國猶他家譜學會 (The Genealogical Society of Utah) 在三十年
前即以微捲攝影方式向世界收集各國各民族的族譜，中國舊家
的族譜當然也在他們的收藏之列。民國六十三年（1974 年）起，

又在臺灣地區著手收集本省的族譜資料，十多年來先後取得數千多種（其中包括學生的報告、祭祀公業名冊、功德榜等等人事資料）。民國七十年（1981年），聯合報文化基金會成立國學文獻館，致力收集海外中國珍貴書檔回國，供學界與社會查案之用，族譜資料就是主要的項目，他們除向猶他家譜學會複製微捲照片外，並向日本、英國、香港等地購置很多，目前中國族譜資料的藏量共有近六千種，堪稱國內收藏族譜資料最豐富的機關。大陸自文化大革命後，舊家族譜損失不少，不過現在又稍稍出現，聯合報國學文獻館正在設法洽購複製這些資料，供各界人士利用。

㈡族譜工具書的編製

由於近代學者對中國族譜資料的重視以及若干中國家庭有意纂修族譜，有關中國族譜學的一些工具書也應運而生了。如目錄類重要的有：**2**

1. 泰爾福等合編，《美國家譜學會中國族譜目錄》
2. 盛清沂，《國學文獻館現藏中國族譜資料目錄初輯》
3. 趙振績，《臺灣區族譜目錄》
4. 香港中訊公司，《中國家族史料》

其他有助於修譜與研究譜學的工具書或論文有：**3**

---

2. 《美國家譜學會中國族譜目錄》（臺北：成文出版社，1983）；《國學文獻館現藏中國族譜資料目錄初輯》（臺北：聯經出版公司，1982）；《臺灣區族譜目錄》（桃園：臺灣省各姓歷史淵源發展研究學會，1987）；《中國家族史料》（香港：中訊公司）。

3. 〈中國族譜現藏概況〉；《族譜家訓集粹》（臺北：聯經出版公司，1984）；〈家譜的纂修方法〉，《中國內政》，4卷1期（1952，臺北），頁18–20；《臺灣公藏族譜解題》（臺北：國立中央圖書館，1969）；〈當前編修家譜之體例〉，《臺灣文獻》，29卷4期（1978，臺北），頁

1. 王世慶，〈中國族譜現藏概況〉
2. 行政院文建會、聯合報文化基金會國學文獻館編，《族譜家訓集粹》
3. 杜學知，〈家譜的纂修方法〉
4. 昌彼得，《臺灣公藏族譜解題》
5. 盛清沂，〈當前編修家譜之體例〉
6. 盛清沂，〈臺灣家譜編纂之研究〉
7. 盛清沂，《中國族譜編纂簡說》
8. 盛清沂主編，《中國族譜序例選刊》（二十冊）
9. 陳捷先、盛清沂主編，《中國家訓》

以上這些書或論文對於中國古今族譜的世界收藏情形、修纂族譜的方法以及若干可以參考的資料，都有詳盡的記載與說明。

㈢族譜研究的活動

　　有關族譜研究的活動，在以往是從未有過的。自從中華民國宗親譜系學會與聯合報國學文獻館先後成立以後，各項活動普遍展開了。如譜系學會於民國六十七年（1978年）在臺北市舉辦過「中華民族宗親譜系資料展覽」，國學文獻館則在民國七十一年（1982年）起幾乎每年教孝月（四月）都與行政院文建會等機關聯合舉辦全省各地巡迴展或在臺北一地舉辦大規模族譜資料展。這些展覽都對譜學研究的提倡以及修譜興趣與方法的提昇，有著正面的影響。國學文獻館又在過去三年間，免費連續舉辦

38–68；〈臺灣家譜編纂之研究〉，《臺灣文獻》，14卷3期（1963，臺北），頁71–96；《中國族譜編纂簡說》（臺北：聯合報文化基金會國學文獻館，1987）；《中國族譜序例選刊》（臺北：聯合報文化基金會國學文獻館，1983）；《中國家訓》（臺北：行政院文建會，1987）。

過四次為期各一個月的族譜研習班，每次都有一百多人參加，輔導有心修譜人士正確方法，傳授族譜知識，提供珍貴資料，希望對中國族譜的保存與創新作些工作。同時為了提倡高深族譜文化的研究，促進亞洲族譜學術的交流，國學文獻館也與文建會合作召開過四次「亞洲族譜學術研討會」，專家學者們在會議中發表的論文很多，討論的範圍很廣，現在簡介如下。

民國七十二年（1983年）九月第一次研討會發表論文的學者及題目有（以發表先後為序，以下同）： **4**

1. 陳奇祿，〈中國族譜的特色〉
2. 林天蔚，〈論我國文化中的譜系因子與譜系學的建立〉
3. 文崇一，〈族譜與中國社會〉
4. 阮昌銳，〈中國族譜的社會功能〉
5. 趙振績，〈耶律氏譜系考〉
6. 岡田英弘，〈蒙文史記與元裔譜系〉
7. 陳大絡，〈論至孝篤親舜裔的源流〉
8. 龔鵬程，〈唐宋族譜之變遷〉
9. 陳捷先，〈清代「譜禁」探微〉
10. 盛清沂，〈論章學誠的譜學〉
11. 尹章義，〈族譜群效用 (Genealogy Group Utility) 與族譜之史料價值——以臺灣發展史之研究為例〉
12. 斯波義信，〈社會變遷研究與族譜資料——寧紹地區的事例〉
13. 莊英章，〈族譜與漢人宗族研究：以臺灣竹北林家為例〉
14. 申慶璧，〈循譜學法則探索雲南各宗族源流——雲南各宗族社

---

4. 聯合報文化基金會國學文獻館主編，《第一屆亞洲族譜學術研討會會議記錄》（臺北：聯經出版公司，1984）。

會生活及其分布〉

15.白惇仁，〈東亞諸邦的姓氏之學與族譜之學〉

16.赤嶺守，〈琉球家譜簡介〉

17.姜周鎮，〈金柱臣之族譜序研究〉

18.金九鎮，〈韓國族譜編纂史〉

19.馬萬走，〈韓國族譜之發達與早婚的關係〉

20.片泓基，〈加入明義會之二十四姓始祖東渡史記〉

　　民國七十三年（1984 年）九月第二次研討會發表的論文則有：**5**

1.陳奇祿，〈略述中國倫理教育發展的歷史〉

2.姜周鎮，〈族譜與倫理〉

3.孫仁銖，〈族譜之倫理價值與家訓〉

4.龔鵬程，〈宋代的族譜與理學〉

5.盛清沂，〈試論宋元族譜學與新宗法之創立〉

6.陳捷先，〈清代族譜家訓與儒家倫理〉

7.申慶璧，〈國父譜學倫理思想試繹〉

8.林天蔚，〈家族制度轉變下的代溝問題〉

9.趙振績，〈山東半島人（蓬萊趙）氏由來〉

10.金九鎮，〈五服制度之法制化與族譜〉

11.李範稷，〈朝鮮初期的五禮與家禮〉

12.白惇仁，〈東亞諸邦族譜行輩命名考〉

13.尹章義，〈「非父系血親繼嗣制度」初探——以族譜學為中心
　　所作之研究〉

5.聯合報文化基金會國學文獻館主編，《第二屆亞洲族譜學術研討會會
　　議記錄》（臺北：聯經出版公司，1985）。

民國七十四年（1985 年）十二月第三次研討會計發表如下的論文：**6**

1. 陳奇祿，〈論族譜與世教的關係〉
2. 張秉權，〈中國最早的家譜——牛胛骨上的兒氏家譜〉
3. 札奇斯欽，〈蒙古族譜概說〉
4. 陳捷先，〈談滿洲族譜〉
5. 陳慶隆，〈論回部世系〉
6. 姜周鎮，〈韓國氏族之始祖研究〉
7. 片泓基，〈對來自中國之歸化姓氏的考察〉
8. 趙振績，〈十二生肖靈徵與姓氏的關係〉
9. 沈德輔，〈沈子殷研究〉
10. 盛清沂，〈論方孝孺先生之譜學〉
11. 申慶璧，〈雲南鎮雄申氏族譜先賢魯詩初祖申培公傳疏〉
12. 孫仁銖，〈韓國人的家訓〉
13. 宋俊浩，〈從氏族制度和族譜來看中韓兩國之傳統社會〉
14. 劉翠溶，〈以廣東香山徐氏宗譜為例試論中國家族成長之過程及其功能之發揮〉
15. 林天蔚，〈香港所見的幾種特殊族譜及問題〉
16. 蕭國健，〈香港新界錦田鄧氏之源流及其在新界之發展〉
17. 辛法春，〈明代西南人口的遷徙政策——兼論譜牒在研究人口變遷的重要性〉
18. 莊英章，〈族譜與童養媳婚研究：頭份陳家的例子〉
19. 尹章義，〈「臺灣鑑湖張氏族譜」寫作的構想與經過〉

---

6. 聯合報文化基金會國學文獻館主編，《第三屆亞洲族譜學術研討會會議記錄》（臺北：聯經出版公司，1987）。

20.石萬壽，〈二層行溪上游的開發與系譜〉

21.蔡淵絜，〈清代臺灣的望族：新竹北郭園鄭家〉

　　民國七十六年（1987 年）九月第四屆會議發表的重要論文有：**7**

1.杜潤德，〈自我的地位——族譜中的自傳〉

2.陳慶浩，〈越南族譜四種簡介〉

3.札奇斯欽，〈蒙古族譜文獻中的一些訓示〉

4.李光奎，〈韓國族譜資料與家庭及血族關係之研究〉

5.李範稷，〈朝鮮時期士紳官僚階層及其族譜〉

6.片泓基，〈韓國的科舉制度——兼論韓國族譜的功能〉

7.姜周鎮，〈亞細亞族譜研究與上古史之開發〉

8.劉翠溶，〈河北三家族的人口特徵〉

9.陳捷先，〈族譜中所見太平軍戰亂期間江浙死難人口舉隅〉

10.賴惠敏，〈明清浙西士紳家族婚姻的研究——以海寧陳氏為例〉

11.王德毅，〈宋代檀州晁氏族系考〉

12.柳立言，〈族譜在學術研究上的功用與限制〉

13.龔鵬程，〈族譜與政權的關係〉

14.盛清沂，〈試就世說新語管窺魏晉南北朝之譜學〉

15.趙振績，〈閩系源流與臺灣之關係〉

16.陳亦榮，〈清代漢人在臺灣地區遷徙之類型〉

17.石萬壽，〈羅漢內門里的漢移民與系譜〉

18.黃典權，〈族譜在南明臺灣史研究上的功能〉

19.尹章義，〈金門望族瓊林蔡氏的族譜與宗祠群〉

7.聯合報文化基金會國學文獻館主編，《第四屆亞洲族譜學術研討會會議記錄》（臺北：聯經出版公司，1989）。

20.蕭國健，〈香港新界文氏之源流及其在新界之發展〉

21.沈德輔，〈從沈萬三的傳記資料論修譜與尋根〉

22.申慶璧，〈申呂謝時同源考〉

23.陳大絡，〈陳王同宗不同姓的根源〉

24.李士賢，〈恢宏族譜對民族國家社會的功能〉

以上第一至三屆研討會的論文集已由國學文獻館刊行問世，第四屆會議記錄現正排印中，預計明年春後出版（編按：第四屆會議記錄已於 1989 年出版）。

(四)族譜學術研究論著介紹

民國以後，國人對族譜學與族譜資料的重視，也有可述之處。早年有幾位名家，他們做了先驅的工作，對後世有啟發與指導之功。其中重要的有：楊殿珣先生的〈中國家譜通論〉以及續編、再續編三篇，分別發表在北平圖書館《圖書季刊》各期。[8] 潘光旦先生的〈中國家譜學略史〉、〈江蘇通志增輯族望志議〉與〈家譜與宗法〉諸文，都是在《東方雜誌》第 26 卷與第 27 卷中發表的。[9]

羅香林先生的著作很多，重要的專書有（依出版年排序，下同）：[10]

8.〈中國家譜通論〉及其續編、再續編分別刊載於《圖書季刊》，新 3 卷 1、2 期合刊本（1941，北平），頁 9–35；新 6 卷 3、4 期合刊本（1945，重慶），頁 17–39；新 7 卷 1、2 期合刊本（1946，北平），頁 33–52。

9.〈中國家譜學略史〉、〈江蘇通志增輯族望志議〉、〈家譜與宗法〉，分別收於《東方雜誌》，26 卷 1 號（1929，上海），頁 107–120；27 卷 6 號（1930，上海），頁 63–68；27 卷 21 號（1930，上海），頁 65–78。

10.《客家研究導論》（廣州：希山書藏社，1933）；《國父家世源流考》

1. 《客家研究導論》
2. 《國父家世源流考》
3. 《客家源流考》
4. 《蒲壽庚研究》
5. 《中國族譜研究》

有關譜學研究的重要論文有：[11]

1. 〈家譜敘錄〉
2. 〈廣東通志民族略系篇〉
3. 〈太平天國洪天王家世考〉
4. 〈中美著名圖書館所藏中國明代屬於善本類之族譜敘錄〉
5. 〈中國族譜之學術地位〉
6. 〈中國譜牒學史〉

以上這些著作雖然是在早年族譜資料不足的情況下寫成的，但是它們都各具功力，各有新意，對日後研究族譜學的人是絕對有幫助的。

（重慶：商務印書館，1942）；《客家源流考》（香港：崇正總會，1950）；《蒲壽庚研究》（香港：中國學社，1959）；《中國族譜研究》（香港：中國學社，1971）。

11. 〈家譜敘錄〉，《中山大學研究所月刊》，1 卷 2 期（1933，廣州）；〈廣東通志民族略系篇〉，《中山大學文史學月刊》，2 卷 2 期（1933，廣州），頁 11–34；〈太平天國洪天王家世考〉，《廣州學報》，1 卷 2 期（1937，廣州），頁 1–20；〈中美著名圖書館所藏中國明代屬於善本類之族譜敘錄〉，《書目季刊》，6 卷 1 期（1971，臺北），頁 3–9；〈中國族譜之學術地位〉，《東方雜誌》，復刊 4 卷 5 號（1970，臺北），頁 16–22；〈中國譜牒學史〉，《中華學術與現代文化叢書㈢：史學論集》（臺北：中國文化大學出版部，1983），頁 34–56。

　　由於羅香林先生在香港地區傳授族譜學問，提倡族譜資料的收集，多年以來，他的學生當中也有不少從事譜學研究的。就手邊資料所及，簡略的介紹幾位專家以及他們的著作如後。

　　林天蔚先生：原任教香港大學，去年（1988 年）退休，現執教於國立政治大學（編按：2005 年過世）。他研究族譜學的成果除在以上「亞洲族譜研討會」中已開列的以外，還有以下數篇：**12**

1. 〈方志與族譜之關係及其聯合研究之價值〉
2. 〈論中國文化中的譜系學〉

　　馬楚堅先生：現任香港珠海書院副教授，他的著作中與族譜研究有關的計有（以下各文均發表於香港各報）：

1. 〈族譜內外之天后史料及廣東媽廟概況〉
2. 〈從香港大學蒐集族譜之計畫談中國姓氏之意義〉
3. 〈廈村鄧氏祠堂「友恭堂」考〉
4. 〈從端節談屈原的姓氏及其二三事〉
5. 〈傳說中的天后林默娘及香港的天后廟〉

　　此外，羅香林先生的弟子蕭國健昆仲也有一些族譜研究的著作，很值得一讀。

　　臺灣地區雖然在清代時期以及日據時期大家修譜之風仍然很盛，但是對於譜學研究的從事則注意得較晚。例如臺南的陳仁德先生自民國十七年（1928 年）時即從事調查與收集族譜資料，然而並未有所著述。光復後約在民國四十四、五年間（1955～

12. 〈方志與族譜之關係及其聯合研究之價值〉，中文稿發表於《中華文化復興月刊》，14 卷 6 期（1981，臺北），頁 14–21，英文稿則刊登在 *Chinese Culture* Vol. XXII, No. 1；〈論中國文化中的譜系學〉，《香港大學中文系集刊》，1 卷 1 期（1985，香港），頁 21–40。

1956 年），由於纂修地方志書，臺北縣文獻委員會的專家盛清沂先生在調查境內資料作為撰寫氏族編時，觸發了他寫作有關族譜研究的文章，此後數年中，他出版了〈臺北二十五姓族譜序例〉、〈臺北縣志氏族志〉，以及〈臺灣省五十四姓先世南渡考〉等文。**⑬** 又如因為調查收集族譜資料的工作加強以及文化大學譜系學術研究所的成立，王世慶先生寫過〈中國族譜現藏概況〉一文，張其昀先生則出版了他的〈譜系學之新開展〉**⑭**。民國七十年（1981 年）以後，一方面由於若干留美學人的歸國，另一方面因為聯合報文化基金會國學文獻館的成立，族譜學的研究與學術著作的出版，確是進入一個新的階段了。現在就把有關的成果開列如下（以上「亞洲族譜研討會」中已列的文章不再舉）：

　　盛清沂先生的著作有：**⑮**

1. 〈中國族譜學定義之商榷〉
2. 〈晦庵朱先生手撰世譜考〉

---

13. 〈臺北二十五姓族譜序例〉，《臺北文物》，7 卷 1、2 期（1958，臺北），頁 1–41；〈臺北縣志氏族志〉，收於戴德發監修、盛清沂總纂，《臺北縣志》（臺北：臺北縣文獻委員會，1960），卷 6；〈臺灣省五十四姓先世南渡考〉，《臺灣文物論集》（臺北：臺灣省文獻委員會，1966），頁 197–223。

14. 《寧波同鄉》，84 期（臺北：寧波同鄉會，1975），頁 4–5。

15. 〈中國族譜學定義之商榷〉，《國學文獻館館訊》，1 號（1982，臺北），頁 8；〈晦庵朱先生手撰世譜考〉，《國學文獻館館訊》，2 號（1982，臺北），頁 2–5；〈紀文達公遺集六篇族譜序例讀後記〉，《國學文獻館館訊》，5 號（1983，臺北），頁 2–5；〈論劉知幾之譜學〉，《國學文獻館館訊》，7 號（1984，臺北），頁 2–4；〈宋犖商丘宋氏家乘讀後記〉，《國學文獻館館訊》，8 號（1984，臺北），頁 2–3。

3. 〈紀文達公遺集六篇族譜序例讀後記〉

4. 〈論劉知幾之譜學〉

5. 〈宋犖商丘宋氏家乘讀後記〉

　　劉翠溶女士的著作有：[16]

1. "Chinese Genealogies as a Source for the Study of Historical Demography"

2. "The Demographic Characteristics of Two Clans in Hsiao-shan, 1650–1850"

3. "The Demographic Dynamics of Some Clans in the Lower Yangtze Area, ca. 1400–1900"

4. "The Growth and Decline of Chinese Family Clans"

5. 〈明清人口之增殖與遷移——長江中下游地區族譜資料之分析〉

---

16. "Chinese Genealogies as a Source for the Study of Historical Demography"，《中央研究院成立五十週年論文集（第二輯）》（臺北：中央研究院，1978），頁 849–870；"The Demographic Characteristics of Two Clans in Hsiao-shan, 1650–1850", *Family and Population in East Asian History* (Stanford: Stanford University Press, 1978), pp. 13–61；"The Demographic Dynamics of Some Clans in the Lower Yangtze Area, ca. 1400–1900", *Academia Economic Papers*, Vol. 9, No. 1, pp. 115–160，中文稿〈明清時期長江下游若干家族的人口動態〉，發表於《中央研究院國際漢學會議論文集：歷史考古組（中）》（臺北：中央研究院，1981），頁 817–848；"The Growth and Decline of Chinese Family Clans", *Journal of Interdisciplinary History*, Vol. 12, No. 3 (1982, Cambridge), pp. 375–408；〈明清人口之增殖與遷移——長江中下游地區族譜資料之分析〉，《第二屆中國社會經濟史研討會論文集》（臺北：漢學研究資料及服務中心，1983），頁 283–316。

本文作者近年出版之有關族譜研究論文有：

1. 〈中韓族譜比較研究〉[17]
2. 〈論中國傳統族譜之學的保存與創新〉[18]
3. 〈中國的族譜〉[19]
4. 〈略論清代蒙古的族譜〉[20]
5. 〈族譜資料與中韓關係研究〉[21]
6. 〈從中國族譜學的發展看宋代文化的特質〉[22]
7. 〈中國族譜學對韓日琉越漢文族譜的影響〉[23]
8. 〈略論清代族譜學的發展──以「武嶺蔣氏宗譜」為研究中心〉[24]
9. 〈先總統蔣公與中國族譜學〉[25]

---

17. 原文刊載於《中日韓文化關係研討會論文集》（臺北：太平洋文化基金會，1983），頁537-566，今收於本書乙編第二章。
18. 《北美華人學術研討會論文集》（洛杉磯：北美華人學術研討會，1984），頁1-14。
19. 原文刊載於《中國的族譜》（臺北：行政院文化建設委員會，1985），頁1-62，今收於本書甲編第一章。
20. 原文發表於蒙藏學術研究研討會（1985，臺北），今收於本書甲編第十一章。
21. 《韓國學報》，6號（1986，臺北），頁141-151。
22. 原文發表於中國學會主辦第六次國際中國學大會（1986，漢城），今收於本書甲編第三章。
23. 原文刊載於《第一屆中國域外漢籍國際學術會議論文集》（臺北：聯經出版公司，1987），頁323-340，今收於本書乙編第一章。
24. 原文刊載於《蔣慰堂先生九秩榮慶論文集》（臺北：臺灣商務印書館，1987），頁425-441，今收於本書甲編第七章。
25. 《國學文獻館館訊》，17號（1987，臺北），頁1-4。

10.〈唐代族譜略述〉[26]

　　還有早年潘光旦先生的〈章實齋之家譜學論〉[27]、〈家譜還有些什麼意義〉[28]、〈明清兩代嘉興的望族〉[29]等文,以及方豪先生的〈家譜中之天主教史料──記玉山吳、徐二譜及其他〉[30]、陳荊和先生的〈河儰鎮叶鎮鄭氏家譜注釋〉[31]、杜學知先生的〈家譜之歷史及其效用〉[32]、王世慶先生的〈臺灣地區族譜編纂史及其在史料上的作用〉[33]、何兆欽先生的〈從譜系學觀點探討社會問題〉[34]、于志嘉女士的〈試論族譜中所見的明代軍戶〉[35]、柳立言的〈族譜與社會科學研究〉[36]等等,都是有關族譜研究的專著。

　　此外,中央研究院民族所的劉斌雄先生、文崇一先生、莊英章先生、政治大學的林恩顯先生、輔仁大學的尹章義先生、師範大學的王更生先生、蔡淵絜先生、吳文星先生、淡江大學

26.原文刊載於《第一屆國際唐代學術會議論文集》(臺北:學生書局,1989),頁 854-874,今收於本書甲編第二章。

27.《人文月刊》,2 卷 3 期(1931,上海)。

28.《東方雜誌》,43 卷 12 號(1947,上海),頁 38-44。

29.可參見潘光旦,《明清兩代嘉興的望族》(上海:商務印書館,1947)。

30.《方豪六十自定稿(下)》(臺北:學生書局,1969),頁 1911-1939。

31.《臺大文史哲學報》,7 期(1956,臺北),頁 77-139。

32.《中國內政》,3 卷 4 期(1952,臺北),頁 22-23。

33.《臺北文獻》,51、52 期合刊本(1980,臺北),頁 207-247。

34.《中華民國宗親譜系學會年刊》(臺北:成文出版社,1980),頁 24-26。

35.《中央研究院歷史語言研究所集刊》,57 本 4 分(1986,臺北),頁 635-668。

36.《漢學研究》,6 卷 2 期(1988,臺北),頁 237-273。

的龔鵬程先生、製譜家唐羽先生，都有一些論著與族譜學有關的，也都是近年臺灣學界對族譜研究的成果。

(五)近年大陸族譜學研究概況

對於族譜學的研究，在大陸地區以往被視為禁地，學者們很少涉入其中。然而自從文化大革命以後，情形大為改觀，不僅研究論著日漸增多，就連提倡並領導族譜收集、修纂與研究的機構——中國譜牒學研究會——也將要在山西省成立了。現在我就以目前所得的資料，將大陸學界近年對族譜學的研究成果，簡介如下。

一般通論性與資訊性的著作有：[37]

1. 王贄臣，〈家譜叢談〉
2. 艾秀柏，〈蘊藏豐富的資料寶庫——論族譜的史料價值〉
3. 倉修良，〈試論譜學的發展及其文獻價值〉
4. 崔建英，〈重視譜學的史料價值〉
5. 莊為璣、王連茂，《閩臺關係族譜資料選編》
6. 楊廷福，〈中國譜牒學的源流〉

37.〈家譜叢談〉，《爭鳴》，1 期 (1982)；〈蘊藏豐富的資料寶庫——論族譜的史料價值〉，《圖書館學研究》，2、3 期（1983，長春）；〈試論譜學的發展及其文獻價值〉，《文獻》，2 期（1983，北京）；〈重視族譜的史料價值〉，《圖書館學通訊》，1 期（1979，北京）；《閩臺關係族譜資料選編》（福州：福建人民出版社，1985）；〈中國譜牒學的源流〉，《學習與探討》，2 期 （1980，哈爾濱）；〈譜牒略述〉，《文獻》，4 期（1981，北京）；《館藏廣東族譜目錄》（廣州：廣東省中山圖書館，1986）；〈中國譜牒學概述〉，《中國古代圖書學文選》（蕪湖：安徽師範大學圖書館，1985）；〈簡談家譜檔案及其收集〉，《歷史檔案》，4 期（1983，北京）。

7.劉光祿，〈譜牒略述〉

8.廣東省中山圖書館編，《館藏廣東族譜目錄》

9.蔣元卿，〈中國譜牒學概述〉

10.鄧紹英，〈簡談家譜檔案及其收集〉

　　有關斷代及其他方面研究的有：　38

1.余奎元，〈家譜在編修方志中的價值與運用〉

2.李文治，〈論明清時代的宗族制〉

3.汪琴鶴，〈談談譜牒檔案與編史修志〉

38.〈家譜在編修方志中的價值與運用〉，《福建地方志通訊》，4期
　　（1985，福州）；〈論明清時代的宗族制〉，《中國社會科學院經濟研究
　　所集刊》，4輯（1983，北京）；〈談談譜牒檔案與編史修志〉，《安徽檔
　　案》(1985)；〈福建僑鄉族譜中有關南洋華僑史若干問題〉，《南洋問題
　　研究》，4期（1982，廈門）；〈試論族譜研究與方志研究的關係〉，《貴
　　州社會科學》，5期（1985，貴陽）；《滿族在岫巖》（瀋陽：遼寧人民
　　出版社，1984）；〈試論清代江蘇的族田〉，《歷史論叢》，5輯（濟南：
　　齊魯書社，1985）；〈從家譜資料看清代的人口遷徙〉，《清史研究通
　　訊》，2期（1986，北京）；〈清代一部官僚士族的家譜——正紅旗滿洲
　　哈達瓜爾佳氏家譜研究〉，《民族研究》，5期（1983，北京）；〈南北朝
　　譜牒形式的發現和索隱〉，《西北大學學報（哲學社會科學版）》，3期
　　（1980，西安）；〈族譜與方志〉，《吉林大學社會科學學報》，2期
　　（1988，長春）；〈清代的譜牒資料及其利用〉，《南開史學》，1期
　　（1984，天津）；〈論清朝蘇南義莊的性質與族權的關係〉，《中華文史
　　論叢》，3輯（上海：上海古籍出版社，1980）；〈論珠江三角洲的族
　　田〉，《明清廣東社會經濟型態研究》（廣州：廣東人民出版社，
　　1985）；〈魏晉南北朝史學的旁支——地記與譜學〉，《杭州大學學報
　　（哲學社會科學版）》，2期（1982，杭州）；〈唐代譜學簡論〉，《中國
　　史研究》，1期（1982，北京）。

4.林金枝，〈福建僑鄉族譜中有關南洋華僑史若干問題〉

5.孫定朝，〈試論族譜研究與方志研究的關係〉

6.張其倬，《滿族在岫岩》

7.張研，〈試論清代江蘇的族田〉

8.郭松義，〈從家譜資料看清代的人口遷徙〉

9.陳佳華，〈清代一部官僚士族的家譜──正紅旗滿洲哈達瓜爾佳氏家譜研究〉

10.陳直，〈南北朝譜牒形式的發現和索隱〉

11.章鐵牛，〈族譜與方志〉

12.馮爾康，〈清代的譜牒資料及其利用〉

13.馮爾康，〈論清朝蘇南義莊的性質與族權的關係〉

14.葉顯恩、譚棣華，〈論珠江三角洲的族田〉

15.黎子耀，〈魏晉南北朝史學的旁支──地記與譜學〉

16.瞿林東，〈唐代譜學簡論〉

以上所舉只是我個人知道的一些大陸譜學研究情形，當然遺漏不周的地方必然很多，只有期待他日補述了。

三、結　語

　　總而言之，傳統的中國族譜有著歷史悠久、數量豐多、極富社會教育功能種種優長之處。近年以來，臺灣、香港及大陸等地區由於著意提倡，無論族譜的修纂，或是譜學的研究，都有創新的成就。本年秋間，大陸山西省內將召開族譜學的學術會議，從事族譜的高深研究，實在是可喜的消息。因此，我個人認為，中國族譜學的研究，前途是光明的，進步是可預期的。

二 臺灣地區族譜學研究之近況及問題

　　譜書的編纂與譜學的研究，在我國都有著悠久的歷史。譜學研究隨著時代不同而不斷的發展進步。譜書的修纂則更是歷代不絕，數量極為可觀，而且這些譜系資料在過去曾對學者們著書論學多有助益，對一般人民尋根睦族以及美風俗、和鄉里，也都作過很大的貢獻，所以中國族譜學是我國傳統文化中的一門優良學問，也是世界文化中的一項傑出學科。然而自從本世紀以來，一方面由於歐風東漸，個人主義興起，中國舊有家族制度逐漸破壞。另一方面國內戰亂頻仍，致使很多家族離散，因而修纂譜書不僅大受影響，譜學研究更是停滯不前，甚至有中斷的跡象。所幸近二十年來，臺灣地區經濟繁榮，社會安定，學術進步，以致於修纂族譜與研究族譜的風氣漸趨興盛起來。加以從事文史社會科學的學者們，利用族譜資料，作多方面的運用與研究，並獲致良好成果，從而再肯定了中國舊家族譜內容的若干價值。中國族譜學目前能在漢學研究的領域中占有一席地位，原因即在於此。

　　近年以來，中華民國臺灣地區有不少人家熱心修譜，學術界也有多位學者提倡並研究族譜之學，現在我就把有關的情形，分為以下各項，略作說明於後。

一、族譜修纂與譜學研究現況

清代來臺灣墾荒的移民中，大多數文化程度不高，經濟能力也有限，不過他們始終是保存大陸文化傳統的，因此當他們在寶島成家立業之後，往往就油然的興起修纂家譜的念頭了。開臺先民由於多半未帶家譜來臺，或者大陸老家根本從未修譜，因此早年在臺修成的族譜，多是內容簡陋，文字俚俗的作品。而且修譜者俗師居多，修譜目的只在「祭祖合族」方面，成書的品質，不言可知。除了極少數的佳作之外，都是不能與同時代大陸人家的族譜相比美的。

近二十年來，由於臺灣地區的進步繁榮，人們在安定的環境中生活，不少家族成員對修建祠堂與修纂族譜的工作又表現得熱衷起來了。

有人自己製作，有人聘請專家纂修，如《宜蘭張氏族譜》成書於民國七十年（1981 年），由唐羽、申慶璧諸專家任修纂工作，內容有凡例、序文、源流、世系、傳記、宗賢、德業、族規、榮典、藝文、文獻、跋等部分，可說是仿古譜義例而製作的。

又如歐陽禮編輯的《湖南平江歐陽氏族譜》一種，成書於民國七十三年（1984 年）。歐陽禮確實為「飲水思源、宏揚祖德」而修譜，費時多年，勤集資料，將族譜分為序、各房世次、遷徙錄、派系錄、恩綸志、理學志、忠節志、耆壽志、像贊、記事等篇，幾乎是依古法編輯的，尤其是卷首列印了古今人的序文五十一則，可謂洋洋大觀。

也有以創新的觀念來修現代家譜的，如尹章義的《臺灣鑑湖張氏族譜》，此書刊行於民國七十四年（1985 年），內文分二十

章，計為〈張姓的由來與傳播〉、〈鑑湖張氏的發祥與傳播〉、〈臺灣鑑湖張氏的發展及其在臺灣發展上的地位〉、〈鑑湖張氏世系表〉、〈鑑湖張氏舊譜敘例與家規〉、〈鑑湖張氏世譜〉、〈張士箱省齋公各房世譜〉、〈臺灣鑑湖張氏家賢列傳〉、〈臺灣鑑湖張氏文獻選刊〉、〈臺灣鑑湖張氏宗親組織〉、〈方高長子源德公後裔〉、〈方高次子源仁公後裔〉、〈方遠長子源禮子植樹長房炳塼公後裔〉、〈方遠長子源禮子植樹二房炳奏公後裔〉、〈方遠次子源偉公後裔〉、〈方大長子源俊公後裔〉、〈方大次子源价公房後裔〉、〈方大五子源清房近光公後裔〉、〈方大五子源清二房菜梀公後裔〉、〈鑑湖張氏親族調查表〉等目，據此可見這是與古譜修製方法略有不同的。

　　另如沈德輔修輯的簡明本《沈氏源流錄》分〈沈氏尋根錄〉、〈臺灣沈氏分布概況〉、〈僑居海外沈氏宗親概況〉、〈沈氏宗親會概況〉、〈沈氏族譜〉、〈沈氏蕃衍錄〉等章，也是一種有創意的著作。

　　以上所舉的幾部族譜是近年臺灣地區的萬千成品代表，相信已經可以說明臺地製譜的仿古與更新情形一斑了。

　　由於修譜人家日多，明清族譜資料大量收集四國以及學界重視譜學與譜書資料種種原因，中國族譜的研究，近二十年間在臺灣又一次的得到彰顯。下面開列的這些著作成果，可以作為具體的說明。

(一)目錄、參考工具書類 **1**

1. 王世慶，〈中國族譜現藏概況〉
2. 王世慶，〈臺灣公私藏族譜目錄初稿〉
3. 行政院文建會、聯合報文化基金會國學文獻館主編，《族譜家訓集粹》
4. 昌彼得，《臺灣公藏族譜解題》
5. 泰爾福等合編，《美國家譜學會中國族譜目錄》
6. 盛清沂主編，《中國族譜序例選刊》
7. 盛清沂，《國學文獻館現藏中國族譜資料目錄初輯》
8. 陳捷先、盛清沂主編，《中國家訓》
9. 趙振績，《臺灣區族譜目錄》

　　當然香港中訊公司的《中國家族史料》一、二編、莊為璣等的《閩臺關係族譜資料選編》、《（中山圖書館）館藏廣東族譜目錄》、《港大馮平山圖書館所藏中國族譜提要》，以及即將問世的《中國族譜綜合目錄》等，也都是值得參考的。

---

1. 〈中國族譜現藏概況〉；〈臺灣公私藏族譜目錄初稿〉，《臺灣文獻》，29 卷 4 期（1978，臺北），頁 69–163；《族譜家訓集粹》（臺北：聯經出版公司，1984）；《臺灣公藏族譜解題》（臺北：國立中央圖書館，1969）；《美國家譜學會中國族譜目錄》（臺北：成文出版社，1983）；《中國族譜序例選刊》（臺北：聯合報文化基金會國學文獻館，1983）；《國學文獻館現藏中國族譜資料目錄初輯》（臺北：聯經出版公司，1982）；《中國家訓》（臺北：行政院文建會，1987）；《臺灣區族譜目錄》（桃園：臺灣省各姓歷史淵源發展研究學會，1987）。

(二)修纂族譜指導類 **②**

1.尹章義，〈「臺灣鑑湖張氏族譜」寫作的構想與經過〉

2.李鴻儒，〈對當前氏族修譜的我見〉

3.杜學知，〈家譜的纂修方法〉

4.沈德輔，〈從沈萬三的傳記資料論修譜與尋根〉

5.昌彼得，〈發展譜牒的研究與製作芻議〉

6.盛清沂，《中國族譜編纂簡說》

7.盛清沂，〈臺灣家譜編纂之研究〉

---

2. 〈「臺灣鑑湖張氏族譜」寫作的構想與經過〉，《第三屆亞洲族譜學術
研討會會議記錄》（臺北：聯經出版公司，1987，以下簡稱《第三屆
會議記錄》），頁 479–508；〈對當前氏族修譜的我見〉，《陝西文獻》，
43 卷（1980，臺北），頁 2–5；〈家譜的纂修方法〉，《中國內政》，4 卷
1 期（1952，臺北），頁 18–20；〈從沈萬三的傳記資料論修譜與尋
根〉，《第四屆亞洲族譜學術研討會會議記錄》（臺北：聯經出版公司，
1989，以下簡稱《第四屆會議記錄》），頁 403–536；〈發展譜牒的研
究與製作芻議〉，《國立中央圖書館館刊》，11 卷 1 期（1978，臺北），
頁 48–50；《中國族譜編纂簡說》（臺北：聯合報文化基金會國學文獻
館，1987）；〈臺灣家譜編纂之研究〉，《臺灣文獻》，14 卷 3 期（1963，
臺北），頁 71–96。

(三)族譜研究通論類 **3**

1. 文崇一，〈族譜與中國社會〉
2. 阮昌銳，〈中國族譜的社會功能〉
3. 林天蔚，〈論我國文化中的譜系因子與譜系學的建立〉
4. 柳立言，〈族譜在學術研究上的功用與限制〉
5. 柳立言，〈族譜與社會科學研究〉
6. 盛清沂，〈中國族譜學定義之商榷〉
7. 陳奇祿，〈論族譜與世教的關係〉
8. 陳捷先，〈中國的族譜〉
9. 陳捷先，〈論中國傳統族譜之學的保存與創新〉
10. 龔鵬程，〈族譜與政權的關係〉

---

3. 〈族譜與中國社會〉，《第一屆亞洲族譜學術研討會會議記錄》（臺北：
聯經出版公司，1984，以下簡稱《第一屆會議記錄》），頁 331–333；
〈中國族譜的社會功能〉，《第一屆會議記錄》，頁 43–46；〈論我國文
化中的譜系因子與譜系學的建立〉，《第一屆會議記錄》，頁 23–42；
〈族譜在學術研究上的功用與限制〉（編按：該文未收入《第四屆會
議記錄》，後改收柳立言，〈族譜與政權的關係〉）；〈族譜與社會科學
研究〉，《漢學研究》，6 卷 2 期（1988，臺北），頁 237–273；〈中國族
譜學定義之商榷〉，《國學文獻館館訊》，1 號（1982，臺北），頁 8；
〈論族譜與世教的關係〉，《第三屆會議記錄》，頁 17–24；〈中國的族
譜〉，《中國的族譜》（臺北：行政院文化建設委員會，1985），頁 1–
62，另收於本書甲編第一章；〈論中國傳統族譜之學的保存與創新〉，
《北美華人學術研討會論文集》（洛杉磯：北美華人學術研討會，
1984），頁 1–14；〈族譜與政權的關係〉，《第四屆會議記錄》，頁 231–
248。

㈣族譜研究斷代類 **4**

1.于志嘉，〈試論族譜中所見的明代軍戶〉

2.王德毅，〈宋代檀州晁氏族系考〉

3.張秉權，〈中國最早的家譜──牛胛骨上的兒氏家譜〉

4.盛清沂，〈試就世說新語管窺魏晉南北朝之譜學〉

5.盛清沂，〈試論宋元族譜學與新宗法之創立〉

6.陳捷先，〈唐代族譜略述〉

7.陳捷先，〈從中國族譜學的發展看宋代文化的特質〉

8.陳捷先，〈清代族譜家訓與儒家倫理〉

4.〈試論族譜中所見的明代軍戶〉，《中央研究院歷史語言研究所集刊》，
57 本 4 分（1986，臺北），頁 635–668；〈宋代檀州晁氏族系考〉，《第
四屆會議記錄》，頁 179–194；〈中國最早的家譜──牛胛骨上的兒氏
家譜〉，《第三屆會議記錄》，頁 25–44；〈試就世說新語管窺魏晉南北
朝之譜學〉，《第四屆會議記錄》，頁 249–276；〈試論宋元族譜學與新
宗法之創立〉，《第二屆亞洲族譜學術研討會會議記錄》（臺北：聯經
出版公司，1985，以下簡稱《第二屆會議記錄》），頁 97–160；〈唐代
族譜略述〉，《第一屆國際唐代學術會議論文集》（臺北：學生書局，
1989），頁 854–874，另收於本書甲編第二章；〈從中國族譜學的發展
看宋代文化的特質〉，原發表於中國學會主辦第六次國際中國學大會
（1986，漢城），今收於本書甲編第三章；〈清代族譜家訓與儒家倫
理〉，《第二屆會議記錄》，頁 161–182，另收於本書甲編第九章；〈清
代「譜禁」探微〉，《第一屆會議記錄》，頁 104–130，另收於本書甲
編第八章；〈略論清代族譜學的發展──以「武嶺蔣氏宗譜」為研究
中心〉，《蔣慰堂先生九秩榮慶論文集》（臺北：臺灣商務印書館，
1987），頁 425–441，另收於本書甲編第七章；〈宋代的族譜與理學〉，
《第二屆會議記錄》，頁 49–96；〈唐宋族譜之變遷〉，《第一屆會議記
錄》，頁 64–103。

9. 陳捷先，〈清代「譜禁」探微〉

10. 陳捷先，〈略論清代族譜學的發展——以「武嶺蔣氏宗譜」為研究中心〉

11. 龔鵬程，〈宋代的族譜與理學〉

12. 龔鵬程，〈唐宋族譜之變遷〉

(五)**歷代名家譜論研究類** **5**

1. 申慶璧，〈國父譜學倫理思想試繹〉

2. 盛清沂，〈宋犖商丘宋氏家乘讀後記〉

3. 盛清沂，〈紀文達公遺集六篇族譜序例讀後記〉

4. 盛清沂，〈晦庵朱先生手撰世譜考〉

5. 盛清沂，〈論方孝孺先生之譜學〉

6. 盛清沂，〈論劉知幾之譜學〉

7. 陳捷先，〈先總統蔣公與中國族譜學〉

---

5. 〈國父譜學倫理思想試繹〉，《第二屆會議記錄》，頁 183-234；〈宋犖商丘宋氏家乘讀後記〉，《國學文獻館館訊》，8 號（1984，臺北），頁 2-3；〈紀文達公遺集六篇族譜序例讀後記〉，《國學文獻館館訊》，5 號（1983，臺北），頁 2-5；〈晦庵朱先生手撰世譜考〉，《國學文獻館館訊》，2 號（1982，臺北），頁 2-5；〈論方孝孺先生之譜學〉，《第三屆會議記錄》，頁 223-296；〈論劉知幾之譜學〉，《國學文獻館館訊》，7 號（1984，臺北），頁 2-4；〈先總統蔣公與中國族譜學〉，《國學文獻館館訊》，17 號（1987，臺北），頁 1-4。

㈥族譜資料價值與應用研究類 [6]

1. 尹章義，〈「非父系血親繼嗣制度」初探——以族譜學為中心所作之研究〉

2. 辛法春，〈明代西南人口的遷徙政策——兼論譜牒在研究人口變遷的重要性〉

3. 陳捷先，〈族譜中所見太平軍亂期間江浙死難人口舉隅〉

4. 趙振績，〈山東半島人（蓬萊趙）氏的由來〉

5. 劉翠溶，"Chinese Genealogies as a Source for the Study of Historical Demography"

6. 劉翠溶，"The Demographic Characteristics of Two Clans in Hsiao-shan, 1650–1850"

---

6. 〈「非父系血親繼嗣制度」初探——以族譜學為中心所作之研究〉，《第二屆會議記錄》，頁 325–368；〈明代西南人口的遷徙政策——兼論譜牒在研究人口變遷的重要性〉，《第四屆會議記錄》，頁 435–450；〈族譜中所見太平軍戰亂期間江浙死難人口舉隅〉，《第四屆會議記錄》，頁 99–119，另收於本書甲編第十二章；〈山東半島人（蓬萊趙）氏的由來〉，《第二屆會議記錄》，頁 241–254；"Chinese Genealogies as a Source for the Study of Historical Demography"，《中央研究院成立五十週年論文集（第二輯）》（臺北：中央研究院，1978），頁 849–870；"The Demographic Characteristics of Two Clans in Hsiao-shan, 1650–1850", *Family and Population in East Asian History* (Stanford: Stanford

7. 劉翠溶，"The Growth and Decline of Chinese Family Clans"

8. 劉翠溶，〈以廣東香山徐氏宗譜為例試論中國家族成長之過程及其功能之發揮〉

9. 劉翠溶，〈明清人口之增殖與遷移——長江中下游地區族譜資料之分析〉

10. 劉翠溶，〈明清時期長江下游若干家族的人口動態〉

11. 劉翠溶，〈河北三家族的人口特徵〉

12. 賴惠敏，〈明清浙西士紳家族婚姻的研究——以海寧陳氏為例〉

University Press, 1978), pp. 13–61；"The Growth and Decline of Chinese Family Clans", *Journal of Interdisciplinary History*, Vol. 12, No. 3 (1982, Cambridge), pp. 375–408；〈以廣東香山徐氏宗譜為例試論中國家族成長之過程及其功能之發揮〉，《第三屆會議記錄》，頁 369–416；〈明清人口之增殖與遷移——長江中下游地區族譜資料之分析〉，《第二屆中國社會經濟史研討會論文集》（臺北：漢學研究資料及服務中心，1983），頁 283–316；〈明清時期長江下游若干家族的人口動態〉，《中央研究院國際漢學會議論文集：歷史考古組（中）》（臺北：中央研究院，1981），頁 817–848；〈河北三家族的人口特徵〉，《第四屆會議記錄》，頁 61–98；〈明清浙西士紳家族婚姻的研究——以海寧陳氏為例〉，《第四屆會議記錄》，頁 121–178。

㈦族譜資料與邊疆海外研究類 **7**

1. 尹章義，〈金門望族瓊林蔡氏的族譜與宗祠群〉
2. 札奇斯欽，〈蒙古族譜文獻中的一些訓示〉
3. 札奇斯欽，〈蒙古族譜概說〉
4. 申慶璧，〈循譜學法則探索雲南各宗族源流——雲南各宗族社會生活及其分布〉
5. 白惇仁，〈東亞諸邦的姓氏之學與族譜之學〉
6. 白惇仁，〈東亞諸邦族譜行輩命名考〉

---

7. 〈金門望族瓊林蔡氏的族譜與宗祠群〉，《第四屆會議記錄》，頁 561-566；〈蒙古族譜文獻中的一些訓示〉，《第四屆會議記錄》，頁 11-24；〈蒙古族譜概說〉，《第三屆會議記錄》，頁 45-58；〈循譜學法則探索雲南各宗族源流——雲南各宗族社會生活及其分布〉，《第一屆會議記錄》，頁 211-263；〈東亞諸邦的姓氏之學與族譜之學〉，《第一屆會議記錄》，頁 264-281；〈東亞諸邦族譜行輩命名考〉，《第二屆會議記錄》，頁 281-324；〈香港所見的幾種特殊族譜及問題〉，《第三屆會議記錄》，頁 417-422；〈中韓族譜比較研究〉，《中日韓文化關係研討會論文集》（臺北：太平洋文化基金會，1983），頁 537-566，另收於本書乙編第二章；〈族譜資料與中韓關係研究〉，《韓國學報》，6 號（1986，臺北），頁 141-151；〈中國族譜學對韓日琉越漢文族譜的影響〉，《第一屆中國域外漢籍國際學術會議論文集》（臺北：聯經出版公司，1987），頁 323-340，另收於本書乙編第一章；〈略論清代蒙古的族譜〉，原發表於蒙藏學術研究研討會（1985，臺北），今收於本書甲編第十一章；〈談滿洲族譜〉，《第三屆會議記錄》，頁 59-94，另收於本書甲編第七章；〈論回部世系〉，《第三屆會議記錄》，頁 95-126；〈耶律氏譜系考〉，《第一屆會議記錄》，頁 47-63；〈香港新界文氏之源流及其在新界之發展〉，《第四屆會議記錄》，頁 395-402；〈香港新界錦田鄧氏之源流及其在新界之發展〉，《第三屆會議記錄》，頁 423-434。

7.林天蔚，〈香港所見的幾種特殊族譜及問題〉

8.陳捷先，〈中韓族譜比較研究〉

9.陳捷先，〈族譜資料與中韓關係研究〉

10.陳捷先，〈中國族譜學對韓日琉越漢文族譜的影響〉

11.陳捷先，〈略論清代蒙古的族譜〉

12.陳捷先，〈談滿洲族譜〉

13.陳慶隆，〈論回部世系〉

14.趙振績，〈耶律氏譜系考〉

15.蕭國健，〈香港新界文氏之源流及其在新界之發展〉

16.蕭國健，〈香港新界錦田鄧氏之源流及其在新界之發展〉

(八)**族譜資料與臺灣研究類** 8

1.尹章義，〈族譜群效用 (Genealogy Group Utility) 與族譜之史料價值
　——以臺灣發展史之研究為例〉

8.〈族譜群效用 (Genealogy Group Utility) 與族譜之史料價值——以臺灣
　發展史之研究為例〉，《第一屆會議記錄》，頁 178–184；〈臺灣地區族
　譜編纂史及其在史料上的作用〉，《臺北文獻》，51、52 期合刊本
　（1980，臺北），頁 207–247；〈二層行溪上游的開發與系譜〉，《第三
　屆會議記錄》，頁 509–544；〈羅漢內門里的漢移民與系譜〉，《第四屆
　會議記錄》，頁 345–372；〈臺灣五十四姓先世南渡考〉，《臺灣文物論
　集》（南投：臺灣省文獻委員會，1966），頁 197–223；〈臺北二十五
　姓族譜序例〉，《臺北文物》，7 卷 1、2 期（1958，臺北），頁 1–41；
　〈族譜與童養媳婚研究：頭份陳家的例子〉，《第三屆會議記錄》，頁
　451–478；〈清代漢人在臺灣地區邊徙之類型〉，《第四屆會議記錄》，
　頁 299–344 ；〈族譜在南明臺灣史研究上的功能〉，《第四屆會議記
　錄》，頁 373–394；〈閩系源流與臺灣之關係〉，《第四屆會議記錄》，
　頁 277–298；〈清代臺灣的望族：新竹北郭園鄭家〉，《第三屆會議記
　錄》，頁 545–556。

2. 王世慶，〈臺灣地區族譜編纂史及其在史料上的作用〉

3. 石萬壽，〈二層行溪上游的開發與系譜〉

4. 石萬壽，〈羅漢內門里的漢移民與系譜〉

5. 盛清沂，〈臺北二十五姓族譜序例〉

6. 盛清沂，〈臺灣五十四姓先世南渡考〉

7. 莊英章，〈族譜與童養媳婚研究：頭份陳家的例子〉

8. 陳亦榮，〈清代漢人在臺灣地區遷徙之類型〉

9. 黃典權，〈族譜在南明臺灣史研究上的功能〉

10. 趙振績，〈閩系源流與臺灣之關係〉

11. 蔡淵洯，〈清代臺灣的望族：新竹北郭園鄭家〉

　　以上是近年以來臺灣學界研究族譜成果的大要，此外還有劉斌雄、王更生、吳文星、林恩顯等專家學者，也有著作與族譜研究有關的，由於篇幅所限，不擬贅述了。

二、國內提倡族譜學研究簡述

　　在往昔時代，修纂族譜被很多家庭視為大事，而研究譜學或利用族譜資料來著書立說也是學者們常做的工作，很少聽說有提倡活動的。臺灣地區由於早期族譜的內容不佳、資料欠缺以及研究族譜的人不多，以致譜學不甚為人注意，譜書修纂的水準也不高。民國六十七年（1978 年），中華民國宗親譜系學會在臺北市舉辦了「中華民族宗親譜系資料展覽」，首次讓社會大眾接觸到了我國族譜文化的豐富遺產。民國七十一年（1982 年）以後，聯合報文化基金會國學文獻館幾乎每年都與文建會、金車文教基金會等單位，合作在四月間（教孝月）舉辦較大規模的族譜資料特展，有時甚至巡迴全島，使廣大民眾能了解族譜內

容，同時又在會場中備有修譜諮詢服務處，以協助有心修譜人士。國學文獻館在過去三年之中，又免費連續舉辦過四次為期各一個月的「中國族譜研習班」，輔導社會各界人士修纂族譜，介紹大家正確修譜方法，傳授譜學專門知識，並提供珍貴資料，以培養一般人的修譜能力。研習班一期有一百三、五十人參加，其中為他們自家修成族譜初稿的已約有數十件了，成果不能算差。另外國學文獻館為了提倡高深族譜學術研究，增進亞洲文化交流，自民國七十二年（1983 年）至今已舉辦過四次國際性的「亞洲族譜學術會議」，除國內的專家與會發表論文外，來自亞洲鄰邦並宣讀論文的學者計有斯波義信、岡田英弘、姜周鎮、宋俊浩、李光奎、李範稷、片泓基、孫仁銖、馬萬走、金九鎮、赤嶺守等多人，自歐美各國與會的則有陳慶浩、袁清、秦家懿、杜潤德 (Stephen Durrant)、沙其敏 (Melvin P. Thatcher)、海耶爾 (Paul Hyer) 多人。這幾次會議對亞洲地區譜學研究水準的提高，應該是有貢獻的。 以上四次會議的論文集， 都已由國學文獻館刊行問世了。

三、修譜與族譜研究略評

如前所述，臺灣地區近年修譜人家日多，且不乏佳作，然而一般說來，不盡理想之事仍然常見。例如在名稱方面，有人標新立異，或是因舊譜學的知識欠缺，於是任意採用一些名稱，像「歷代序」、「子孫名簿」、「生辰簿」、「人文志略」等等的，不僅不雅，而且也不倫不類，十分遺憾。又如在內容方面，有人不依古法，以致條目紊亂。人物紀事則攀附華胄的現象很多，先世年代顛倒的更是俯拾皆是。另有著意創新、發明義例的，

結果卻不中不西，甚不足取。他如在書法方面，古譜的行文、支派、行輩、善惡等項，多所忽略，而文字常有文白雜用，頗不統一協調。除此之外，還有一些在臺灣地區製作的族譜，是由出版社商人編纂的，有人稱之為「拼盤族譜」，這類成書的族譜常是就便而雜湊編成的，修纂者不論宗派，不管血緣關係，甚至是否同宗，只要是願意購買的或是捐款的都可以入譜，實在不具譜書的真意，更談不上弘揚傳統中國族譜文化了。然而這類族譜的銷售量很大，經常登報促銷，因此影響社會與譜學的發達極深，值得注意。最特殊的一種所謂「族譜」，是最近十年中在臺灣某些大學裡老師們指定學生寫製的，教師的用意原本很好，但是不少學生心存應付，敷衍了事，因而完成的族譜常見有簡略到幾百字的，僅僅寫下一段姓源與幾行世系而已，實在算不上合格的譜書。總之，我個人以為，最近二十年間，臺灣地區製作的族譜，在數量上好像相當可觀，甚至多達一萬種以上（包括清代以來的著作以及上述的學生報告），但是質的方面確有問題，數量多並不一定代表譜學文化的真正進步，這一點是無可諱言的。

　　至於近年以來臺灣地區的族譜學研究，平心而論，較之三、五十年以前，應該是有些進步的。早期的學者如潘光旦、楊殿珣、羅香林諸先生，他們在族譜學研究的領域中，不但有拓荒之功，而且也指引提攜了後人研究中國族譜。然而目前臺灣學界研究中國族譜，則從多方面從事探討，寫了不少「發前人所未發」的文字。諸如斷代族譜研究的增多，譜學譜論的闡釋，族譜資料用於註釋社會人文科學，特別是用科學方法研究人口、婚姻、漢人移殖臺灣等項，以及中國譜學與邊疆海外譜學的比

較研究等等，都是新創而有貢獻的一些成果，是以往學者限於資料或其他原因而不能成就的。當然臺灣學術界現在以族譜研究為專業的人口還是太少，而出版品中有些在深度上仍有待加強，這也是不爭的事實。

四、族譜修纂與族譜研究的問題淺論

修纂族譜對一般家庭而言，純是為了上報祖恩、下貽子孫一些家族世系等的紀錄，以達到祭祖合族的目的。但也有人是關心世教而提倡修譜的，他們認為倡導修纂族譜，不但可以弘揚中國優良文化，而且可以重整家庭倫理，對正人倫、美風俗有著極大的助益。然而在中國大陸，特別是文革期間，族譜被視為「封建族權的產物」，是「為政治服務的工具」，因而在推翻一切封建的理念下，族譜也隨之遭到毀滅的命運，修纂族譜當然是不可能的事情了。文革以後，情勢稍稍改觀，學者們已日漸打開了這一學術禁區，恢復了對族譜的研究探討。同時不少人家從事族譜整理與續修的工作，這真是可喜的現象。

在臺灣地區，修纂族譜的風氣雖然很盛，但也有少數學者認為舊時族譜與封建宗法密切關聯，現在時代改變，政治結構改變，傳統族譜也面臨問題。甚至也有人以為今日修譜是「發復古之幽情」，而無補時代的需要。的確傳統族譜的纂修方法與義例因時代的不同是有改進更張的必要，然而視修譜為「發復古之幽情」則顯係有過甚其詞之處。因為自宋元以降，族譜畢竟已是家族之史了，有關一族，甚至一地的記事極多，頗能反映家族與地區在某一時代各方面的實狀。尤其對溯流尋源，發揚民族文化，更具功能。而且從我國族譜幾千年的發展史上來

看，修纂族譜的方法、義例與大宗旨，時常改古出新，並非一成不變，根本談不上「復古」。所以在觀念上不能視今日修譜是「發復古之幽情」，應該研討如何再創新才是。以下數事是值得注意的。

我國傳統族譜的體例與書法，由於時代不同，當然應作創新與改進，這確是今日修纂族譜的大問題。例如譜書的名稱，歷來就是由各家族隨意採用，以致名目繁多。現在流行白話，似否仍以常用的「家譜」、「族譜」、「宗譜」等為宜，不必刻意的選用古老艱深的名目，因為採取不當，反會貽笑大方，這是首先要注意與研討的。

姓氏源流常有多種說法的，而且有難於考究出結論的，因此必需心存謹慎，不能作任何的猜測與附會。明清譜家就有主張當多種姓源而無法確定時，大可將幾種解釋一併書寫在族譜裡，以便後世子孫們參考。這種作法是否可沿習？

世系圖是族譜的主要部分，也是尋根睦族的主要依據資料。傳統的世系圖約有世系表與傳略兩類，前者以線條表明族中成員的長幼關係，後者則是以簡略文字說明族人的世代、生卒、事功、配偶、子女、葬地等項。畫線條的世系圖製作時，必需對歐蘇譜例有相當的知識才能從事，簡單的傳略則比較容易寫作，今後是否依循古法，抑或創新記事，值得商議。至於臺灣族譜中常見的日據時期留下的履歷表式的世系圖，實在無可取處，以不採用為佳。

明清以來，不少家族製作族譜時，都有以家史比擬國史的想法，因而族譜中記事的部分所載豐多美備，將一家一族的大小事蹟都盡記書中，這也是現代學者重視族譜資料的主要原因

之一。目前社會更是多元化了，族人的遷徙、創業、公益、繁衍、著述等等，可能值得記述的更多，如何採擇，如何保存舊時族譜的優良傳統，是應該研究的重要課題。

　　此外，族譜由於是一家一族的紀錄，家族裡的人有尊卑、有男女、有親疏。家族裡的事有好壞、有避諱，還有嗣養、兼祧、繼承等等的問題，使得族譜有了與他書不同的獨特內容。以往族譜中對這些事項有固定特別的書法，也就是說有一套專門的用語，現在宗法制度不存在了，家族結構也不同於從前了，族譜的書法也應有所更張，這也是修譜家與譜學研究者面臨的問題，也須研討解決。

　　至於族譜學研究的問題，以下三事也許是最重要的。

　　第一，有關資料的問題：臺灣地區除了本地藏有各家族的譜書之外，近幾年來聯合報文化基金會國學文獻館又大力收集海外庫藏的中國族譜資料，因此目前在臺灣研究族譜的人比起從前潘光旦、楊殿珣，甚至羅香林諸先生的時代都方便而感到材料豐富多了。從前學者們所有的族譜資料在地域上與時間上受到限制的問題目前已變得不太嚴重了。然而據編纂《中國族譜綜合目錄》的專家說，大陸自文革以後，舊家族譜的公私藏量仍有一萬兩千種之多，較之多賀秋五郎與美國猶他家譜學會的目錄多出很多，而且往後可能還有新資料再發現，或是再刊行，這種現象在大陸與臺灣都是相同的。族譜資料既然如此豐富，我們收集的工作便不能停止。同時資料收集以後，還應做整理的工作，僅編目錄是不夠的，應該更進一步的製作索引，分門別類，以便學者利用。還有像國學文獻館所編印的《中國族譜序例選刊》一類的書，也需要加強出版。因為精選的這些序

例，都是我們研究傳統譜書譜學的好依據，很值得參考。總之，族譜資料的收集與整理是我們今後工作中應注意的一項問題。

第二，有關研究的問題：中國族譜數量雖然很多，內容可議之處也不少。以往學者指出妄言受姓、牽附宗祖、附合無關之名人為一族、世次顛倒、不書族中「惡」事、世次資料不全、記事僅及名人以及其他脫漏與錯誤等等，確實都是族譜資料的缺陷。由於這些缺點，不少學者便認為族譜不足採信，也就不從事族譜研究了。不過中國的史學名著中也記不可盡信的事，如《史記‧高祖本紀》裡有斬蛇而蛇可變人的故事，明清實錄中記帝王誕生的異象也是屢見不鮮的。唐代史家劉知幾早就說過應嚴格鑑別族譜資料，但不必因噎廢食。實際上族譜資料中也有在纂修時以存真去偽為主旨的，尤其清代受考據學的影響，有些族譜的內容是可以列入信史之林的。如清代桐城派的文宗劉海峰手撰的族譜，他採用《春秋》筆法，善惡直書。光緒三十三年（1907 年）成書的《新州葉氏族譜》，也保持著這種作風。其他如宋犖、紀昀、朱次琦等名家的族譜，都可以說有著極高可信度的內容。因此，只要我們小心從事，披沙揀金仍然是可以做到的，研究族譜的心理建設實在是第一線的問題。

儘管我們現在看到的資料豐富了，用新方法研究族譜或利用族譜資料作其他人文社會科學的人也日多了，但是族譜研究的範圍今後仍應擴大才是。例如族譜發展史與譜家譜論等的研究目前只是起步，這片園地裡可以耕耘的工作還很多。尤其姓氏書與族譜的區別以及總譜之說值得商榷等事，都是急須釐清的。又目前運用族譜資料探求族姓源流與人口史的論著較多，而且也有相當的成就，然而對華僑史、宗教史、區域史、法制

史以及歷史人物等等的研究還不算普及，特別各地族譜中藏有大量的義莊義田、祭法祠規、家訓家範、家塾教規與家庭婦女有關的珍貴資料，是研究社會經濟史與往日婦女問題的寶藏，值得吾人從速開採。此外中國譜書與譜學影響亞洲鄰邦極深，尤以韓國與越南為大，現在韓、越等國譜書存世的很多，而且容易參考，將來如能從事深入研究，相信對我國移民國外、中韓與中越邊界問題、文化的交流、和戰的關係以及通婚的情形等等的研究，都會大有助益。

第三，有關資訊的問題：現代學術，分科細繁，而且早已是國際性的了，中國族譜的研究也不例外，目前從事我國族譜研究的歐美日韓學者不亞於我們中國人，他們的成就也頗有可觀，不容輕視。不過由於新資料的不斷發現，如果我們能掌握國內外的資訊，加強研究，相信仍會有新的理想成果的。例如以往中日學者發現江蘇、浙江、安徽三省的族譜數量多於他省，都以為這幾省文化發達、經濟繁榮與統宗收族的觀念強大，因而歷代多修族譜。後來美國學者泰爾福 (Telford) 等人又從猶他家譜學會的收藏情形，提出新論，因為他們發現臺灣與香港的族譜中，很多是不富裕與文化程度並不太高的家庭中產品，因而主張沿海中國的省分，是中西交通的門戶，自然成為海外收集中國族譜或中國族譜流散海外的主要地區，在數量上顯然會偏高。然而就最近的統計資料顯示，現存的中國族譜，若以地區而論，浙江、江蘇兩省約占總數的 45.6%，將近一半，而浙江一地竟高占 30% 稍強。另外湖南、湖北、四川等省，也有極高的比例，這是此前大家所未想見的，因此中國各地修譜多寡的問題，似乎還有其他的解釋才對。又如美國學者將猶他家譜學

會所藏資料按姓氏、地名、書名、卷冊數、編者、出版年代、版本、收藏地、始祖等編成目錄，同時又仿多賀秋五郎的方法，將上述族譜分地區與成書時間作了統計與分析，甚至還想給族譜中男女生卒日期有無記載的事做一調查，以便學者利用。這些國外資訊確實是可以作為我們借鏡的，有助於我國今後譜學研究進步的。此外，近年以來，國外學者利用中國族譜寫成的論著為數很多，有人討論中國父系親族團體，或是有關家族的觀念。有人研究中國家族的婚姻、庶出子與過繼等問題。也有人從事經濟發展與家族的關係，或是族譜資料與社會變遷等等專題，真是不一而足，這些成果也值得我們參考，而有些極富啟發性，更可以作為未來研究族譜的指導。總之，研究族譜和其他的學問一樣，閉門造車的時代已過去了，國內外的有關資訊應加強收集掌握了。

綜上可知，臺灣地區修纂族譜與研究族譜的情形目前都很興盛；但也存在著一些美中不足而亟待改進的問題。本文略舉大要，敬供關心人士參考。

三　臺灣族譜、古契中所見先民開臺的艱辛 [1]

　　臺灣地區，雖然自上古時期大陸文化即已傳來，而且後來絡繹不絕，但是漢民族大量來臺開墾，卻是在明末清初才開始，尤其是清朝的康、雍、乾三代，更是臺灣開闢事業一日千里的關鍵時刻。由於當時臺灣很多地方仍是荒山窮谷，而先後湧至的閩、粵沿海人民，又多為謀生而來，財力極薄，想要成就墾拓工作，實在困難重重，絕非一朝一夕所能達成。加上他們與先住民之間爭地爭利，又引起不少殺戮事件，使入墾的先民時刻生活在危難恐怖之中。所以先民開臺的辛酸苦澀，實在不是我們目前所能想像。

　　以往學者也常常提到先民開臺的艱苦，但多半只用「篳路藍縷」、「披荊斬棘」等等的詞句來形容，很少列舉實例說明，當然資料的缺乏是一項主因。今天我們幸運的能看到很多臺灣舊家的族譜與古老的字據了，對於當年先民墾拓的實狀，有了深一層的了解。現在我就先引用一些族譜資料來作一番描敘。

1.本文所用族譜資料承聯合報文化基金會國學文獻館慨允借閱，謹此致謝。

開臺先民多半窮苦

　　開臺先民多半是窮苦的，族譜資料記載這方面的事很多，而且也很淒涼感人。如《邱強芝公派下族譜》記：

> 強芝公，名國力。……乾隆二十二年丁丑（1757 年），公遘開臺灣島之豐饒，卻族老之阻止，與族中十三戶內之年輕叔伯兄弟等，乘夜攜兩子出屋渡臺，卜居上淡水之八隻屋（按為現在的桃園八德），開闢田園。……（其妻）張氏……因公渡臺，無法生計，遂餓死於乾隆二十九年甲申（1764 年）十一月三十日未時，享壽四十三歲。公以成家歸詔迎妣，時已經三七之後。……

《板橋西安林氏家譜》記：

> 知曾祖，於乾隆年間渡臺，始客居臺北興直堡新庄街，以苦力為生命，克勤克儉，貯蓄微資，乃向林本源、林平侯字安然，贌出水田一處，再移住芝蘭一堡士林洲尾庄，歷年經營。惟所耕之田，均是塭田，地處其低，又與港岸毗連，距淡水相去不遠，常有水災之患，疊遭荒歉之故，是以到老無豐積。……

《林氏九牧衍派臺灣家譜》說：

> ……文進公於乾隆十年乙丑（1745 年）秋抵臺，在淡水八里坌保大坪頂後湖，牧牛耕田，牧牛年資二元。……乾隆四十三年（1778 年）大年夜，為文進公婚後初次過年，依舊以甘

藷粉糕為大年晚餐上品。翌日元旦，亦耕田園，年復一年，
子孫傳為習慣。

又如《臺灣陳氏族譜》記：

原籍福建省漳州府南靖縣習賢里啌口總三平堡永豐湯兜社山
邊厝睡眠地牛穴人氏。……清乾隆帝時代，第九世祖名曰樵，
字天春公夫婦，帶回四子，直到廈門港，下帆船開向臺灣島
淡水河港上陸起水，因路途遠涉，自帶銀錢有限，並貧苦之
故，無賴將四子祈繼公以作船租，擔保於船頭行，自上陸直
途到關渡口橫渡至觀音山下，名曰和尚洲地方（按即現在蘆洲），
開墾安住數年間，所賺銀錢向船頭行討回第四子祈繼公。
因和尚洲地方比較低下，每年港邊水漲之故，將該開墾墾契
賣渡李姓，而後直向桃仔園，經由至至大坵園（按即現在的桃
園大園一帶）許厝港附近，小地號艋舺仔地方安住數年間，為
經濟不如意，再遷移向西行進，路經雙溪口，下關厝仔，直
至大崙山上、山下。……那時父子商議決定久住該村，進行
開始繼續開墾。父子來臺未許久，家庭生活不順利，不得依
照希望所得，不能買入牛隻可耕該土地，不得已將長子祈武
公、次子祈硬公兩兄弟犧牲起見，代替牛隻重負拖犁耙，開
墾耕作園田地，父子克（刻）苦耐勞，耕營家業。……

他如《祖昌公衍派楊氏族譜》中有：

……榮廣公乃臺灣開基二世祖，是時家貧，無資娶妻不得已
托媒說合，招得張家之婦入室為妻。生二子，長子歸楊家，
次子歸張家。厥後榮廣公無故投水死去。……

婦女功不可沒

　　開臺先民中有不少婦女的貢獻是值得一述的。如《心田賴氏族譜》中記：

> ……吾曾祖雲從公，由漳州平和縣心田鄉，遷居來臺，慘澹經營，辛勤創業，為臺島開基之祖。……吾祖天在公，年方壯盛而竟不祿，……祖妣廖氏孺人……解放天足，勤事女工晝荻和丸，含辛茹苦既撫且教。……

　　又如高美派分派《陳氏大族譜》中談他們家十一世祖炳行公夫人張好娘的事：

> 炳行公（鴻軒）在祖籍高美逝世，享年四十多歲。臺灣開基祖媽張氏好娘，時三十多歲，攜三幼子懋詩（藹）、懋義、懋主、姪懋順（炳白公之子）陪同族親等，跋山過海度臺，由艋舺或沿淡水河而上，到中庄（按即現在桃園大溪），被親族等遺留在中庄，人海茫茫，立定意志，……刻苦耐勞，孤軍奮鬥……以期幼子姪等能自給自足。……由中庄而漸移山豬湖、想思埔、下崁、下石墩（茅埔）等地（當時尚屬番界），後覓今之祖厝中寮卜居。艱難困苦，開墾田庄，拓土山林，而奠基中寮之盛矣。……（祖媽）遷臺後，食甘藷不刮皮，子姪詫異問曰：「何以不切皮而食乎？」訓曰：「因我節食儉約，而欲後代子孫有米飯可食也。」……寡孀守節，為下代之設想，屹立於賢母良婦常道之典型。操勞過多，又逢長子懋藹被番害，含恨辭世，年僅四十多歲。……

飽受動亂威脅

談到先住民與來臺墾拓先民間的衝突以及先民所遭受的生命財產損失，族譜裡也常有記述。如《林氏家傳》中說：

> 林獻堂祖先，於乾隆十九年（1754年）再至臺灣，卜居彰化揀東堡大里杙莊，莊外負深山，溪流交錯，土蕃據之，每出殺人。太高祖不畏艱難，防禦周至，負來枕戈，……勤勞莫敢懈。……

《板橋林海文支族譜》也記：

> 成祖初闢，蕃人蜂起反抗，鬥爭拒墾，常被其害，遲遲難進，不能如意，陷於苦楚，終告停休。……

「番害」以外，還有械鬥、民變等動亂也是威脅開臺先民生命安全與財產保有的，不少開墾事業在戰火中毀壞了。如宜蘭《黃氏族譜》寫下了一段極慘的械鬥史事：

> ……以上二位伯祖，……當時係與泉人戰亡。乾隆間，漳、泉分黨亂，漳人多避於八芝蘭林石角之圓山上。泉人環攻之，乘漳人窘時，佯言曰：「凡下山髮辮相紐者，視為平人，皆勿殺。」於是漳人□□者，多相紐髮下山，泉人皆殺之。

《顏氏族譜》則詳記動亂對他們家人離散與產業損毀的情形：

> 顏氏入臺之先，以浩妥公為造臺中縣下大肚溪石礐，率子侄宗族東渡。經營十餘載，適乾隆六十年（1795年）大荒，致

損資本，棄工事而歸，尋卒於安溪烏塗鄉黃柏堡故里。至嘉
慶間，其子玉蘭公、玉賜公兄弟……在下臺灣上陸，疑即中
部梧棲港，即於其附近，濱海而居，日隨漁人為活，遭漳泉
人械鬥之難，舉家避難，為眾所迫，趑趄海浦間，玉賜公竟
失去五歲之第四子於道，事定，移北部暖暖碇內庄居焉。時
斗猛公方五歲，公為玉蘭公第三子，最幼。及長，與胞兄斗
雙，從兄斗于、斗卻、斗博、斗點，即玉賜公之子，戮力謀
生，初披草萊，闢荊棘，為採木種菁等事，又為人農耕，克
勤茹苦，衣食漸裕。……及道光二十七年戊申（按戊申係二十
八年，1848年），乃買鱙魚坑溪洲墾之，居碇內凡五十餘年，
於咸豐三年（1853年）之亂，碇內及八堵之屋宇，均為焚毀，
而鱙魚坑所有，惟茅屋而已。……

　　此外還有《東石黃氏家譜》載祖先來臺「沉船而歿」以及
《林海文支族譜》談到「各社疫症滋漫，死者甚多，淒涼慘絕，
驚恐萬分」等事。總之窮困、沉船、洪水、「番害」、疫症、大
荒、民變、械鬥，樣樣都是先民開臺的阻礙，樣樣都威脅著開
臺先民的財產與生命。由此可知，先民開闢事業的成就是以極
高的代價取得的。

族譜承繼大陸傳統

　　我們知道，臺灣地區人家的族譜，有一些是隨移民由大陸
帶來的老族譜續修的，也有一些是摘抄了老家裡族譜中與自己
本支有關的資料而後在臺灣重修的，當然大多數是開臺先民在
臺灣成家立業以後再新修的。由於臺灣地區是清代的邊疆，人

文不如大陸進步，加上家族資料缺乏，修譜者的學養也不高，因此一般的臺灣族譜，若與同時代在大陸成書的譜書比較，水準是差很多的。不過就內容與義例來說，仍是繼承了大陸族譜文化的傳統，這一點是毫無疑問的。此外，臺灣早年的族譜修纂動機，常是為了上報祖恩，下貽子孫，重點在祭祖合族這一方面，很少有像大陸人家強調家史的其他作用，譜書中盡量保存家族的各項資料。例如臺灣人家的族譜，在記載先人事略時多不記年代，只記生卒月日，甚至連生卒時間都不記的也有。在地望方面也僅僅略記祖先活動的地區，特別重視葬地，這大概是為了讓子孫將來知道祭掃先人地點的緣故。同時不少臺灣族譜裡記地名時，又常因重寫、傳抄、續修而隨時代改變地名。如《板橋新埔賴氏族譜》，他們家始遷開闢的地區是新埔一帶，而這位始遷祖後來的葬地卻在族譜中記為「松山」了。松山在日據以前原稱貓裡錫口，賴家重修族譜時為了後人便於祭掃而逕寫成松山了。又如開闢板橋一帶有功勞的林成祖，他家族譜中記林成祖於「康熙間來臺灣，初居德化社，後移入內港，開擺接十三庄」。按德化社原稱大甲社，雍正九年（1731 年）大甲社發生動亂，經駐臺清軍平定之後，改社名為德化。林成祖既是在康熙間即來臺開墾的，當時如何有德化社之名呢？這也是他的子孫輩追記先人事蹟時信筆為文寫下的，不像大陸名家族譜重考證，講求信實。這類情形在臺灣族譜中常常可以見到，確實也是缺陷，不過若以這種缺陷就評定臺灣族譜完全不足憑信的話，似乎也嫌過分一些了。總之，臺灣的族譜，在文字方面有不少是近乎俚俗的，地望方面有著常改今名的習慣，另外族譜資料中的誇張記事，臺灣譜書也與大陸的一樣不能避免，然

而我們只要在應用時詳加考證，披沙揀金，相信史料價值仍然很高。

古契、古字據——另一種史料

開臺先民即使能平安的渡海來臺，順利的找到了可耕的土地，他們在歷次發生的民變、械鬥中也能倖免於難，但是這也不能代表他們的開闢事業就是成功了。因為在開墾的過程中，先民還可能遇到很多難題，仍有不少人家失敗而終致無力耕作，變賣土地的。有關這方面的情形，我們就只有靠現存的古契、古字據等資料來了解實況了。

臺灣地區在日據時期就開始對民間存留的古文書、老字據著手收集與調查。這批民間的資料包括土地買賣的契約、租地典當的字據、商業交易的契字、招贅收養以及賣兒賣女的證明文件等等。由於當年的字據內容比現在的土地所有權狀或公證書的記事要詳盡豐富，而且可信度極高，所以我們可以從而了解早期臺灣地區的買賣舊規、租佃制度、家庭組織、財產分配等等的問題。這些資料可以補官書檔冊的不足，也能訂正官私書檔的錯誤，效用是多方面的。現在為了談談先民開闢臺灣的艱苦狀況，我就以有關水利灌溉這一方面的古契資料，略舉數例，以為說明。

乾隆八年（1743年）八月，在現在三峽、鶯歌一帶地方的地主蕭朝宣，因為自己無力開墾，而以二十四塊銀圓讓給佃農蔡接興耕種，每年再按收成抽租，當時他們所訂的契約中說：

> 立給開墾字人業主蕭朝宣，有自己墾下山埔一所，貫在海山

保（按即今大溪、樹林、鶯歌一帶）永安庄（按今三峽）、土名尖山崎腳，東至深溝為界，西至崁頂為車路為界，南至本佃李家埔為界，北至本佃鍾花輝埔為界，自帶坑溝泉水，通流灌溉。另連接墾下車路埔一所，東至土牛橫溝邱家埔毗連為界，西至崁頂佃陳家埔分水為界，南至崁為界，北至天花埤為界，四至俱路明白，自帶坑溝泉水通流灌溉。今因乏力開墾，憑中給與蔡接興墾耕為業，即日估值給開墾底銀二十四大員正，其銀當場同中交收足訖，遂將此兩段山埔踏交本佃蔡接興永管。聽其自備工本，前去起厝，開築埤圳，田業納課，每年收成照例抽的。……今欲有憑，立給開墾字一紙，付執存照。

　　契約中詳細注明土地的四方界限，並一再強調「自帶坑溝泉水通流灌溉」字樣，這是值得我們注意的。

　　咸豐年間，永福庄（三峽一帶）墾戶陳添成，因為「番匪滋擾，貽害地方」，他便與「眾庄總董紳耆籌議章程……就地招佃，備資建隘墾取丁糧」，將土地公坑大湖坑尾重橋埔透石梀內山埔水田，讓陳珠清、陳篇興，自備工本，前來承墾。在給墾批字上也言明：「本處泉源，上流下接，不得攔阻，任從築陂鑿圳，通流灌溉。」當然陳珠清等需「按甲供給大租隘糧，每田一甲納租谷陸石正，其山林埔園，按段酌納隘糧」。

水源關係開墾成敗

　　這一類老契字上詳細注明「自帶坑溝泉水」或是「任從築陂鑿圳」的，可說俯拾皆是。其原因當然與開臺先民都需要水

源才能墾荒有關。早年來自閩粵的移民，絕大多數是農民，也以稻米為主食，而臺灣土壤肥沃，氣候適宜水稻栽種，先民來臺也多從事農耕。在辛勤墾拓原野荒埔之時，如果埤圳等水利灌溉系統不佳，開墾的事業必將因而失敗，所以墾字契書上都非常重視這方面的事。清代臺灣若干械鬥因爭水源而起，原因也在於此。

　　灌溉水既是如此重要，大家當然重視水源，而不願被別人攔截或切斷了。遇到爭水源事發生時，有的請出地方紳耆公親協調，大家立約解決，免生紛爭。如嘉慶二十二年（1817 年）十月，陳金聲與一些佃友間簽署了一份如下的合約：

> ……三角湧（三峽一帶）對面溪洲……邇年來疊被洪水沖崩，是以就於園頭沖壞之處，因築石岸，以防水傷。因恐水勢洶湧，石岸抵擋不住，故於石岸下埋水磚硿兩枝，硿口約二尺闊，以消水勢，並可流灌接田畝。茲因擺接庄（按今板橋等地）各佃友，恐其攔截水源，出而阻止。二比恐傷和氣，爰請公親林元瑋、劉桂林等到地踏勘，閱得陳金聲之園在於溪中浮洲所開消水之處，離擺接圳頭有八里之遙，承接大姑陷（按即大漢溪）之水，係是上流。閱得擺接圳頭亦係接引大姑陷溪水入圳，是係下流。第擺接一圳，灌溉課田，將近百餘年矣，現陳金聲新築之處，相去擺接圳頭甚遠。竊恐天時亢旱，被其攔截溪道，阻水下流，未免有短少之憂。於是秉公酌議陳金聲新開消水溝埋硿兩枝，每枝永遠依照二尺闊，不得再行增廣，只得順水自然，聽其流入灌溉，不得在溪中攔築石岸，阻截水源，如有填溪攔溪情事，任憑擺接庄佃眾拆

毀，不敢阻當，其擺接圳依照此約，亦不得生端，妄行阻止。如果天時大旱，舟楫不通，擺接圳頭果係乏水流灌，陳金聲所開兩硬，當聽佃眾封塞，不敢異言。二比俱各甘願相依，並無偏枯，永敦世好，恐口無憑，同立合約字一樣兩紙，各執一紙為照。

這是和平解決水源爭端的一例。

也有協調不成，只好興訟解決的。如嘉慶二十五年（1820年）十月有這樣的一份古契：

同立合約字人擺接庄業戶林成祖（按當時林成祖已去世多年，此處想係墾號名稱）、加里珍業戶劉嘉興、海山庄業戶張必榮等，有承管得大安、萬安、永安各糧陂，其水源均由大姑崁二甲九三角湧橫溪、石壁潭等大溪長流接入各陂，分灌擺接、新庄、加里珍等處課田，歷管無異。茲於本年九月內，有金和、陳握、李阿、田倡、王雲山、王雨露、許全、許深等，自石壁潭挖仔獅頭等處鑿圳，欲將祖等糧陂所接大溪，絕源占築，攔截引灌伊九芎林下界外屯埔，絕祖等陂水源。既經公同向阻不理，勢必鳴官究治，但事必公辦，需費亦必公出。爰是祖等公同妥議，所有應費之項，務必三股均攤，不得論長較短，互相推諉，此乃課埠關重，至公無私，今欲有憑，同立約三紙一樣，各執一紙為照。

可見也有為爭水源而發生訟案，求助官府處理的，這當然要比用武力械鬥來解決的好。

與山胞通力合作

　　另外有一張嘉慶二十一年（1816 年）十二月間所訂的契約，是今天桃園、臺北等地的平地山胞經官府認可，與漢人陳渭川所訂合力開墾三峽嘉添（舊名十三添）的歷史證物。原來自林爽文事件以後，清朝在臺地加強設立屯丁，在靠近「番」界地方屯墾土地，以資防禦。三峽一帶有七十五甲三分的未墾荒地，在乾隆五十三年（1788 年），也是林案結束後不久，就分授給天文、文仔、北生等「熟番」多人開墾了。但是這片土地與他們居住的地方相隔六、七十里之遙，又缺水源，所以一直沒有開墾。到三十多年後的嘉慶二十一年，有一位名叫陳渭川的漢人，他願意與天生等人合作，由他出資募工開鑿埤圳，為天生等建立灌溉系統，供他們耕作用水。天生等人則每年以每甲地收成八石米的代價付給陳渭川，因而大家同立了這份契約。在這份古契上有官方的鈐印，有屯丁數十人的指印，算是相當慎重的。從這件歷史證物上，我們不難了解，早年在臺灣，即使有土地的人，也未必就能開墾成功，他還必得有錢有水，否則再辛勤的耕作也可能是徒然的。實際上，清代臺灣移民墾荒事業，因田園缺水，而又無力支持開圳灌溉，以致失敗的大有人在。如雍正、乾隆年間，拓墾淡北海山庄的鄧旋其、胡昭等人，就是在開墾的過程中，無力繼續完成開圳築埤，興修水利而積欠巨債，終於弄到家破人亡的地步。乾隆間開闢現在臺北若干地區極有成就的名人林成祖，也是一個很好的例證。他曾開闢良田萬頃，堪稱富甲一方。可是到嘉慶以後，他的子孫一方面因林爽文案的牽連，一方面也由於大安圳的不斷崩潰，復修維護的

費用極大，終於使得他一手創造的事業，日漸蕭條，土地大量
變賣給他人，他的子孫甚至有向買地人一再「洗找」討錢的，
由此也可以證實先民開墾事業的艱苦與守成的不易。

　　綜合以上所述，我們可以從臺灣族譜與古契等資料中，看
出先民開臺的諸般史實。清初來臺的大陸沿海人民，多是因為
在家鄉謀生不易，而聽到「臺灣之豐饒」情形才渡海墾荒的。
我們中國人一直視涉海為畏途，非有不得已的原因是不會輕言
冒洶湧波濤之險的。早期移民雖然有隻身先來到臺灣的，也有
全家一齊來開創新家園的，然而他們有一共同之處，就是大部
分都不是富有之人。因而在墾荒初期，悲慘之事，層出不窮。
配偶在老家餓死的有之，本人在渡海時淹死的有之，典賣兒子
作船資的有之，畢生辛勤耕作而終無所成的有之。加上先住民
的獷悍、地震颱風、水土多病、械鬥民變等等的人禍天災，更
隨時給先民的生命與財產帶來嚴重的威脅，所以開臺先民是生
活在充滿艱苦、充滿危險之中的，早年臺灣的墾拓實在是非凡
的偉大事業。

珍惜先民血汗成果

　　今天我們承受了開臺先民的餘蔭，以及光復四十年來的建
設成果，大家在繁榮富庶的社會中，在中國歷史上少見的盛世
中，快樂的生活，享盡了福祉，我們能不銘記先人創業時的艱
辛？我們能不感恩三百年來對臺灣開闢與建設所有先人的貢獻？
記得清朝有位皇帝在年終為大臣書寫「福」字時，說過這樣的
一段話：「福之與孽，在人自作，朕何能賜汝之福。朕年年書
『福』字賜內外臣工之意，原欲汝等觸目警心，人人造福、惜

福、知福、享福之意耳。」臺灣光復四十年，社會的進步，經濟的起飛，生活素質的提高，都是人人目睹的事實。我們能生活在這片樂土上，大家實在都是有福之人，我們應該造福、惜福、知福、享福，千萬不要成為「人在福中不知福」的薄福蠢人！

四 我從那裡來——族譜尋根的故事 [1]

一首可歌可泣的壯麗詩篇

我們中國人一向是安土重遷的，可是遇到戰爭動亂，或是其他政治與經濟的因素，也常有人家會遠徙他鄉，致使骨肉離散的。在國史上，自兩漢以下，重要的事變影響家族遷徙的約有王莽之亂、三國爭霸、五胡亂華、唐初伐閩、黃巢之亂、北宋南渡、明初政爭、明末流賊、滿洲入關、洪楊之亂等等。這些事變使得不少人家由中原而南渡閩粵，或由江淮而遠適雲貴，或由贛粵而轉入川湘，或由閩粵而渡海來臺，航海梯山，四方流動。然而這些家族艱辛遷移的歷程，一般的官方史書中往往語焉不詳，甚至絕無紀錄。所幸有些人家在族譜之中，詳述了原委，細道了實情，這不但可以彌補官書的不足，同時也為我們尋根溯源提供了珍貴而正確的資料。近代學者重視族譜資料的收集與研究，這就是原因之一。

族譜裡的家族遷徙資料，雖以經濟問題為一般人家外出的原因為多，如閩粵渡臺的先民，不是因為「家鄉乏食」、「貧苦

1.原文刊載於聯合報文化基金會國學文獻館編，《國學文獻館館訊》，18號（1987，臺北），頁1–3。文中所用族譜資料，承聯合報文化基金會國學文獻館慨允借閱，特此致謝。

之故」來臺，就是聽到「臺灣之豐饒」，「無胼手胝足之勞，而禾易長畝」，因而遠涉重洋。然而也有不少家族則是在時代巨變中被迫離鄉的，他們的遷徙故事不僅是一個有裨益於歷史的紀錄，而且有時候還可以發先賢的潛德幽光，甚至可以視為是一首可歌可泣的壯麗詩篇呢！這裡我願舉出一些實例，作為說明，並供同好朋友們參考。

從河南到福建，再到臺灣

一般說來，唐末王潮入閩之役，影響東南沿海的開發事業很大，是閩南民族文化的一大轉捩點，因為五代以後，閩南經濟文化之盛，可以比美於中原，這實在是王氏入閩的貢獻。然而中原人士的南渡閩地，在東晉永嘉之世就大有人在了，《佛耳山詹氏族譜》裡就有明確的證據。這部族譜是詹氏後人由福建帶來臺灣的，現藏樹林詹姓人家。譜書分上中下三卷，是清朝嘉慶年間的手抄本，書中有序、例、族祠、墓園、世系表、家傳、田產雜錄、名宦錄、家禮、詩文集等部分，是一部內容很好的譜書。「家傳」中有〈詹清隱先生家傳序〉一文，大意是說：詹氏之先，出於姬姓，始封於詹，後來便以國為氏了。詹家有一位祖先名叫詹纘，原先住在河南光州固始，在唐僖宗光啟年間，他任職金紫光祿大夫前鋒檢點使，後來跟隨王潮來到了福建。詹纘有兩個兒子，長子叫世隆，世隆也生有二子，長子就是這篇傳記的主人翁，名字叫敦仁，字君澤。敦仁後來也做了文林即兼皇城使。王氏統治下的福建，不久發生了變亂，一時「兵革倉攘」，敦仁乃退居清溪崇信里的佛耳山。當時有清源節度使名留從效的，很尊重他，敦仁便作書從效，說清溪地

方土沃人稠，舟航可通，應該「益以鄰界置縣」，從效接受他的建議，於是經之營之，沒有多久居民「猶蜂聚鱗次焉」，這是後周顯德二年（955年）的事。詹敦仁在建設了地方，安定了社區之後，他推薦一位叫王宜道的做縣令，自己則隱居到佛耳山去了，墾田自給，以清隱自號，而成為住在清溪詹姓的始祖了。他死後，縣裡的百姓為紀念他，建立了三座祠堂世世代代恭敬的祭祀他。

　　從以上文字中我們不難了解，這位自號清隱先生的五代高士詹敦仁，他是隨他祖父詹纘由河南光州從王潮一齊入閩的，後來他退居佛耳山，成為這一支詹姓的始遷祖，詹姓後裔日後有從福建來臺灣的，所以我們今天在樹林才能看到這份古譜。《佛耳山詹氏族譜》的卷下有清隱先生詩文集，其中述求永嘉衣冠南渡詩云：

> 憶昔永嘉際，中原板蕩年，
> 衣冠墜塗炭，輿輅染腥膻。
> 國勢多危厄，宗人苦播遷，
> 南來頻灑淚，謁驥每思泉。

又拜訪先時永嘉南渡入閩宗人詩說：

> 僕馬甘栖息，南來擇地安，
> 巧將茅作舍，城近遠盧山。
> 喜識宗人面，襟懷自覺寬，
> 開圖閱源派，涕淚染衣斑。

　　由此可知，詹氏族人在永嘉之世就已經從河南逃難到了閩

南，而詩中對戰爭的動亂、播遷的苦狀以及六百年後宗人相見悲喜而泣的情景，都作了極動人的描寫，這確實對正史有補充與發明功用的。

躲避兵禍：趙氏偽稱姓黃

又如新莊的趙氏，也存線裝手抄本《趙家族譜》一冊，內容非常簡略，但有明末趙氏裔孫趙美所作的一篇〈趙氏世家源流紀略〉，頗饒史實，文中說他們趙家出自高陽，原先與秦同姓，是太昊伏羲氏的後代，傳到伯翳，因為他幫助舜與大禹治水有功，賜姓嬴氏。周穆王的時候，這一族中有一位名叫造父的人，善於馭馬，又在討伐徐國的戰爭中立了大功，穆王很賞識他，賜封趙城，所以後世子孫便以趙為姓了。趙氏子孫傳到五代的時候，出現了一位傑出的人物，那就是大宋朝的開國君主趙匡胤。北宋末年，發生靖康之難，徽欽二宗蒙塵，高宗南渡，國勢日衰，到恭宗德祐年間，蒙古兵攻陷了杭州，楊太后命令宗室趙若和，陪同少帝南逃到厓山避亂，可是元兵窮追不捨，少帝後來投水溺死，趙若和便與黃侍中、許達甫等人，乘了十六條船倉皇出海，原想是到福建另闢天地，從事復國工作的，但是船出港後不久，遇到了大風，有的船截斷了船帆，有的船失掉了檣桅，駛向目的地的希望沒有了，只好在清漳浦地方登了岸，暫時居住了下來。當時浦西地方上有豪族宣稱趙王要舉兵反元，蒙古人便到處懸賞捉趙王，趙若和等為了躲避兵禍，不被元兵捕殺，便偽稱姓黃，與黃侍中一家人同居在一起。隨身帶著的譜牒也藏匿了起來，一輩子不敢對人講家世。後來搬到積美定居，在浦西的田園厝地都留給黃、許二姓了。過了

大約九十年，元朝亡了，大明朝創建了，趙家有位子孫叫惠官的，為了感恩黃家，便娶了黃氏女為妻，結果被仇家陳平中告到官府，說他們同姓為婚，亂了倫理。趙家趕快拿出族譜為證，明朝官方特別派了御史朱鑑來查案，最後證實趙惠官等確係大宋的皇裔，不但允許他們結婚，並且讓他們恢復趙姓，而惠官兄弟明官也做了鴻臚寺的序班，文官當了宜倫縣的主簿。經過近百年的忍辱偷生，終於讓世人知道積美這地方的趙家竟是皇親國族，趙宋的後裔！當時趙氏南來的皇族有在泉州的，根據譜牒的記載，他們有的是燕懿之後，有的是商王之後，也有的是廣平王之後。其他在江西新豐、潮陽、新會、漳州銀塘、甘霖、霞寮、泉州同安、溪頭等地皇族子孫，也都因為譜牒裡記載了少長行次用字，很容易的查出輩分親疏的關係來，可以說「世譜相承，昭穆不紊」。

　　從這一篇〈紀略〉裡我們可以了解族譜確有它的功用，正如《佛耳山詹氏族譜》一樣，趙氏一族人也是從世系表與行輩用字上讓離別多年、散居在閩粵江西各地的家人知道自己的身世來歷了，族譜尋根也由此再得到一項明證。同時在歷代衣冠南渡時，多有忠臣義士，他們的愛國壯舉，高尚情操，不但可以補正史的不足，而且能壯民族之氣，極具社會教育的功能。上引《趙家族譜》的〈紀略〉中所言厓山死難、趙氏流離東南沿海、變姓隱名近百年的生活苦狀，歷歷如在目前，類似這樣沉淪已久的史料，能復見於今日，實在不可多得！然而這部《趙家族譜》的記事是否可靠呢？內容會不會有扳附之嫌呢？正巧我們在板橋又找到了一部《浦西黃氏族譜》。

孤忠義憤、黍離之悲，躍然紙上

《浦西黃氏族譜》的卷首有元朝時候黃材登寫的一篇序文，提到他們黃家原是河北人，後來逃難到了河南開封，金元之世，又遷居杭州，他們家與皇室有姻親關係。南宋時黃材登中了進士，做過大理寺丞，後來升任內侍從。祥興元年（1278 年），陸秀夫、張世傑等人奉帝昺即位於碙州，同年六月，帝昺在蒙古兵追逐下遷居到新會的厓山，黃材登為了保護趙王若和，在楊太后的命令下，也南遷新會。不過一年以後，蒙古人又來攻擊了，連戰了幾天，情勢急轉直下，黃材登等便乘了十六隻船奪港而出，他和許達甫等乘的四隻船保護趙王若和，結果遇風漂到浦西登岸，他讓趙王隱姓埋名，與黃家同居在一起。當時文天祥已經被囚禁了，陸秀夫已抱著小皇帝投海殉難了，張世傑也覆舟身亡了，他們都捐軀報國，表白了他們的一片忠誠。「為臣死忠，為子死孝」，他們都盡到責任了。在少帝死後七年的乙酉年（1285 年），西川地方有人假趙宋福王之子的名義舉兵反元，蒙古人懸賞捉拿為首的人，黃材登怕家裡的人洩漏趙王若和變姓的事，乃以恩義勉勵大家，並韜光斂跡的生活，因而本地人只知道有黃氏一族，而不知有趙宋皇裔在那裡，他只是為趙宋留香煙而努力罷了，若干年後，黃材登在他父親黃天從逝世後兩個月，感慨的說：「今老矣，宗社不可復，……舉目山河，懸心君父，風辰月夕，惟仰天浩嘆而已！」他又說：他寫這篇族譜的序是要後世子孫知道他的艱苦危難處境，大家應該長篤孝思，尊敬先人，好好的做人處世，不要使祖先蒙羞，這樣才不辜負他誌譜的深意。

這篇序文所述的，實在是南宋覆亡時實況的一部分，與《趙家族譜》相校，事蹟完全相合，足證兩家記事並非子虛。而黃材登（也就是《趙家族譜》中所說的黃侍中）這位當事人的孤忠義憤、黍離之悲，尤其躍然紙上，讀之使人感動不已。

俞家祕史隱埋五百年

他如于德棪在清末修纂《于氏宗譜》時，也告訴了我們一段隱埋了五百年的祕史。于德棪說他的高祖于登唐在乾隆二十一年（1756 年）由開州遷居貴陽，創立了于家在貴州的始基。曾祖、祖父輩都有功名，也出仕縣官，父親于鴻文任陝西鳳翔府經歷。他自己在光緒年間歷官湖南江華縣令、錦岡巡檢，後來一度充當欽差大臣的隨員出使日本，回國後又出任四川合江、大邑、威遠三縣知縣，這一家人可以說是官宦世家。他從小就想追考祖先的事蹟，常讀舊譜。譜書中說他的始祖俞通海等人，死後葬在貴州省城南門玉廠壩，可是他「迭次尋訪，竟失所在，不知代遠年湮，抄譜訛錯耶？抑係相傳所誤耶？」這件事一直使他疑惑不解。光緒十七年（1891 年）秋天，他從雲南回到貴州，又帶著他的兒子本堯到玉廠壩訪求祖墓，一連幾天，仍然不得要領，他不得不悵然的離去。當時他想到舊譜中記說他們原籍江南上元縣，他便令兒子本堯同行，來到南京，到處訪問，歷時匝月。忽然有一天他們走到玉帶巷，見到明朝豫國公俞通海的紀念百獅石坊，建築的頂部已經傾圮了，不過四周仍有不少民家環居，他們請教了附近人家，才知道這座石坊相傳是明太祖敕建的，俞通海的墓冢則在南門外聚寶山，當地還有大石人與大石馬。于德棪聽了這些話，心中當然燃起無限的希望，便

與本堯即刻前往。果如所言，行至山腳下，發現有茅屋三間，並居住了一位文士叫俞應科的。德棽父子請應科作嚮導，帶他們去拜謁祖墳，結果確有俞通海、俞通源、俞通淵三公及三位太夫人的墓冢在。山腳路旁，還豎立著通海公的神道碑一座。德棽隨即命令本堯照字抄錄，敬謹珍藏。俞應科對他們說：他在這裡「廬墓而居，已十餘載矣！其墳碑因粵匪大亂時，兵賊皆常駐營於此，平墳砌壘，挑挖磚石泥土，時時踐踏，故迄今舊墓已平，石碑均匿土中」。顯見這座俞家墓園當時已殘破不堪了。俞應科住處只存族譜一冊，也拿出來給德棽父子看了，譜中雖未見他們與俞通海的直接關係，尤其是俞翊承祧通海為嗣的紀錄，不過應科的譜與黔中抄譜對通海公的名諱等資料相同，而遷徙的記事也是「先遷大興縣，繼遷貴州地方」。另外德棽父子這次從應科處得悉「因遭明成祖謀篡建文皇帝，通淵公正為水軍都元帥，因而殉難，並獲夷族之冤，翊公改姓更名」的事。這才使德棽想起「屢聞先輩所稱我于氏本姓俞氏」的舊說是有根據的，德棽了解了改姓的由來之後，便說：「我于氏乃原籍安徽巢縣，所云江南乃通海公為官之地也。」於是他們父子二人辭別了應科，又轉往巢縣，在北鄉找到了俞府。俞氏族人當時仍有數千戶聚族而居在離城十里之地，他們見到了族人俞世澤，也看到了殘缺不全的家譜，據說因為太平軍與捻子經常出沒該地，族譜「燬失太多」。不過，在俞通海兄弟的一幅軸像中，于德棽找到了經常縈迴在他腦際問題的答案了，因為畫像的末尾有一段跋語說：通海公居長，通源公居次，通淵公行三。長次房俱乏嗣，三房生子四人，長曰翊，已承祧長房，次二三均留皖省。至此于德棽完全了解他們一家以俞通海為始祖的原委了，

而他們一家是為了避禍才改作于姓的。若非這次修譜尋根，相信于德棽和我們這批後世讀譜的人，都不會發現俞家這段動人的祕史的。

追尋族裔的歷史應該不難

以上所舉的國人遷徙與尋根溯源的故事，僅僅是萬千族譜資料中的極微少部分，然而這一鱗半爪，似乎已經足以說明族譜對尋根的效用了。實際上，在每一個家族的譜書之中，大多有世系表一章，詳細記載家族人口的資料，從始遷祖到修譜時的族中丁口，按世代先後完整的登錄。舉凡人名、字號、生卒年月日、配偶、外家、葬地等等，無不記述。一房記完，接記別房，篇幅雖然繁多，但族中人員的長幼親疏關係，則一望可知，宗支世系，井然有條。所以只要我們家中曾經修過族譜，對於探求家族源流，追尋族裔的歷史，應該是不難的事，因此古人常勸人勤修家譜，原因之一即在於此。不過自從民國肇建以後，由於國內動亂頻仍，族譜的纂修工作很受影響，族譜之學的研究更是大不如前。其實近數十年來，國內家族的遷徙情形遠甚於往昔，其間發生的忠孝仁愛故事可能比古代的更多更動人，我真希望大家能即時寫下各家自己的遭遇實況，留為將來修譜之資，或作子孫尋根之用，或供後人研究史事參考。

國家圖書館出版品預行編目資料

族譜學論集／陳捷先著.－－二版一刷.－－臺北市：
三民，2022
　　面；　公分.－－（歷史聚焦）

　　ISBN 978－957－14－7377－2　（平裝）
　　1. 族譜 2. 文集

789.107　　　　　　　　　　　　　111000321

歷史
聚焦

族譜學論集

作　　者	陳捷先
發 行 人	劉振強
出 版 者	三民書局股份有限公司
地　　址	臺北市復興北路 386 號 (復北門市)
	臺北市重慶南路一段 61 號 (重南門市)
電　　話	(02)25006600
網　　址	三民網路書店 https://www.sanmin.com.tw
出版日期	初版一刷 2017 年 5 月
	二版一刷 2022 年 2 月
書籍編號	S600330
I S B N	978-957-14-7377-2

三民書局